"十二五"职业教育国家规划教材
经全国职业教育教材审定委员会审定

市场营销实务

第5版

主　编　闫志俊
副主编　陈小荣　杨卫燕　陆雪纯　张晓冬

南京大学出版社

第五版前言

市场营销的理论和方法不仅仅应用于企业、非营利组织，而且还涉及社会生活的方方面面。所以，市场营销不仅仅是企业竞争和发展的利器，更是组织和个人生存和发展的理念和方式。《市场营销》作为职业院校工商管理专业的核心课程和非经贸专业的必修课程，在整个专业课程体系中占有重要的地位。

编者从多年的高职专业教学实践中发现，学生学习市场营销课程时比较喜欢阅读一些国内企业的营销案例，同时更加注重课程与未来岗位的对接。教师在讲课的过程中往往以某本教材为主导讲授理论知识，同时找寻大量的辅助教材（如案例、练习题、实训）作为参考，需要投入大量的时间和精力。

目前《市场营销》教材的版本繁多，已有的教材主要有三种形式：理论性较强的市场营销学教材、非系统性的案例分析教材和针对考核的应对性、非全面性的教材。如何从众多的教材中选择一种适合职业技术院校学生和教师使用的教材显得尤其重要。

教材遵照《教育部关于加强高职高专教育人才培养工作的意见》的精神，紧紧围绕高端技能型人才培养目标，以营销岗位工作任务为主线，将市场营销内容体系分解为8个任务。教材以就业为导向，既能满足学生就业（首岗就业，多岗迁移）的基本需求，又能奠定学生可持续发展的基础。教材吸收和借鉴了精品课程《市场营销》教学改革与实践的最新成果，是高职院校“双高”建设、江苏省重点专业群建设、国家在线开放课程建设的配套教材，凸显“能力要素”与“职业素养”并重的原则，满足高职院校“自主学习、合作学习和个性化教学”的需要。

教材承载高职市场营销专业的教学目标，按照市场营销领域工作过程确定教学单元，以营销工作任务为主线，按照“情境—任务—活动—总结”的思路组织教学单元，采用项目化教学模式促进教学效果。教材内容遵循市场营销管理的逻辑结构，符合学生的认知规律。

教材的教学内容以实践问题解决为纽带，实现“理论、实践，知识、技能，以及职业素养”的有机整合。教材同时融入营销职业标准，将核心要素通过“知识讲解”“实训项目”“任务测试”“案例分析”的形式融入教材中。本着“学生看得懂、愿意看、容易学、用得上”的原则，本教材将市场营销理论、实践、案例与营销岗位有关要求结合起来，形成了完整的市场营销内容体系。本教材的主要特色如下。

1. 实务性强。本教材以市场营销实践工作过程为依据，以8个任务构建了“任务驱动、项目化”的内容体系。通过每个任务的实施，学员可以掌握必要的知识，具备营销各个环节的技能。

2. 通俗易懂。本教材设置了“任务目标”“任务分解”“案例”“阅读资料”“知识检测”“技能训练”等内容，图文并茂，易于理解和操作。

3. 接轨职业要求。结合市场营销工作岗位相关要求以及“1＋X”考试标准，本书将考试要点融入各任务之中，学生在学完之后可参加相关职业资格认证考试。

4. 创新特色强。本教材为国家职业教育规划教材，编写组汲取了当前最新的市场营销理论与案例，结合案例阐述了当前行业营销热点问题。教材的编写体系突破了传统的理论学科导向，将营销内容设计成任务架构，教材所有案例均为最新行业资讯，具有较强的可读性与欣赏性。

本教材由国家示范高职院校江苏工程职业技术学院工商管理教研室主任、工商管理专业负责人闾志俊老师牵头，联合兄弟院校（南通职业大学、南通科技职业学院、江苏商贸职业学院、江苏城市职业技术学院）一线骨干教师、行业企业专家共同编写。编写组教师团队具有丰富的市场营销教学功底和企业实践经验，企业行业专家对本教材给予全方位的支持和辅导，提供丰富的案例以及营销项目。相对于第四版，第五版教材更具有实战性，更利于培养学生的营销职业能力和素质。参加编写人员如下：陈小荣、杨卫燕、陆雪纯、张晓冬、陈建明、刘慧丽、张翃，全书由闾志俊统稿。本教材在编写的过程中参考了大量的著作，同时得到了各级领导与同事的支持和帮助，在此表示最真挚的感谢！由于编者水平有限，书中疏漏难免，敬请通同行专家和广大读者匡正。

本教材可作为高等职业院校、中等职业院校、成人教育院校的市场营销课程及市场营销实训专用教材，也可以作为营销职业资格考试的复习与培训用书、企业营销管理人员的业余读本。

编　者

2022 年 1 月

目 录

任务1 树立现代营销理念

【任务目标】

知识目标：

1. 理解和掌握市场营销的基本含义；
2. 明确市场营销的工作任务；
3. 了解市场营销的发展趋势。

技能目标：

1. 初步具有市场营销专业的职业意识与职业情感；
2. 树立正确的市场营销观念；
3. 能够组建营销团队并明确营销团队的目标任务。

思政目标：

1. 树立爱岗敬业、诚信经营的职业道德观；
2. 融入“五大发展理念”，树立建设富强国家的营销观念；
3. 正确认识企业社会责任，培养学生的社会责任感。

【任务分解】

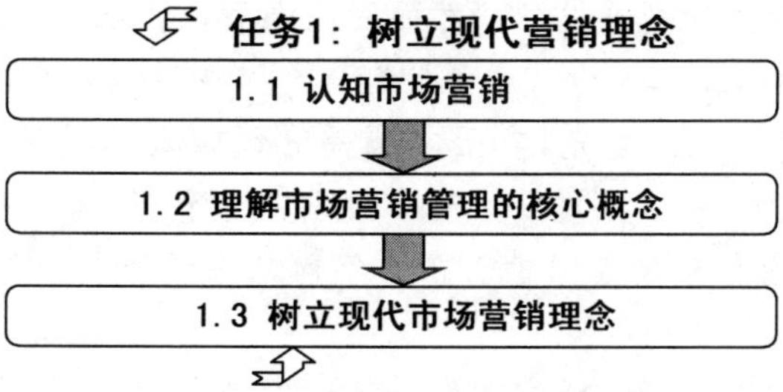

1.1 认知市场营销

1.1.1 市场营销的定义

“市场营销”一词，来自英语“Marketing”，它包含两个方面的含义。一是指市场营销，表达为一种经济活动，一种与市场有关的人类活动，即以满足人类各种需要和欲望为目的，通过市场变潜在交换为现实交换的活动；二是指市场营销学，表达为研究经济活动的学科，主要研究作为销售者的企业的市场营销活动，即研究企业如何通过整体市场营销活动，适应并满足买方的需求，以实现经营目标。随着市场经济的发展，市场营销的概念和内涵也在不断发展。

阅读资料:营销究竟是个什么事儿?

营销究竟是个什么事儿?老教授说:“它跟需求有关。”CEO说:“它需要创新。”古董店的老板说:“它是一门艺术。”小贩说:“它就是如何赚钱。”文员说:“它跟销售没什么区别。”街边的大爷说:“就是把东西卖出去呗。”的确,给营销下一个老少咸宜的定义并不是一件容易的事儿。不过这不要紧,那些五花八门的答案已经勾勒了新营销时代的轮廓:需求、创新、回归本质与关注人性。

美国著名市场营销学家菲利普·科特勒对市场营销的定义是:“市场营销是个人和群体通过创造以及同其他个人和群体交换产品和价值而满足需求和欲求的一种社会的和管理的过程。”

美国著名管理学家彼得·德鲁克认为:“市场营销不只是一个比销售更广的概念,也并不是一个完全专门化的活动,它与整个企业相关联。所谓市场营销就是从事业活动的最终结果这一观念,即从顾客观念出发所看到的事业整体。因此,市场营销的领域和责任范围必须涉及企业的所有部门。”

案例:“珀莱雅”的营销之路

2003年,温州人方玉友自创化妆品品牌,在品牌名称上采取借力的做法,取资生堂旗下的欧珀莱的“珀莱”和欧莱雅的“雅”,组成了“珀莱雅”这个名字。产品如何定位呢?方玉友找到著名的营销策划专家叶茂中。叶茂中闭门数日,拿出了六个字的广告语:“补水、锁水、活水”。他建议“珀莱雅”将自己的产品定位为“深层补水专家”。这看似简单的六个字,花费了方玉友600万人民币,说是一字千金也毫不过分。然而回头来看,正是这次昂贵的策划,推动着“珀莱雅”踏上了狂飙猛进的营销之路。也为“珀莱雅”定下了“会营销,敢营销”的基调。

“珀莱雅”的营销妙在何处?首先,方玉友选择的代言人都具备一个共同的特点:既富人气,又具流量,带有很强的产品拉动效应。有当红明星宋仲基、李易峰、唐嫣、孙俪等。其次,“珀莱雅”在渠道使用上,有很强的前瞻性。在6年前,“珀莱雅”已经盯上了直播带货,是第一个通过“抖音”卖货的传统企业。

2021年3月8日,“珀莱雅”联合《中国妇女报》,发布主题为“性别不是边界线,偏见才是”的宣传广告,因为抓住了男女平权这个热门话题,一时刷爆微博和朋友圈,视频点赞量超过10万。这次“珀莱雅”的营销,紧扣品牌定位,选择了大众都有发言权的两性关系话题,如提出对“女人应该温柔”以及“女人事业做得好不如嫁得好”等言论的质疑。在质疑对女性的偏见的同时也质疑了种种对男性的偏见,如“男人不能哭”“跳芭蕾舞的男生娘娘腔”等。这或与其较高的男性用户占比有关。“珀莱雅”的男性消费者占30%左右,比其他化妆品品牌要高得多。

1.1.2　市场营销的特点

综合以上对市场营销的定义,我们认为,市场营销与销售、推销、促销等概念有较大的区别,市场营销的特点如下。

(1) 市场营销不同于销售或促销。现代企业市场营销活动包括市场营销研究、市场需求预测、新产品开发、定价、分销、物流、广告、人员推销、销售促进、售后服务等,而销售仅仅是现代企业市场营销活动的一部分,而且不是最重要的部分。著名管理学权威彼得·德鲁克曾指出:“市场营销的目的就是使销售成为不必要”。海尔集团公司总裁张瑞敏指出:“促销只是一种手段,但营销是一种真正的战略。"营销意味着企业应该"先开市场,后开工厂"。

(2) 市场营销的核心是交换。在交换的双方中,如果一方比另一方更主动、更积极地寻求交换,则前者称为市场营销者,后者称为潜在顾客。所谓市场营销者,是指希望从别人那里取得资源并愿意以某种有价之物作为交换的人,既可以是买者,也可以是卖者。假如有几个人同时想买正在市场上出售的某种奇缺产品,每个准备购买的人都尽力使自己被卖主选中,这些购买者就都在进行市场营销活动。在另一种场合,买卖双方都在积极寻求交换,那么,我们就把双方都称为市场营销者,并把这种情况称为关系市场营销。

(3) 推销是市场营销活动的一个组成部分,但不是最重要的组成部分。市场营销与推销的区别有四点。一是出发点不同。市场营销的出发点是消费者的需求,而推销的出发点是企业的产品。二是目的不同。市场营销是通过满足消费者的需求来获取利润,而推销则仅仅是通过产品的售出获取利润。三是过程不同。市场营销包括从市场的调研、开发、生产等直至售后的服务、信息的反馈,而推销则只是市场营销中的一个部分、一个手段。四是归宿点不同。市场营销的归宿点是最终满足消费者的需求,而推销的归宿点则是减少库存产品。

阅读资料:营销重在赢得市场

1. 化妆品,卖的是感觉

爱美之心人皆有之,卖化妆品,并不只是化妆品本身。化妆品的原料和配方从技术角度讲,已毫无秘密可言。卖化妆品,卖的是一种希望,一种感觉,一种氛围:希望——更漂亮、更年轻、更美丽、更有自信;感觉——风姿绰约、风情万种;气氛——温馨、和谐、幸福、令人沉醉的激情的享受。这是人人都懂的道理,也是促销费用一般占营业额的30%左右的原因。

2. 房地产,卖的是梦想

看看我们周围的房地产广告,同样的地皮,同样的差不多的规划、户型,经过不同广告公司的包装,就有了天壤之别。有位房地产经销商一语道破天机:"很简单,我卖的不只是房子,更重要的是理念,我的买主也不只是买房子,而是买环境,更买梦想,并实现梦想(圆梦)。"卖房子,同时也在卖创造出来的附加价值。

3. 营销,要的是气氛

高明的商人都会卖关子,善于营造气氛。他们编制的美丽的关子就像一张网,投出去就把人罩住了。某电视台为了赚大钱,召开黄金时段广告招标会。每年招标会,全国商界各路大腕,汇聚一堂。老板们一聚头,个个豪气冲天,难免一决高下,加上招待会中主持人的煽风点火,往往招标会还没开,老板们就较上劲了。在竞争的氛围中,招标会的效果会特别好。

4. 营销,要的是创新

日本有家咖喱粉公司,由于企业知名度太低,产品滞销,公司入不敷出,濒临破产。新上任的总裁出人意料地利用日本人对富士山的特殊感情,人为制造了一则耸人听闻的消息。他为滞销的咖喱粉推出广告:"富士山将旧貌换新颜啦,本公司将雇佣数架飞机,把满载的金黄色咖喱粉撒在雪白的富士山山顶上,届时人们将会看到一座金顶的富士山。"这则广告犹如火烧城门,全日本舆论哗然,斥责纷起:富士山是日本的象征,不是某家企业的私有财产,岂容随意改头换面。民众强烈抗议,要对这种非法行为提出诉讼。各种斥责、抗议,正中那位聪明总裁的下怀。几天后,总裁在报纸上公开表态:"本公司原意在于美化富士山,如今考虑到社会的强烈反对,决定撤销在富士山山顶撒咖喱粉的计划。"

通过这几句话，此君大出风头，精彩扬名。公众不仅知道了该咖喱粉公司，对其公司的咖喱粉也产生了“不打不相识”的微妙心理，从而争相购买该咖喱粉公司的产品。

1.1.3 市场营销学科

市场营销是专门研究市场营销活动及其发展变化规律的学科。它是市场营销实践的科学总结与概括，是有关市场营销活动的指导思想、基本理论、策略、方法技巧等有机结合而成的科学体系。作为一门完整的学科，市场营销是人类社会工业化和市场化的成熟产物。

1. 市场营销的研究对象

市场营销学以消费者为中心展开对整个市场营销活动的研究，主要包括四个方面的内容，即产品(Product)、定价(Price)、渠道(Place)、促销(Promotion)，简称“4P”。这四个方面的营销活动，都是在一定的外部环境下进行的，都是为了企业进入目标市场服务做准备的。因此，市场营销学必须以市场调查和预测为手段，进行市场环境和目标市场的分析研究。它是企业制定正确的营销策略的前提条件。此外，还必须重视对市场营销组合和市场营销管理的研究。

2. 市场营销在中国

我国是在20世纪70年代以后才逐步学习并引进市场营销有关理论的，直到20世纪80年代后期才作为一门大学的专门学科与课程而推广并运用于企业的实践中。经过几十年的发展，我国市场趋于成熟，企业之间的竞争越来越激烈，消费者的需求越来越个性化。在这种背景下，市场营销日显重要。企业只有进行充分的市场调研，认真研究顾客的需求，并以整体的营销手段去满足消费者不断增长的需求，才能在竞争中立于不败之地。

1.1.4 市场营销管理

市场营销管理是为了实现企业目标，创造、建立和保持与目标市场之间的互利交换的关系，而对设计方案进行分析、计划、执行和控制。市场营销管理的任务，就是为促进企业目标的实现而调节需求的水平、时机和性质。所以，市场营销管理的实质是需求管理(见表1-1)。

表1-1 市场营销管理的内容

需求的特点	市场营销管理内容	目标
无需求	刺激市场购买	产生需求
否定需求	转变消费者的态度与观念	由否定到肯定
潜在需求	引导和诱发消费者	变潜在需求为显性需求
不规则需求	协调营销	均衡消费者需求
充分需求	保持顾客忠诚	维持现有水平
下降需求	发现原因，采取措施	设法扭转退步态势
超饱和需求	加大生产力度；必要时抑制需求	尽力满足市场需求
有害需求	劝告消费者放弃需求	抛弃有害的负面需求

市场营销管理过程包括如下步骤：分析市场机会、选择目标市场、设计市场营销组合、管理市场营销活动（如图1－1所示）。

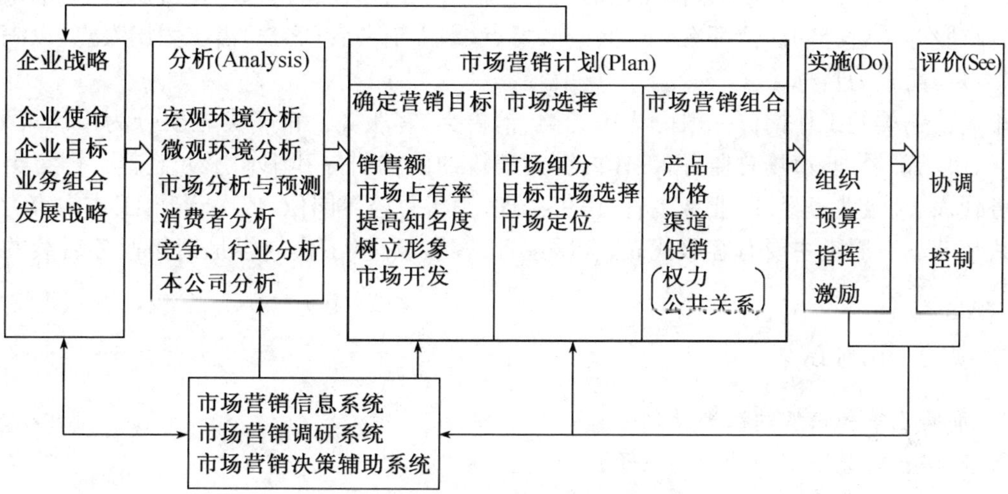

图1－1　市场营销管理过程

案例："老干妈"的市场营销

"老干妈"公司已经成为继"贵州茅台""黄果树""贵州神奇"之后，贵州省又一个全国响亮的品牌。对于所有企业的崛起、发展而言，有四个重要因素——产品、价格、推广、渠道。其中，"产品、价格、渠道"是要想做起来必须满足的三个基础要素。在这三个要素上，"老干妈"形成了很强的竞争优势。

1. 产品优势：独特的产品、好吃的味道

优秀的产品力，可以说是"老干妈"兴起的第一要素。因为米豆腐味道不错，摆地摊也能够生存下去；因为辣椒酱味道不错，她的小店才经营不错；因为辣椒酱，她才能开了食品店；因为辣椒酱，她开了加工厂………"老干妈"之所以崛起，正是因为其打造的产品出色，辣椒酱好吃的味道，受到用户喜欢，一步步推动了企业做大做强。

2. 价格优势：大众价格、平民价格

"老干妈"从平民大众入手，这也是她最初早市摆地摊就形成的客户群定位，公司发展到后来也一直没有改变定位。10元左右的辣椒酱，在今天也可以说是极为物美价廉。这种大众价格、平民价格，让"老干妈"辣椒酱有了广大用户群，也拥有了广阔的市场。

3. 渠道优势：终端深耕、渠道拓展全国市场扩张

虽然从摆地摊、开小店做起，但是，"老干妈"却有着天然朴实的市场感。她在建食品厂后，用了一个"笨办法"，直接向渠道终端进行推荐、铺货、试销：她亲自用提篮装起辣椒酱，走街串巷向各单位食堂和路边的商店推销，并成功打开了市场。"老干妈"注重市场开拓，从区域市场拓展至全国市场，从区域品牌做成了全国品牌。

1.1.5 市场营销岗位

市场营销岗位是综合性的、多元化的。既包括宏观的市场营销策划，也包括微观的市场销售与客户服务。所有的岗位都有一个共同的特点，即以消费者(客户)需求为出发点，以满足消费者(客户)需求为目标。

市场营销类的工作岗位一般分为市场类、销售类、客服类。市场类主要分为市场策划、市场督导、市场部经理、市场总监等，工作内容为销售的前端引导和中期服务监督。销售类主要是业务代表、高级业务经理、业务主管、销售经理、销售总监等岗位，依次晋升，工作内容为具体的销售环节。客服类主要有客服代表、客服主管、客服经理，工作内容是销售业务后续的维护与沟通。

● 分项任务测试：

1. 市场营销和销售的区别是什么？
2. 列举一些身边市场营销的例子。
3. 营销者的主要工作任务有哪些？

1.2 理解市场营销管理的核心概念

1.2.1 需要、欲望、需求

需要就是身心没有得到基本满足的一种感受状态。对于消费者而言，需要是客观存在的，且是多方面、多重的，但又是有限的。欲望是人们欲获取某种能满足自己需要的东西的心愿。需求是有支付能力做保证的欲望。

案例："剧本杀"之后，年轻人又冲向"自拍馆"

在"大众点评"和"小红书"上，关于"自拍馆"的种草笔记和广告多了起来。"自拍馆"的定位是自拍换装体验馆，而非传统影楼。拿着自拍杆和遥控器，没有化妆师和摄影师，在搭好的灯光布景前尽情发挥想象力，似乎不费力就能够拍出一张张精美的照片。

除了有足够的拍照空间，"自拍馆"的价格也十分"美丽"，人均消费在 100 至 200 元，远低于市面上许多写真馆和影楼。相比专业性更强的写真馆和影楼，场地和服装都较为有限的"自拍馆"，有着如同"速食品"一般的网红风格，需要更多内容和节日营销层面的创新。

例如，"盘子女人坊"每年会研发 600 多个主题，最后选择排名前 200 的场景，将其更新到产品线里，其产品主要的四条线是从诗词歌赋提炼的场景"漱玉图集"、影视 IP 孵化的场景"绫影馆"、以性感唯美为特色的"翠袖冷"和经典戏曲选段造型的"名伶记"。

1.2.2 产品与价值

产品是满足人们各种欲望与需要的任何方法或载体。它分为有形产品与无形产品、物质产品与精神产品。价值是产品或服务所具有的、带给消费者并使消费者在消费过程中所感受到的满足程度，价值是人们欲望满足时的主观感受和评价。

顾客价值(Customer Value)是指顾客从购买和使用某产品中获得的总价值与为此所付出的总成本之间的差。其中，顾客从产品和服务中获得的总价值主要包括产品价值、服务价值、人员价值和形象价值等。顾客为购买商品或服务所付出的总成本包括货币成本、时间成本、体力成本和精神成本等。顾客总价值减去顾客总成本即为顾客让渡价值。企业战胜竞争对手的关键就在于能否比竞争对手向顾客提供更多的顾客让渡价值。

案例：钻石营销 & 护肤营销，都是需求嫁接

如果说钻石是20世纪最精彩的营销骗局，那么护肤则是21世纪最完美的营销案例。

物以稀为贵，但钻石本身产量并不少，甚至可以说是不存在稀缺价值。而这一切都源自戴比尔斯公司提出的一句广告语"The Diamond is Forever"，其中文翻译为"钻石恒久远，一颗永流传"，并且通过各种影视剧输出、明星带货让钻石不仅仅是钻石，更是看不到摸不到却需要被证明存在的爱情。

护肤营销和钻石营销同样经典，不是因为它们无中生有创造了消费者的需求，把本没必要的事情，变成了消费者生活中一个重要的习惯或者仪式，而是因为它们洞察了消费者心中最真实的恐惧与希望，并且用一个产品去解决消费者需求。

钻石营销是把对婚姻的未知与不安全感，对自己能够拥有坚如磐石的爱情的希望，通过"爱情＝钻石"这一理念嫁接到钻石上面，让人们以为拥有了钻石就是拥有了爱情，否则爱情就是不完整的。

而一层又一层的护肤步骤，则是消费者们对于青春逝去的焦虑和无能为力，以及希望永远年轻饱满的愿望投射。没有人永远18岁，但永远有人18岁，而精明的商家永远不缺为安全感和年轻貌美买单的消费者，他们正不断地被培养、操纵，继而成长为市场中的消费主力军。

阅读资料：排队管理，从顾客心理出发来增强体验

从消费者的角度看，为了吃一顿饭或喝杯奶茶耗上几个小时的时间，其实自己付出的成本已经远远超过了一顿饭或一杯奶茶本身的价值，还搭上了宝贵的时间成本和精神成本。

有网友这样记录自己的排队感受，"腿由酸到麻木，心情由期待到小愤懑，凡事中庸就好，过度了就会造成反面效应"。排队背后的终极问题其实是对顾客心理预期的科学管理。对顾客心理的把握可以从进度感、舒适感、互动感三个方面入手。

1. 进度感

进度条的出现让人们可以对事情的发展有个心理预期，顾客在排队时也是一样。真正让人们焦虑的不是等待，而是遥遥无期、无法预期的等待。因此，想要安抚顾客，先要让其心中有数，知道自己要等待的时长。

2. 舒适感

其实，顾客在排队的过程中是很难有舒适感的，特别是一边排队、一边看到其他顾客正在用餐，此时这种焦虑感会加强。因此，餐企在提供椅子和茶水等基本的安抚措施之外，最好辅之以小零食等来帮顾客打发时间，比如"海底捞"这方面就做得比较到位。或者是融入特色的品牌文化、演出等，给顾客以沉浸感，如"南京大排档"，顾客在等待的过程中，可以观看穿着民国服饰的店员来来往往，运气好的话还能欣赏到现场演出的民间小调；再比如"海底捞"设立了

快乐的等位区，能够让消费者在品尝免费食品的同时，还可以重温儿时的游戏时光。

3. 互动感

最好的互动方式就是游戏，这种游戏可传统、可高科技，关键是让顾客动起来、调动顾客情绪。以“云海肴”为例，该餐厅专门推出了等位猜谜语送礼物的活动，谜语不会设置太难，因为游戏的目的不是难倒顾客，而是让顾客感受到猜谜语的乐趣。比如还可以通过 AR 互动游戏来提升体验，南京“大渝火锅”曾试过这种等位的方式，数据表明，等位区 75%的年轻群体都会参与游戏，跳转到游戏后，平均在线时长在 19 分钟左右，平均每家门店的月参与人数近4 000人，每月通过游戏获得奖券到店消费的新增流水达 5 万元。

被称为“互联网原住民”的“90 后”对餐厅的挑选标准不再局限于餐厅的菜品本身，那些更好玩、更有趣的餐厅更容易吸引他们的眼球，这种互动感极强的方式就不仅仅停留在等位的服务层面了，其更像是一种营销，互动也成了吸引顾客到店的一个新理由。

1.2.3 交换、交易与关系

交换(Exchange)的概念：某些个人或组织通过提供某种物品或服务行为作为回报从其他人或另一组织那儿取得所要的东西的行为。交换是一个过程，而交易是交换的结果。一般而言，发生交易的双方有一方比另一方更为主动和积极，我们把这一方称为“市场营销者”。

交换不仅是一种交易，而且是建立关系的过程。精明的市场推销人员总是试图与顾客、批发商、零售商以及供应商建立起长期互利、相互信任的关系。这就要求企业必须提供优质的产品、良好的服务以及公平的价格。

1.2.4 市场及市场占有率

在现代企业市场营销者看来，市场是指具有特定需要和欲望，愿意并能够通过交换来满足这种需要和欲望的全部顾客，包括现实购买者与潜在购买者。因此，市场的大小，取决于那些有某种需要，并拥有使别人感兴趣的资源，同时愿意以这种资源来换取其需要的东西的人数。

由此看来，市场应包括三个主要因素：有某种需要的人、为满足这种需要的购买能力和购买欲望。用公式来表示就是：市场＝人口＋购买力＋购买欲望。市场的这三个因素是相互制约、缺一不可的，只有三者结合起来才能构成现实的市场，才能决定市场的规模和容量。

案例：火热的“男性理容”市场

根据“艾媒咨询”发布的《2020 中国男性颜值经济发展专题研究报告》显示，男性美容零售规模突破 167 亿元。其中“Z 世代”的男性对护肤美妆的需求也愈来愈明显。“抖音”发布的《2020 年中国男性美妆市场》显示，男性美妆类视频播放量增速已超过整个美妆类别视频播放量增速。这些男士的美妆、穿搭 KOL 也助推着“男色经济”，他们和网友分享“男人的心机裸妆”“油皮 boy 的护肤指南”，引导男性更加精致地打理自己。

“男性理容”俨然已是一片蓝海市场，诸多新兴品牌入局“男性理容”市场，并获得资本青睐，如“理然”“亲爱男友”“漫仕”“蓝系”“JACB”等。各个品牌的爆款其实都有共同的特征——运用差异化的产品策略精准发掘男性群体的需求，如香氛喷雾、衣物除味剂、免洗面膜等，都是之前的传统品牌没有挖掘过的男性需求。

男性群体在护肤美容方面的消费意愿并不强烈，又缺乏男版“小红书”等这样的种草社区，目前男士护肤品牌依靠的线上渠道主要是"抖音""B站""快手""微博"。

对于各个摩拳擦掌想要攻占市场的新品牌,"男色经济"市场是一片蕴藏着机遇的蓝海,但它也充满各种不确定性,培养消费者和赚钱都还任重道远。

一般而言,在某一行业,市场被若干个甚至无数个企业共同瓜分。那么,某一企业在市场中占据什么样的位置呢?我们通常用市场占有率(市场份额)来表示其市场地位。市场占有率是指某一企业产品或服务的销售量(或销售额)在市场同类产品(或服务)中所占的比重,反映了企业在市场上所处的竞争地位。市场份额越高,表明企业经营、竞争能力越强。

阅读资料:中国饮料市场格局

中国的饮料市场的发展经历了较为漫长的历程,从单一的饮料产品——汽水,逐步发展到多种饮料品类,如碳酸饮料、矿泉水、奶产品等。20世纪末,茶饮料品类投入生产并进入中国市场,在中国饮料市场占领一席之地,其在饮料行业的市场地位仅排在水和碳酸饮料之后,市场份额稳居饮料行业第三。

随着在国内市场的爆发式增长,凉茶行业的竞争也日益激烈,除产品本身毛利高、利润空间大外,还因为行业本身的进入门槛低。值得注意的是,市场上已存在众多凉茶品类,且凉茶品类口味基本相近,功效一致,在消费者中也难形成产品的区别特性。这些年,"王老吉"不断拓展产品品类,推出了黑凉茶、无糖凉茶、纪念罐凉茶等产品开拓市场。

截至目前,国际饮料巨头以"可口可乐"和"百事可乐"为主,占有碳酸饮料90%以上的市场份额。国内饮料巨头以"康师傅""统一""娃哈哈"和"农夫山泉"这四大饮料品牌为主,品种全,占有茶饮料80%以上的市场份额。此外,功能饮料切中人们抗疲劳的诉求点,如"红牛""乐虎""东鹏特饮"这几年也在蓬勃发展,进一步争夺饮料市场的份额,挤占了"加多宝"等企业的凉茶市场。

1.2.5 市场的类型

在市场体系中,个人、组织和企业都可能是商品的购买者,他们购买商品的目的不外乎是满足个人或家庭生活的需要或者作为生产工具或生产资料或转卖。因此,可以将市场分为消费者市场和组织市场两种基本类型。

(1) 消费者市场。消费者市场是个人或家庭为了满足生活需要而购买商品所形成的市场。消费者市场是产业乃至整个经济活动为之服务的最终市场。消费者市场是其他市场存在的基础,在整个市场结构中占有十分重要的地位。

(2) 组织市场。组织市场也称组织机构市场,其中包括生产者市场、中间商市场和非营利组织市场。生产者市场又称产业用品市场或工业品市场,它是指个人或企业团体为满足生产需要而购买商品所形成的市场。中间商市场是指把货物转卖给别人以取得利润的商品销售者,是由各种批发商和零售商所组成的。非营利组织市场是指各级政府和事业团体的各级职能单位和公共事业单位为执行其职能、体现其组织形象而采购或租赁货物形成的市场。

除了按上述标准分为消费者市场和组织市场外,市场还可以从以下不同的角度进行划分。按照地域划分为国内市场、国际市场;农村市场、城市市场;南方市场、北方市场等。按经营范围划分为综合性市场、专业性市场等。按购买方式划分为自选市场、邮购市场、现货交易市场、期货交易市场等。

案例:华为转型面对的客户差异

华为公司崛起于通信行业,最初华为是靠卖通信设备和提供解决方案取得成功,并在国际上打开了市场,成为全球通信行业有影响力的巨头之一。华为之前所针对的客户——通信运营商属于B2B领域,而做手机属于B2C领域,这是两种不同的业务模式,应需要两种不同的能力。

华为以前是卖通信设备的,多和服务商、运营商打交道,针对企业客户(即B端客户);而华为手机,是直接卖给消费者的,直接和终端消费者(即C端客户)打交道。运营商和消费者是两种不同的客户,销售方式、路径、产品特点都有很大不同。

1. 运营商注重耐用性——质量、稳定性

运营商客户,特别是通信设备的运营商,最注重的是耐用性,毕竟通信设备一旦投放出现问题,那就不是小事情,涉及一个区域大面积的通信安全、故障率。

对产品更注重质量、稳定性,同时服务要好,一旦出现问题,就要快速响应进行处理。

在营销模式上,工业品与大众品有一个典型区别,就是相对而言广告投放少,华为在做通信设备时很低调,基本上很少投放广告,因为它是直接面对通信运营商客户的模式。

2. 消费者注重产品设计、功能

消费者客户,对产品的关注点,特别是时尚属性产品的关注点,与工业品完全不同。工业品看重耐用性,而大众消费品、特别是时尚类产品外观设计很重要。

现在,手机逐渐成为具有时尚属性的快消品(更换频率变快),具有很强的时尚消费属性,注重颜值、功能。特别是颜值高、外观炫酷的产品更受消费者的青睐,产品的溢价能力也更高。

针对消费者,往往采用大众消费品的营销方式——媒体广告、渠道覆盖、终端拦截等。

● 分项任务测试:

小王就职于一家电子商务公司,从事化妆品网上直播销售工作;小李就职于一家大型机械厂,从事挖掘机销售工作;小张就职业于一家食品企业渠道部,从事客户开发工作。他们的工作都是销售,试分析:他们所面对的市场各属于什么类型?他们的销售特点有何差异?

1.3 树立现代市场营销观念

企业存在的最终目的是取得利润。但在取得利润的过程中,企业提供什么样的产品?满足顾客怎样的需要?是企业适应顾客或社会还是顾客或社会适应企业?进行何种营销活动?如何处理各种关系?这些问题都是企业决策者和营销人员开展营销活动之前必须明确的,即确定营销观念。所以说,企业的市场营销活动是在特定的市场营销哲学或经营观念指导下进行的,也就是企业在开展营销活动的过程中,在处理企业、顾客和社会三者利益方面所持的态度、思想和观念。

案例:"十三香"的没落

2020年10月,一条"十二不如十三香"的微博,让"王守义十三香"借着iPhone12的发布登上了"热搜"。登上"热搜"的第二天,"王守义十三香"的官方微博借势发布了2020年新的企业宣传片。视频的内容很简单:一首地方风情浓郁的歌曲,一番简单的企业介绍,加上董事长王银良几句朴实的话语,手机屏幕前的年轻人仿佛被拉回了童年。但当热度散去,"王守义十三香"对更多人来说,依然只是一份越来越久远的陈年记忆。

近两三年,王银良在聚焦主产品的同时,也在大力推出新品,希望把火锅料、饺子料等产品推广出去,尤其是带到农村乡镇,扩大下沉市场,改变人们对"王守义等于十三香"的固有认知。但如今,在大多数城市的商店超市,也只能找到一款印着"王守义"头像和商标的十三香调味料。

面对电商的冲击,"王守义十三香"同样一筹莫展。当调味品行业其他巨头走进直播间带货时,王守义仍然在坚守着逐渐萎缩的线下市场。集团旗下虽然也成立了电商公司,但业绩平平,不能不说是一个遗憾。

在"王守义十三香"为"隔行跨界"疲于奔命的漫长岁月里,后来者早已抢跑了新的赛道,而当老企业痛定思痛,回到主战场时,反成了毫无竞争力的"新手",被一步步挤到了舞台的边缘。如今的"王守义十三香"想要找回失去的岁月,还需要漫长的时光去沉淀。

市场营销观念是随着市场环境的变迁而不断演变的。市场环境不同,企业感受到的竞争压力也就不同,在市场竞争压力的客观作用下,企业为生存与发展必须对所持的市场营销观念进行适应性转换。企业的营销观念经历了无个时期的发展与演变,即生产观念、产品观念、推销观念、市场营销观念和社会市场营销观念(见图1-2)。其中前三者称为传统观念,后两者称为现代观念。随着时代的发展,又有学者提出了"大市场营销观念""4Cs观念""4Rs观念""关系营销"等新理念,进一步深化了营销的内涵。

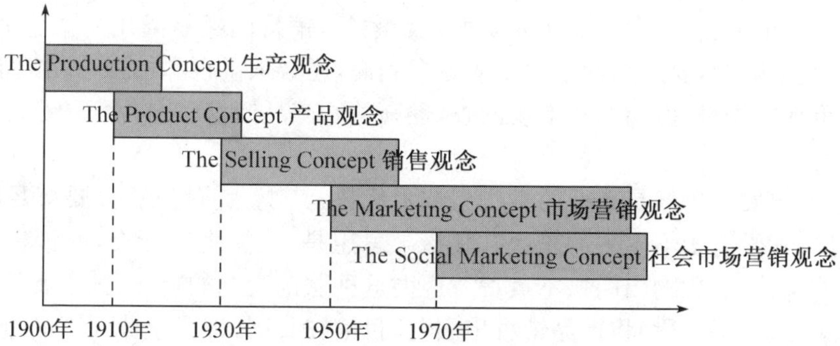

图1-2 营销观念的变迁与发展

1.3.1 生产观念

生产观念是指导销售者行为的最古老的观念之一。生产观念认为,消费者喜欢那些可以随处买得到而且价格低廉的产品,企业应致力于提高生产效率和分销效率,扩大生产,降低成本和价格,以此作为一切活动的中心来扩展市场。显然,生产观念是一种重生产、轻市场营销的商业哲学。具体表现为企业能生产什么就卖什么,是一种典型的以产定销的做法。我国在计划经济体制下，由于产品短缺，企业不愁其产品没有销路，信奉“皇帝女儿不愁嫁”，工商企业在其经营管理中多奉行生产观念。

1.3.2 产品观念

产品观念认为，消费者最喜欢高质量、多功能和具有某种特色的产品，企业应致力于生产高质产品，并不断加以改进。这种观念也产生于市场产品供不应求的“卖方市场”形势下。它与生产观念的不同之处在于不仅注重数量而且注重产品质量。最容易滋生产品观念的时机，莫过于当企业发明一项新产品时。此时，企业最容易出现“市场营销近视”，即不适当地把注意力放在产品上，相信所谓“酒香不怕巷子深”，看不到市场需求在变化，致使企业经营陷入困境。

案例：“狗不理”断臂求生，门店全面退出北京

2021 年 3 月，“狗不理”被媒体爆出在北京的最后一家店关闭。此外，其在天津也面临门店收缩的窘境。未来，“狗不理”将重点发展其速冻食品渠道。

近几年来，“狗不理”包子的口碑早已下滑，“天价包子”“不好吃还贵”的评价频频出现，“狗不理”“高端包子”的定位无疑已经无法在消费者心里站稳脚跟。

许多老字号都在积极求新，保持品质的同时顺应时代做出改变。而在“狗不理”产品、门店创新上，并没有看到过多的升级转变，在迭代升级如此快速的餐饮业，还原地踏步的“狗不理”，当老字号背后的品牌记忆消耗完，也将被时代所抛弃。

1.3.3 推销观念

推销观念认为，消费者通常表现出一种购买惰性或抗衡心理，如果听其自然的话，消费者一般不会足量购买某一企业的产品。因此，企业必须积极推销和大力促销，以刺激消费者大量购买本企业产品。推销观念产生于西方国家由“卖方市场”向“买方市场”的过渡阶段。在这个时期，供求状况发生了变化，卖主之间的竞争日趋激烈，销售问题暴露出来。企业感到仅有物美价廉的商品是不够的，要想在竞争中获取更多利润，还必须重视和加强产品的推销工作。于是，企业逐渐重视广告术、推销术和市场调查，逐渐关心产品销售状况，而不像过去那样仅仅关心产品的产量。

推销观念的出发点仍然是企业的生产与技术优势：其观念前提是“只要有足够的销售（推销或促销）力度，就没有卖不出去的东西”；其指导思想是“我能生产什么，就销售什么，我销售什么，顾客就购买什么，货物出门概不负责”；遵循这种营销观念的企业，其主要任务是“加大销售力度，想方设法（不择手段）将产品销售出去”。目前在我国，许多企业在产品过剩时，常常奉行推销观念。

1.3.4 市场营销观念

市场营销观念认为，实现企业各项目标的关键，在于正确确定目标市场的需要和欲望，并且比竞争者更有效地传送目标市场所期望的物品或服务，进而比竞争者更有效地满足目标市场的需要和欲望。

市场营销观念的指导思想是“顾客需要什么，企业就销售什么，市场能销售什么，企业就生产什么”或“生产消费者需要的东西”。简言之，市场营销观念是“发现需要并设法满足它们”，而不是"制造产品并设法推销出去";是"制造能够销售出去的产品",而不是"推销已经生产出来的产品"。因此,"顾客至上""顾客就是上帝""顾客永远是正确的""爱你的顾客而非产品""顾客才是企业的真正主人"等口号,成为现代企业的座右铭。

1.3.5 社会市场营销观念

社会市场营销观念是对市场营销观念的修改和补充。它产生于20世纪70年代西方资本主义国家出现能源短缺、通货膨胀、失业增加、环境污染严重、消费者保护运动盛行的新形势下。如果企业只片面注重顾客的短期需求和眼前利益,忽视社会其他利益的存在,将使这些问题进一步恶化。

现实生活中,有的企业只考虑自己盈利的目的,丝毫不考虑社会利益、消费者需求满足与长远利益。如一次性筷子及饭盒的大量生产与使用、塑料包装袋的泛滥成灾、野生动物的捕捉与食用等行为无不以国家、社会、环保、生态利益的损害为代价。

鉴于市场营销观念回避了消费者需要、生产者利益和长期社会福利之间隐含着冲突的现实,社会市场营销观念要求市场营销者在制定市场营销政策时,要统筹兼顾三方面的利益,即企业利润、消费者需要的满足和社会利益。社会营销观念为指导思想的营销活动的特点是:消费者利益和社会利益并重,成为企业经营活动的双层中心;重视追求企业的长远利益和社会的全面进步。

案例:"飞鹤",领跑中国乳业

作为一家婴幼儿奶粉企业,"飞鹤"在中国抗击疫情中,不但自己挺住了、发展了,而且勇担企业社会责任,是当之无愧的民族品牌。将时针回拨到2020年1月底,当疫情洪峰排空而来时,"飞鹤"向中国红十字基金会捐赠1亿元,设立"中国红十字基金会飞鹤抗击新型冠状病毒疫情专项基金";2020年2月10日,"飞鹤"又追加捐赠价值1亿元的营养食品,相继捐赠2亿元款物,全力守护疫情中的医护人员和孕产妇群体,保障营养所需。同时,"飞鹤"智能化工厂全部加班加点生产,生产一线突破历史产能;物流一线大年初二全体复工,保障全国产品供应;为不敢出门、不便出门的消费者,第一时间提供安全送货上门服务。这一义举迸发的巨大能量,也带动了整个乳业品牌相继驰援。作为一家婴幼儿奶粉企业,"飞鹤"始终守护中国宝宝口粮,呵护母婴群体身心健康,充分展现了中国乳业的责任担当,也正是无数个这样敢担当有作为的企业,凝聚成战胜疫情、向上而生的中国力量。

案例:"滴滴"的隐患

安全事故频发、35%的超高抽佣比例引发司机罢工潮、反垄断、被点名批评……这几年"滴滴"一直在负面消息中前行。

对于像"滴滴"这样的网约车平台而言,安全是重中之重。不过,纵使是投入了30亿巨资进行安全建设,事故还是发生了。2021年3月15日,福建省福州市长乐区公安局通报了一起"滴滴"司机冲撞乘客致人死亡事件,根据警方通报显示,在3月14日凌晨2时左右,网约车司机高某和乘客张某因订单问题发生口角并引发冲突,高某情绪失控驾车冲撞张某,随后高某报警投案,张某经医院抢救无效死亡。

为了获得更多消费者的认可,"滴滴"平台一向都是"重顾客、轻司机",顾客和司机的地位并不对等,司机的"好评率"甚至还会影响派单的数量,而这才是导致"司机冲撞客人事件"发生的根本原因——顾客高高在上，司机一直被打压，最终矛盾激化，悲剧发生。试问如果“滴滴”能给司机相对平等的地位，如果“滴滴”可以让司机对乘客说不，如果对于素质低下的乘客，司机可以拒载、可以给差评，悲剧还会发生吗？

超高的抽佣比例也是“滴滴”与司机矛盾的根源。有媒体报道，“滴滴”平台对于司机的抽佣比例已经逐步提高到了35%，“滴滴”司机赚的大部分钱，除去成本以外，大头都要被平台抽走，到手的钱所剩无几。这还引发了四川、沈阳、江西等多个城市的“滴滴”司机罢工潮，“滴滴”平台也因此被交通运输部约谈。除了压榨司机之外，“滴滴”还有旗下“花小猪”平台的合规问题，也引起了社会的关注：在订单量超过100万单的网约车平台中，双合规完成订单率最低的是“滴滴”旗下的“花小猪”出行，为16.1%，“滴滴”也因此被多次约谈。

1.3.6 市场营销观念的深化和发展

20世纪80年代，美国市场学专家罗德明提出了“4Cs”理论，向传统的“4Ps”理论发起了挑战。这一理论认为营销应重视消费者导向，精髓是由消费者定位产品，即重视顾客要甚于重视产品，追求成本要优于追求价格，提供消费者便利比营销渠道更为重要，强调沟通而不仅仅是促销。菲利普·科特勒认为，4Ps和4Cs有着一一对应的关系，即：顾客需要(Customer need)、成本(Cost)、便利(Convenience)、沟通(Communication)(如表1-2所示)。

表1-2 “4Ps”与“4Cs”营销观念比较

4Ps营销概念	4Cs营销概念
4Ps营销组合	4Cs营销传播
产品策略	消费者的需要与欲求、品牌协调性和个性
价格策略	满足需要与欲求的成本
通路策略	能提供消费者方便之处
促销策略	整合性的全方位沟通
消费者请注意	请注意消费者

随着20世纪八九十年代关系营销研究的迅速兴起，舒尔茨(Schultz)提出了关系营销的4Rs组合理论，即关联(Relevance)、反应(Response)、关系(Relationships)、回报(Returns)。4Rs理论描述了全新的营销要素，涵括了与顾客建立关联、提高市场反应速度、重视关系营销和营销回报。这一理论强调以竞争为向导，注重关系营销，通过了解最佳顾客，并与他们建立并维持一种长期合作的关系，从而来提升品牌价值。

案例：新锐香氛品牌，通过气味“出售幻想”

“迪奥香氛”上线的纪录片《寻香之旅》，将香氛生意的实质归为“出售一种幻想”。香味与记忆及文化相连，既象征着个性身份，也关乎人际关系，同时还充满了独特的人情味。围绕“嗅觉”展开的香氛赛道，既包含美妆类目下的香水产品，也涵盖个护领域的香氛洗护、家居香氛等品类。与国际品牌相比，国产香氛品牌都不约而同地将焦点放在了“东方香”上，这是近年来香氛品牌们围绕“国潮文化”“东方审美”展开的个性化演绎。

气味图书馆的明星产品“凉白开”系列，聚焦的是国人的集体记忆；“野兽青年”则专注于打造中国青年专属的东方香气,“小时光”系列包含了绿豆沙、橘子汽水等能够唤醒消费者童年记忆的味道。

除了怀旧复古,基于传统文化与东方审美,也有许多可延展的空间。比如主打东方植物香调的“观夏”,传递的是一种“东方新摩登美学”;而“Uttori五朵里”则通过桂、梅、兰等东方元素诠释香水中的国风。

国产香氛品牌对中国消费者有着更深刻的洞察与理解,也唯有理解中国文化的内涵与底蕴,才能够通过香味进行更精准与独特的表达。另一方面,当代年轻消费者不再盲目追随欧美大牌,而是拥有更强的文化自信,对国货品牌的认同也不断加深,这也为国货香氛品牌的崛起提供了新的机会。

分项任务测试:

2020年11月,曾经的“快手一哥”辛有志在直播间推广的“茗挚”品牌燕窝经检测实为糖水。后经道歉、退货、罚款了结此事。试分析当前直播营销环境下的营销道德问题。

知识检测

选择题

1. (　　)是指导企业经营活动的最古老的观念之一。

A. 产品观念　B. 生产观念　C. 市场营销观念　D. 推销观念

2. 企业营销观念演变的根本原因是(　　)。

A. 商品供求变化　B. 产品成本提高

C. 竞争的加剧　D. 社会两个文明水平的提高

3. 下列哪种观念最容易产生“市场营销”近视症(　　)。

A. 产品观念　B. 推销观念

C. 市场营销观念　D. 社会市场营销观念

4. 企业经营者在制定营销政策时,应统筹兼顾企业利润、顾客需要和社会可持续发展等三个方面的利益。这种市场营销管理哲学属于(　　)。

A. 产品观念　B. 推销观念

C. 市场营销观念　D. 社会市场营销观念

5. 从市场理论的角度而言,企业市场营销的最终目的是(　　)。

A. 满足消费者的需要和欲望　B. 求得生存和发展

C. 推销商品　D. 获取利润

6. 与顾客建立长期合作关系是(　　)的核心内容。

A. 绿色营销　B. 关公关系　C. 关系营销　D. 整合营销

7. 市场营销管理的实质是(　　)。

A. 刺激需求　B. 生产管理　C. 销售管理　D. 需求管理

8. 顾客总价值与顾客总成本之间的差额就是(　　)。

A. 顾客让渡价值　B. 企业利润　C. 企业让渡价值　D. 顾客利益

9. 以“顾客需要什么,我们就生产供应什么”作为其座右铭的企业是(　　)。

A. 生产导向型　B. 市场营销导向型

C. 推销导向型　　D. 社会市场营销导向型

名词解释

市场营销;顾客让渡价值;交换;交易;市场份额;社会营销观念;市场营销观念;关系营销

简答

1. 如何准确理解市场营销的含义?

2. 市场分类的标准有哪些?

3. 论述市场营销观念对企业成长的重要意义。

案例分析

剧本杀:“罪恶”中发展的行业

剧本杀,其实是一种以剧本为核心的新型桌游。它起源于英国——福尔摩斯和007的家乡。玩家一般在5人以上,通过角色扮演参与其中,在主持人的引导下找出凶手或还原真相。电影和剧本杀,本质上都是以剧情为核心的体验过程。美国心理学家霍兰博士认为,恐怖电影和以惊悚为卖点的剧本杀吸引受众的原理一致,都是从虚构的恐怖中获得快感。近年来,对剧本杀“上瘾”的年轻人越来越多。社会学教授托马斯·谢夫博士持有同样的观点,他认为获得快感的关键在于距离,距离的存在将恐惧转化成愉悦。但问题在于,并不是所有观众或者玩家都能把握这种距离。每个人的成长经历、性格或共情能力都有所不同,因此并不是每个人都能从剧情中“抽离”出来。说白了就是入戏太深,这就是精神疾病产生的原因。电影和剧本杀的区别在于两者与观众的交互方式,并且剧本杀的沉浸感显然更高,这是它的原罪。

剧本杀是一把双刃剑,把恐怖灵异作为噱头,是行业尚处于诸侯混战或成长期时催生的商业手段。因此剧本杀需要监管层的介入,这是行业朝着正确方向发展的要求。

问题:

1. 从市场营销观念的角度分析“剧本杀”行业的发展前景并提出建议。

2. “海尔”CEO张瑞敏说:“只有淡季的思想,没有淡季的市场。”请谈谈你对这句话的理解。

技能训练

1. 走访当地一家企业,针对企业的营销现状及营销观念进行分析。

2. 网上搜集零食产品的市场状况,分析不同零食品牌的市场地位。

3. 用演讲的方式,谈谈你对营销的理解,完成演讲稿“营销之我见”。

任务2　分析营销环境，制定营销战略

【任务目标】

知识目标：

1. 理解影响企业市场营销的主要因素；
2. 明确企业宏观环境与微观环境的构成要素；
3. 理解企业的营销战略及其构成内容；
4. 了解企业战略规划、竞争战略和市场发展战略。

技能目标：

1. 能够运用环境分析工具开展营销环境分析；
2. 能够判断市场机会和市场威胁；
3. 能够针对环境机会和威胁制定相应的营销对策。

思政目标：

1. 建立对我国营商环境的感性认知；
2. 融入我国经济发展的统计数据、中华优秀传统文化等内容，坚定“四个自信”，增强民族自豪感和社会使命感；
3. 具有创新思维，应对环境发展带来的新问题。

【任务分解】

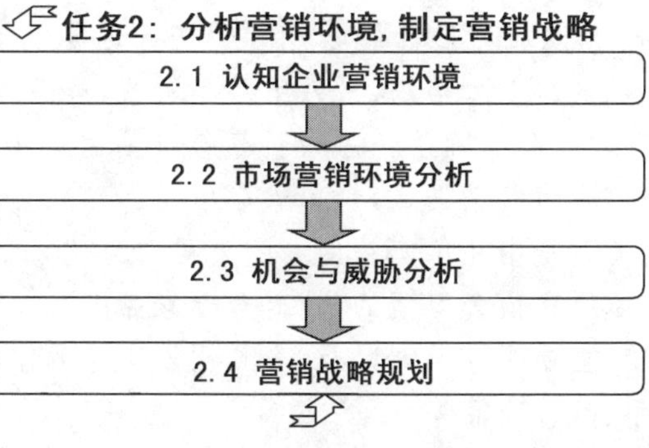

2.1　认知市场营销环境

企业的经营活动是在一定的环境中进行的，其营销成败的关键在于能否适应不断变化的市场营销环境。对于企业的营销人员而言，他们的主要任务就是注意观察企业所处的环境，并从中发现机会。因此，现代市场营销观念认为，企业的决策者必须经常注意和监控企业周围的环境，善于分析环境变化带来的机会与威胁并采取适当的策略和措施来适应营销环境的变化与发展。

市场营销环境泛指一切影响和制约企业市场营销决策和实施的内部条件和外部环境的总和，指企业在其中开展营销活动并受之影响和冲击的不可控行动者与社会力量，如供应商、顾客、文化与法律环境等。

阅读资料：三胎开放，哪些赛道会迎来新的增长红利？

2021年5月中共中央政治局会议指出，进一步优化生育政策，实施一对夫妻可以生育三个子女的政策和支持措施。未来，随着新生儿增加和人口结构的改变，相关的大消费赛道会迎来新的增长红利。

1. 家庭结构改变

供给端：房地产行业中，大户型多居室房型将会成为热销或者家庭基础款；汽车行业中，现在的大家庭出行需要七座车型，有保姆老人的家庭更是需要九座车型才能满足其出行基本需求；亲子酒店，也需要从供给端更新，推出更大的家庭套房，以满足大家庭消费者的居住需求。

品牌端：年轻一代的新人爸妈，对母婴消费的需求更加多元化；伴随消费升级母婴家庭对于天然、健康概念的需求，将带动相关健康食品和健康护理品的增长。

渠道端：母婴新零售迎来全面升级，“商品+服务”的体验经济时代，全渠道融合发展模式更加符合新兴一代年轻父母的消费观念。

2. 备孕和婴幼儿消费

辅助生育：生殖专科连锁医疗机构将通过线上平台和线下实体店专注解决用户“怀孕”的问题。

母婴电商：母婴消费线上渠道除了“天猫”“京东”之外，“蜜芽”“洋码头”等也在各自耕耘，也有早期一些KOL自媒体，构建起了自己的母婴电商平台。

母婴用品：如“Babycare”，以腰凳设计的婴儿背带切入母婴市场，后来逐步将品类扩展到纸尿裤、湿巾、喂哺、洗护、玩具、出行、孕妈、早教用品等领域，产品种类达到数千个。

母婴家居：集渠道品牌和产品品牌于一体的新零售母婴家居平台，以App、微商场小程序“天猫”“京东”等以及线下门店为营销渠道，销售母婴用品、奶粉、辅食、童装、洗护、棉品等。

营养辅食：如“秋田满满”，是由几位奶爸创办的公司，秉承“只喂中国宝宝”的品牌理念，致力于打造更适合中国宝宝体质和饮食习惯的“辅零食专家品牌”。

育儿服务：如“亲宝宝”，主要服务孕期以及0～6周岁宝宝的家庭用户，核心业务包含成长记录云空间、智能育儿助手、品牌商品等。

婴幼早教：中国0～6岁婴幼儿超1亿人，早教市场在2019年就已突破2 000亿元。如“芝士启蒙”依靠在线形式输出优质早教产品。

3. 儿童消费

从儿童年龄结构看，儿童消费的总体支出构成不断变化。当年龄长至6岁，玩具与食品的支出比例下降，服装、娱乐消费的比例基本保持不变，文具、书籍、教育支出比例将持续上升。

三胎政策已经颁布，不论是二级市场的母婴概念股的飘红，还是母婴新消费品牌的不断融资都昭示着行业机会永远留给深度洞察趋势，并且真正为用户解决问题的利他主义者。

根据营销环境（见图2-1）对企业营销活动的影响程度与影响方式，可以把营销环境分为两大类：直接营销环境（也叫微观环境）和间接营销环境（也叫宏观环境）。

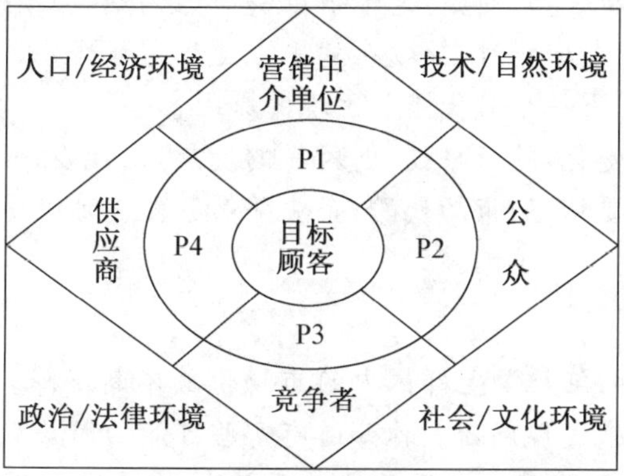

图2-1 影响企业营销活动的环境因素

微观环境是直接与企业紧密相连,直接影响企业为目标市场顾客服务的能力和效率的各种参与者,包括企业内部营销部门以外的企业因素、供应商、营销渠道企业、目标顾客、竞争者和公众。宏观环境是那些作用于直接环境,并因此造成各种市场机会和环境威胁的各种力量,包括人口环境、自然环境、经济环境、科学技术环境、政治法律环境和社会文化环境等企业不可控制的因素。

企业市场营销环境不是以营销者的意志为转移的,它有着自己的运行规律和发展趋势。企业的营销活动应该主动适应和利用客观环境,不能改变或违背客观环境。主观臆断营销环境的发展趋势,必然会导致营销决策的盲目与失误,最终造成营销活动的失败。

企业可以运用各种有效的方式或手段,影响利益相关方,争取多方面的支持,使之改变做法,从而改变营销环境。这种能动的思想不仅对国内跨地区市场营销活动有重要指导作用,对开展国际市场营销活动也有重要意义。因此,营销管理者的任务不但在于适当安排营销组合,使之与外部不断变化的营销环境相适应,而且要积极创造性地适应和改变环境,适应或改变目标顾客的需要。只有这样,企业才能发现和抓住市场机会,因势利导,在激烈的市场竞争中立于不败之地。

案例:时代变了,"苏宁"输了

"苏宁"出售股权的报道,让商界大感意外。"苏宁""国美"这些昔日线下零售霸主,为何会输给电商时代的"阿里""京东"?

"海尔"总裁张瑞敏说:"只有时代的企业,没有成功的企业。"很多企业在一个时代会成功,甚至成为霸主。但是,在下一个时代,它们的地位很可能被新的霸主所取代。例如:传统相机时代的霸主"柯达",在下一个时代——数码相机时代没落,它的相机霸主地位被"富士康"等所取代。手机功能机时代的霸主"诺基亚",在手机下一个时代——智能机时代,它的手机霸主地位被"苹果""三星"这些新的巨头所取代。

互联网时代的企业和传统线下企业,在做大的路径、战略上,依然相似。但是,在一些路径、方式的战术上还是有区别。如传播途径(从传统媒体转向了互联网媒体、新媒体等)、销售途径的变化(销售从门店体验消费模式,变成了线上下单、物流搬运消费模式),这些变化昔日的霸主们未必适应。

对于新崛起的企业而言,它们往往没有传统业务的包袱。可是,对于传统巨头而言,它们要面对传统业务、组织的"断舍离"问题，是个很难决断的问题。"断舍离"会影响转型、应对的速度，结果机会就在时间流逝中错过，导致在竞争中逐渐落了下风。对成功企业而言，它们的惯性思维，也往往是它们在下一个时代陷入困境的原因。

市场唯一不变的就是变化，随着科技、创新等的发展，时代发展、演变的速度超出了想象。对于所有企业、人而言，都要切记：市场残酷，企业必然会面临时代变化所带来的危机。

● 分项任务测试：

1. 近年来，"小米"手机在大学生群体中的市场份额不断下降。为了查知原因，可用的方法之一就是通过环境分析来发现问题。你知道有哪些可能的因素影响了企业的市场？

2. 李经理所在的企业欲在某一地区开展一项新业，需要进行可行性分析。他首先对新业务所在地区的环境进行了系统的分析，你认为他要分析哪些环境因素？

2.2 营销环境分析

2.2.1 宏观环境分析

一般说来，营销宏观环境因素可以概括为以下四类，即政治与法律环境(Political)、经济环境(Economic)、社会文化环境(Social)、科技环境(Technological)，通常我们所说的 PEST 分析就是宏观环境分析(见图 2-2)。下面我们就逐一对它们进行分析。

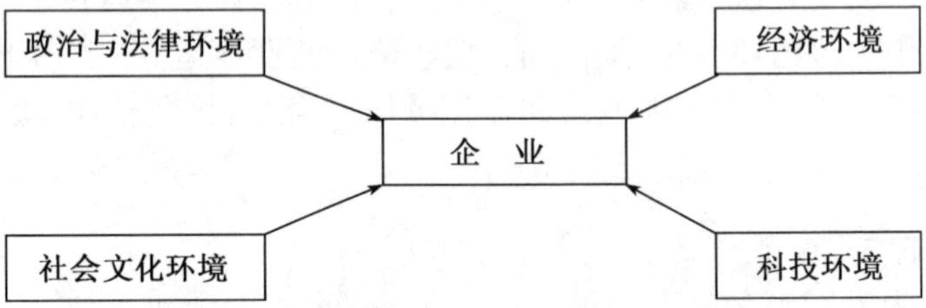

图 2-2　营销宏观环境四大要素"PEST"

1. 政治与法律环境分析

政治与法律环境的变化显著地影响着企业的经营行为和利益。一个国家或地区政治与社会稳定是大多数企业顺利进行营销活动的基本前提，而内战、频繁的罢工或与外部的武装冲突往往使企业经受萧条和倒闭的痛苦。

(1) 从整体上看，我国企业面临的政治环境稳定，机遇与挑战并存。我国既面对着赶上新科技革命、实现生产力跨越式发展的历史性机遇，也面对着前所未有的激烈的国际竞争。

(2) 我国企业面临的法律环境也不断完善，《民法典》中和营销相关的法律法规得到修订，例如《中华人民共和国产品质量法》《企业法》《合同法》《商标法》《专利法》《广告法》《食品卫生法》《环境保护法》《反不正当竞争法》《消费者权益保护法》等。企业的营销管理者必须熟知有关的法律条文，才能保证企业经营的合法性，并运用法律武器来保护企业及消费者的合法权益。

案例：针对互联网行业巨头的反垄断调查

2021年，国内互联网巨头"阿里"涉嫌垄断被调查。反垄断调查并非先例，只是人们熟知的更多是针对传统产业领域的反垄断调查，针对互联网企业的认识相对较少。而事实上，在国际上，针对互联网、IT巨头的反垄断调查，一直都在发生。例如：20世纪90年代末开始的针对"微软"、2015年之后开始的针对"谷歌"、最近针对"facebook"的反垄断调查……这些互联网巨头级企业达到一定规模后，凭借自身在相关领域的优势，会设置排他性的规则，涉及一定程度的垄断行为。

例如，"谷歌"凭借安卓系统，以及浏览器的优势，设置浏览器默认搜索的唯一选项是"谷歌"搜索。2018年欧盟委员会因"谷歌"违反欧盟反垄断法，对其处以43.4亿欧元罚款之后，默认的搜索多了选择，不再是只有"谷歌"搜索，还允许其他搜索存在。

再如，在"谷歌"之前，"微软"也因为操作系统优势，默认唯一的IE浏览器。在2010年的欧盟反垄断调查中，欧盟委员会认为，"微软"利用Windows操作系统的主导地位，将用户导向其产品IE浏览器。于是"微软"推出了网络浏览器的选择界面。这种巨头凭借绝对优势，进行排他性的规则设置，意味着在相关领域，形成了对其他企业某些空间的"强制性、严重挤压"，形成了某种程度的不公平。

(3) 我国的社会团体不断发展壮大。社会团体是为了维护某一部分社会成员的利益而成立的旨在影响立法、政策和舆论的各种公众组织。影响企业市场营销决策的社会团体主要是保护消费者利益以及保护环境的公众组织。保护消费者权益运动的不断发展，既对违法及违反道德标准、损害消费者利益的企业形成了巨大压力，有力地保护了消费者权益，又保护了优秀企业的经营活动。目前，我国的消费者协会正发挥着日益重要的作用，企业制定市场营销战略时必须认真考虑这种动向。

案例："华莱士"被爆食品卫生问题，快餐界"拼多多"质量也堪忧

2021年7月17日，微博视频号"内幕调查局"发布了"两家外卖平台销量第一的炸鸡店，'华莱士'韩式炸鸡有多脏?"的视频。

视频中显示，"华莱士"工作人员未戴口罩、手套直接制作炸鸡、汉堡；鸡块掉在干地面上捡起放回去，掉在湿地面上则捡起来重炸；清洗抽油烟机时不做保护措施，放任洗涤剂滴入油锅；老油掺新油继续使用，永不更换。随后，上海市市场监管局联合闵行区市场监管局约谈了"华莱士"总部负责人，要求企业必须立即整改有关食品安全问题。

成立于2000年的"华莱士"，目前在全国门店已超过10 000家，也是快餐市场上第一个拥有万店规模的品牌。虽然与"肯德基""麦当劳"有着相似的套餐，但"华莱士"与众不同的地方在于其定位三四线小城市，依靠数量和下沉市场取胜。"华莱士"也因此得来"快餐界的拼多多"称号。

"华莱士"食品号称拥有10 000家餐厅，目前，门店食品安全管理几乎完全处于空白状态。截至2020年底，"华莱士"食品一共拥有438名员工，其中，行政管理人员、销售人员、财务人员分别为61名、334名、43名，食品安全管理人员为0。创办20余年的"华莱士"，曾经的餐饮王者，看来到了瓶颈期。

2. 经济环境分析

经济环境主要是指经济发展速度、人均国内生产总值、消费水平和趋势、金融状况以及经济运行的平稳性和周期性波动等。与其他环境力量相比，经济环境对企业的经营活动有更广泛而直接的影响。经济因素对企业营销的影响主要表现在以下几个方面。

(1) 收入与购买力

消费者的购买力水平取决于收入水平。随着我国社会经济的持续发展以及社会保障制度的日益改善，人们收入不断增长，使得消费者的需求呈现多样化、个性化和高级化的发展趋势。

(2) 消费状况

主要分析居民的消费结构和消费水平，常用恩格尔系数进行分析。

$$恩格尔系数=食品支出金额\div家庭消费支出总金额\times100\%$$

恩格尔定律指出，系数越大，生活水平越低系数越小，生活水平越高。消费者支出模式除了主要受消费者收入影响外，还会受家庭生命周期的不同阶段、家庭所在地以及价值观念等多种因素的影响。人们的生活水平、消费质量的提高还表现在必需品、享乐品、奢侈品内涵的变化上。

(3) 经济的周期性波动

经济的周期性波动不仅影响整个国家的经济发展和生产消费走势，而且在很大程度上决定了企业的投资行为，因此，经济的周期性波动一直是经济理论界和企业界关注的焦点。

案例：快时尚“消亡史”

2021 年 3 月，快时尚品牌“Gap”出售包括中国业务在内的潜在选项，以调整在华经营。在此之前，西班牙快时尚品牌“Mango”也宣布暂停在中国开新店。当年风风火火抢占中国市场的外来快时尚品牌们在中国碰了一鼻子灰，水土不服的背后所折射的其实是中国在服饰消费升级后供需层面的变化，也是快时尚行业迭代下的斗转星移。

这些年，人们手中的可支配收入多了，对衣服的款式、品质的要求自然也就高了。吃饱穿暖俨然成了过去时，未来属于吃好穿好。羊绒、真丝等兼具美观和舒适度的高档面料成了许多人衣橱里的常备款，而这些材质的衣服在快时尚店铺里往往难以寻觅。

于是，有消费能力的人选择更贵的衣服，想捡便宜的人选择网上血拼，快时尚成了高不成低不就的尴尬地带，这种消费盲区存在的时间越久就越容易被人遗忘。

快时尚没变，可消费者变了，时代也变了。没有人能挽回时间的洪流，快时尚成了消费升级时代的牺牲品。

3. 社会文化环境分析

社会文化环境是指一个国家、地区或民族的传统文化，通常由价值观念、信仰、风俗习惯、行为方式、社会群体及相互关系等内容所构成。人们在不同的文化背景下生活，就会形成不同的观念和信仰，并有不同的行为规范。一个社会的核心文化具有高度的持续性，并在世代沿袭中不断得到丰富和发展，影响并制约着人们的行为。

(1) 人口因素。人是企业营销活动直接和最终的对象。市场是由消费者构成的，所以在其他条件固定或相同的情况下，人口规模决定着市场的容量和潜力，人口结构影响着消费结构和产品构成，家庭的人口规模、家庭类型及其变化，对消费品市场也有明显的影响。因此，人口因素是分析市场规模的重要因素。我国作为一个人口大国，是国际上最具吸引力和发展潜力的大市场之一。

(2) 文化因素。文化是知识、信念、艺术、法律、伦理、风俗和其他由一个社会的大多数成员所共有的习惯、能力等构成的复合体。文化对消费者行为的影响是多方面的、非强制性的。

价值观念。价值观念是人们对社会生活中各种事物的态度和看法。不同的文化背景下，人们的价值观念相差很大。

风俗习惯。风俗习惯是在一定的社会物质生产条件下长期形成并世代相传的，成为约束人们思想、行为的规范，影响消费者的购买行为。

审美观。不同的消费者往往有不同的审美观。审美观不是一成不变的，往往受到社会舆论、社会观念等多种因素的影响，并制约着消费者的欲望和需要的取向。

案例：危险的"快手"

"老铁们，双击666，我给大家表演一个……"这是"快手"创作者面对镜头拍摄短视频内容最常用的话术。而在这种文化氛围中，看客和表演者都是"老铁"，乡村文化让用户之间颇有共鸣，但流量的追逐、网络的猎奇，逐渐让"快手"滑向了另一个极端。

"快手"上的网红们通过自虐、粗俗以及黄色、暴力等"擦边球"内容来博眼球，有媒体评价，"快手"展现的不是五环外的桃花源，而是一个"混沌沉沦中的中国农村"。

头部主播不断挑战道德与法律的底线，也将"快手"不断置于危险的边缘。近几年，"快手"处在不断被点名、约谈甚至下架的漩涡中。其间，"快手"也不得不多次封杀了数百个百万以上粉丝的大V。

一同被指责的，还有"快手"的家族文化。据了解，"快手"平台长期以来盘踞着以辛巴等人为首的八大家族，而头部家族之间难免为了争抢资源发生冲突，进而影响粉丝互相攻讦，破坏平台氛围。而每当这种事情发生之时，平台只能将涉事账号暂时封禁，十分被动。野蛮生长出来的网红，带给"快手"的危险早已大于益处。

(3) 亚文化因素。亚文化是不占主流的或某种局部的文化现象。一种亚文化可以代表一种生活方式。它不仅包括与主流文化共通的价值观，还包括自己独特的价值观念。如在中国，用筷子吃饭是主流，而一部分人用刀和叉吃饭则是亚文化现象。亚文化包括：种族亚文化、民族亚文化、地理亚文化、职业亚文化、年龄亚文化等。

民族亚文化。同一个民族一般具有相同的语言、类似的生活方式等，这就是民族亚文化。不同民族的人分属不同的民族亚文化，其宗教信仰、节日、爱好、图腾禁忌和生活习惯等，都有其独特之处，因而在消费心理、习惯等方面有着天壤之别。

地理亚文化。这是以人口的行政区域分布为特色的亚文化群体。如生活在城镇、市郊、农村的消费者在生活方式和消费习惯上存在着较大的差异，"都市文化""乡村文化"等名词反映了这种差异；如我国饮食文化中的南甜北咸、东酸西辣，节日文化中的北方逛庙会、南方逛花会。

案例:杭州“狗不理”包子店为何无人理

杭州“狗不理”包子店是天津狗不理集团在杭州开设的分店,地处商业黄金地段。正宗的“狗不理”以其鲜明的特色(薄皮,水馅,味鲜美,咬一口汁水横流)而享誉神州。但正当杭州南方大酒店创下日销包子万余只的纪录时,杭州的“狗不理”包子店却将楼下三分之一的营业面积租让给服装企业,依然“门前冷落车马稀”。其实当“狗不理”一再强调其鲜明的产品特色时,却忽视了消费者是否接受这一“特色”,那么受挫于杭州也是势在必行了。

首先,“狗不理”的包子馅比较油腻,不合喜爱清淡食物的杭州市民的口味。其次,“狗不理”包子不符合杭州人的生活习惯。杭州市民将包子作为便捷快餐对待,往往边走边吃。而“狗不理”包子由于薄皮、水馅、容易流汁,不能拿在手里吃,只有坐下用筷子慢慢享用。再次,“狗不理”包子馅多半是蒜一类的辛辣刺激物,这与杭州这个南方城市的传统口味也相悖。

4. 科技环境分析

科学技术是社会生产力中最活跃的因素,技术的进步可以改变人类的生活,推动世界经济的高速发展,同时也决定着企业的生存和发展。技术给企业的影响是多方面的,主要表现如下。

(1) 新技术给企业带来了机会与威胁

新技术革命,给企业市场营销既造就了机会,又带来了威胁。企业的机会在于寻找或利用新的技术,满足新的需求,而它面临的威胁则可能有两个方面:一方面新技术的突然出现,使企业现有产品变得陈旧;另一方面新技术改变了企业人员原有的价值观。

(2) 新技术改变了企业的市场营销策略

由于科技迅速发展,新产品开发周期大大缩短,产品更新换代速度加快。因此,开发新产品是企业开拓市场和赖以生存发展的根本条件。

由于科技进步,人们生活方式、兴趣、思想等差异性日益扩大,自我意识的观念日益加强。在分销渠道的选择上,大量特色商店和自我服务的商店不断涌现(个性空间);从传统人员推销方式演变为自我服务方式(超市、自助餐);现代企业的实体分配已不是以工厂为出发点,而是以市场为出发点(消费者需求)。

新科技的发展,一方面降低了产品生产成本,从而使产品价格下降;另一方面通过信息技术,运用价值规律、供求规律、竞争规律来制定和修改价格策略。

科技发展引起促销方式多样化,尤其是新媒体的发展导致了广告宣传方式的复杂化,网上销售的方式不断创新。

案例:“科沃斯”,科技助推成长

从吸尘器代工厂到市值千亿的智能机器人公司,“科沃斯”的成长之路并不容易。

“科沃斯”的前身是苏州泰怡凯电器。在它的代工期间,传统家电行业和吸尘器市场均有老牌企业占据了大部分的市场份额,竞争激烈。为了抢占市场,其创始人钱东奇选择自筹研发机构,推出全新品牌“科沃斯”,将产品定位转向自研自产的智能服务型机器人,并于2018年成功上市。

2019年,家用机器人虽然是一个新兴产品,科技赋予了竞争力和卖点,但“科沃斯”在路线规划、感应、识别物体、避障等技术方面还不够成熟,价格也远高于其他家电产品,性价比劝退了不少消费者,也阻碍了“科沃斯”的发展。

为了扭转业绩颓势，“科沃斯”开始了一系列的战略调整。先是果断缩减 ODM 代工业务，将更多的资金和技术投入产品研发当中，对标“戴森”推出智能生活电器品牌“添可”，随后主动退出国内低端市场的竞争，出海外谋求新市场。

大刀阔斧的调整后，“科沃斯”将传统制造业的原有标签扔掉，科技品牌的定位不断加强，先后推出了地宝“T8 系列”和“添可”的智能洗地机“FLOOR ONE”、智能吹风机“MODA ONE”。2020 年“双 11”期间，“添可”的全渠道成交额突破 4.1 亿，占据了国内洗地机市场超过 70%的市场份额，直接拉动行业规模同比增长 1 382%。

2.2.2　行业竞争环境分析

所谓行业，是指按企业生产的产品（劳务）性质、特点，以及它们在国民经济中的不同作用而形成的工业类别。企业的行业环境，是联系宏观环境与微观环境的媒介，它包括两个方面，即企业所在行业竞争环境分析及行业生命周期分析，本书着重介绍行业竞争环境的分析方法。

按照波特（M. E. Porter）的观点，一个行业的激烈竞争，其根源在于其内在的经济结构，在一个行业中存在有五种基本竞争力量，即潜在的加入者的威胁、行业中现有企业间的竞争、替代品或服务的威胁、供应者的讨价还价的能力、购买者的讨价还价的能力（见图 2－3）。这五种基本竞争力量的现状、消长趋势及其综合强度，决定了行业竞争的激烈程度和行业的获利能力。

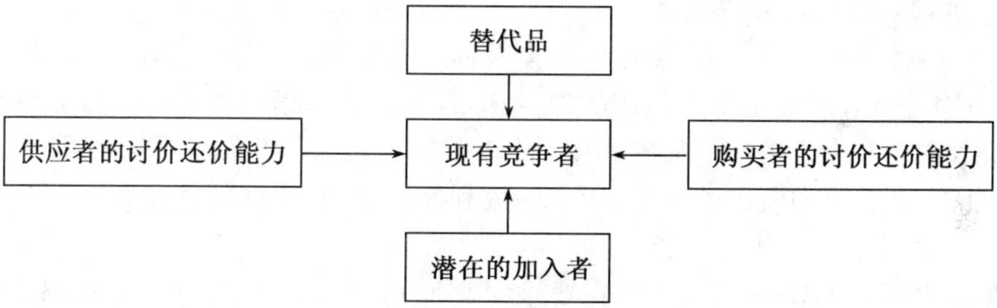

图 2－3　波特的“五力竞争模型”

阅读资料：婚恋赛道的市场格局

2003 年，龚海燕创立“世纪佳缘”，开启了 PC 时代的线上相亲潮流。近两年，直播相亲或视频相亲日渐流行，映客 2019 年推出了“对缘”，主打视频相亲；虎牙推出“伊起”、陌陌有“对对”、探探上线了“牵手恋爱”；“抖音”“快手”等短视频也纷纷增加了各类相亲直播间。与其说它们是为了抢夺婚恋市场的蛋糕，不如说是为了提高用户的活跃度，吸引更多的流量。

当然，“伊对”凭借创新性的“直播＋相亲”模式，迅速蹿红，分割了一部分“世纪佳缘”的市场。于 2019 年上线的“糖呗”主打一线城市高端人群的婚恋交友，也获得了百万的注册用户。这貌似给用户提供了更多的选择，但它们都没有挑战“世纪佳缘”的实力，毕竟不是谁都能接受在直播间里相亲。

婚恋相亲的生意难做，这是创业者不选择这一赛道的原因，也让“世纪佳缘”长期缺乏竞争压力。一位业内人士表示，“这并不是一门好做的生意”，婚恋市场的生意看似繁华，内行人早已经赚得盆满钵满，新入局者难成气候。

“世纪佳缘”的成功源于单身群体增长的红利，“世纪佳缘”的失败归咎于差劲的服务水平。在社交网络上，提及“百合网”或“世纪佳缘”，网民谩骂之声翻涌，这着实是一个互联网公司的悲哀。

1. 现有竞争者分析

同行业中现有企业间的竞争。行业内各企业都要为增强各自的经营能力而展开竞争，竞争的激烈程度取决于竞争者的多少及力量的对比、市场增长率、固定费用和存储费用、产品特色与用户的转变费用、退出壁垒等。

2. 潜在的加入者分析

新进入者，可以是一个新成立的企业或是一个采用多元化经营战略的原从事其他行业的企业，这个新进入者给这个行业带来了新的生产能力，并要求取得一定的市场份额。新进入者进入壁垒的高低主要取决于规模经济、经营特色、投资、资源供应、销售渠道、成本、政府政策、原有企业的反应等。

3. 替代品企业分析

替代品是指那些与本行业产品具有相同或相似功能的产品，如洗衣粉可部分代替肥皂，圆珠笔可部分代替钢笔。来自替代品的压力有替代品的盈利能力、生产替代品的企业所采取的经营战略、用户的转变费用。

4. 购买者的讨价还价能力分析

购买者对本行业的竞争压力表现为要求产品价格更低廉、质量更好、提供更多的售后服务，他们会利用各企业间的竞争来施加压力。总之，用户压力趋向于降低本行业盈利能力。来自用户的压力主要取决于用户的集中程度、用户从本行业购买产品的标准化程度、用户从本行业购买的产品在其成本中所占的比重、用户的盈利能力、用户掌握的信息等。

5. 供应者的讨价还价能力分析

供应者对本行业的竞争压力表现在要求提高原材料或其他供应品的价格、减少紧俏资源的供应或降低供应品的质量等，供应者希望提高其讨价还价的能力，从行业中获取更多的利润。供应者的压力主要取决于供应者的集中程度和本行业的集中程度、供应品的可替代程度、本行业对于供应者的重要性、供应品对本行业生产的重要性、供应品的特色和转变费用等。

通过以上五种基本竞争力量的分析，可以了解本行业的基本状况，从中辨认本企业在行业中的竞争地位、优势和劣势，从而确定本企业在各种竞争力量中的基本态度及基本对策。

案例：“苏泊尔”，新消费下的冲击

在“萌经济”和“一人经济”等新需求刺激下，如何更好地满足用户需求，是厨具企业赢取市场信赖的关键。空气炸锅、打蛋器、破壁机等新品类电器开始大规模地走入用户厨房，产品在形态上各具特色，颜色也更加丰富，满足了不同用户的个性需求。

但是这种新消费需求下的产品在“苏泊尔”的货架上乏善可陈。在2020年小家电市场的繁荣下，“苏泊尔”也表现堪忧，业绩的下滑似乎成了某种必然，但更严峻的是“苏泊尔”的市场地位遭受到了挑战。

而挑战者便是“康巴赫”。在过去的两年多时间里，“康巴赫”通过“淘宝”“京东”等电商平台和“抖音”“小红书”等社交平台多渠道发力，占领年轻用户，在炊具市场获得了很大的市场份额，甚至在某些线上渠道的炊具榜单里拿到了首位。“苏美九”三巨头的垄断时代已经过去，“苏泊尔”成为被新玩家挑战的第一位选手，也恰恰说明了“苏泊尔”市场表现上的“没落”，成为“康巴赫”的试金石。

2.2.3　微观环境分析

企业的微观环境是指对企业生产经营活动产生直接影响的要素，这些要素构成企业的微观环境，包括企业内部环境、供应商、营销中介机构、目标顾客、竞争者和社会公众等，它们与企业形成了协作、服务、竞争与监督的关系，直接制约着企业为目标市场服务的能力。

1. 内部环境分析

在制定营销计划时，营销部门要考虑企业的其他部门，如高层管理部门、财务研究与发展、采购和会计部门等。所有这些相互联系的部门构成了企业的内部环境(图 2 - 4 所示)。各个部门的分工是否科学，协作是否和谐，目标是否一致，都会影响企业的营销管理决策和营销方案的实施。

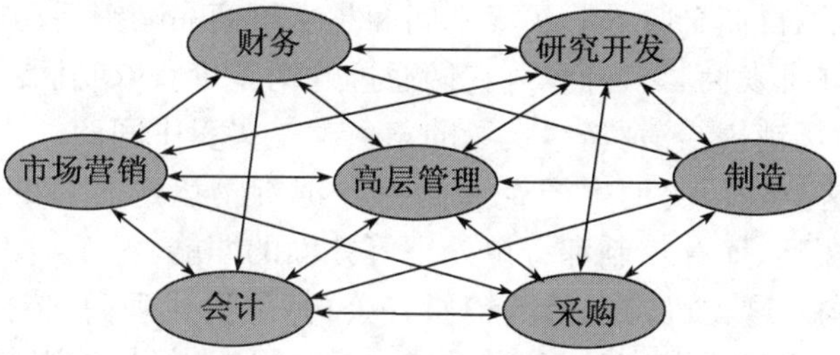

图 2 - 4　企业内部环境结构图

企业高层管理部门制定企业的目标、战略和政策，营销部门根据高层管理部门的政策来制定营销方案，在经最高管理层同意后实施方案。在方案实施过程中，营销部门必须与企业的其他部门密切合作。如研发部设计、开发符合方案要求的产品，采购部门负责供给生产所需的原材料，生产部门生产合格优质的产品，财务部门负责资金的筹集，会计部门对收入和成本进行核算等。这些部门对营销方案能否顺利实施都能产生影响，只有各个部门精诚合作，以顾客需求为中心，才能给顾客提供满意的产品和服务。

2. 供应商分析

供应商是指为企业及其竞争者提供生产经营所需资源的企业或个人，包括提供原材料、设备、能源、劳务和其他用品等。由于供应状况对营销活动具有重大影响，所以供应商的选择尤为重要。

企业在选择供应商时，应选择质量、价格以及运输、承担风险等方面条件最好的供应商，因为供应商所提供资源的价格和质量，直接影响企业生产的最终产品的价格、销售利润，若供应短缺，将导致企业不能按期完成生产和销售任务。因此，与供应商建立长期、稳定的关系是必要的。另一方面，企业也应注意与多个原材料的供应商保持联系，而不要过分依赖任何单一供应者，以免受其控制。

案例:"良品铺子"对供货商"严防死守"

"良心的品质,大家的铺子",这是"良品铺子"创始人团队的初心。自成立以来,"良品铺子"不断完善产品质量管控体系,从质量控制、质量监管等多方面保障食品安全,打造高品质产品。2019年11月6日,在上海"进博会"现场,"良品铺子"与巴基斯坦"HALO FOODS"公司签下一笔价值3亿元的松子原料采购协议,以获取全球最高端品质的松子原料,从而在后期食品加工中做到既保证松子的原生清香,又保证产品的"零添加,更安全"。"良品铺子"除了为人熟知的"六层品质把关",还拥有自己的"顶级美味顾问团"和专业的研发团队,探听消费需求,打造健康美食。专注品质是"良品铺子"一直以来"严防死守"的底线,高质量的产品使其在业内和消费者心中形成了高品质的品牌认知。

3. 营销中介机构分析

企业在营销过程中需要借助各种社会中介机构的力量,帮助企业分配、销售、推广企业的产品。这些中介机构包括中间商、实体分配机构、营销服务机构、金融中间机构等。

(1) 中间商。中间商是帮助企业销售产品的商人,主要形式包括代理中间商和买卖中间商。代理中间商是专门介绍客户或协助签订合同但不拥有商品所有权的中间商,主要职能是促成商品的交易,以此取得佣金收入。买卖中间商是从事商品购销活动,并对所经营的商品拥有所有权的中间商。如批发商、零售商等,它们通过购销差价获取利润。如某企业将自己的产品卖给大卖场,再由卖场销售给消费者,卖场的角色就是买卖中间商。

(2) 物流公司。这类公司协助生产企业储存并把货物运送至目的地。实体分配包括包装、运输、仓储、装卸、搬运、库存控制和订单处理等方面的职能。

(3) 营销服务机构。这类机构包括营销研究公司、广告代理商、传播媒介公司、金融机构等。它们帮助企业推出和促销其产品。企业在决定接受这类机构的服务时,必须认真选择,因为每个机构的服务质量、价格等方面的差别较大。金融中间机构帮助企业进行金融交易,降低商品买卖中的风险,如银行、保险公司、咨询公司等。

4. 目标顾客分析

顾客是指企业最终为其提供产品和服务的目标市场。每一个企业都为目标市场上的顾客提供产品和服务,顾客的需求是企业制定营销策略的出发点和归宿。

企业面对的目标市场主要有五种市场类型,即消费者市场、生产者市场、中间商市场、政府市场和国际市场。每个市场都各有特点,企业应根据自己的产品类别和实际资源情况划分市场,选择适合自己的目标市场。然后根据目标市场的顾客特点来制定相应的营销策略。

阅读资料:流量红利与消费红利造就新品牌

1. 流量红利

到2020年12月,中国网民数量达到9.89亿,普及率70.4%;网络视频(含短视频)用户规模达9.27亿,占网民整体93.7%;短视频用户8.73亿,使用率88.3%,短视频成为流量入口,新的流量红利为新品牌、新模式奠定了基础。

中国的流量红利,经历了2015年的微博、2016年的微信、2017年的小红书、2018年的抖音、2019—2020年的短视频、直播和视频号,目前呈现出"双微一抖B快红视"的格局。

2. 消费红利

新人群。新品牌能够备受追捧,是因为95后的"Z世代"(1995—2009年出生)日渐成为线上消费的主力军。当前中国“Z世代”有2.6亿人口,占总人口18.5%。“Z世代”们有着自己独特的精神追求和消费价值观,这一代部分人被描述为“精致穷”,虽然赚得不多,但并没有因此放弃追求精致,他们愿意为了自己所向往的生活和喜欢的东西变穷,穷得明明白白,活得开心闪亮。

新观念。“Z世代”的消费观念也发生了很大的变化,从注重“功能消费”转向“颜值消费”从“悦人消费”到“悦己消费”。他们更愿意尝新,崇尚高颜值,追求个性,注重自我满足,产品不仅要好用,还要好玩、好美。

传统一代的消费者,更多偏向“悦人”消费,他们选择带有大LOGO的奢侈品、知名品牌,通过品牌提升自己的形象和地位;“Z世代”消费群体,不再崇尚权威和服从,而是追求独立和自我,更多地将目光放在自己身上,取悦自己成为他们的主流消费观念。

他们不唯品牌知名度,关注小而美的小众品牌,选择符合自己“人设”的特色产品。甚至有的消费者将其简单粗暴地描述为“不要和父母用同样的品牌”,因为那个代表过去和过时,他们也渴望属于自己的品牌出现。

同时,新生代对国货的关注度越来越高,对中国品牌的关注度从2009年38%的提升到2019年的70%,尤其是20—29岁的人对国货的关注度最高。

新消费。目前,中国新消费品类增长速度最快的包括医美、网红食品、抗糖代餐、美妆个护、睡眠经济、潮玩手办等。另外,新品牌创业团队很多也都是年轻群体,像“三顿半”“拉面说”等品牌创始人均为90后,自己本身就是新消费群体,可以很精准地捕捉到年轻人的需求,能够敏锐捕捉到机会。

5. 竞争者分析

企业往往是在许多竞争者的包围和制约下从事营销活动。一个企业要想成功,必须为顾客提供比其他竞争者更大的价值和更高的美誉度。因此识别竞争者、了解竞争者对企业非常重要。

竞争者是一个非常宽泛的概念,它不仅指产品本身的竞争,还包括顾客的争夺、渠道的竞争、满足需求的竞争等。因此,从市场的角度分析,企业在其经营活动中都将面临四种类型的竞争者。

(1) 愿望竞争者。愿望竞争者即提供不同产品以满足不同需求的竞争者。如家电、家具、电脑等其他日常用品的生产企业是服装生产企业的愿望竞争者。

(2) 一般竞争者。一般竞争者即提供不同产品以满足相同需求的竞争者。如电扇、空调都能满足人们度夏的需要,各种制冷产品之间相互为对方的一般竞争者。

(3) 产品形式竞争者。产品形式竞争者即生产同类产品但产品的规格、型号、款式都不同的竞争者。如生产不同款式、质地、档次、规格、型号空调的不同企业就互为产品形式竞争者。

(4) 品牌竞争者。品牌竞争者即生产相同规格、型号的同种产品,但品牌不同的竞争者。如男士西服有“顺美”“华伦·天奴”“皮尔·卡丹”“胜龙”等品牌,这些品牌的生产者之间就互为品牌竞争者。

6. 社会公众分析

公众(public)是指对企业实现其市场营销目标构成实际或潜在影响的任何团体和个人。分析公众环境是为了处理好与公众的关系,树立良好的形象。这种活动也被称为公共关系活动(public relations activities)。

(1) 政府公众。政府公众指有关的政府部门。营销管理者在制定营销计划时必须充分考虑政府的发展政策、本行业的发展规划、企业权力的规定等。同时，也要与政府有关部门搞好关系。

(2) 金融公众。金融公众指影响企业获得资金能力的机构，如银行、投资公司、保险公司和证券交易所等。

(3) 媒介公众。媒介公众主要指报社、杂志社、广播电台和电视台等大众传播媒介。这些团体对企业的声誉有举足轻重的作用。

(4) 群众团体。群众团体指消费者组织、环境保护组织及其他群众团体。如我国的消费者协会等。

(5) 地方公众。地方公众指企业所在地附近的居民和社区组织。企业在营销活动中，要避免与地方公众利益发生冲突。必要时应指派专人负责处理这方面的问题，并对公益事业做出贡献，以树立良好的企业形象。

(6) 企业内部公众。内部公众指企业内部人员，包括企业各层次、各部门的领导和员工，内部公众的态度也会影响到社会上的公众。

以上这些公众，都与企业的营销活动有直接或间接的关系。现代企业是一个开放的系统，它在经营活动中必然与各方面发生联系，企业应正确认识各类公众，积极开展公益活动，处理好与公众的关系，努力塑造并保持企业良好的信誉和公众形象。

案例："王子造纸"排污事件

2012 年，江苏南通启东发生了抵制"王子造纸"排污的集体游行事件。此次事件的原因是日本造纸企业"王子集团"长期排污入海，严重影响当地居民的生活，故而他们奋起行动，寻求政府的帮助。此次事件反映了造纸企业在环境保护方面的欠缺。

首先，造纸厂所需要的资源大部分是森林木材，现在沿海很多林地，比如广东、云南、广西、四川、江西、福建、江苏等省都在大兴种植速生林——巨桉，巨桉生长迅速，但对土壤、植被、气候破坏严重，在日本和很多欧美国家是禁止成片种植速生桉的，而国内很多政府没有经过科学认证就大量种植这种树林造成很大的环境污染，广东和云南出现大旱与大量种植巨桉有关。

其次，造纸厂大量在华投资，与当地政府官员急功近利追求政绩有关。大型造纸厂投资规模较大，但对环境污染严重，排放大量有毒气体到空气里。目前我国制浆造纸工业污水排放量约占全国污水排放总量的 10%～12%。造纸工业已成为我国污染环境的主要行业之一。2012 年 8 月，江苏省南通市人民政府决定，永远取消有关"王子制纸"排海工程项目。

● 分项任务测试：

假如你想在学校附近开一家网吧(网咖)。请你分析该项目面临的宏观环境、行业环境和微观环境，完成环境分析报告。

2.3　机会与威胁分析

市场营销环境的动态性，使企业在不同的时期面临着不同的市场营销环境。而不同的市场营销环境，既可能给企业带来机会，也可能给企业带来威胁。对企业营销环境的分析与评价，始终是营销者制定营销战略、策略和计划的依据。高明的营销者总是严密地关注营销环境的发展和变化，善于分析、评价、鉴别由于环境变化造成的机会与威胁，以便采取相应的态度和行为。

2.3.1　机会分析

机会的实质是指市场上存在着“未满足的需求”。它既可能来源于宏观环境也可能来源于微观环境。随着消费者需求不断变化和产品寿命周期的缩短，旧产品不断被淘汰，企业需要开发新产品来满足消费者的需求，从而市场上出现了许多新的机会。

环境机会对不同企业是不相等的，同一个环境机会对某一些企业可能成为有利的机会，而对另一些企业可能就造成威胁。环境机会能否成为企业的机会，要看此环境机会是否与企业目标、资源及任务一致，企业利用此环境机会能否比其竞争者带来更大的利益。

阅读资料：千亿宠物市场还有哪些待挖掘的机会？

在2021年“6・18”购物节，智能宠物设备就卖“疯”了。铲屎官们的“忙碌”和“懒”，让宠物们享受到了科技生活带来的便捷，同时也带来了智能宠物设备消费的热潮。

宠物消费的繁荣得益于国人养宠基数的急剧上涨。从猫、狗、鱼类、鸟类开始，到现在的爬行类、啮齿类动物，宠物的数量和种类也在逐渐增加，宠物市场规模不断壮大。

从线上消费走势来看，近三年宠物消费规模加速增长，各细分赛道“全面开花”：宠物食品、美容清洁用品、日用品、药品、玩具、服饰及配件等品类引领增长。其中宠物食品稳居最大细分赛道，消费占比近六成。

“CBNData”线上猫粮与狗粮消费者画像显示，女性消费者贡献更为突出，占比超过七成；从代际分布来看，年轻的90后和“Z世代”成为消费中坚力量。值得注意的是，这群舍得为爱宠花钱的年轻人，在宠物食品品牌的选择上开始青睐国货。

“QuestMobile”《2020萌宠经济洞察报告》显示，萌宠已成为重要的创作垂直领域，短视频作为萌宠KOL创作的主要内容平台，吸引更多创作者加入。“快手”“抖音”“小红书”“微博”和“微信公众号”是萌宠KOL活跃用户渗透率及数量占比分布最高的5个典型内容平台。不同年龄阶段的人，对到底是爱猫还是爱狗，取向都不尽相同。数据显示，萌宠狗狗受到更多中老年、已婚及男性用户的偏爱，萌宠猫咪则被更多年轻、未婚及女性用户青睐。

环境机会的分析要考虑两个方面的因素，即机会可能带来的利益大小和机会出现的概率。用矩阵图分析威胁对企业带来的影响，如图2-5所示。

	成功概率	高	低
吸引力	大	1	2
	小	3	4

机会

1——吸引力大,成功率很高

2——吸引力虽大,但成功的可能性低

3——吸引力不大,但成功率高

4——吸引力低,成功的可能性也低

图 2-5 环境机会矩阵

一个公司应该努力捕获的最佳机会是图 2-5 左上角的那些机会,即吸引力大、成功概率高的机会;而对右下角的机会可以不必考虑。最后,对右上角和左下角的机会,企业应该密切加以关注,因为其中任何一个机会的吸引力和成功概率都可能因环境的变化而变化。

案例:快火锅之王“呷哺呷哺”抓住市场机会

在中国火锅行业,它可能正成为一个知名度仅次于海底捞的品牌。它就是有“小火锅之王”“快火锅之王”之称的“呷哺呷哺”。

“呷哺呷哺”的创始人来自中国台湾。1993 年,中国台湾桃园县人贺光启与妻子踏上了北京的土地,开始了他们“北漂”的创业生活。贺光启当时做的是首饰,通过大陆成本优势,加上大陆市场商业刚刚兴起,市场需求火热,迅速赚到了第一桶金。1996 年,北京珠宝市场开始逐步萧条,行业不景气,贺光启准备寻找另一个行业机会。此时,“麦当劳”“肯德基”这两家快餐巨头正在内地开始蓬勃发展。他注意到了餐饮行业中快餐的机会。

一次,贺光启应朋友之邀吃火锅,他发现北京的火锅还是以木炭为燃料的铜火锅或者煤气火锅为主,几个人围坐一起吃。而台湾已经流行用电磁炉加热的吧台式分餐火锅,这种分锅式的火锅与传统的几人共吃一锅有所区别,有自己的差异点。1998 年,他在北京的西单开起了第一家“呷哺呷哺”。

令贺光启没想到的是,他在餐饮业的跨界尝试一开始就陷入了困局。一方面,当时的消费者习惯了共围一锅的消费形式,觉得这种消费才是感情深的体现,对于分餐、一人一锅的形式,并不接受。另一方面,“呷哺呷哺”最初的调料来自台湾,很多口味并不适合大陆消费。

2003 年,非典暴发,全民健康意识大幅提高,人们注重分餐消费,一人一锅的就餐形式竟获得了意想不到的接受和认同。突然之间,“呷哺呷哺”这种过去不被接受的餐饮消费形式一下子获得了机会。而此时,此前经过改良的调料也发挥了作用,人们发现“呷哺呷哺”这种小火锅的口味也不错。于是“呷哺呷哺”的口碑也逐渐树立起来。此时,无论是“呷哺呷哺”的业态形式,还是餐饮口味,它的差异性逐渐显现出来。

2.3.2 威胁分析

环境威胁是指对企业营销活动不利或限制企业营销活动发展的因素。这种环境威胁,主要来自两方面:一方面,是环境因素直接威胁着企业的营销活动;另一方面,企业的目标、任务及资源同环境机会相矛盾。

环境威胁是指环境中一种不利的发展趋势所形成的挑战,如果不采取果断的战略行为,这种不利趋势将导致公司的竞争地位被削弱。营销者要善于分析环境发展趋势,识别环境威胁或潜在的威胁,并正确认识和评估环境威胁的可能性与严重性,以采取相应的措施。

在分析环境威胁时，通常考虑环境威胁出现的概率和威胁的严重程度两个方面，用矩阵图分析威胁对企业带来的后果。图 2－6 反映了环境威胁的分析方法。

严重程度 \ 出现概率	高	低
大	1	2
小	3	4

威胁

1——威胁严重程度高，出现概率大

2——威胁严重程度高，出现概率小

3——威胁严重程度低，出现概率大

4——威胁严重程度低，出现概率小

图 2－6　环境威胁矩阵

由图 2－6 可知，左上角的威胁是关键性的，它将严重危及企业的利益，并且出现的可能性很大。企业的营销者必须对这一威胁有清醒的认识，并制定相应的计划。右下角的威胁比较微弱，可以不必太重视。右上角的威胁虽然对企业的影响很大，但出现的可能性较小，企业逐一观察其变即可。左下角的威胁尽管不会严重削弱企业的优势，但其出现的可能性却非常大，企业必须要重视。企业对环境威胁一般可以采取三种基本策略。

(1) 反抗策略，即企业利用各种不同的手段限制不利环境对企业的威胁作用，或者促使不利环境朝有利的方向转化。

(2) 减轻策略，即调整市场策略来适应或改善环境，以减轻环境威胁的影响程度。

案例：明星开店“大败退”

2021 年 7 月，湖南卫视主持人杜海涛与吴昕共同创立的“辣斗辣”火锅店翻车了。消费者反映其在“辣斗辣”火锅店就餐过程中，发现火锅汤菜中有苍蝇，该店已经停业整改。明星陈赫、薛之谦所开的餐饮店也陷入了败退困境，出现大批关店与注销公司的情况。

曾几何时，“明星店”在粉丝效应下，短时间内就能聚集大批人流。冲着明星光环，众多粉丝前赴后继前来打卡支持，甚至在“明星店”中长时间蹲守，只为见明星一面。2014 年，“非诚勿扰”主持人孟非创办了“孟非的小面”，在郭德纲、黄健翔等圈内好友的捧场下，吸引了大批消费者。同年，韩寒也创立了连锁餐厅“很高兴遇见你”，同样打着明星偶像 IP。“很高兴遇见你”餐厅的菜单、墙壁上，均印满了韩寒的照片。身为偶像的韩寒，也时常去到餐厅，与粉丝签名合影。

然而，成也明星，败也明星。自带明星光环的餐厅，定价也远超普通餐饮店。“孟非的小面”一碗面平均价位在 30 元以上，远高于市场上普通小面馆的价格，而孟非与黄磊合伙开办的“黄粱一孟”火锅店，一盘普通毛肚售价 198 元，一份普通牛肉更是标上了 398 元的高价。远超行业均价的明星店，让原本满怀兴奋与期待的粉丝们，瞬间冷静了下来。在明星社交账号下，时常能看到消费者吐槽明星店价格贵、分量少的评论。

另一方面，与明星高度捆绑，虽然会为明星店瞬间带来流量，可一旦明星人设倒塌或形象受损，明星店也将遭遇灭顶之灾。体育明星林丹曾在自己事业巅峰期，自掏腰包 500 万，创办了自己的男士内衣品牌“Intimate by LINDAN”，但在其被曝在妻子怀孕期间出轨后，个人形象瞬间跌落谷底，不仅众多时尚品牌纷纷与他撇清关系，其在成都的实体店也随之倒闭，最终销声匿迹。

以往，明星与粉丝之间直接接触的渠道较少，明星店的出现增加了粉丝直接接触明星的概率，这也是早年粉丝时常在明星店蹲守的重要原因。但随着短视频、直播等平台的出现，粉丝与明星直接互动的渠道增加，明星店自然没有了往日的喧嚣。更关键的是，明星店大多为餐厅和奶茶店，其自然淘汰率本身就极高。高淘汰率下，明星店带来的流量更难支撑其长久走下去，相反，产品、服务和供应链等后端服务才是重点，但在加盟模式下，明星想赚的也都是快钱，这也是明星店关店潮不断的原因。

(3) 转移策略，即对于长远的、无法对抗和减轻的威胁采取转移到其他的可以占领并且效益较高的经营领域或干脆停止目前的经营。这是万不得已采取的策略。企业在采取转移策略时需要果断。

案例："衣二三"宣布关停，共享衣橱真的凉了

原本应该是一个很美丽的故事：一个女孩一个月只需要花 499 元就能穿上不同的时尚精致且价格不菲的时装，实现"衣橱自由"。这个故事也一度被投资人买单，投资阵容不比今天投拉面的逊色。然而，曾是共享衣橱行业龙头企业的"衣二三"于 2021 年 8 月 15 日关停服务。

成立于 2015 年 12 月，关停时间为 2021 年 8 月，寿命不到 6 年的"衣二三"，对标的用户群为 20～30 岁的都市丽人。在"衣二三"的平台测算里，这些都市丽人为女性，爱美，衣橱里"永远缺一件衣服"。

共享衣橱行业发展最大的门槛就在于，消费者的思想过于坚固。新零售专家潘玉明曾表示，"多数中国人不会接受这一模式，觉得穿了别人的旧衣服"。服装属于私密性较强的商品，无论时代怎样变迁，愿意穿二手衣服的中国人只会是一小部分人，这就从根本上限制了共享衣橱行业用户数量的增长。共享衣橱是个伪需求，大多数消费者消费观念没有转变，导致客户群体太窄，加上平台客单价高、频次低，天然注定了平台的活跃度用户不会太多。

2.3.3 综合环境分析

在企业实际面临的客观环境中，单纯的威胁环境和社会环境是少有的。一般情况下企业的营销环境都是机会与威胁并存，利益与风险结合在一起的综合环境。可以根据综合环境中的威胁水平和机会水平的程度，将环境分成四种类型，见图 2-7 所示的矩阵。

图中左上角的机会与威胁水平都高，属于冒险型环境。右上角的机会水平高，威胁水平低，处于一种理想的环境。左下角的机会水平低，威胁水平高，企业经营困难，是不理想的环境。右下角的机会水平和威胁水平都比较低，企业所处的环境属于成熟型。

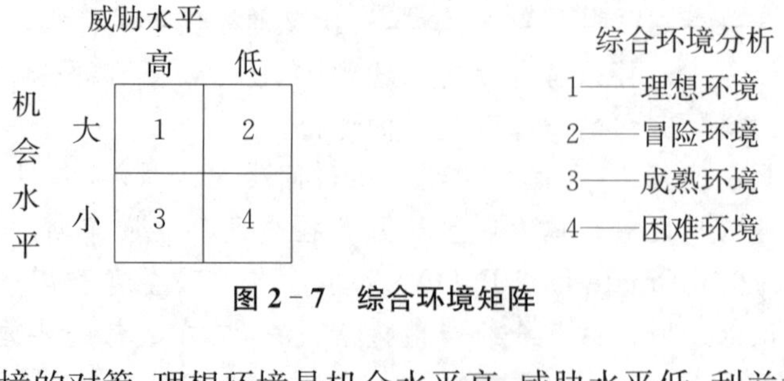

图 2-7 综合环境矩阵

(1) 面临理想环境的对策：理想环境是机会水平高、威胁水平低、利益大于风险，是企业难得遇到的好环境；企业要抓住机遇，开拓经营，创造营销佳绩。

（2）面临冒险环境的对策：冒险环境是机会与威胁水平都比较高，在存在很高利益的同时也存在巨大的风险；面临这样的环境，企业必须加强调查研究，进行全面分析，发挥专家优势审慎决策，以降低风险，争取利益。

（3）面对成熟环境应采取的对策：成熟环境是机会与威胁水平都比较低，是一种比较平稳的环境；面对这样的环境，企业一方面要按常规经营，规范管理，以维持正常运转，取得平均利润；另一方面，要继续力量，为进入理想和冒险环境做准备。

（4）面对困难环境应采取的策略：困难环境是机会小于威胁，企业处境十分困难；面对困难环境，必须想方设法扭转局面，如果大势已去，无法扭转，则必须果断采取决策，撤出在该环境中的经营，另谋发展。

案例："星巴克"，重新审视自己

随着人们生活水平的提高和咖啡市场的不断增长，咖啡逐渐变成了像茶饮一样生活化的饮品，也出了许多较为知名的品牌，比如起起伏伏的"瑞幸"、死而复生的"连咖啡"等。然而每次提到咖啡品牌，"星巴克"始终是其他品牌难以超越的。

除了本土咖啡品牌以外，新茶饮品牌入局咖啡赛道也成为潮流。比如"奈雪的茶""蜜雪冰城""CoCo"等，新茶饮品牌已经建立了一定的规模和消费者认知，此时开发咖啡产品线也能起到事半功倍的效果，使咖啡和茶饮相融合，为自身带来一定的新增量。

对于"星巴克"来讲，即便竞争对手众多且来势汹汹，但其自身优势仍然较为明显。"星巴克"为中国市场奠定了精品咖啡的概念，"瑞幸"培养了中国消费者的咖啡消费习惯，这些因素都推动了国内咖啡市场的成熟和优质化。在目前渠道、价格和产品端的掌控力被削弱的情况下，"星巴克"也需要根据实际情况重新审视自己，因为以往的发展路线或许已经不再可行。

阅读资料：SWOT 环境分析法

SWOT 分析法又称为态势分析法，它是由旧金山大学的管理学教授于 20 世纪 80 年代初提出来的，是一种能够较客观而准确地分析和研究一个单位现实情况的方法。SWOT 四个英文字母分别代表：优势（Strength）、劣势（Weakness）、机会（Opportunity）、威胁（Threat）。从整体上看，SWOT 可以分为两部分：第一部分为 SW，主要用来分析内部条件；第二部分为 OT，主要用来分析外部条件。利用这种方法可以从中找出对自己有利的、值得发扬的因素，以及对自己不利的、要避开的东西，发现存在的问题，找出解决办法，并明确以后的发展方向（见表 2-1）。

表 2-1 SWOT 分析

外部环境	内部条件	
	优势(S) (具体列出)	劣势(W) (具体列出)
机会(O) (具体列出)	SO 战略 依靠内部优势，利用外部机会	OW 战略 利用外部机会，克服内部劣势
威胁(T) (具体列出)	ST 战略 利用内部优势，克服外部威胁	WT 战略 减少内部劣势，克服外部威胁

SWOT 分析法常常被用于制定集团发展战略和分析竞争对手情况，在战略分析中，它是最常用的方法之一。在完成环境因素分析和 SWOT 矩阵的构造后，便可以制定出相应的行动计划。制定计划的基本思路是：发挥优势因素，克服劣势因素，利用机会因素，化解威胁因素；考虑过去，立足当前，着眼未来。运用系统分析的综合分析方法，将排列与考虑的各种环境因素相互匹配起来加以组合，得出一系列公司未来发展的可选择对策。

● 分项任务测试：

仍以你开网吧(网咖)为例，请你分析该项目面临的环境机会与威胁、优势与劣势，完成 SWOT 分析报告。

2.4 营销战略规划

2.4.1 认知企业战略

1. 企业战略的含义

“战略”一词来源于希腊语“Strategy”，其含义是“将军指挥军队的艺术”。1965 年美国经济学家安索夫(H. I. Ansoff)所著《企业战略论》一书问世后，企业经营学中开始应用“企业战略”一词。

结合我国企业的具体情况，我们把企业战略定义为：企业战略是企业在社会主义市场经济条件下，根据企业内外环境及可取得资源的情况，为求得企业生存和长期稳定地发展，对企业发展目标、达成目标的途径和手段的总体谋划。

阅读资料：对战略的理解

假设，你创立了一个新的蛋黄酱品牌——“宇宙”牌蛋黄酱，你为它构想了完整的品牌规划。那么请问，下列几项中，哪一项可以叫战略？

1. 通过产品、营销、渠道上的一系列努力，将“宇宙”牌蛋黄酱打造成畅销全宇宙的蛋黄酱第一品牌。

2. 用心做好产品，让宇宙中所有家庭都吃上最好的“宇宙”牌蛋黄酱。

3. 只采用最优良的宇宙母鸡下出的“宇宙”牌鸡蛋做原料，客户第一、合法经营、童叟无欺。

答案揭晓：以上三项，全都不叫战略。选项 1 是愿景。选项 2 是使命。选项 3 是价值观。

那么，什么才叫战略呢？讨论任何战略前的第一问是：这个战略的反面是否明显是一个愚蠢的选项？换句话说，战略的相反面也必须是一个战略，否则的话，就不是一个好的战略。

还拿“宇宙”牌蛋黄酱举例，如果它的品牌核心战略是“让天下所有孩子吃到健康又美味的蛋黄酱”，那么这就不是一个好的战略，因为它的反面是“让天下所有孩子吃到既不健康又不那么美味的蛋黄酱”，这显然是有问题的，它的反面并不是一个战略。战略，需要“有所为有所不为”。

2. 企业战略的特征

（1）全局性。企业经营战略，简单地说就是“做什么才能指导企业经营全局，使企业得以生存和发展”。因此，企业经营战略是以企业全局的发展规律为研究对象的，它是指导整个企业一切活动的总谋划。

（2）未来性。俗话说：“人无远虑，必有近忧。”从企业发展的角度来看，企业今天的行动是为了执行昨天的战略，企业今天制定的战略正是为了明天更好地行动，因此企业战略的拟定要着眼于企业未来的生存和发展。

（3）系统性。大型企业经营战略是一个庞大复杂的大系统，可以分解为不同层次的子系统。一般来讲，对于大型企业，企业经营战略包括三个层次：第一层次是公司级战略；第二层次是事业部级战略；第三层次是职能级战略，又叫职能级策略。

公司战略又叫企业总体战略，是决定和揭示企业目的和目标，确定企业重大的方针与计划、企业经营业务类型和人文组织类型及企业应对职工、顾客、社会做出的贡献等的总体谋划。它是战略体系的主体和基础，起着统帅全局的作用。

事业部级战略是企业某一独立核算的单位或具有相对独立的经济利益的经营单位，对自己的生存和发展做出的谋划，它要把公司经营战略中规定的方向和意图具体化，成为更加明确的针对各项经营事业的目标和战略，事业部级战略中最根本的是产品—市场战略，即要具体确定占领哪些市场层面，在该层面中如何开展竞争取得优势。

职能级策略则是在事业部级战略指导下，按专门职能进行落实和具体化，一般包括研究与开发策略、生产策略、营销策略、财务策略与人力资源开发策略等，主要是确定在各自职能领域内如何形成特定的竞争优势，以支持和实施公司及事业部的战略。

3. 企业战略的内容

企业战略包括企业使命（任务）、企业目标、事业组合、发展战略等主要内容。

（1）规定企业使命或任务。即要明确企业的事业性质，明确企业的活动领域，决定企业的发展总方向。

（2）确定企业目标。指未来一定时期内企业所要达到的一系列具体目标的总和。企业常用目标有投资收益率、销售增长率、市场占有率、提高知名度、树立企业及其产品的良好形象（即提高美誉度）、产品创新和开发新市场等。

（3）事业或业务组合。其实质是一个各事业单位资源配置问题。事业或业务组合的分析评估方法为波士顿矩阵分析法、多因素矩阵评价法（GE法）等。

阅读资料：企业业务组合分析法

一、波士顿矩阵分析法

波士顿矩阵分析法是美国波士顿咨询公司（Boston Consulting Group）发明的一种被广泛运用的业务组合分析方法，即用“市场增长率-相对市场占有率矩阵”对企业的战略事业单位或产品进行分类和评估的一种分析方法（见图2-8）。波士顿矩阵分析法把企业的业务类型分为以下四种情况。

明星类：高销售增长率与高相对市场占有率。具有良好的发展前景，企业必须投入大量投资，以支持其快速发展，未来的金牛业务。

金牛类：低销售增长率与高相对市场占有率。企业的主要利润来源，不需大量资源投入，为其他业务单位的发展提供财力支持，企业应大量培植金牛类业务，尽量延长其生命期。

问题类：高销售增长率与低相对市场占有率。现金需求量大，市场占有率低，存在各种问题，前景未卜，需慎重考虑、认真筛选，一部分进行必要的投资促使其成为“明星”产品，对于没有前景的或无法解决问题的应坚决淘汰。

瘦狗类：低市场增长率与低相对市场占有率。该类业务多处于成熟后期或衰退期，通常是微利、保本甚至亏损，一般应放弃，但在少数情况下，经过努力可发展成为金牛业务。

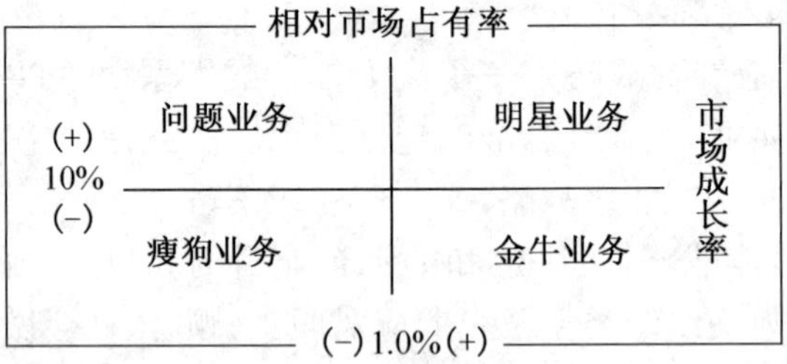

图 2-8　波士顿矩阵评价法

针对四种业务类型制定业务组合或产品计划、确定各业务单位或产品的投资策略：

——发展策略：大力投资，适于明星类和有发展前途的问题类产品。

——维持策略：维持现状，适于金牛类产品。

——缩减策略：缩减投资，主要适用于问题类和瘦狗类产品。

——放弃策略：清理处理，主要适用于没有前途和亏损的问题类和瘦狗类产品。

二、多因素矩阵评价法

多因素矩阵评价法(GE 法)是通用电气公司发明的一种业务评估方法。纵轴为行业吸引力(具体包括市场规模、市场增长率、竞争程度、规模经济效益等)；横轴为业务力量(具体包括相对市场占有率、价格竞争力愈强、产品质量、顾客了解度、地理优势等指标)。对两大类因素的各具体项目进行分析——评估打分，再按各因素重要性加权合计，将行业吸引力和业务力量分为 3 等进行组合(见图 2-9)。

第一区(1、2、4)，绿灯区：行业吸引力大，业务力量强，最佳区域。采用发展策略。

第二区(3、5、7)，黄灯区：行业吸引力和业务力量中等，中等区域。采用维持策略。

第三区(6、8、9)，红灯区：行业吸引力低，业务力量低。采用收缩或放弃策略。

业务力量

市场吸引力	强	中	弱
大	1	2	3
中	4	5	6
小	7	8	9

图 2-9　多因素矩阵评价法

2.4.2 认知营销战略

市场营销战略是企业战略的重要组成部分。市场营销战略是指企业为适应环境、市场变化而站在战略的高度，以长远的观点，从全局出发来研究市场营销问题，策划整体市场营销活动。市场营销战略具有以下特点：

（1）市场营销战略的第一目的是创造、获取和维持顾客；

（2）要从长远的观点来考虑如何有效地战胜竞争，使其立于不败之地；

（3）注重市场调研，收集并分析大量的信息，只有这样才能在环境和市场的变化有很大不确实性的情况下做出正确的决策；

（4）积极推行革新，其程度与效果成正比；

（5）在变化中进行决策，要求其决策者有很强的能力，要有像企业家一样的洞察力、识别力和决策力。

对企业而言，市场营销战略包括以下基本内容。

（1）目标市场战略。包括选定目标市场、描述目标市场的规模、结构和行为，计划中的产品定位、销售量、市场份额、开始几年的利润目标。

（2）市场竞争战略。市场竞争是市场经济的基本特征之一。正确的市场竞争战略，是企业成功地实现其市场营销目标的关键。市场竞争战略主要涉及一般竞争战略、竞争手段与策略、竞争地位对应得战略等方面的内容。

（3）市场发展战略。针对市场形势的变化，采取合适的战略发展企业的市场占有率，提高企业的市场销量，最终形成规模经济效应。常用的发展战略包括密集发展战略、一体化发展战略、多元化发展战略等。

现代市场营销具备一种统括职能，即一种导向作用，企业要根据市场营销的需要来确定其职能部门和分配经营资源，要求其他职能部门服从市场营销，服务于市场营销，并在此基础上决定企业总体发展方向和制定企业战略。

案例："B站"(Bilibili)，走出"二次元"

2021年在"B站"11周年演讲活动中，董事长兼CEO陈睿提到了"B站"11年来的变与不变，以及"B站"未来的三个使命。

在谈到"B站"三个方面的变化时，他认为第一个变化是用户变多了。根据2020年第一季度财报，月度活跃用户是1.72亿，是3年前的3倍，5年前的10倍。第二个变化是，UP主数量变多了。2020年第一季度，"B站"平均每个月活跃的UP主达到了180万人。此外，UP主的影响力不断扩大。第三个变化是，内容品类变多了。"B站"的内容品类在过去的11年当中，从早期聚焦在动画、漫画相关的品类，到后面的游戏，音乐、舞蹈、科技、生活类的内容，品类不断增多。

有变化，也有不变。首先是用户属性在过去几年，几乎没有变化。过去3年，"B站"新增用户的平均年龄均为21岁。其次，虽然"B站"的UP主变多了，但是他们的创作品质仍然很高；在内容品类越变越多的情况下，"B站"的核心内容的优势并没有随着品类的变多而稀释，反而在不断增强。比如番剧动画的观看人数同比增长87%，UP主创作的二次元类ACG的内容，播放数同比增长108%。

此前，“B站”曾以“二次元”网站自居，但如今，“B站”已经淡化了这一标签，这引起了部分老用户的不满。而在陈睿看来，如果“B站”不是向前发展，那么就一定会越来越衰落，直至灭亡，永远不可能停留在那个大家认为的不大不小刚刚好的那个阶段。

因此，他提出了“B站”的三个使命：要构建一个属于用户的社区，一个用户感受美好的社区；要为创作者搭建一个舞台，让优秀的创作者能够在这个舞台上施展自己的才华；让中国原创的动画、游戏受到全世界范围的欢迎。

2.4.3 规划竞争战略

市场竞争是市场经济的基本特征之一。正确的市场竞争战略，是企业成功地实现其市场营销目标的关键。企业要想在激烈的市场竞争中立于不败之地，就必须树立竞争观念，制定正确的市场竞争战略，努力取得竞争的主动权。

阅读资料：短视频竞争格局

短视频是个好东西。在短视频平台，每天有成千上万的人分享自己的生活，你可以在这里发现自己感兴趣的人并消磨无聊的时间。

三大短视频平台各有各的渗透领域。“抖音”深受年轻人欢迎，且用户大多为女性；“快手”深受男性用户欢迎，普通账号也有机会出现在大众面前；“视频号”本身有较大潜在流量，通过前期公众号的作者积累，在内容深度上是其他两个短视频不可及的。

三者风格鲜明，“快手”注重粉丝经济、“抖音”注重优质内容的推荐、“视频号”侧重熟人社交关系。各个侧重点的不同也导致内容场景的不同：“快手”“抖音”注重娱乐，“视频号”兼顾娱乐和专业场景。

细分来看，“快手”的草根文化基调奠定了其侧重娱乐的布局，目前以北方下沉市场用户为主导，娱乐场景和直播带货场景是用户最主要的使用目的。“抖音”目前的热门垂直品类主要为演绎、生活、美食等娱乐内容，虽然承接部分品牌的宣发和直播带货，但尚未涵盖过多的工作场景，主要还是以娱乐场景为主；“视频号”的主要场景紧贴专业、品牌宣发和深度内容，诸多知名品牌将“视频号”作为短视频的官方发布渠道，例如“华为”“OPPO”“VIVO”“小米”等。

一般而言，企业的市场竞争战略的步骤如下：竞争者分析；竞争定位；制定竞争战略。下面就这三个方面的内容进行简要的阐述。

1. 竞争者分析

企业要进行竞争者的分析，首先要清楚地知道自己面临哪些竞争对手？其次，要分析竞争者的市场营销战略与优劣势；再次，善于判断竞争者的市场反应；最后要确定企业的竞争对策。

(1) 竞争者识别

竞争者一般是指那些与本企业提供的产品或服务相类似，并且所服务的目标顾客也相似的其他企业。例如，美国可口可乐公司把百事可乐公司作为主要竞争者；通用汽车公司把福特汽车公司，而不是其他小公司作为主要竞争者。以市场观点分析竞争者，可使企业拓宽眼界，更广泛地看清自己的现实竞争者和潜在竞争者，从而有利于企业制定长期的发展规划。

(2) 竞争者分析

每个竞争者都有侧重点不同的目标组合，如获利能力、市场占有率、现金流量、技术领先和服务领先等。企业需要估计竞争者的优势及劣势，了解竞争者执行各种既定战略的情报，以及是否达到了预期目标。发现竞争对手弱点，专攻薄弱环节。

案例：火锅行业的竞争手段

伴随着行业的增长及群体的多元化，如今的火锅行业百花齐放——如果火锅店之间的竞争中很难从味道上分出优劣的话，能够与竞争对手拉开差距的方式则主要有三种。

一是服务。在服务方面，毋庸多讲，"海底捞"做到了极致，是中国最早重视服务的餐饮企业，在服务作为特色的背景下，"海底捞"成功崛起发展到如今规模。

二是环境。众多明星入行打造的火锅店脱颖而出即是环境创新的典型案例。一方面明星效应吸引了大量人流，另外一方面环境带给人的震撼也吸引了很多年轻人。比如，"辣庄"火锅店，火锅店主题设定为穿越，店内装修满满的复古感，万花筒式设计，几步一景，从进门到出去都是一种魔幻的感觉，这吸引了大批追求环境刺激感的年轻人追随。

三是拥有绝对特色的爆品。通过拥有绝对特色的爆品及绝佳的产品体验触动消费者的味蕾。比如，"巴奴"的爆品为"毛肚"，2019年"巴奴"的毛肚销售额高达1亿元。产品之外，"巴奴"还改良了略让顾客感觉嘈杂的服务，甚至将其口号修改为："服务不过度，样样都讲究。"修改的背后则是消费者的需求发生了变化——在快节奏的生活下，他们希望享受美食或者属于自己的时光，不愿意被打扰。

(3) 判断竞争者的市场反应

竞争者的目标、战略、优势和劣势决定了它对降价、促销、推出新产品等市场竞争战略的反应。一些竞争者反应不强烈，行动迟缓，我们称之为从容不迫型竞争者；一些竞争者可能会在某些方面反应强烈，如对降价竞销总是强烈反击，但对其他方面(如增加广告预算、加强促销活动等)却不予理会，我们称之为选择型竞争者；一些竞争者对任何方面的进攻都迅速强烈地作出反应，如美国宝洁公司就是一个强劲的竞争者，一旦受到挑战就会立即发起猛烈的全面反击，我们称之为凶猛型竞争者；还有些企业的反应模式难以捉摸，它们在特定场合可能采取也可能不采取行动，并且无法预料它们将会采取什么行动，我们称之为随机型竞争者。

(4) 选择企业的竞争对策

在明确了谁是主要竞争者并分析了竞争者的优势、劣势和反应模式之后，企业就要决定自己的对策：进攻谁、回避谁。可根据以下几种情况做出决定。

① 竞争者的强弱。多数企业认为应以较弱的竞争者为进攻目标，因为这可以节省时间和资源，事半功倍，但是获利较少。反之，有些企业认为应以较强的竞争者为进攻目标，因为这样可以提高自己的竞争能力并且获利较大，而且即使强者也总会有劣势。

② 竞争者与本企业的相似程度。多数企业主张与相近似的竞争者展开竞争，但同时又认为应避免摧毁相近似的竞争者，因为其结果很可能对自己反而不利。

③ 竞争者表现的好坏。表现良好的竞争者按行业规则行动，按合理的成本定价，有利于行业的稳定和健康发展；具有破坏性的竞争者则不遵守行业规则，它们常常不顾一切地冒险，或用不正当手段(如收买贿赂买方采购人员等)扩大市场占有率等，从而扰乱了行业的均衡。

案例:国产内衣品牌——"蕉内"的崛起之路

"蕉内"成立于2016年,仅仅4年时间,就从"都市丽人""安莉芳"等大牌中突围,成了近十年来估值最高的内衣公司。"蕉内"凭什么快速突围?除了"体感科技"差异化品牌标签外,其内容营销的功力也功不可没。

作为新一代消费主力军,"Z世代"年轻人不再追求"性感风",转而崇尚"毫无束缚的自由",这无疑给"无钢圈内衣"市场崛起的可能。"蕉内""Ubras"这些新锐内衣品牌,扮演了大牌睡狮旁的挑战者角色,瞄准"无钢圈内衣的"风口,并借势新兴的短视频、直播等种草渠道,以及创新的新奇营销手段,打响了品牌知名度。而且它们有一个共性,就是聚焦一个点进行穿透和打爆,从而成为这场"女性胸部"战役的胜利者。

阅读资料:中式茶馆的竞争策略

随着"90后"和"00后"成为消费市场的主力,"健康养生""去油腻""互动社交"成为越发重要的消费诉求点。由此,在茶饮领域,延承中国传统饮茶文化并注重场景体验的新中式茶馆受到新生代消费者的青睐。

提到茶馆,给人的固有印象是街边市井、烟火气息浓厚,并且门店多遍布于大街小巷弄堂当中,门店环境和装修设计风格相当接地气。然而,随着"星巴克"带来的"第三空间"概念深入人心以及消费需求的升级,新中式茶馆已经完全褪去"烟火气息",取而代之的是注重私密性、门店设计融合传统文化元素和现代设计理念。与传统茶馆不同的是,新中式茶馆多选址于核心城市的核心地段。

茶馆具有强商务和休闲社交属性。从经营层面来看,其目标客群基本是商务人士或者追求品质生活方式的人士。茶馆品牌的门店往往开在商务写字楼、商圈附近,或者繁华路段、核心街区,一方面与新式茶饮等商业场景互为补充,另一方面这些地区的客群消费能力高、客流量大。新中式茶馆的"中式"体现在设计风格上,品牌注重突出中国传统文化元素,并且融合现代化极简风格,为消费者打造一个自然健康、幽静诗意的多元化品质空间。

新中式茶馆更加突出消费者的主动性,茶馆品牌虽然从商务人群切入,服务于职场人士,但是社交、休闲等消费客群也逐渐增多。茶馆针对这些客群,除了提供桌游、狼人杀等娱乐体验场景,也会有一些茶文化讲解、抄经体验课等与门店调性相契合的文化活动,让消费者拥有自己的私密空间的同时获得精神上的愉悦。

新中式茶馆被称为"关起门来的星巴克",承担了"第三空间"的角色,而与"星巴克"不同的是,新中式茶馆给消费者提供了一个隐私、舒适的休息和商务洽谈空间,同时也给年轻消费者提供了一个非常有调性的社交、聚会空间,这是茶馆品牌对目标客群核心需求的精准把握。

2. 确定企业的竞争定位

企业在进行市场分析之后,还必须明确自己在同行业竞争中所处的位置,进而结合自己的目标、资源和环境,以及在目标市场上的地位等来制定市场竞争战略。现代市场营销理论根据企业在市场上的竞争地位,把企业分为四种类型:市场主导者、市场挑战者、市场跟随者和市场补缺者。

(1) 市场主导者

市场主导者是指在相关产品的市场上占有率最高的企业。一般说来,大多数行业都有一家企业被认为是市场主导者,它在价格变动、新产品开发、分销渠道的宽度和促销力量等方面处于主宰地位，为同业者所公认。它是市场竞争的先导者，也是其他企业挑战、效仿或回避的对象。

市场主导者如果没有获得法定的垄断地位，必然会面临竞争者的无情挑战。因此，必须保持高度的警惕并采取适当的战略，否则就很可能丧失领先地位而降到第二或第三位。市场主导者为了维护自己的优势，保住自己的领先地位，通常可采取三种战略：扩大市场需求总量，保护市场占有率，提高市场占有率。

一般说来，市场主导者扩大市场需求量的方法包括：发现新用户，开辟新用途，增加使用量。市场主导者保护市场占有率的方法是防御，主要包括阵地防御、侧翼防御、以攻为守、反击防御、运动防御和收缩防御。

案例："红牛"，能量饮料领导者

"红牛"一直被视作"提神醒脑，补充体力"的功能型饮料的代表，一直都处于"独步江湖、莫与争锋"的独孤求败的至尊江湖地位。近年来，在中国本土市场，挑战者络绎不绝，莫不企图干掉老大"红牛"进而取而代之。遗憾的是，无论正面交锋还是侧翼偷袭，挑战者均难以称心如愿，抑或进退维谷。

进攻战重在原有市场抢夺更大的市场份额。"启力"与"乐虎"采取的进攻战，针对"红牛"的第一特征直接抢夺。"东鹏特饮"是典型的游击战，避开"红牛"消费主流人群，满足目标顾客需求，谋求阶段性目标。"红牛"防御战也是一直在进行，其中如"东鹏"者不乏小成者。但20年就这样过去了，功能饮料格局仍未改观。"红牛"一如既往牛气哄哄，"斗牛大赛"仍在继续，行业呼唤颠覆者，英雄也在期待英雄。

(2) 市场挑战者

市场挑战者和市场跟随者是指那些在市场上处于次要地位(第二、第三甚至更低地位)的企业。这些处于次要地位的企业可采取两种战略：一是争取市场领先地位，向竞争者挑战，即市场挑战者；二是安于次要地位，在"共处"的状态下求得尽可能多的收益，即市场跟随者。每个处于市场次要地位的企业，都要根据自己的实力和环境提供的机会与风险，决定自己的竞争战略是"挑战"还是"跟随"。

市场挑战者如果要向市场主导者和其他竞争者挑战，首先必须确定自己的战略目标和挑战对象，然后还要选择适当的进攻战略。一般说来，挑战者可从下列三种情况中进行选择：攻击市场主导者、攻击与自己实力相当者、攻击地方性小企业。在确定了战略目标和进攻对象之后，挑战者还需要考虑采取什么进攻战略。这里，有五种战略可供选择：正面进攻、侧翼进攻、包围进攻、迂回进攻和游击进攻。

正面进攻是集中全力向对手的长处发动进攻。这一策略打击的不是竞争者的弱点，而是其最强的地方，胜负则决定于双方的优势大小及耐力。但如果市场挑战者的资源比竞争对手少，正面攻击无疑是自杀的做法。

侧翼进攻是集中优势力量攻击对手的弱点。一般来说，市场领先者往往是最强大的，但最强大的也难免有不安全的地带，因此，它的弱点往往是敌方进攻的当然目标。侧翼进攻一般可以设几个战略角度进行，核心是"细分市场转移"，如地理细分，即进攻领先者往往忽略的区域。

包围进攻是针对几个方面同时进攻，让竞争者必须同时保卫它的前方、边线和后方。当挑战者具有较优越的资源，而且相信包围进攻策略能迅速和完全突破竞争者所占有的市场时，该策略就更有用了。

迂回进攻是一种避免直接和竞争者冲突的竞争策略。挑战者尽量避开对手，而瞄准竞争程度较小的市场。迂回进攻有三种方法：发展多样化的不相关产品，开拓新的地理市场以及开发新技术以取代现有产品。

游击进攻适用于那些规模较小的挑战者，它们发动小型而间歇性的攻击，去骚扰竞争者，并希望建立永久的据点。

案例："东鹏特饮"挑战"红牛"，年卖40亿

"东鹏特饮"于2003年选择了功能型饮料作为突破口。当时，经过中国"红牛"前面十几年的市场教育，我国迎来了功能型饮料销量的爆发式增长。面对一个成熟的市场，省去教育市场的成本，采取跟随、价格切割是一个不错的策略。

中国"红牛"一罐的价格是6元，而"东鹏特饮"一瓶的价格是3.5元，在价格上比中国"红牛"便宜超过40%，一下子形成了不错的价格优势，成了能量饮料大王"红牛"的平价替代产品，切割掉了一部分市场。同时，在产品的包装外形上，"东鹏特饮"从最初的罐装改成了瓶装，与"红牛"的罐装也形成了视觉区隔。

除了价格之外，最初"东鹏特饮"采取的是市场错开竞争战略。"红牛"在一、二线城市消费者、渠道和终端具有很强的影响力，而"东鹏特饮"则先将三、四级市场作为主力战场，与"红牛"形成了市场错开竞争。在三、四级市场取得优势后，"东鹏特饮"也逐渐开始向一、二线城市拓展。

"东鹏特饮"从2013年开始，请了当红明星谢霆锋代言，并模仿"红牛"广告语"困了累了，喝红牛"，推出了"累了困了，喝东鹏特饮"的广告语，虽然模仿得太过明显，但是效果很好。2017年起，"东鹏特饮"开始走时尚路线，赞助了《中国梦想秀》《欢乐喜剧人》《我们来了》等综艺节目，还取代"红牛"赞助中超、世界杯等，让"东鹏特饮"市场销量猛增至行业第二。

(3) 市场跟随者

市场跟随者与挑战者不同，它不是向市场主导者发动进攻并图谋取而代之，而是跟随在主导者之后自觉地维持共处局面。这种"自觉共处"状态在资本密集且产品同质的行业(钢铁、化工等)中是很普遍的现象。

市场跟随者不是被动地单纯追随主导者，它必须找到一条不致引起竞争性报复的发展道路。以下是三种可供选择的跟随战略：紧密跟随(在各个方面都追随主导者)；距离跟随(在主要方面追随主导者，但仍保持若干差异)；选择跟随(在某些方面跟随主导者，另一些方面又各行其是)。

案例："巴奴"小火锅市场跟随策略

22元的猪肚鸡小火锅，加上一碗米饭，仅25元，这是"巴奴"旗下"桃娘小火锅"的价格。在"吉野家"，从周一到周日有不同口味的小火锅套餐供应，特价优惠是29.9元。这些平价的快餐小火锅，正随着消费旺季快速冒出。

和传统火锅相比，小火锅模式更轻，经营成本更低，以极致性价比获客。小火锅与甜品、快餐等跨品类融合，也逐渐成为新品牌的切入点。定位快餐式小火锅，优势在于兼顾食材标准化和出餐效率。不需要复杂加工的原料，加上现成的锅底和调味料，从点菜到上齐所有菜品，只需10分钟。

在"海底捞""呷哺呷哺""巴奴"这三家火锅巨头中，"呷哺呷哺"率先通过小火锅占据消费者心智。然而产品创新度和价值点不足，其坪效远远落后于其他两家，年均2万～3万元的坪效，不及"海底捞"的一半。

（4）市场补缺者

市场补缺者是指精心服务于市场的某些细小部分，而不与主要的企业竞争，只是通过专业化经营来占据有利的市场位置的企业。这种市场位置（补缺基点）不仅对于小企业有意义，而且对某些大企业中的较小部门也有意义，它们也常设法寻找一个或几个这种既安全又有利的补缺基点。

选择市场补缺基点时，多重补缺基点比单一补缺基点更能减少风险，增加保险系数。因此，企业通常选择两个或两个以上的补缺基点，以确保企业的生存和发展。取得补缺基点的主要战略是专业化市场营销。具体来讲，就是在市场、顾客、产品或渠道等方面实行专业化。市场补缺者要完成三个任务：创造补缺市场、扩大补缺市场、保护补缺市场。

案例：让时尚行业颤抖的"Supreme"

最炙手可热的街头潮牌"Supreme"，渠道羸弱得不值一提，却火爆得让行业瞠目结舌。"Supreme"每次新品发售都是热点话题，每次联名都一件难求，二手炒卖到天价。26年来，"Supreme"以一种病毒式的速度快速传播，从砖头到碗筷，只要一贴上"Supreme"的标志，就会变成抢手货引来众人排队，在二手市场上价格连翻几倍。

"Supreme"的腔调不是一般店铺可以比拟的。店里雇佣的员工都是一群来自街头的"不良"板仔，播放各种奇怪有趣的视频来吸引年轻人的目光。店铺既然足够大，年轻人就要"燥起来"，白天让顾客试板的空间，晚上就是party池。

从诞生之日起，"Supreme"就"倔强"地站在了大众的对立面，在大众青睐西装革履彰显身份的年代，"Supreme"吸引着街头艺术家与滑板爱好者，颇有"虽千万人，吾独往矣"的气概。其"就是让你不爽"的做法，表面上是离经叛道的，却深得千禧一代的心。

"Supreme"的员工也都是街头滑板爱好者，他们桀骜不驯、态度恶劣，"海底捞"式的贴心服务想都不要想，"爱买不买"才是服务宗旨。不能乱摸，不能试穿，不能挑选，不能拍照，不能喧哗，每款每色每人限购一件。一旦你动手将衣服摊开，想要仔细看衣服一眼，对不起，全世界最"牛逼"的店员会分分钟骂得你只想赶紧付钱。"至高无上"的品牌个性一览无余。

"Supreme"的店铺只开在它认可的城市，开店选择非常苛刻，26年时间全球只有11家实体店，日本6家、美国3家、英国1家、法国1家。"Supreme"认为不具备开设店铺的城市就坚决不会开设，这背后是"Supreme"保持克制，不愿品牌过度曝光，保持神秘色彩的原则。

"Supreme"的网站也完全违背了一个电商网站的基本特征：没有call to action，没有产品图片，没有搜索功能，更别提SEO这些东西了。"Supreme"想传递的信息是：这就是潮流，你要去追逐它，而不是它来迎合你。

3. 企业竞争战略选择

企业之间争夺顾客的竞争，出于不同的立场会有各种各样的情况，有新产品竞争、价格竞争、售后服务的竞争等，企业的竞争战略主要有：成本领先战略、产品差异化战略、集中战略。

(1) 成本领先战略

这种战略的指导思想是要在较长时期内保持企业产品成本处于同行业中的领先水平,并按照这一目标采取一系列措施,使企业获得同行业平均水平以上的利润。

成本领先战略的优点是:在与竞争对手的斗争中,企业具有进行价格战的良好条件,即企业可用低价格从竞争对手中夺取市场占有率,扩大销售量,因而低成本企业在同行业中享有最高的利润。

成本领先战略的缺点是:企业必须具备先进的生产设备,才能高效率地进行生产,以保持较高的劳动生产率;企业把过多的注意力集中于低成本战略,可能导致企业忽视顾客需求特性和需求趋势的变化,就很有可能被采用产品差异化战略的竞争对手所击败。

案例:"春秋航空"的低成本战略

"春秋航空"是国内第一家民营资本独资的低价航空公司,也是国内最大的民营航空公司,平均客座率在95%左右。

"春秋航空"以"99"系列出名,即在航班上投放9元、99元、199元等不同价格的特价机票,每个航班的投放比例约在20%～30%。"春秋航空"的这种打法就是低价定位。

"春秋航空"创始人王正华当时的设想是,通过降低运营成本,让利于消费者,使乘飞机就像坐火车卧铺一样便宜。"春秋航空"能够提供平均比全服务航空便宜30%的机票,这与"春秋航空"实行单一机型全经济舱座位、提高飞行日利用率,以及自建离港和销售系统不无关系。

在"春秋航空"的飞机上没有头等舱,每架飞机就可以比一般航空公司多出20多个座位,这样算到每个人的头上成本就少了差不多14%～15%。"春秋航空"的飞机日利用率超过11小时,比行业平均高两小时,有效地摊薄了飞机发动机折旧及员工薪酬等固定成本。

通过建立自己的售票系统和离港系统,与国内航空公司普遍在用的中航信系统完全脱离,每年又可以省下上亿元的费用,而通过网络订购电子客票,省去开票送票的人工费,也使公司的销售成本比一般航空公司要低。

当然,王正华在公司一直倡导的"抠门"文化,也起着重要的作用。他常说的一句话就是"钱一半是赚的,一半是省的"。王正华的办公室面积不到10平方米,还跟公司的CEO共用一间,他的衣服一穿就是8到10年,出差从不坐头等舱,住宿一般也只住"三星"级以下的酒店。秉承了老板的"省钱"哲学,"春秋航空"在成本节约方面也是下足了功夫。

比如"春秋航空"的飞机是由空姐自己来打扫的,而公司的复印纸也都要严格执行正反两面用。2008年王正华带队到伦敦考察时,他足足带了三大旅行袋食品,包括速泡面60袋、拌面40袋、榨菜、辣酱、煮鸡蛋等。公司的一位IT总工程师开玩笑说:"跟着王总出差,吃的是'猪狗食',住的是地下室,誓把低成本航空进行到底。"

(2) 产品差异化战略

这种战略的指导思想是企业提供的产品与服务在产业中具有独特性,即具有与众不同的特色,这些特色可以表现在产品设计、技术特性、产品名牌、产品形象、服务方式、销售方式、促销手段等某一方面,也可以同时表现在几个方面。

产品差异化战略的优点是:实行产品差异化战略是利用了顾客对其特色的注意和信任,由此对产品价格的敏感程度下降,可以使企业避开竞争,在特定领域形成独家经营的市场,其他企业一时追不上来，此时可保持优越的地位。

产品差异化战略的缺点是：要保持产品的差异化，往往要以成本的提高为代价；由于特色产品价格较高，很难拥有很大的销售量，因此该战略不可能迅速提高市场占有率。

案例："钟薛高"的差异化魅力

没有一款冰激凌不想成为网红，而"钟薛高"正朝着顶流的位置走去。"钟薛高"的走红首先来自产品的独特造型，雪糕似弧形瓦片，顶部带规整的回字文，主打国潮风；雪糕原料使用纯牛奶，宣称配方不掺水，吃起来口感绵密，比大部分冰激凌带有更醇厚的奶香；棒签是纯秸秆可降解材料，走环保路线。

以中高端冰激凌市场为切口，"钟薛高"俘获了以 18 到 39 岁的热爱尝鲜的年轻人及中产家庭主力消费者，并且不断刷新着冰品销售的历史纪录。

与其他食品公司不一样，为了实现生产可控、品质可控，"钟薛高"在代工环节自己买设备、做模型，自己做采购和生产管理。供应链及物流是"钟薛高"的核心竞争壁垒。要知道，冰激凌等冰品想要直接走进家庭冰箱，需要在供应链上做很多跨越。物流上，"钟薛高"采用的零下 78℃干冰运输，以最大程度保证货物在 48 小时内送达不会融化。

"钟薛高"做雪糕的逻辑也和传统雪糕不太一样。一方面，"钟薛高"围绕着中式屋檐瓦片设计雪糕形象，品牌取名上结合了三个中国姓氏，努力靠近各种中式元素，尝试打造其国货身份。在形象上建立链接，能让产品更容易传播，更具备可识别度；在文化和价值观上建立共鸣，在潮流趋势上进行引领。

过去雪糕是场景化的，可能是逛街的时候、外出游玩的时候吃一顿。而"钟薛高"改变了雪糕的消费场景，"钟薛高"的主力在线上端，销售模式是从工厂直达中产家庭消费者的冰箱。

(3) 集中战略

集中战略通过满足特定消费者群体的特殊需要，或者集中服务于某一有限的区域市场，来建立企业的竞争优势及其市场地位。集中战略的最突出特征是企业专门服务于总体市场的一部分，即对某一类型的顾客或某一地区性市场进行密集型的经营。

集中战略的优点是：经营目标集中，管理简单方便，可以集中使用企业的人、财、物等资源；由于生产高度专业化，可以达到规模经济效益，降低成本，增加收益。这种战略适用于中小企业。

集中战略的缺点是：当市场发生变化、技术创新或新的替代品出现时，该产品需求量下降，企业就要受到严重的冲击。

案例："奇瑞"战略转型——聚焦走精品路线

"多生孩子好打架"是奇瑞早期提出的思路，即不管市场需不需要，先通过对标合资品牌"在国内现有的产品线"，以"逆向开发"方式快速推出新产品，然后再回过头来找消费者，这是奇瑞早期奉行的产品策略。

当"奇瑞"实现 60 万辆规模、整体车市进入微增期时，其"天花板"压力变大了。捷径不通，"奇瑞"被迫要回归本原，即打造真正具有国际水平的体系能力。在品牌战略方面，"奇瑞"收回此前力推的"多品牌战略"，回归"一个奇瑞品牌"，商用车品牌"开瑞"彻底剥离"奇瑞"，高端乘用车品牌"瑞麒"则雪藏；在产品策略上，则主打两个系列，E 系列和 A 系列，二者分别针对不同的目标群体，一个是入门级，主打经济和家用；另外一个是比入门级别要高一点，主打时尚和运动。

历经2年战略转型和品牌调整，“奇瑞”迄今在研发上已经初步形成全面正向产品开发体系的国际标准化流程。

阅读资料：竞争战略的核心——“找不同，找焦点”

在运动服饰领域，一家名叫“安德玛”(Under Armour)的年轻品牌，在2014年超过“阿迪达斯”，一跃成为全美第二大运动品牌，向体育用品大鳄“耐克”发起挑战。而在“安德玛”之前，“阿迪达斯”“锐步”“匡威”等重量级挑战者对“耐克”的霸主地位已觊觎多年，使用高科技、请体育明星代言、疯狂打广告等策略频出，都没能如愿。

而“安德玛”的成功秘诀就是“找不同”，“耐克”做的是大而全，“安德玛”则用10年打造一个单品爆款“吸汗T恤”；“耐克”倡导的品牌调性越来越温情、优雅，“安德玛”则回归竞技体育的狂野、残酷，形象片不请大牌明星，而以粗糙的地面、岩石、未知的森林为背景。

“360”和“金山毒霸”在杀毒软件战场上的比拼即为一例。“360”作为新兴品牌，通过免费获取了流量；而曾经的杀毒软件老大“金山毒霸”，因为每年有2亿元的收入而不愿免费，最终被用户抛弃。想做一个伟大的品牌，想打造百年老店，一定要找到路在哪里，焦点是什么，并以跑马拉松的心态减掉“赘肉”。所以，甩包袱，丢负担，抵诱惑，是企业最重要的任务。

2.4.4 市场发展战略规划

市场发展战略又称增长型战略，是一种使企业在现有的战略水平上向更高一级目标发展的战略。它以发展作为自己的核心导向，引导企业不断开发新产品、开拓新市场，采用新的管理方式和生产方式，扩大企业的产销规模，增强其竞争实力。常见的市场发展战略主要有：密集增长战略、一体化增长战略、多元化增长战略三种类型。

1. 密集增长战略

密集增长战略是指企业在原有生产范围内，充分利用在产品和市场方面的潜力来求得成长的战略，其实质是充分开发特定市场上存在尚未被充分满足的需求，利用现有的生产，在现有的经营范围内谋求发展。密集增长战略主要有三种形式：市场渗透、市场开发、产品开发(见表2-2)。

表2-2 密集发展战略

市场	产品	
	现有产品	新产品
现有市场(客户)	市场渗透	产品开发
新市场(客户)	市场开发	多元化

市场渗透战略是在现有的市场上，企业采取积极有效的市场营销措施，扩大现有产品的销售规模。市场开发战略是利用现有的产品，积极开拓新市场。产品开发是抓住现有的市场，不断开发新产品，满足市场的不同需求。

案例:“瑞幸”,狂飙时代结束

在商界中,“激进扩张”一直都是很多企业陷入困局、甚至倒下的原因。在中国商界中,就可以列出一大堆在这个问题上栽过跟头的企业名单。“三九”“旭日升”“春兰”“太子奶”“巨人”“顺驰”“乐视”……很多企业过于激进、盲目追求虚幻的数字,无视这一规律,就很容易把自身推上困局。

例如,曾经的“乐视”,在企业盘子很小、一年净利润几亿的时候,就同时开工七大板块,进行资金缺口达到七八百亿以上的多业务同步扩张,试图构建一个庞大的商业帝国,不可谓不激进,加上某些板块策略失当,亏损近百亿。于是,巨大的资金漏洞,也将它推上了困境。

对“瑞幸”而言,也有某些相似。一家初创公司,就准备在2～3年时间里,门店数量超越在中国耕耘几十年的咖啡巨头、国际连锁巨头,这个梦想不可谓不宏大。“瑞幸”为了追求门店数第一,这两年疯狂扩店,却没有单店的盈利结构基础,甚至一些店面选址缺乏科学,这种缺乏基础、疯狂扩张的做法带来了巨大危机。当欲望大于逻辑,欲望大于规律的时候,企业将会面临的只有一个结果——困局,危机的爆发只是时间问题。

2. 一体化增长战略

一体化增长战略是研究企业如何确定其经营范围,主要解决与企业当前活动有关的竞争性、上下游生产活动的问题。一体化扩张又可分为横向一体化(水平一体化)和纵向一体化(垂直一体化)。实现这些扩张的方法包括内部发展和外部发展(合并和合资等)。

(1) 横向一体化

横向一体化指企业现有生产活动的扩展并由此导致现有产品市场份额的扩大。该类增长可以从三个方向进行:扩大原有产品的生产和销售;向与原产品有关的功能或技术方向扩展;与上述两个方向有关的向国际市场扩展或向新的客户类别扩展。通过横向一体化,可以带来企业同类生产规模的扩大,实现规模经济。

案例:“红星美凯龙”与“居然之家”达成战略合作

2021年7月,“红星美凯龙”与“居然之家”在北京签署战略合作协议,双方在优化行业竞争环境、维护行业经营秩序、资源共享、数字化等领域展开全面合作。本次战略合作中,双方就以下内容达成共识:在全国范围内维护家居市场的公平竞争秩序,坚决杜绝“二选一”等不公平竞争行为;相互开放供应链品牌资源;共同维护行业营销秩序,坚决抵制低于成本价的市场倾销行为;共同推进行业数字化转型升级等。

家居已经是一个超过4.5万亿元的庞大市场,并且未来的发展空间依然广阔。但这一切的前提,必然是继续深耕整个行业,持续推动规范化经营,保证行业处于公平、良性的竞争。今天的市场太大了,“居然之家”或者“红星美凯龙”都不可能像过去那样依靠单打独斗的方式推动行业前进,唯有携手并进,才能共同将市场做大做强。

(2) 纵向一体化

企业在经营中,除产品开发与市场开发等战略外,有时为加强对行业上游或行业下游资源的控制,如对供应商的控制或经销商的控制。以面向用户为前向,获得对经销商的所有权或对其加强控制,称为前向一体化。

获得对供应商的所有权或对其加强控制,称为后向一体化。前向一体化和后向一体化总称为纵向一体化。纵向一体化是公司增长到一定阶段的主要扩张战略。据班诺克的观点，公司通过横向一体化打败竞争对手，达到市场多头垄断地位后，便会进入纵向一体化扩张，以占领其供应商市场领域。

3. 多元化增长战略

一体化战略（横向一体化战略、纵向一体化战略）均是同一行业链条内部的相关行动。跳出同一行业圈子，进入其他行业，就有了多元化战略。在原有行业基础上，进入新的但与原业务相关的行业，称作相关多元化；进入新的与原业务不相关的行业，称作非相关多元化，也称作混合多元化。

案例：邮政卖奶茶、派出所卖咖啡

干掉你的不一定是同行，还有可能是跨界。毕竟“小米”都开始造车了，21 世纪的当下，万物皆可跨界。

2021 年儿童节当天，“可口可乐”中国微博宣布在中国市场首次推出含酒精饮料——托帕克硬苏打气泡酒，作为其正式进军中国含酒精饮料市场的突破性尝试。不久前，“瑞幸”咖啡创始人陆正耀也开始重新创业面馆“趣小面”。

如果这些品牌跨界都在意料之中，那么，中国邮政卖奶茶、杭州派出所卖咖啡总能算得上是真正的跨界。2021 年 6 月初，中国邮政成立奶茶店，起名“邮氧的茶”，首店于福州开业。相比其他奶茶店的价格算是公道，且不少消费者评论“邮氧的茶”包装设计也是颜值在线。与此同时，杭州多家派出所开出了自己的咖啡馆。杭州市米巷派出所“一米阳光”咖啡厅、拱墅公安分局咖啡馆纷纷登上热搜。

大多数品牌跨界，都是在主营业务成熟的前提下，以“锦上添花”的方式做跨界。以中国邮政为例，入局千亿奶茶市场绝不是头脑发热的一时兴起，能推动其规模化发展的实力来源于邮政深耕了几十年的线下网点。再比如，跨界餐饮的成功案例——“宜家家居”，目前已经是全球第六大餐饮企业，每年服务超过 6.8 亿人次。宜家作为大型家居卖场由于体量庞大，一般选址于城市远郊，附近几乎没有品牌餐饮门店，消费者购物后很难找到用餐的地方。此时，偏僻的选址反而成为宜家打造家具—餐饮—零售的商业闭环的优势。跨界做餐饮除了常规的盈利目的外，其深层的意义更像是“客户体验”的延伸和升级。餐饮业属于体验性消费，是味觉、嗅觉、视觉的综合性体验。通过落座餐厅，消费者可以更好地感受到品牌想要传递的自身价值和它倡导的生活方式，是另一种宣传植入的方式。

多元化发展是基于对市场风险和环境的不确定因素的防范意识，具有多元化经营的公司，可以减少某种不可预测因素的冲击。此外，一些原生产产品市场需求的下降，也会促使公司寻求多样化机会，以充分利用其生产能力。

阅读材料：互联网领域的多元化

中外企业大量实践证明，企业应慎重采取多元化战略。在采取多元化战略时，切忌盲目跟风，切忌以撞大运的心理对待企业战略。

2017 年乐视危机中，多元化业务错误，让乐视帝国面临崩溃。企业追求多元化没问题，多元化是企业走向规模化、做大发展的必然之路。但是，乐视帝国的多元业务扩张，超出了自身的实力。作为一个年净利润从没有超过 10 亿的企业，想做的多个业务资金缺口达到 600 亿～

700亿，远远超越自身实力。

2007年，百度宣布进军电子商务行业，拥有巨大流量的百度希望自己能在电商市场分得一杯羹，2011年百度有啊宣布C2C业务关闭。腾讯先后尝试了"QQ团购""QQ网上商城"多个项目，但是在电商领域依然未能杀出一条血路。谷歌作为世界上顶级的互联网公司，它曾经推出的基于主业务的延伸业务也依然难言成功。最著名的产品当然是"谷歌十"了，这个谷歌野心勃勃的产品，已经事实上被认为失败了，同社交巨头"脸书"相比，影响力可以忽略。

一种观点认为是基因论。比如认为百度只有搜索和技术基因，腾讯只有社交基因，所以所有产品只能做社交，而阿里也只有电商基因。

另一种观点是心智定律。心智定律认为，某一个公司在用户心中永远只会有一个形象，百度不管在品牌建设上做多少努力，依然不会改变自己是中文搜索应用第一选择的局面；阿里再怎么努力，在品牌特性上还是依然会被认定为电商服务商，依然会是购物的第一选择；而腾讯等于QQ，用户去买书就会想到去"亚马逊"，这就是用户习惯的养成，无法轻易地扭转这种用户习惯。就像运动鞋就会想到"耐克""阿迪"，在互联网之中，品牌延伸的心智定律依然起作用，用户只会依靠用户习惯选择，依靠最小的选择代价去选择产品。

还有一种观点是专业性决定论。每个成功的大公司都会有自己最擅长的地方，比如互联网"三巨头"各有所擅长的，但是并不代表这些巨头就擅长所有东西。它们对其他领域的理解的确就会差一点，多元化战略失败也就并不令人奇怪了。

● 分项任务测试：

小丁是某学院市场营销专业的学生，该生具有很强的创业意识和创业潜能。从大一就开始规划在学校开设一家数码产品销售与服务的店铺。请你帮他完成竞争者分析并规划发展战略。

知识检测

选择题

1. 能满足购买者某种愿望的同种产品的各种品牌是(　　)。
   A. 愿望竞争者　　B. 一般竞争者
   C. 产品形式竞争者　　D. 品牌竞争者
2. 代理中间商是属于市场营销环境的(　　)因素。
   A. 内部环境　　B. 竞争者
   C. 市场营销渠道企业　　D. 公众环境
3. 下列属于市场营销微观环境的是(　　)。
   A. 辅助商　　B. 政府公众　　C. 人口环境　　D. 消费者收入
4. 市场营销环境中的(　　)被称为一种创造性的毁灭力量。
   A. 新技术　　B. 自然资源　　C. 社会文化　　D. 政治法律
5. 目前许多国家企业的人口环境方面的主要动向有(　　)。
   A. 数量迅速增长　　B. 出生率下降　　C. 老龄化　　D. 人口流动性加大
6. 理想业务的特点是(　　)。
   A. 高机会高威胁　　B. 高机会低威胁　　C. 低机会低威胁　　D. 低机会高威胁

7.(　　)是向企业及其竞争者提供生产经营所需资源的企业或个人。

A. 供应商　B. 中间商　C. 广告商　D. 经销商

8. 影响消费需求变化的最活跃的因素是(　　)。

A. 个人可支配收入　B. 可任意支配收入　C. 个人收入　D. 人均国内生产总值

9. 市场营销环境是(　　)。

A. 是企业能够控制的因素　B. 是企业不可控制的因素

C. 可能形成机会也可能造成威胁　D. 是可以了解和预测的

E. 通过企业的营销努力是可以在一定程度上去影响的

10. 对环境威胁的分析,一般着眼于(　　)。

A. 威胁是否存在　B. 威胁的潜在严重性

C. 威胁的征兆　D. 预测威胁到来的时间

E. 威胁出现的可能性

11. 问题类的战略业务单位如果经营成功,就会转变为(　　)。

A. 明星类　B. 金牛类　C. 其他类　D. 瘦狗类

12. 企业通过收购或兼并若干商业企业,或拥有和控制其分销系统的战略的是(　　)。

A. 后向一体化　B. 同心多元化　C. 前向一体化　D. 水平一体化

13. 如果企业尚未完全开发潜伏在其现有产品和市场的机会,则可采用(　　)战略。

A. 密集增长　B. 一体化　C. 多元化　D. 广告

14. 下列哪种情况是最好的业务(　　)。

A. 行业吸引力大业务力量弱　B. 行业吸引力大业务力量强

C. 行业吸引力小业务力量弱　D. 行业吸引力小业务力量强

15. 市场补缺战略的主要特点是(　　)。

A. 游击进攻　B. 紧密跟随　C. 专门化　D. 回避竞争

16. 美国学者波特提出的市场竞争性战略包括(　　)

A. 成本领先战略　B. 差别化战略　C. 品牌战略　D. 聚焦战略

名词解释

市场营销环境;市场机会;环境威胁;公众;市场营销组合;波士顿矩阵评价法(BCG);多因素矩阵法(GE 模型);集中战略;紧密跟随;市场补缺者;前向一体化

简答

1. 企业在进行经济环境分析时,主要考虑哪些因素?
2. 企业对其所面临的环境威胁可能采取的对策有哪些?
3. 试述社会文化环境对市场营销的影响。
4. 人口老龄化问题在大中城市日益突出,请列举出这变化所带来的市场机会?
5. 什么是营销战略?它与企业战略是什么关系?
6. 波特提出的五种竞争因素包括哪些内容?
7. 简述市场竞争者分析的步骤与内容。
8. 论述企业的发展战略模式。

案例分析

“完美日记”的成长

在国货美妆圈，“完美日记”堪称完美案例。三位创始人师出同门，皆毕业于中山大学。其中，公司灵魂人物黄锦峰在大学毕业后进入宝洁工作，几年后他选择出国深造。2013年，黄锦峰结束了哈佛的MBA课程回到国内，黄锦峰已经看到美妆行业在国内的巨大前景，随即进入了国产护肤品牌“御泥坊”担任副总裁，有了一个很高的起点。“宝洁”和“御泥坊”的工作经历为他日后的创业提供了很大帮助。

2017年3月，“完美日记”这个品牌被正式推出，并上线“淘宝”店，同年8月登陆“天猫”，进入美妆电商领域。当时的行业现状是，海外一线品牌蚕食国内市场，老牌国货品牌“百雀羚”“膜法世家”以及黄锦峰曾就职的“御泥坊”牢牢把握着线上用户心智，“完美日记”的日子并不好过。2018年，眼看流量红利殆尽，除了把性价比作为卖点，黄锦峰将目光放在了社交电商，“完美日记”开始在“小红书”和“抖音”进行大量投放，并请到大牌明星和“带货一哥”李佳琦助力，营销火力十足。机遇就这样被“完美日记”抓住了。如今，“完美日记”已经成为“国货之光”的典型代表。

在互联网时代背景下成长起来的95后、00后，已逐渐成为消费领域的主力军。化妆对年龄层的渗透越来越深入，90后、00后对化妆的需求与日俱增。如今，中国人均化妆品消费只有400多元，而欧美等地普遍在1 500到2 000元。有投资人预测：美妆市场的春天刚刚开始，百亿级的国产美妆品牌一定会出现。

问题：

1. “完美日记”是在什么消费环境下诞生的？
2. 当今年轻消费者的消费特征是怎样的？“完美日记”应如何应对？

技能训练

1. 针对“香飘飘”奶茶面临的市场环境进行分析，撰写分析报告。
2. 选择一个创业项目，进行项目的可行性分析，撰写SWOT分析报告。
3. 上网查询某中国知名品牌的创业史，在班级交流该企业的战略规划。

任务3　目标市场选择、调查与分析

【任务目标】

知识目标：

1. 掌握市场细分的原理、方法和标准；
2. 明确市场调研的作用；
3. 理解市场购买行为分析的方法、依据和重要性；
4. 了解市场预测的主要方法。

技能目标：

1. 能够针对市场需求特点进行市场细分；
2. 能够结合实际情况选择目标市场并进行市场定位；
3. 能够编制调研计划并进行市场信息的收集、分析和整理，完成市场调研报告；
4. 能够分析目标市场购买行为并提出相应的营销策略。

思政目标：

1. 在解读客户、识别客户需求的基础上，树立"客户至上"的营销与服务理念；
2. 树立正确的职业观，准确进行自身定位；
3. 树立以事实为依据的决策理念和决策方法、诚信的工作态度和严谨的工作作风；
4. 融入我国经济发展、人民消费需求变化、招标采购等内容，进一步强化对社会主义核心价值观的认知。

【任务分解】

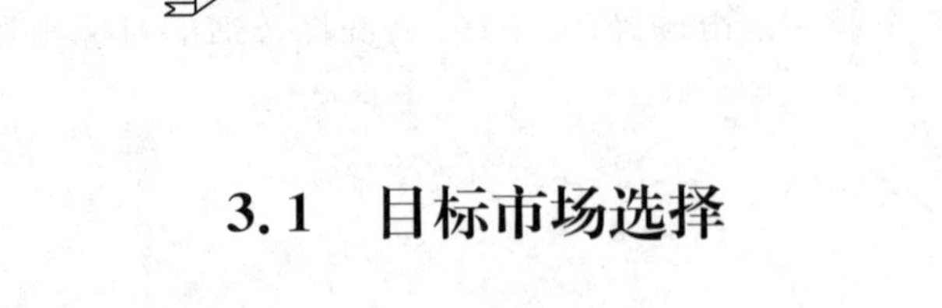

3.1　目标市场选择

企业面对的是一个十分复杂的市场，存在着各种不同的需求与爱好，任何一个企业即使是大企业，也不能全面予以满足，不可能为所有购买者提供有效的服务。因此，企业在市场营销环境分析的基础上，实行市场细分化、目标化和定位，是决定营销成败的关键。

目标市场营销由三个步骤组成：一是市场细分（Segmentation）；二是选择目标市场（Target Market）；三是市场定位（Positioning）；最后制定目标市场营销策略（如图3－1所示）。

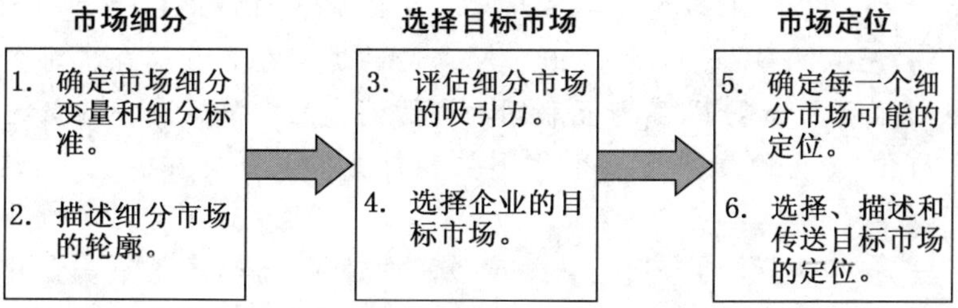

图 3-1　目标市场战略步骤

3.1.1　市场细分

1. 市场细分的概念

市场细分是指企业按照消费者的一定特性，把原有市场划分为两个或两个以上各有相似欲望和需求的分市场或子市场，用以确定目标市场的过程。

市场细分实际上是一种以"求大同存小异"为原则，对消费者需求与爱好进行分类的方法。这种做法，就大市场而言，要看到同中有异，不同细分市场的需求存在比较显著的区别；就子市场而言，是异中求同，同一细分市场消费者群，有着十分相似的消费特点。

案例："宜家"家居与日本手表市场细分

传统的家具商场试图将家具卖给所有的人，而瑞典的"宜家"家居，却把目标定位于那些追求风格又图便宜的年轻人身上，从而赢得了自己的市场，如果"宜家"趋于传统的消费者家居需求的全面满足，就很容易陷入恶性竞争的泥潭。

日本某手表厂商分析美国手表市场后发现，美国手表市场大体有三类不同的消费者人群，第一类约有23%的消费者，对手表的要求是能计时，价格低廉；第二类约有46%的消费者，对手表的要求是计时基本准确、耐用、价格适中；第三类消费者追求高价值，要求手表名贵，计时准确，此类约占总数的31%。瑞士、美国钟表商一向注重第三类市场的消费者，前两类约占69%的消费者的需求未得到充分的满足，日本钟表商选定前两类细分市场，开拓电子表新市场，取得了良好效益。

2. 市场细分的意义

市场细分能够帮助企业认识市场，研究市场，为选择合适的目标市场，制定正确的营销策略提供依据。

(1) 有利于企业发现新的市场机会，开拓新市场。在了解不同细分市场需求特征及市场已有商品的基础之上，很容易发现消费者尚未得到满足的需求，根据竞争对手市场占有情况，巩固现有市场，充分利用市场机会，开拓新市场。

案例："溜溜梅"发现"酸"大陆

休闲零食赛道造新的风口，数量庞大的"饕餮"群体支撑起了一片万亿的市场。根据商务部发布的《消费升级背景下零食行业发展报告》显示：中国人一年吃掉2万亿零食，市场规模有望在未来10～15年内占到我国消费者食品支出的20%。

事实上，由于行业准入门槛低，CR5(头部五品牌)占比还不到20%，市场集中度不高导致产品同质化非常严重。以休闲零食三巨头为例,“良品铺子”的 SKU 超过了 1 000 种,“来伊份”超过了 800 个,“三只松鼠”已超过了 500 款,产品品类存在大量重合。而在渠道上,曾经高度依赖线上流量的休闲零食企业,随着互联网红利的消失正在陷入深深的焦虑。

如何解决同质化、走出内卷成了整个休闲零食行业的共同母题。当下,这一问题有了答案——细分市场。

辣条“一哥”——“卫龙”作为市面上认知度最高的辣条品牌,多年来一直独占鳌头,屹立不倒的很大一部分原因离不开对细分市场的深耕。“卫龙”就自豪地提到,“我们的产品陪伴了中国千禧一代人的成长”“我们不断创新满足了一代又一代人的味蕾”“是 25 岁及以下年轻人心目中休闲食品第一品牌。”

事实上,近年来,随着消费的不断升级,消费者的口味要求也发生了变化,酸、甜、苦、辣、咸每个口味都有着大量的拥趸。而在这之中,“溜溜梅”以青梅品类为突破口,20 多年来深耕“酸味”食品赛道至今,已然是“青梅食品专家”。

首先,在食品品类的选择上,“溜溜梅”选用无添加又自带健康属性的青梅。青梅在中国的种植历史接近 7000 年,食用历史约 3000 年,一颗小小的青梅承载了中国人言之不尽的情感。兼具文化底蕴和营养价值的青梅品类,将会成为消费群体的“心头好”,这是“溜溜梅”能实现“破圈”的前提。

其次,掌握核心锁酸技术的“溜溜梅”不断在产品研发上做精“酸”,开发不同类型不同酸度的青梅食品,激发消费者对“酸”的各种需求。

最后,“溜溜梅”通过线上与当代主流消费人群和年轻人群的民族情绪“同频”,线下通过“六感式”体验站传递青梅价值,线上线下“共振”传递国味酸潮文化。“溜溜梅”新品国风版无核青梅,满足了国风爱好人群的需求,又将“酸”潮文化进行了直观的表达。

“溜溜梅”不仅获得了品类也获得了品牌的成功。如今消费者只要提及“酸”味食品就想到了“溜溜梅”,实现了从品类到品牌的蝶变。

(2) 有利于企业发挥竞争优势。由于资源有限,每一个企业的生产能力对于整体市场来说都是微小的。尤其是对于中小型企业,通过市场细分,把企业的优势力量集中在企业选定的细分市场之上,变整体市场的相对劣势为局部市场的相对优势,从而提高企业竞争能力。

(3) 有利于企业集中使用力量。一个企业不可能满足所有市场需求,因而必须在细分市场中做出取舍。在一个细分的市场中占据较大的市场份额,往往比在整体市场中获取较小的市场份额更为有利。企业应该将其人力、财力、物力准确地投放到所选定的目标市场上去,才能取得稳固的市场地位。

案例:“江崎”泡泡糖的市场细分

日本泡泡糖市场由劳特公司垄断,江崎糖业公司希望进入,将日本泡泡糖市场细分为儿童市场和成人市场。由于儿童市场(劳特公司重点目标市场)存在着产品形象单一、缺乏新意的特点,江崎公司选择成人市场为目标市场,在此基础上将成人市场细分为司机市场(加高浓度薄荷、天然牛黄)、体育市场(添加多种维生素)、交际市场(祛除口臭,清洁口腔)、个性化市场(加入叶绿素,产生轻松情绪)。结果,江崎糖业公司成功挤入日本泡泡糖市场并占有 25%的市场份额。

(4) 有利于企业根据市场变化,调整营销策略。消费者的需求是企业制定正确营销策略的出发点，由于各细分市场具有明显的需求特征，企业易于掌握，并对此做出反应，准确地调节营销策略的各个方面，使细分市场中的消费者需求得到充分的满足，企业也因此获得更高的盈利。

案例：烘焙品类再细分，吐司品牌“爸爸糖”脱颖而出

近年来，烘焙市场格局生变，吐司、软欧包等细分品类崛起，跑出以“爸爸糖”为代表的一批连锁品牌，获得了不少资本的青睐。“爸爸糖”手工吐司强劲的品牌势能，除了得益于品类和市场红利外，也离不开它独树一帜的商业模式。

1. 坚持技术创新，自主研发手工吐司

对于吐司品类，消费者向来看重品质，基于此，“爸爸糖”手工吐司主打手工现做，并在手工制作的基础上进行了技术创新，推出了一系列独具一格的产品。比如，招牌奶酥吐司、巧克力吐司、焦糖巴旦木吐司、藤椒鸡肉吐司等。“爸爸糖”与国内一流的食品学院——江南大学食品学院成立“健康烘焙研发中心”，共同研发符合国民健康早餐需求的产品品类。

2. 主打“前店后厂”模式，力保新鲜

“爸爸糖”采用的是“前店后厂”的模式，手工吐司现做现卖，每天以小数点为单位计算产品的新鲜程度，从配方、工艺流程等各个方面来进行管理和控制，将产品的新鲜口感保留到极致。这种“前店后厂”的模式强调现做，明厨亮灶打造出的新鲜手作氛围吸引经过的路人驻足，让人看到后台的制作过程，对商品感到安心。

如今，糖爸爸、小糖果、糖妈妈一家三口的形象，已经被广泛运用到“爸爸糖”的各种形象场景。通过品牌IP文化和内容渗透，“爸爸糖”成功向消费者传播了重视家庭亲子、父子关系的品牌愿景，打造了人格化且个性鲜明的品牌形象。

3. 市场细分的要求

市场细分是企业选择目标市场进行的战略步骤，因而对不同行业、不同类型的企业来说，实行市场细分必须满足一些基本要求或具备一定的条件，否则，细分难以达到效果，不能有效地细分市场。

(1) 可衡量性。企业选定细分市场的依据应该是可以定量化的。如市场的需求规模、购买力等。有时一些心理、行为等因素很难用数字衡量，这要求企业细分依据的选择上要有创造性，并且掌握一些定量化的技巧。

(2) 可盈利性。市场在很多情况下不能无限制地细分下去，以免造成规模上的不经济。但对很多工业市场和某些特殊消费品，这种彻底的细分也是可行的。掌握的标准应该是，细分的最终程度应保证各细分市场有足够的需求水平，保证企业的有利可图。

(3) 可进入性。企业本身的人力、物力和财力可以通过不同的渠道进入细分市场，市场营销因素也能通过各种途径进入该市场。具体地说，企业能够将产品和信息送达市场，而消费者也能在市场中买到企业的产品，了解相关的信息。

案例：“雍禾植发”，抓住“秃”如其来的年轻人

如今，脱发并非只困扰着中老年群体，以90后为代表的年轻人早已加入了秃头大军。被“秃头”困扰的年轻人，秉承着颜值至上的消费哲学，正在让植发成为一种潮流。爱美无止境，颜值当道。在变美这件事上，无论男女都不遗余力，打玻尿酸、割双眼皮、植发成为年轻人最热衷的项目之一。

统计显示,"看起来年轻一点"为植发的第一目的,占比40%;其次就是"追求完美"。而这一切正是"颜值焦虑"惹的祸。正是秉承着这样一股脱发与颜值的焦虑,脱发成为一个最好的营销话题。

植发行业成为近两年来最火爆的行业之一,"雍禾植发"等品牌的扩容空间充满想象。无论是像"雍禾医疗"一样做起"植发"的大生意,还是如各大电商平台与品牌一般借助脱发话题打造营销热点,"秃"如其来的年轻人,都已经成为各品牌的目标人群。

4. 市场细分的依据

市场是由购买者组成的,而每个购买者在收入水平、居住地区、购买目的、购买习惯等方面各有不同,这些因素都可用来对市场实行细分。因此,市场细分是以顾客为基础的,其出发点就是消费者对产品的不同需求和欲望。

(1) 消费品市场细分的依据。细分消费品市场所依据的变量较多,一般概括为四大类,即地理变量、人口变量、心理变量和行为变量。地理变量包括洲界、国界、地区、政区、城镇规模、地形、气候、交通运输、人口分布等;人口变量主要包括年龄、性别、收入、职业、教育水平、家庭大小、宗教信仰、种族、国籍和风俗习惯等;心理变量包括相关群体、生活方式、个性等;行为变量是消费者对产品属性所具有的知识、态度、使用和反映状况等。

案例:服装品牌"哥弟"女装营销之道

"哥弟"是近年来应用市场细分化策略比较成功的服装品牌之一。30岁以上这一年龄段的女性消费者生活讲究,需要得体而漂亮的衣着,但传统着衣观念和身材的限制,将她们阻隔在流行与时尚品牌之外,而她们恰恰就是扎扎实实的实力消费群。"哥弟"女装成功的秘密就在于解决了上述这些人的穿衣问题。

在中国的服装市场上,"哥弟"女装以"儒文化"为品牌内涵,以其准确的目标市场定位而在国内女装界占据一席之地。"哥弟"品牌绝不二价,颜色花而不俏,价格高而不贵,剪裁贴而不紧,完完全全对准了这群消费中坚力量的"胃口"。执着的坚持获得了执着的支持,"哥弟"女装将一大批忠实的顾客招揽在其周围,固定的客源消费支撑起其市场位置,不管市场环境多恶劣,都有顾客不变的支持为其遮风挡雨。

"哥弟"品牌成功的一个重要原因就是市场细分化策略的选择得当,在其他品牌把产品大都定位在年轻人身上大做文章,激烈竞争时,"哥弟"瞄准中年白领这一中坚市场,从服装设计、营销网络到形象设计都做足文章,从而也获得了这一年龄段消费者的青睐,并在国内女装的销售商中一直名列前茅。

阅读资料:无性别服装

近来,无性别服装在时尚界越发流行。快时尚品牌"H&M""ZARA"纷纷推出"无性别"这一品类追赶潮流,"Prada""Givenchy""Gucci"等奢侈大牌也通过对无性别时尚的探索引发了一波讨论热度。

在两性关系逐渐成为公众关注的热点话题后,以追求性别平等为背景的无性别服装更容易引起讨论。在表达自我、追求身份认同方面,服饰无疑是更显性的方式,对于渴求自我表达、摆脱传统审美凝视的群体而言,无性别服装是极好的与外界沟通的载体。

目前市场上大部分无性别服装在设计上还是相对单一的，宽松的版式及模糊性别特征的设计，成就了共性，却牺牲了个性，对于有较高审美需求的消费者而言，明显是不足的。

案例："燕京啤酒"，健康微醺适配"新酒饮"文化

传统的酒桌离不开应酬等重社交文化，而新酒饮的场景是"健康微醺"和"取悦自己"，年轻消费者希望通过消费，完成自我认知和自我认同。

"燕京U8"是"燕京啤酒"面向年轻人群推出的新产品，在"小度酒"赛道中实现了新品类占位。"燕京U8"契合新生代消费者的场景需求，无论是从外观设计、口味研发还是营销推广，都能够紧贴年轻人的喜好，例如规模化地把拉环设计引入到啤酒中，饮用更为方便；采用了独家酿制技术，降低酒内的乙醛含量，改变过往低度啤酒的寡淡口味，继而以"小度酒，大滋味"为产品诉求，口感清爽好喝不上头，更贴合年轻人的"微醺"的饮酒习惯。

(2) 工业品市场细分的依据。上述消费品市场细分的依据也可同样应用于工业品市场细分。如根据地理变量可将其分为国内外各地区的市场；根据职工人数、营业额、利润额和产品类型等社会经济变量可将工业品市场用户进行细分；而工业品市场用户在行业中对领导地位的追求，可视为一种心理变量；最后，工业用户的很多行为变量，如追求利益、用户状况、使用频率和对市场营销因素的敏感程度等，都是细分工业品用户的良好依据。因此，工业品市场细分主要依据为购买组织的特点和规模、地理因素、产品最终用途、用户购买状况、用户购买行为等。

3.1.2 目标市场选择

就企业来说，并非所有的环境机会都具有同等的吸引力，或者说，并不是每一个子市场都是企业所愿意进入和能够进入的。同时，对于一个企业来说，总是无法提供市场内所有买主所需要的产品和劳务。由于资源的限制，企业在制定营销战略时，必须在纷繁复杂的市场中，发现何处最适于销售它的产品，购买者都是哪些人，购买者的地域分布、需要、爱好以及其他购买行为的特征是什么。这就是说，现代企业在营销决策前，必须确定具体的服务对象，即选定目标市场。

1. 目标市场的概念

所谓目标市场，就是企业在市场细分的基础上，从满足现实或潜在的目标顾客的需求出发，并依据企业自身经营条件而选定的一个或为数不多的特定市场。简单地说，目标市场就是企业产品或劳务的消费对象。

案例："罗莱家纺"的目标市场策略

"罗莱"是家纺行业最为典型的多品牌营销的代表。多品牌营销是指企业根据各目标市场的不同利益分别使用不同品牌的品牌决策策略。多个品牌能较好地定位不同利益的细分市场，强调各品牌的特点，吸引不同的消费者群体，从而占有较多的细分市场。

"罗莱"一直在积极、持续、专注地为产品打造品牌群形象。其主导品牌"罗莱"始终定位于家纺用品的中高端市场，产品价格定位为中等偏高，产品零售价位集中于1 000 元至2 000 元(指四件套价格)。产品风格以欧洲风格为主，体现欧洲家纺市场的最新潮流，力求使产品能够表现出优雅、精致、舒适的生活情趣，以满足中高收入群体对高品质生活的追求。

“罗莱”的品牌策略是将“罗莱”推广为中高端市场的优质典雅品牌，将“Saint Marc（尚玛可）”推广为以中端市场为目标、面向年轻消费者的年轻时尚品牌；将“Disney（迪士尼）”推广为以中高端市场为目标、面向有着童真梦想消费者的快乐纯真品牌；将“Sheridan（喜来登）”推广为以高端市场为目标、面向奢侈品消费者的高端奢华品牌。

2. 目标市场选择的条件

企业选择目标市场，是在细分市场的基础上进行的。因此，企业必须对其所选择的细分市场价值做出正确的评估，从中找出具有经营价值的目标市场。所谓目标市场价值，是指某个目标市场所能提供给企业的市场机会以及由此而使企业获益的多少。对一个企业来讲，究竟应选择哪些细分市场作为目标，其关键就在于各细分市场是否具备目标市场所应有的价值，而不在于市场的大小。因为大的市场并不意味着获利的机会多，一个大需求量的市场会吸引众多的企业涉足该市场，一旦竞争对手增多，每个企业获利的机会就相对减少。

案例：“小红书”上的男人被低估了？

从2013年创始初做海外购物指南，到此后分享美妆购物攻略，再到成为生活方式种草平台，在外界的定义中，“小红书”都更像是一个“女性社区”。不过“小红书”公布的最新数据是，男性用户占比已经增加至30%。

标签松动。“女性社区”的形容更像是一种对产品本身的固有印象，成为“小红书”的过去时态。如果问一个男性用户，你是怎么开始使用“小红书”的，原因可能有很多：“给女朋友买礼物”“查旅行攻略”“看一下精致的男生反省自己”“新手爸爸要学婴儿辅食”“看冲浪攻略”……一切是慢慢发生变化的。除传统认知中的美妆和时尚两大内容板块外，“小红书”上还有大量美食、运动、知识类等内容。这一两年来，“小红书”上美食、旅行等中性化内容，以及科技数码、体育赛事、潮流，比如潜水、滑雪、冲浪等偏男性内容的快速增长，也逐渐消除了一部分用户心中对“小红书”产品本身的性别偏见，带来了男性用户的快速增长。

发展8年后，“小红书”的本质已经与性别无关，真正有关的是数千万的创作者，超过1亿的消费内容用户们，在平台上所呈现的、倡导的，属于他们的生活方式。只是这之中，以往被“低估”的男性用户也在逐渐成为主角。

企业目标市场的选择是否适当，直接关系到企业的市场占有率和盈利。一般来说，从细分市场中选择目标市场至少应把握以下标准：该市场具有足够的发展潜力，有较大的获利可能；有利于发挥企业的内在优势，企业的营销手段有较大的竞争能力；有可靠的资源做后盾，保证对市场的充分供应。

阅读资料：“他经济”的崛起

看“海澜之家”的几位代言人，从印小天到杜淳、林更新、武磊还有周杰伦，每一位都是当时的话题热度之王，虽然所在行业不同，但男性魅力都很足，这也很契合“海澜之家”“男人的衣橱”这个定位。在很多人看来，女装的市场一定比男装市场好赚钱，毕竟女性消费频次高，也舍得花钱，但如果仔细分析现在的市场，“他经济”早已崛起，也绝对不输“她经济”。

跟女性相比，其实男性的消费力并不低，但男性爱好的消费品，其隐藏性更强。比如，男性更爱在游戏、直播间消费，这些消费并不容易显露出来，即便是男装的消费，也因为男装款式相比女性更少和更不亮眼，而不容易被察觉。

过去十年间，男装市场也在一直增长，市场规模从3 000多亿增加至近6 000亿元。这种增长趋势跟近年来男性的“精致主义”不无关系，而男性走向“精致主义”的原因，其一来自收入的增加，这个是比较直观的；而另外一个，可能跟男性单身比例逐年增加有关。

单身意味着能够有更多时间和金钱去享受消费，还有支配消费。加上在同等年龄段中，男性的平均收入要比女性多20%左右，这样看来，“他经济”的崛起，就毫无疑问的了。

3. 目标市场的涵盖策略

企业确定细分市场作为经营和服务目标的决策，称为目标市场策略，目标市场策略是市场定位策略和营销组合策略的有机结合。企业确定目标市场的方式不同，采取的营销策略也就不一样。一般来说，可供企业有效选择目标市场的策略有三种，即无差异营销策略、差异营销策略和集中营销策略（见图3－2）。

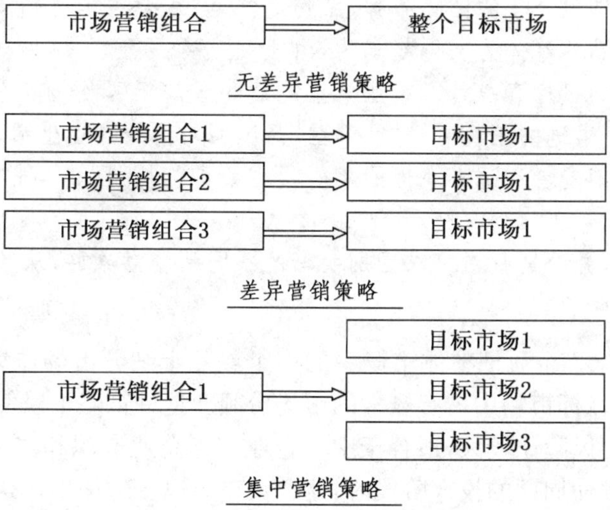

图3－2　目标市场涵盖战略

（1）无差异营销策略。企业把整个市场作为自己的目标市场，是一种整体化进入的市场定位策略。这种策略忽视需求的差异性，使用大规模的生产方式生产同种单一的产品，采用广泛的销售渠道，单一的广告宣传等促销方式。优点在于树立企业形象，通过大规模经营取得盈利，而成本支出较低。缺点在于适用范围不广，经营风险很大。因为追求整体市场的企业很多，所以竞争也非常激烈。消费者有差别的需求得不到满足，市场营销的理念在这里未得到彻底的贯彻。

（2）差异营销策略。企业把整体市场中的部分甚至所有细分市场作为目标市场。企业为不同的目标市场生产不同的产品，运用不同的定价方式和促销方法，力求满足所有目标顾客。它的优点是充分地满足了所有消费者，使他们对企业更为偏爱；多样化经营减少了市场风险，增强了竞争能力。缺点是生产与经营管理成本相对增大，对企业的管理能力和资源提出了更高的要求。当企业资源雄厚，产品与市场的同质性较大，产品处于生命周期的成熟阶段，竞争对手采取差异营销策略时，企业使用这一策略是极为有效的。

案例:上海通用汽车的目标市场差异化营销

上海通用汽车的主要品牌系列包括“凯迪拉克”——群星超豪华、支柱品牌“别克”——活力激情、大众化“雪佛兰”——亲和友善。每一款车都有不同的市场定位。

“凯迪拉克”——“敢为天下先”,品牌定位是“美国派”的豪华车,消费群体为具有胆识、远见、开拓领先的高收入阶层。

“萨博”——强调个性且崇尚内敛,品牌定位是个性化产品,消费群体为低调的成功人士,为高档进口车消费群中强调个性且崇尚内敛生活方式的消费者提供另一种选择。

“欧宝”——锁定年轻新贵,品牌定位是“欧洲精品车”,消费群体为事业比较成功,追求生活品质的年轻新贵并且偏好精湛工艺且口味时髦、乐于张扬个性的消费群体。

“别克”——品牌定位是“大气沉稳,激情进取”。

“雪佛兰”——打造大众化的国际品牌,品牌定位是“适合中国普通老百姓的、值得信赖的大众化的国际品牌”,消费群体为买得起车的人群。

“凯越”和“君威”的目标客户是以事业为重的消费者,“新赛欧”和“景程”的目标客户则是以家庭为重、希望稳中求进的消费者。“雪佛兰”品牌面对的是热爱生活、希望能通过努力不断提高生活质量的普通消费者和追求个性的年轻人;“荣御”则为国内高档行政级公商务车市场带来全新选择。

各品牌个性鲜明,并分别针对需求区别明晰的不同消费对象群,从基础品牌到高档豪华品牌形成了一金字塔型品牌构架。

(3) 集中营销策略。企业把整体市场中的一个或几个细分市场作为目标市场,集中企业的资源在有限的几个目标市场中占有较大的市场份额。这种策略可以使企业很好地满足消费者需求,成本较低。但风险比较大,适合于中小企业。当企业资源和实力不足,产品和市场同质性较低,产品处于生命周期的投入阶段时,这种策略可以变通使用。

案例:“心雨”——野外婚礼专家

时下,多数商家为新人们策划在大酒店举行婚礼,而上海女孩心雨却推出野外婚礼,且在不到一年的时间里便获得了非同小可的成功。如今,心雨已成为上海小有名气的“野外婚礼”专家。

鲜花和绿叶做成的拱门衬托着热闹的婚礼现场,洁白的婚纱把新娘装扮得无比娇媚,孩子们在草地上尽情嬉闹,亲朋好友在蓝天下享受着大自然的气息,五彩缤纷的气球在这热闹的氛围中放飞。够浪漫吧!这就是她给新人们策划的野外婚礼的一幕。

“心雨”陆续推出了十多种独具匠心的野外婚礼主题方案,其中水上婚礼、竹海婚礼、雨中婚礼等主题方案备受青睐,成了心雨手里的几道“招牌菜”。她认为,年轻人喜欢野外婚礼的原因主要是野外风景优美,利于游玩和摄影留念,更容易营造浪漫氛围。心雨还认为,自己的这一婚庆方式,充分迎合了当下年轻人追求个性化的心理需求,跟上了时代潮流,而做到这一点,赚钱便成了水到渠成的事了。

3.1.3 市场定位策略

1. 市场定位的含义

随着市场经济的发展,在同一市场上有许多同一品种的产品出现。企业为了使自己生产或销售的产品获得稳定的销路，要从各方面为产品培养一定的特色，树立一定的市场形象，以求在顾客心目中形成一种特殊的偏爱，这就是市场定位。

市场定位的实质是取得目标市场的竞争优势，确定产品在顾客心目中的适当位置并留下深刻的印象，以便吸引更多的顾客。

阅读资料：营销就是占领目标顾客的心智

“神州租车”2010年开始做租车的时候，前面已经有两位老大，“一嗨租车”拥有1 200辆车，“至尊租车”拥有1 000辆车，当时“神州租车”大概有600辆车。“神州租车”为什么后来取得很大的成功，最重要的原因是它是第一个抢占了消费者心智。

当“神州”要做专车的时候，“滴滴”已经在消费者心目当中等于专车，我们还能不能说“要专车找‘神州’”？没戏。“神州专车”要做“专业司机，专业车辆，更安全的专车”，要找一个特性才能拥有一席之地。

“老板”油烟机与竞争对手“西门子”比技术、比品质没有用，“西门子”是德国企业、世界五百强，消费者的认知不会被改变。但中国厨房炒菜油烟大，“老板”大吸力油烟机更满足中国消费者的需求。从与竞争对手相反的点切入占据特性，借力打力，等到“西门子”转型做大吸力油烟机的时候，这个词、这个特性已经被“老板”占了。

在开创新品类当中，“瓜子二手车”做得很成功，“没有中间商赚差价，买家少花钱，车主多赚钱”这是多么好的调动人性的东西。“瓜子二手车”是第一个做C2C卖车的吗？不是，“人人车”是第一个。然而消费者根本不关心谁是第一个做的，消费者关心的是谁第一个打入他的心智。

案例：男士护理品牌“理然”

“理然”是国内新锐男士综合个护品牌，通过全方位的护肤、理容、洗护、彩妆多品类组合，为男士提供护肤产品。以男士专研技术体系为支撑，在舒爽健康的肤感空间内，释放当代男性天然魅力。

颜值时代，所有人为悦己者容。男性也爱美，且越来越爱美。不同于传统男性护肤品牌的大肌肉男，或成功男士风的刻板广告设计，“理然”运用的是极简风，用起来不觉得尴尬，且很有品质。一体做全的方式，也符合男性在护理选择上懒的特质，所以一旦被男性选择，就要尽力全方位留住他们，包办其生活护理的方方面面。

2. 市场定位的步骤

市场定位的关键是企业要设法在自己的产品上寻求出比竞争者更具有竞争优势的特性。竞争优势一般有两种基本类型。一是价格竞争优势，即在同样的条件下比竞争者定出更低的价格。这就要求企业采取一切努力，力求降低单位成本。二是偏好竞争优势，即能提供确定的特色来满足顾客的特定偏好。这就要求企业采取一切努力在产品特色上下功夫。因此，企业市场定位的全过程可以通过以下三大步骤来完成，即确认本企业潜在的竞争优势、准确地选择相对竞争优势和明确显示其独特的竞争优势。

(1) 确认本企业的竞争优势。这一步骤的中心任务是要回答以下三大问题：一是竞争对手的产品定位如何？二是目标市场上足够数量的顾客欲望满足程度如何以及确实还需要什么？三是针对竞争者的市场定位和潜在顾客的真正需要的利益要求企业应该和能够做什么？要回答这三个问题，企业市场营销人员必须通过一切调研手段，系统地设计、搜索、分析并报告有关上述问题的资料和研究结果。通过回答上述三个问题,企业就可从中把握和确定自己的潜在竞争优势在何处。

(2) 准确地选择相对竞争优势。相对竞争优势表明企业能够胜过竞争者的能力。这种能力既可以是现有的,也可以是潜在的。准确地选择相对竞争优势就是一个企业各方面实力与竞争者的实力相比较的过程。比较的指标应是一个完整的体系,只有这样,才能准确地选择相对竞争优势。通常的方法是分析、比较企业与竞争者在经营管理、技术开发、采购、生产、市场营销、财务、产品等方面究竟哪些是强项,哪些是弱项。

案例:"小罐茶",全品类高端中国茶品牌

"茶,是我创业的终极梦想。""让世界重新认识中国智造。""不是因为年轻人不爱中国茶,是因为中国茶老了。不是世界人民不爱中国茶,而是因为中国茶没有跟上世界变化。这几十年来,中国茶的目光都在山上,不在用户的生活空间里。"——"小罐茶"创始人杜国楹如是说。

"小罐茶"是在中国文化复兴和消费升级趋势下,诞生的一个全品类高端中国茶品牌。以极具创造性的手法整合中国茶行业优势资源,独创小罐保鲜技术,打造大师级的中国茶(6大茶类的8位制茶大师首度联手坚持原产地原料、坚持大师工艺、大师监制),为中国高端茶树立标杆。

(3) 明确显示其独特的竞争优势。这一步骤的主要任务是企业要通过一系列的宣传促销活动,使其独特的竞争优势准确传播给潜在顾客,并在顾客心目中留下深刻印象。为此,企业首先应使目标顾客了解、知道、熟悉、认同、喜欢和偏爱本企业的市场定位,在顾客心目中建立与该定位相一致的形象。其次,企业通过一切努力强化目标顾客形象,保持目标顾客的了解,稳定目标顾客的态度和加深目标顾客的感情来巩固与市场相一致的形象。最后,企业应注意目标顾客对其市场定位理解出现的偏差或由于企业市场定位宣传上的失误而造成目标顾客模糊、混乱和误会,及时纠正与市场定位不一致的形象。

案例:"江小白",年轻人的小酒

"愿十年后我还给你倒酒,愿十年后我们还是老友""酒后吐出的真言,清醒时已经在心里说过千遍""清晨的粥只能填满胃,深夜的酒却能填满心"……这样"走心"的独白,成了"江小白"的流量源头,并转化为业绩,实现了30亿元年销售额。

"江小白"让原本不喝白酒的年轻人喝上了白酒,直接带动了"小酒"这个细分品类。"江小白"火了之后,各大酒企纷纷上马"小酒"产品,如五粮液的"歪嘴"、郎酒的"小郎酒"、洋河的"洋小二"、山西汾酒的"闹他小酒"等,都打出了"青春小酒"的旗号。

"江小白"以"我是江小白,生活很简单"为品牌内涵,倡导"低度化、利口化、国际化"的产品战略。除了表达瓶的刷屏文案,"江小白"还通过电视剧广告植入,出品动画《我是"江小白"》,赞助音乐节、街舞大赛、青年文化节等形式,触及核心消费者。

3. 市场定位的方法

(1) 初次定位。初次定位是指新成立的企业初入市场,企业新产品投入市场,或产品进入新市场时,企业必须从零开始,运用所有的市场营销组合,使产品特色确定符合所选择的目标市场。但是,企业要进入目标市场时,往往是竞争者的产品已在市场露面或形成了一定的市场格局。这时,企业就应认真研究同一产品目标市场竞争对手的位置,从而确定本企业产品的有利位置。

案例:“乐堡”啤酒,好看的皮囊和好玩的灵魂

主打年轻受众的“乐堡”啤酒,始终深入洞悉年轻人群心理,推出两款全新产品,为年轻人量身打造从白天到黑夜的不同体验,全天候刷满存在感。

纯生品类的形象,对年轻消费者来说普遍趋于传统。“乐堡”纯生啤酒把握这个机会点,重磅升级“乐堡”纯生,并提出“乐堡纯生,活力似夏”的产品概念。拉开“乐堡”纯生,就像拉开了满满的阳光活力。

除此之外,随着夜场文化的普及,“乐堡”瞄准夜店这个“Z世代”新的高频消费场景,全新推出全球首款“乐堡铝瓶”,一拉就开,瞬间通电！凭借“电光蓝十春光绿”的潮流配色密码,以独特的电光美学闪耀黑夜。

疫情影响下许多品牌营销活动陷入停摆,“乐堡啤酒”却基于疫情期的刷屏热梗“好寂馍”“好响出去丸”,以愚人节为契机,出其不意推出“乐堡啤酒”“好响出去丸”特别包装,玩梗成真,将其转化为品牌谈资。在特殊时期鼓励大家保持OPEN的心态,积极探索生活乐趣。

对于品牌来说,年轻化营销想要触动年轻人,需要从年轻人的需求出发,采用更加新颖有趣的非套路玩法,用年轻人喜爱的形式和内容进行沟通,放下“身段”真正和年轻人玩在一起。而“乐堡啤酒”的营销玩法,已经给出了优秀的行业示范。

(2) 重新定位。重新定位是指企业变动产品特色,改变目标顾客对其原有的印象,使目标顾客对其产品新形象有一个重新的认识过程。在出现下列情况时也需考虑重新定位:一是竞争者推出的市场定位在本企业产品的附近,侵占了本企业品牌的部分市场,使本企业品牌的市场占有率有所下降;二是消费者偏好发生变化,从喜爱本企业某品牌转移到喜爱竞争对手的某品牌。

案例:“维密天使”成历史,性感营销何去何从?

以“性感”而闻名的美国女性内衣与睡衣品牌“维多利亚的秘密”一直采用的“性感营销”,与其最初的品牌定位不无关系。1977年,当时的美国商人Roy Raymond为了避免男性给异性买内衣的尴尬,创办了“维密”。可以说,“维密”虽然是一个女性内衣品牌,但其目标消费者其实是男性。而且这种定位,与当时社会流行的“物化女性风”十分契合。男性话语权的垄断,让女性在舆论中一直处于被凝视的位置。

随着女性独立意识的觉醒,女性消费者的消费观念发生了改变,她们购物不再是为了取悦别人,而是更多地关注自身的需求和感受。体现在内衣品牌的选择上,尽管传统的钢圈海绵垫内衣可以“挤出胸来”,让身材更性感,但却是对胸部的束缚和压迫,应运而生的无钢圈、无尺码内衣则让女性感受到了“解放胸部”的快乐,从而大受欢迎。

如今市场上销售名列前茅的爆款内衣,诸如“Ubras”“蕉内”“内外”等品牌,无一不是靠着产品的“舒适”“裸感”脱颖而出。在营销上,这些品牌也在“去性感化”,不再强调内衣对身材的调整、塑造效果。

品牌要做的其实就是转变固有的偏见,不要把“性感营销”落脚在男性视角,而是从女性视角赋予“性感”更多元的价值内涵,不从身材、外貌等角度物化女性,而是从谈吐、内涵去肯定女性的价值和成就。

(3) 迎头定位。迎头定位是指企业选择靠近于现有竞争者或与现有竞争者重合的市场位置，争夺同样的顾客，彼此在产品、价格、分销及促销等各个方面差别不大。

（4）回避定位。回避定位是指企业回避与目标市场上的竞争者直接对抗，将其位置定在市场"空白点"，开发并销售目前市场上还没有某种特色的产品，开拓新的市场领域。

案例："小米Civi"手机——女性手机

2021年5月，"小米"推出了一款女性手机——"Civi"，虽然在官方宣传口径上见不到"女性手机"四个字，但闪闪发光的后盖，主打的粉嫩配色，强调再三的美颜功能，还有那句Slogan"天生好看"，都似在大声疾呼"姐妹看过来"。

女性手机，这个集性别刻板印象和智商税于一身的所谓细分赛道，十年前还能昙花一现，到了2021年，恐怕连出头的机会都不会有。

不管是从外表，还是发布后铺天盖地的软文宣传来看，"小米Civi"比两年前更加"女性"了。"小仙女"变成了"怦怦粉"，"小米"依然认为自己"去男性化"的方式是"女性化"，而不是中性化。手机厂商让自己变美、让用户变美，以争取女性用户。而"我不够美"这种"容貌焦虑"，以及"女人爱美是天性"这种性别刻板印象，又恰好是近几年在国内深受反思的问题。

除此之外，市场定位的方法还有：根据属性和利益定位，根据价格和质量定位，根据用途定位，根据使用者定位，根据产品档次定位，根据竞争局势定位，以及各种方法组合定位等。

案例："雅迪"电动车，用"更高端"抢占龙头

"雅迪"电动车如今已经是电动两轮车行业的龙头企业。根据2020年艾媒咨询的数据显示，"雅迪"市场占比23.1%，占据国内电动两轮车市场第一位；"爱玛"市场占比16.8%，占据第二位。

几年前，"雅迪"与"爱玛"的地位还是颠倒的。"爱玛"凭借周杰伦的代言以及自身在下沉市场的号召力，曾常年占据市场占有率第一位。直到2017年，"雅迪"以13%的市场占有率完成了对"爱玛"的反超，此后一直保持市场占有率第一的位置。

"雅迪"之所以能反超"爱玛"，"更高端的电动车"这一口号功不可没。2015年，"爱玛"发起了一场号称"击穿底价"的价格战，而"雅迪"公司却选择避开价格战，喊出"更高端的电动车"这一口号，进军高端电动车市场。"更高端"战略能成功有以下两点原因。一是抓住消费者心中的"锚定效应"和"攀比心理"。"骑起来比邻居家更好一些、更有面子一些的电动车"是许多消费者心中的渴望，"更高端"的口号，恰好符合消费者需求。二是符合当时国内的消费趋势。随着经济的发展和收入水平的提升，"雅迪"电动车打出"更高端"的口号，符合国内消费升级的趋势。而竞争对手"爱玛"大搞价格战，一定程度上损失了自身的品牌形象，造成低价的品牌认知。

● 分项任务测试：

1. 试针对大学生的用餐特点进行需求调查，运用市场细分的原理，对本校食堂区域划分或窗口设置提出个人的看法与改进的建议。

2. 假如你要开一家健身房，试选择你的目标市场并进行市场定位。

3.2 目标市场调查与分析

企业在选择了目标市场之后，就需要运用相应的方法进行市场调查并进行分析。市场调查的目标是取得营销所需的各种信息资料，为详细分析目标市场的购买行为特点并制定营销计划奠定基础。

3.2.1 认知市场调研

1. 市场调研的概念

市场调研是运用科学的方法，有目的、有计划、系统地收集、整理和分析研究有关市场方面的信息，提出解决问题的建议，供营销管理人员了解营销环境，发现机会与问题，作为市场预测和营销决策的依据。

2. 市场调研的作用

市场调研的主要作用是通过信息把营销者和消费者、顾客及公众联系起来，这些信息用来辨别和界定营销机会和问题，产生、改善和估价市场营销方案，监控市场营销行为，改进对市场营销过程的认识，帮助企业营销管理者制定有效的市场营销决策。

案例：低度酒的诞生——基于市场调研的结果

低度酒这条赛道真的火了。2020年，低度酒饮品牌“利口白”“贝瑞甜心”“青梅酒”等获得融资。与此同时，“茅台”推出“悠蜜”蓝莓酒；“泸州老窖”推出“青语”“花间酌”“拾光”“桃花醉”等果酒品牌；“古井贡酒”设立了安徽百味露酒有限公司；“五粮液”推出“仙林青梅酒”“百麓石榴酒”“吾调”等；“百威”推出“ME”系列果啤……低度酒火热现象的背后，是越来越多的年轻人喜欢低度酒。

根据百度指数的调查结果，与父辈们追求大牌、高价、高度数不同，年轻人追捧的低度酒大多是指“低酒精浓度饮料酒”，主要为果酒、露酒、预调酒和气泡酒等新式酒饮，具有甜味明显，更易入口，健康微醺等特点。这就满足了当下年轻一代的酒类消费群体普遍注重健康养生、身材管理等需求，他们提倡微醺而非宿醉，极为反感传统酒桌文化。

聚会时，他们很多都带上自己喜欢的酒，各带一瓶，五花八门，既可以满足自己的需求，更能和朋友互相品酒交流。点开“抖音”“小红书”等年轻人扎堆儿的社交平台，带着“微醺酒”“女生酒”tag推荐低度酒的笔记、视频高达数十万条。

为了迎合年轻群体的消费需求，如今市场上的大部分低度酒品牌都主打低糖、低卡、低嘌呤等概念，对身体健康更为友好。不仅在研发定位上投年轻人所好，低度酒新品牌们在营销上的新鲜玩法也更能吸引年轻消费者的关注。

低度酒界的前辈“RIO”早期就是凭借声势浩大的广告营销、大牌明星代言和聚焦年轻人的产品定位打开了市场。相比“RIO”，当下的低度酒品牌的营销方式普遍善于使用“抖音”“小红书”“B站”等平台，以微电影、短视频、跨界联名IP、直播带货等方式给消费者种草，通过明星代言品牌、影视剧植入、IP联名拓宽用户圈层，更容易触及核心消费群体。

3. 市场调研的内容

市场调研内容从识别市场机会和问题、制定营销决策到评估营销活动的效果，涉及企业市场营销活动的各个方面。主要包括市场需求和变化趋势的调研，购买动机的调研，产品调研，价格调研，分销调研，广告调研，市场竞争调研和宏观环境调研。

(1) 宏观环境调研。主要包括国家、地方的有关方针政策法规、经济状况、社会文化、地理自然状况、科技情况等内容。

(2) 市场状况调研。主要包括市场特性、市场规模、可能销量的预测、市场动向和发展、市场对产品销售的态度、市场增长率、本公司及其他产品的市场占有率、最大竞争对手的市场占有率等。

(3) 竞争者调研。主要包括竞争者属性、竞争企业各类产品销售额、竞争者优劣情况、竞争者的市场策略及市场效果等方面。

(4) 目标市场调研。主要包括顾客结构、需求特点、购买动机和习惯、购买能力、购买行为等。

(5) 市场营销策略调研。主要包括产品调研、分销渠道调研、物流调研、价格调研、促销调研等。

以上市场调研的内容，在进行环境分析时涉及环境调研，在制定竞争战略时涉及竞争者调研，在制定营销组合策略时涉及市场营销策略调研。因此，本任务将重点阐述目标市场调研。

案例:2021 年男性消费调查结果

1. 运动潮流:年轻男性用户引领运动潮流，同时也逐渐向更多元人群扩圈;泛娱乐特征突出，消费力不输女性(见图 3-3)。

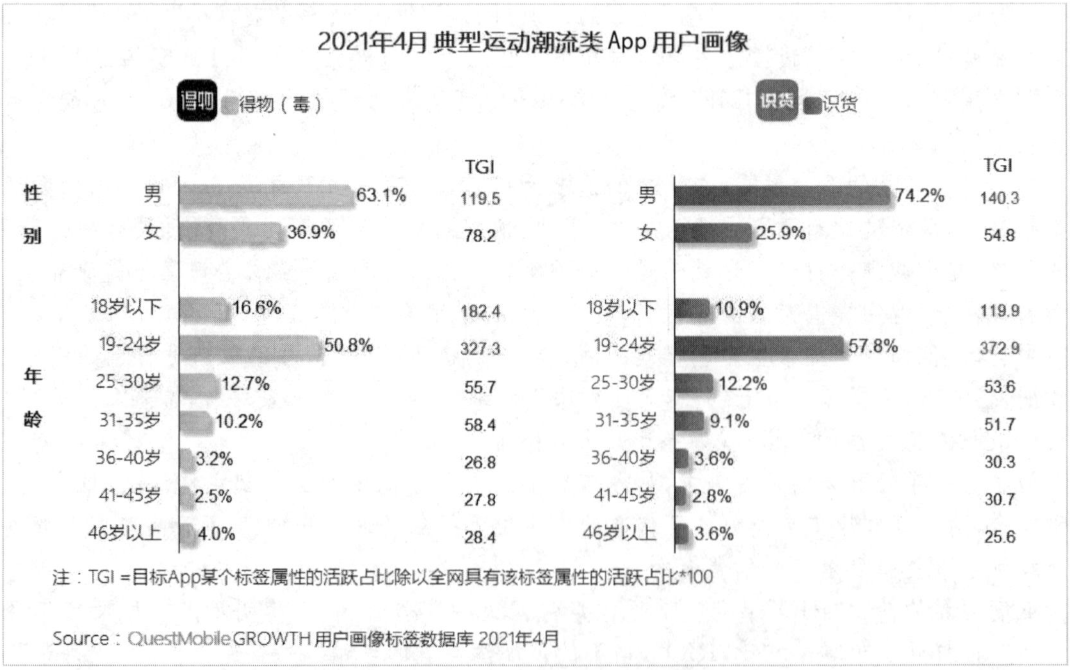

图 3-3　2021 年 4 月男性运动消费用户画像

2. 颜值效应：随着短视频、直播等传播媒介的发展，美妆类KOL的影响正在向男性用户渗透，精致boy驱动男性美妆护肤及医美的发展（见图3-4）。

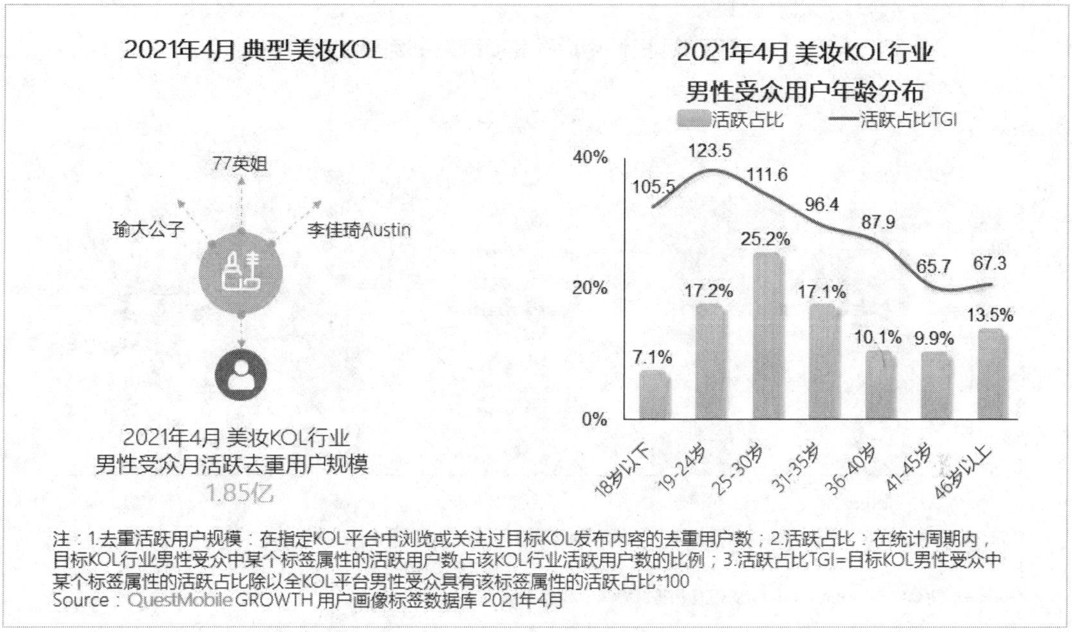

图3-4 2021年4月男性美妆消费用户画像

3. 美妆品牌：潜力巨大的男性美妆市场吸引新老玩家入场，国货对男士的吸引力不输国外经典美妆品牌，新兴国产男性美妆品牌迎来发展机遇（见图3-5）。

图3-5 2021年4月男性美妆品牌关注度

4. 医美项目：随着男性也越来越重视自己的外表，男性医美市场日益崛起，更加关注面部及头部医美，如祛眼袋、治疗粉刺、植发等（见图3-6）。

图3-6 2021年4月男性医美项目关注度

5. 经典IP情怀：英雄属性的经典IP齐天大圣与奥特曼成为多年龄段男性共同的童年偶像，也成为众多品牌打入男性市场的重要联名选择（见图3-7）。

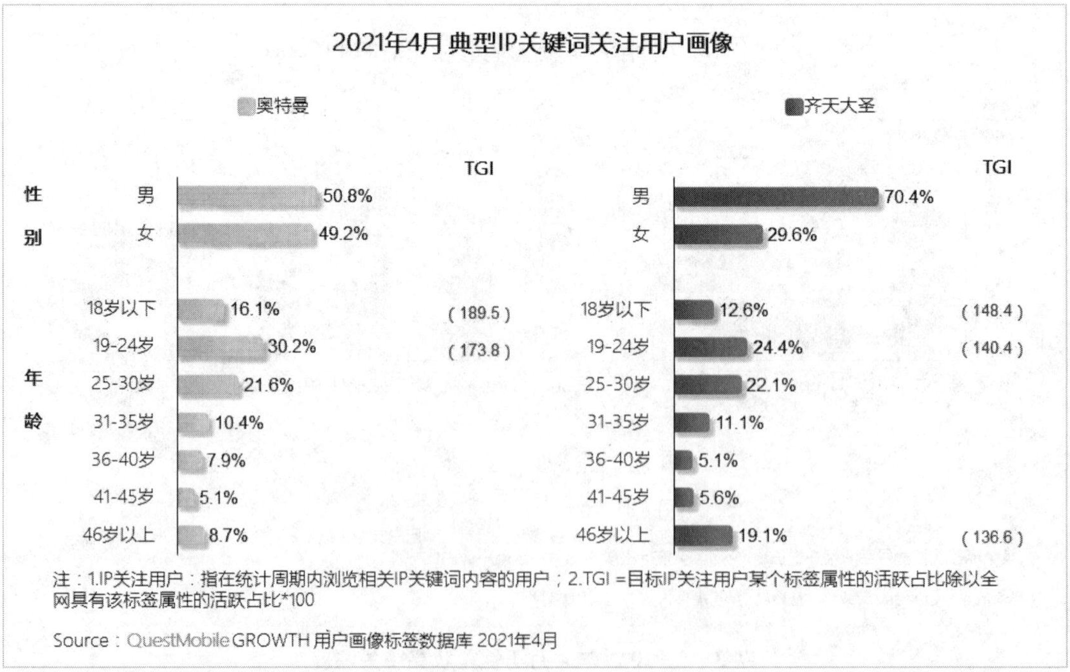

图3-7 2021年4月男性消费典型IP关键词关注用户画像

3.2.2　拟定调研计划

市场调研是一项十分复杂的工作，要顺利地完成调研任务，必须有计划有组织有步骤地进行。但是，市场营销调研并没有一个固定的程序可循。一般而言，根据调研活动中各项工作的自然顺序和逻辑关系，市场调研可分为以下四个阶段。

1. 准备阶段

准备阶段的主要任务是界定研究主题、选择研究目标、形成研究假设并确定需要获得的信息。要制定调查工作日程表，说明各阶段工作安排。应考虑的主要问题：这项调查需要搜集些什么资料？从哪里可以搜集到这些资料？通过什么方法可以得到这些资料？最迟什么时候可以或必须得到这些资料？

2. 设计阶段

研究设计是指导调研工作顺利执行的详细蓝图，主要内容包括确定资料的来源和收集方法、设计收集资料的工具、决定样本计划以及调研经费预算和时间进度安排等。

3. 执行阶段

在研究设计完成之后，执行阶段就是把调研计划付诸实施，这是调研工作的一个非常重要的阶段。需列明的主要工作阶段包括：文案调查；实地调查；核对资料、分析资料和起草市场调查报告；第一次市场调查报告会、市场调查报告的修改和定稿；呈交市场调查报告。

4. 市场调查资料的整理、分析

此阶段主要包括实地调查即收集资料，然后对资料进行处理、分析和解释，最后提交调研报告。具体包括：编辑——选取有用资料并查对资料的准确性和连贯性；分类汇总——按问题将资料分类集中，以便有针对性地提供情况；制表——将统计汇总后的统计结果用图表形式说明；递交调查报告。

3.2.3　实施市场调查

1. 选择调查工具

调查问卷是市场营销调研的重要工具之一。在大多数市场调查中，研究者都要依据研究的目的设计某种形式的问卷。问卷设计没有统一固定的格式和程序，一般说来有以下几个步骤。

(1) 确定需要的信息。在问卷设计之初，研究者首先要考虑的就是要达到研究目的、检验研究假设所需要的信息，从而在问卷中提出一些必要的问题以获取这些信息。

(2) 确定问题的内容。确定了需要的信息之后，就要确定在问卷中要提出哪些问题或包含哪些调查项目。在保证能够获取所需信息的前提下，要尽量减少问题的数量，降低回答问题的难度。

(3) 确定问题的类型。问题的类型一般分为以下三类。

第一类，自由问题。这种回答问题的方式可以获得较多较真实的信息。但是被调查人因受不同因素的影响，各抒己见，使资料难以整理。

第二类，多项选择题。这种问题应答者回答简单，资料和结果也便于整理。需要注意的问题是选择题既要包含所有可能的答案，又要避免过多和重复。

第三类，二分问题。二分问题回答简单也易于整理，但有时可能不能完全表达出应答者的意见。

(4) 确定问题的词句。问题的措辞对应答者的影响很大,有些表面上看差异不大的问题,由于措辞不同应答者就会做出不同的反应。因此问题的词句必须斟酌使用,以免引起不正确的回答。

(5) 确定问题的顺序。问题的顺序会对应答者产生影响,因此,在问卷设计时问题的顺序也必须加以考虑。原则上开始的问题应该容易回答并具有趣味性,以提高应答者的兴趣。涉及应答者个人的资料则应最后提出。

(6) 问卷的试答。一般在正式调查之前,设计好的问卷应该选择小样本进行预试,其目的是发现问卷的缺点,改善提高问卷的质量。

2. 确定调查样本

大多数的市场调查是抽样调查,即从调查对象总体中选取具有代表性的部分个体或样本进行调查,并根据样本的调查结果去推断总体。抽样方法按照是否遵循随机原则分为随机抽样和非随机抽样。

(1) 随机抽样方法。是按照随机原则进行抽样,即调查总体中每一个个体被抽到的可能性都是一样的,是一种客观的抽样方法。随机抽样方法主要有简单随机抽样、等距抽样、分层抽样和分群抽样。

案例:分层抽样的运用

调查某地商业企业销售情况。该地区有商店 10 000 个,即要调查的母体总数,其中分层母体为:大型百货商店 1 000 个,中型百货商店 2 000 个,小型百货商店 7 000 个。如果确定样本数为 200 个,采取分层比例抽样法,则各层应抽取的样本数目是:

大型百货商店应选取样本数:

$$S_{大}=\frac{1\,000}{10\,000}\times200=20\ (个)$$

中型百货商店应选取样本数:

$$S_{中}=\frac{2\,000}{10\,000}\times200=40(个)$$

小型百货商店应选取样本数:

$$S_{小}=\frac{7\,000}{10\,000}\times200=140(个)$$

(2) 非随机抽样方法。主要有任意抽样、判断抽样、配额抽样等方法。

任意抽样也称便利抽样,是纯粹以便利为基础的一种抽样方法。街头访问是这种抽样最普遍的应用。这种方法抽样偏差很大,结果极不可靠。一般用于准备性调查,在正式调查阶段很少采用。

判断抽样是根据要求样本设计者的判断进行抽样的一种方法,它要求设计者对母体有关特征有相当的了解。在利用判断抽样选取样本时,应避免抽取“极端”类型,而应选择“普通型”或“平均型”的个体作为样本,以增加样本的代表性。

配额抽样与分层抽样法类似,要先把总体按特征分类,根据每一类的大小规定样本的配额，然后由调查人员在每一类中进行非随机的抽样。这种方法比较简单，又可以保证各类样本的比例，比任意抽样和判断抽样样本的代表性都强，因此实际上应用较多。

3. 选择相应的调查方法

市场调查方法是指收集市场信息的方法，总体上而言可以分为一手资料收集法和二手资料收集法。一手资料收集法也称为直接调查法，二手资料收集法也称为间接调查法。直接调查和间接调查又可以分为若干种具体的形式（见图3-8所示）。

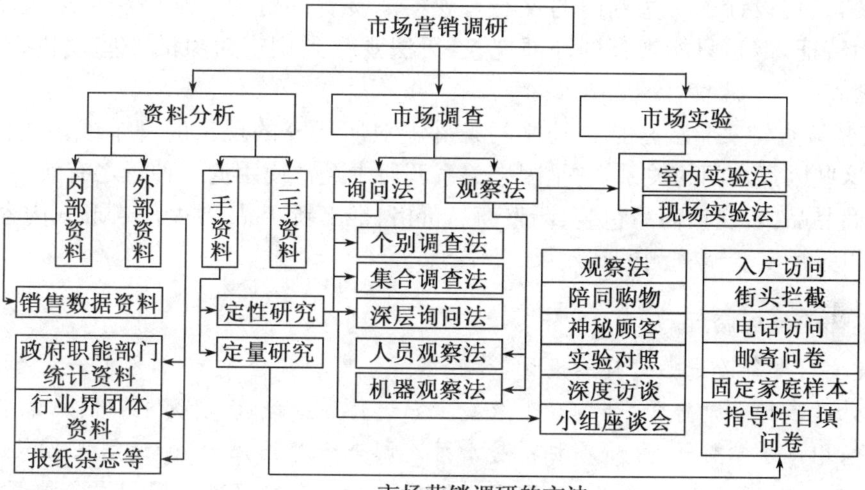

图3-8 市场营销调研方法汇总

直接调查又被称为实地调查，是市场调查中运用较多的调查方法。直接调查一般分为访问法、观察法和实验法三种形式。直接调查具有时效性强、结果准确的优点，但也存在着费时费力、受时间和空间限制等缺点。

间接调查是通过各种途径获得市场营销的相关资料。间接调查具有省时省力、不受时间和空间约束的优点，但也存在着时效性差、相关性弱、分析困难等缺陷。

案例：公开的信息带来的效益

人们总以为商业情报是锁在竞争对手的保险柜里的，其实有关竞争对手的大部分资料都是可以从公开的媒体和各种资料上获得的。因为任何企业都不可能完全地封锁自己，除非它不销售产品、不对外宣传，而它的任何一个"行动"，总会有一些"预兆"，只要经营者掌握了这个规律，便能够洞悉市场变化，决胜于千里之外了。

南方某藤器制品厂厂长朱某无意中从一本外国杂志上看到一幅广告照片，画面是四方形的编制篮里铺着垫单和被子，一只狗在里面睡觉。在一般人看来，这只是一则趣闻而已，而朱厂长却用市场眼光阅读信息，并结合自己的厂情做了深入调查。之后，他组织人员设计和编制了狗床猫窝。一个外商看了该厂生产的狗床猫窝，赞不绝口。终于，20多万美元的狗床猫窝出口到美国。出口狗床猫窝赚大钱，得益于朱厂长在处理信息上的高人之处：透过表面挖掘内涵，想人所未想，见人所未见，从看似趣闻的信息里开拓出一片冷门市场。

4. 进行实地调查

(1) 访问调查。访问法是营销调研中使用最普遍的一种调查方法。它把研究人员事先拟订的调查项目或问题以某种方式向被调查者提出,要求给予答复,由此获取被调查者或消费者的动机、意向、态度等方面的信息。按照调查人员与被调查者接触方式的不同访问法又分为个人访谈、电话访问和邮寄访问。

(2) 观察调查。观察法是由调查员直接或通过仪器在现场观察调查对象的行为动态并加以记录而获取信息的一种方法。观察法分人工观察和非人工观察,在市场调研中用途很广。比如,研究人员可以通过观察消费者的行为来测定品牌偏好和促销的效果。现代科学技术的发展,人们设计了一些专门的仪器来观察消费者的行为。观察法可以观察到消费者的真实行为特征,但是只能观察到外部现象,无法观察到调查对象的一些动机、意向及态度等内在因素。

(3) 实验调查。实验法是指在控制的条件下对所研究的现象的一个或多个因素进行操纵,以测定这些因素之间的关系,它是因果关系调研中经常使用的一种行之有效的方法。一般来讲,改变商品品质、变换商品包装、调整商品价格、推出新产品、改变广告形式内容、变动商品陈列,都可以采用实验调查测试其效果。

案例:咖啡杯的市场调查

美国某公司准备改进咖啡杯的设计,为此进行了市场实验。首先,他们进行咖啡杯选型调查,他们设计了多种咖啡杯子,让 500 个家庭主妇进行观摩评选,研究主妇们用干手拿杯子时,哪种形状好;用湿手拿杯子时,哪一种不易滑落。调查研究结果表明,选用四方长腰果型杯子最为合适。然后对产品名称、图案、造型等也同样进行调查。接着他们利用各种颜色会使人产生不同感觉的特点,通过调查实验,选择了颜色最合适的咖啡杯子。他们的方法是,首先请了 30 多人,让他们每人各喝 4 杯相同浓度的咖啡,咖啡杯的颜色分别为咖啡色、青色、黄色和红色 4 种。试饮的结果显示,使用咖啡色杯子的有 2/3 的人认为"太浓了",使用青色杯子的人都普遍认为"太淡了",使用黄色杯子的人都觉得"不浓,正好",而使用红色杯子的人中有 9/10 说"太浓了"。根据这一调查,公司咖啡店里的杯子以后一律改用红色杯子。该店借助于颜色,既可以节约咖啡原料,又能使绝大多数顾客感到满意。结果这种咖啡杯投入市场后,与市场上的通用公司的产品开展激烈竞争,以销售量比对方多两倍的优势取得了胜利。

3.2.4 市场分析

1. 调查资料处理

调查资料的处理过程进一步细分为资料的验收、资料的编辑、资料的编码、资料的转换四个基本步骤。

(1) 资料的验收

资料验收是对资料进行总体的检查,发现资料中是否出现重大问题,以决定是否采纳此份资料的过程。在资料的验收过程中,验收人员应检查的主要问题包括:被调查者的资格(即被调查者是否属于规定的抽样范围)、资料是否完整清楚、资料是否真实可信、资料中主要的关键问题是否回答、资料中是否存在明显的错误或疏漏、检查调查员的工作质量、检查有效资料的份数是否达到调查设计的要求比例。

在资料验收中对不同的资料的处理方法和原则是:接受基本正确的资料,将问题较多的资料作废,对某些问题较少的资料,可责成调查人员进行补救调查。

（2）资料的编辑

资料编辑是对资料进行细致的检查，发现资料中是否出现具体的错误或疏漏，以保证资料正确性和完整性的过程。

在资料编辑过程中资料编辑人员应解决的主要问题包括：有无错误的回答、有无疏漏的回答、有无不一致的回答、有无所答非所问的回答、有无不确切不充分的回答。对资料中出现的问题，所有资料编辑人员应使用红笔统一标记，一般为保证资料的真实性，编辑人员应尽量避免直接修改资料的内容，经过编辑的资料应妥善保管，以便对照复查。

（3）资料的编码

资料的编码就是使用一个规定的数字或字符代表一个种类的回答。对资料进行编码是为了便于进行统计分析，进一步可方便计算机存储和分析。在资料的编码分类时，编码人员应着重把握以下原则：正确掌握分类的尺度；为保证每一类回答都有类可归，又避免分类过细，可设置一个“其他”的分类；每一个问题中的分类要含义明确，避免与其他分类产生交叉；对错误或疏漏的回答可作为特殊的分类，并指定一个特殊的数字或字符代表，如用 0 或 1 等，而不应将其归入其他类中。

确立以上编码原则后，就可对全部资料逐份编码进行处理，并可获得一定格式的编码资料。为进一步清楚地了解资料的分类内容及编码的含义，可制作一份编码说明书，其格式如表 3－1 所示。

表 3－1　消费者对某种商品评价的调查编码说明

问题序号及内容	数据所在列	编码及说明
1. 性别	第 1～2 列	1. 男　　2. 女
2. 职业	第 3～10 列	1. 工人　　2. 农民 3. 军人　　4. 机关干部 5. 学生　　6. 公司职员 7. 教师　　8. 其他
3. 年龄	第 11～15 列	1. 18 岁以下 2. 19 岁～30 岁 3. 31 岁～45 岁 4. 46 岁
4. 评价	第 16 列	根据评价情况给予 1～10 分

（4）资料的转换

将经过编码的资料输入并存储在计算机中的过程称为资料的转换。使用计算机统计分析软件进行资料的处理分析可极大地提高资料分析的质量和效率。将资料输入计算机一般使用键盘直接输入或光电扫描输入。

2. 资料的简单分析

（1）单变量统计量分析

单变量统计量分析可计算某一列数据的基本统计量，这些统计量反映了此列数据的总的特征。这些统计量主要包括此列数据的平均数、标准差等。

平均数又称平均值或均值，其计算公式为：

$$\overline{X}=(\sum_{X_i})/N$$

平均数是一个表示某变量所有变量值集中趋势或平均水平的统计量，其中 N 为某列变量值的个数，X_i 是各个变量值。如消费者对此商品的评价平均分为 8 分，则说明消费者对此商品的评价大多集中在 8 分左右。反映变量平均水平的统计量还有，如众数、中位数等。

标准差的计算公式为：

$$S=\sqrt{\frac{\sum_{(X_i-\overline{X})^2}}{N-1}}$$

标准差是一个表示某变量所有变量值离散趋势的统计量，其中 N 为个案数，X_i 是各个变量值。

(2) 单变量频数分析

单变量频数分析是计算某个变量下各个变量值出现的次数分析。通过某个变量各变量值的频数分布，可以帮助我们掌握这些变量的总体分布特征。如:使用 SPSS 统计分析软件对消费者性别的频数分析，得到表 3 - 2 所示数据。

表 3 - 2　变量:消费者性别(xb)

变量值	频数	累积频数	频率	累积频率
男	900	900	60%	60%
女	600	15 00	40%	100%
合计	1 500		100%	

频数是相应变量值出现的次数；累积频数是当前以上行频数的合计；频率是相应频数所占总数的百分比；累积频率是当前以上行频率的合计。使用 SPSS 统计分析软件对消费者年龄的频数分析，得到表 3 - 3 所示数据。

表 3 - 3　变量:消费者年龄(nl)频数分析

变量值	频数	累积频数	频率	累积频率
18 岁以下	400	400	26.7%	26.7%
19～30 岁	400	800	26.7%	53.4%
31～45 岁	400	1 200	26.6%	80.0%
46 岁以上	300	1 500	20.0%	100.0%
合计	1 500		100.0%	

从表 3 - 3 中可以看到，31～45 岁的被调查者有 400 人，占全部被调查者的 26.6%；46 岁以下的被调查者有 1 200 人，占全部被调查者的 80%。

3.2.5 市场预测

1. 市场预测的概念和种类

市场预测即对应于预期努力的市场需求，它是应用科学的方法对市场需求及其影响因素的变化以及发展趋势进行的估计和推测。市场预测的种类如下：

按预测的范围来分，可将市场预测分为宏观预测和微观预测；

按预测的时间来分，可将市场预测分为短期预测、中期预测和长期预测；

按预测的内容来分，可将市场预测分为市场需求预测和市场供应预测；

按预测的性质来分，可将市场预测分为定性预测和定量预测。

市场需求的预测是企业营销工作的重要组成部分。选择什么样的方法进行预测，直接决定着预测工作的效率以及预测结果的准确与否。

2. 选择市场预测方法

(1) 专家调查预测法：是企业根据市场预测的目的和要求，向企业内部或外部的有关专家提供一定的背景资料，请他们就市场未来的发展变化进行判断，做出估计。专家调查预测法的基本形式有两种：专家会议预测法和德尔菲法。

(2) 推销人员估计法：是一种常用的定性预测技术，主要依据企业推销人员丰富的实践经验以及他们对市场动态和顾客心理的把握，对未来市场需求做出估计。在某些情况下，推销人员的判断可以比较准确地反映需求的发展趋势。

(3) 预购调查法：是根据需求者的预购订单和预购合同来测算需求量。这种方法主要适合于制造商和中间商在进行微观的短期预测时采用，不宜用作长期的预测。对于制造商而言，可以用这种方法来测算新产品、特需商品及高价值产品的需求量；对中间商，尤其是零售商而言，宜用这种方法来确定新产品、高档耐用品的销售量，以便决定进货量和进货时间。

(4) 用户调查法：又叫购买者意向调查法，是预测者直接向潜在用户了解在下一个时期中需要购买本企业产品的品种数量。同时，调查用户的意见，分析用户需求的变化趋势，参照市场的变动，预测下一时期的销售量。

(5) 展销调查法：是通过实地小规模市场试验调查，根据所获得的第一手资料，对未来需求的发展趋势做出估测。它通过展销这一手段，直接调查消费者的需求状况和购买能力，同时还调查消费者对产品质量、价格、花色、品种等方面的要求。展销这一形式为消费者提供了现场接触产品的机会，而产品实体展示传达的信息要比其他任何方式来得直接和具体，可以给消费者较为直观和深刻的印象。企业根据消费者的现实感觉而做出的分析判断，就可能有效地避免因某些不确定因素的影响而产生的偏差，从而提高预测结果的准确度。

● 分项任务测试：

某旅行社拟开发大学生旅游市场，试为该企业开展关于大学生旅游消费情况的市场调查。请按下列内容完成调研任务及报告。

① 设计调查问卷。② 选择调查对象。③ 选择调查方法。④ 进行实地调查。⑤ 调查资料的整理。⑥ 分析调查结果。⑦ 提出营销建议。

3.3 目标市场购买行为分析

在市场营销观念指导下的活动必须以顾客为中心，以市场为导向，市场是企业一切生产经营活动的出发点。企业若失去了市场、失去了顾客，就失去了生存的基础。顾客是一切市场的基础。所以各类企业都必须深入研究顾客的特点和行为模式，以顾客的需要为依据来制定营销方案，满足顾客需求，以求得竞争中的胜利。

3.3.1 消费者市场购买行为分析

1. 消费者市场的特点

消费者市场，即最终消费者市场，也称生活资料市场，是指为满足生活需要而购买产品和服务的全部个人或家庭。消费者市场具有以下特点。

(1) 多样性。消费者是个人或家庭，市场易受消费者个人因素诸如文化修养、欣赏习惯、收入水平等方面的影响；商品的花色多样、品种复杂、商品的生命周期长短不一；替代品多，价格需求弹性大。

(2) 广泛性和分散性。从交易的规模和方式来看，消费者市场广阔，购买者人数众多，而且分散。同时，交易次数频繁但每次交易数量不多，绝大多数商品都是通过中间商销售产品，以方便消费者购买。

(3) 可诱导性。从购买行为和动机看，消费者在决定购买行为时，具有自发性、感情冲动性；消费品市场的购买者大多属非专业性购买，他们对产品的购买容易受广告宣传、商品的包装和形象、推销方式、服务质量的影响。

(4) 发展性。从市场动态看，由于消费者的需求复杂多变，并且随着我国市场的不断发展，购买力的流动也随之加强。

2. 消费者角色分析

消费者是进行生活消费的实体，泛指现实生活中的人们。由于研究的角度不同，对消费者含义的理解也有不同的表述方式。作为动态过程的消费活动，会牵涉多种角色和不同的人。所以从营销的角度研究消费者时，不能仅研究购买商品的人，而应研究包括所有与购买活动相关的人。营销中的消费者是指实际参与消费活动的任何一项或全部过程的人，包括下面五种角色。

发起者：首先提出或有意购买某一商品或劳务的人。

影响者：他们的需要、动机或看法、建议对决定购买有一定影响。

决策者：他们对是否购买、为何购买、购买什么、如何购买、购买多少、何处购买等方面做出全部或部分决策。

购买者：实际购买商品或劳务的人。

使用者：实际使用或消费商品或劳务的人。

在一个消费活动过程，这五种角色可以是一个人，也可以是不同的人。

3. 影响消费者购买行为的主要因素分析

了解影响消费行为的因素有助于营销策略的制定，消费者行为影响因素的理论主要有“二因素论”“三因素论”和“四层面说”(见图3-9)。

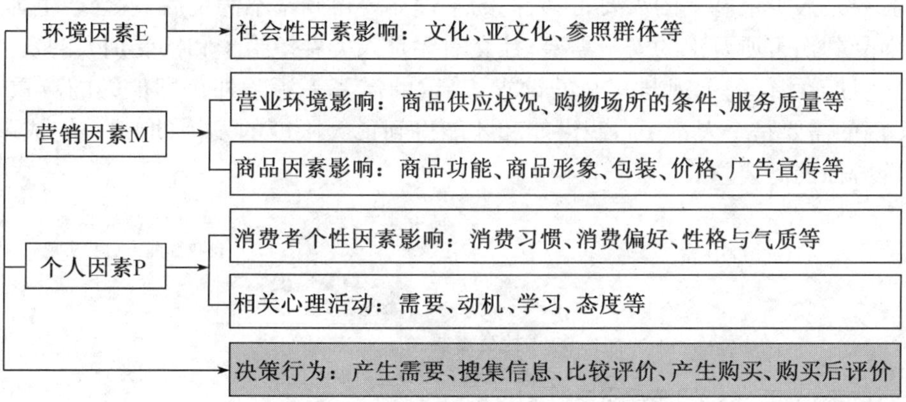

图3-9　消费者行为影响因素

“二因素论”将影响因素分为两大类：一类存在于消费者内部，如意识、知觉、记忆、思维和想象、需要、价值观等因素；一类存在于消费者外部，如家庭、参照群体、文化、经济等因素。“二因素论”有不同的表述，有的称为“外部因素/内部因素”(D. Hawking)，也有的称为“个人因素/环境因素”(R. Blackwell)。“三因素论”则将“营销”视为影响消费者的另一个重要因素。科特勒则提出了消费者行为影响因素的四个层面：文化、社会、个人和心理。

案例：“茶颜悦色”“鲍师傅”为何总有人在排队？

2020年“茶颜悦色”武汉首店一开，一度出现“一茶难求”的局面，一杯奶茶居然让人甘愿排队8小时。无排队，不网红。这样的现象可谓见怪不怪，“鲍师傅”“ZAKUZAKU泡芙”等开了新店之后，往往都会出现排队情况。可能有人质疑排队的是真“粉丝”，还是被安排的“托”？不可否认，一方面有的商家会邀请“演员”助阵，给门店制造人气。另外一方面，网红店也会刻意放慢制作速度、放慢服务效率保持门店的热度。这就是商家人为地制造热销假象。

实际上，比起门可罗雀，门庭若市的门店无疑让消费者更加放心。在他们看来，排长龙的门店就像价格贵的东西自带光环，品质都不会太差，跟着大家买也不容易出错。

现在的消费者都喜欢围观凑热闹、喜欢人云亦云。因此在“羊群效应”的驱动下，当你看到此情此景，难免会被别人带节奏，从心底对新门店口碑产生信赖感，商家也能借此刺激消费者的购买欲，煽动大众跟风式消费。

4. 消费者需要分析

消费者需要是指消费者在一定的社会经济条件下，为了满足自身生存与发展而对商品的需求和欲望。消费者需要通常以对商品的愿望、意向、兴趣、理想等形式表现出来。消费者需要既是营销活动的出发点，又是营销活动转化为购买活动的中介。当某种主观需要形成后，在其他相关因素的刺激下，就会激起购买动机，从而产生购买行为的一种内驱力。

消费者需要具有发展性、差别性、周期性和可诱导等特征。营销人员要不断发现消费者未被满足的需要，然后想方设法、最大限度地去满足他们。在分析消费者特性后，将促销方式、广告、宣传集中于多层次消费者需要上，以获得最大效果。

消费者需要主要表现为哪些方面呢？美国著名心理学家马斯洛提出了著名的需要层次理论(见图3-10)。他认为，“人的需要在不同的生活时期表现为不同的层次，并且向高层次发展。生理需要是人类最基本的需要；当人们的生理需要得到基本满足后，就会产生为避免生理及心理方面受到伤害所要求的安全需要；社交需要是人类希望给予和接受别人的友谊、关怀爱护、得到某些社会团体的重视与容纳的欲求；尊重的需要来源于外部即他人的尊重及自我尊重；自我实现的需要是个人希望自我潜能和才能得到最大限度的发挥、取得一定成就、受到社会的承认等方面的需要。

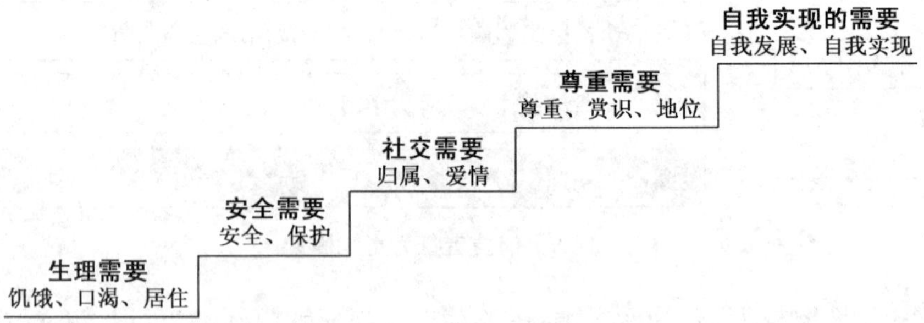

图3-10 马斯洛的“需要层次理论”

案例：“Rever”，打造专属“乐我时刻”

达成一个目标就奖励自己一顿大餐，心情不好就给自己买一束鲜花，这已经成为很多年轻人的日常生活方式。在他们看来，懂得取悦自己才是生命的真谛，这种“悦己消费”的观念逐渐成为主流。近年来，品牌们也围绕年轻人的痛点展开新的对话和沟通方式，“悦己”也成了当下营销主流。

“悦己时代”的来临，推动着品牌营销逐渐将“沟通消费者情绪”作为重点。精油个护品牌“Rever”精准洞察消费者需求，以用户情绪为突破口，将场景锁定在浴室，强调“悦己”是拥有专属自己的“乐我时刻”。

区别于酒吧、音乐节等公共场所，独处是个人情绪最有效的派遣方式，这也是为什么很多人在洗澡时能够卸下所有压力，享受真正的放松时间。

“Rever”洞察到人们的这种私密性情绪，将场景对话放在浴室，将沟通用户心智语言浓缩在品牌主张“乐我时刻”中，很难不引起共振。“Rever”邀请了任嘉伦作为品牌代言人，借助核心粉丝圈层辐射外围圈层，扩散品牌理念形成共情力，并在共创玩法上持续加码。5月25日“我爱我”悦己日，“Rever”以一场音乐会的形式向大家传递“乐我时刻”品牌主张。“Rever”深度打透粉丝圈层，在一系列互动中了解、摸透粉丝的爱好，达成和粉丝群体的同理心，从而能够在内容共创中实现品牌、代言人、粉丝三者之间最大化利益转化。

5. 消费者购买动机分析

需要一经唤醒，可以促使消费者为消除匮乏感和不平衡状态采取行动，但它并不具有对具体行为的定向作用。在需要和行为之间还存在着中间变量——动机，其基本模式见图3-11。

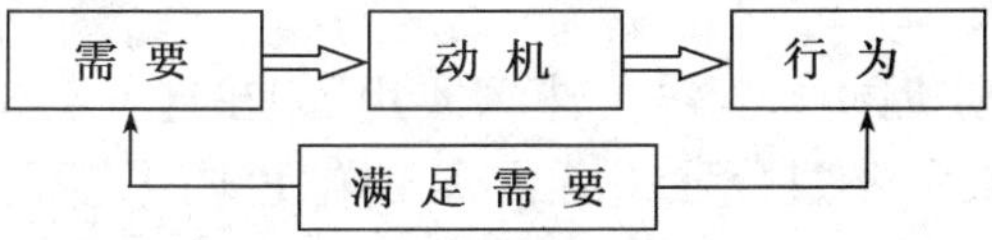

图 3-11　消费者需要、动机与行为关系图

所谓动机，就是对特定对象将产生行为的内在动力。它在主观上是以愿望、欲望和对目的的意向等体验的间接表现形式显露出来的。动机与行为有着直接的因果关系，动机导致行为。消费者行为的直接原因是动机。

（1）消费者购买动机的特征

公开与内隐的并存性。在消费者多种多样的购买动机中，有些是公开的，有些是不告诉他人而隐藏着的。内隐性有两种现象：一种是指消费者出于某种原因而不愿让别人知道自己真正的购买动机，一种是指消费者自己也不知道究竟何种动机在发挥作用。

阅读材料：不知道自己要什么的顾客

对大多数消费者而言，能够清晰地指名购买的行为并不多见。有研究报道说，70%以上的快速消费购买行为是由冲动型顾客做出的。而对于大宗耐用消费品来讲，虽然消费者的购买动机比较清晰，计划性及理性消费更明显一些，但因为他们不是产品专家，并不知道自己真正需要的产品应该是什么品牌、具备什么功能，以及并不了解产品的材质、外观、价格等，因此，大多数情况下他们并不知道自己究竟想要什么。

在销售过程中，导购或网络客服应该占据主导地位，卖自己想卖和消费者所需要的产品，用思路去引导消费者，让顾客模糊的需求明晰化，而不是被动跟随消费者的思路。各种外观精致、卖点独特、材质高档的产品堆积成了海洋，消费者如果没有销售人员有意识的引导，像游客一样走马观花，就会眼花缭乱，无法挑到真正符合需求的产品。

学习性。动机的指向（或欲望的对象）和强度是可以通过学习来改变的。例如，某个消费者在家庭装修和购买家具前，可能只有一些简单或普通的想法，但在看过高档家具城的家具、经过设计师的说明和推荐之后，其想法可能大为改变，对某种装饰效果、某些高档次的名牌家具形成强烈的购买欲望。在这个过程中，名牌家具本身、家具的陈列展示、产品宣传图片、设计师的意见及其提供的装修效果图等都成了消费者学习的有效工具。

冲突性。在一个购买活动中，通常是多种动机并存。而且这多种动机之间，往往会是相互冲突或抵触，从而使消费者在购买商品时内心出现矛盾、左右为难。

（2）消费者购买动机的形成

动机的产生有内外两类条件，内在条件是达到一定强度的需要，外在条件是诱因的存在。诱因是指使个体产生行为的外在刺激。通常当个体的需要达到一定强度并有诱因存在时才会产生动机。如当消费者热到一定程度并且商店有空调卖时，才会产生购买动机。

但内外两类条件并不总是必需的，有时即使缺乏内在的需要，单凭外在的刺激，也能引起动机产生行为。如有时虽然无饥饿之感，但若遇到美味佳肴也可能会使人产生一饱口福的动机。

（3）分析不同消费者的购买动机

顾客的购买动机受到经济的、社会的、文化的、个性心理的多方面的影响，表现极不相同，最常见的有以下几种。

求实购买动机。这种动机的核心是"实惠""实用"。在这种动机驱使下，顾客选购商品特别注重功能、质量和实际效用，不过分强调商品的式样、色调等，几乎不考虑商品的品牌、包装及装潢等非实用价值的因素。

求新购买动机。以追求商品的新潮入时为主要特征，这种动机的核心是"时髦"和"奇特"。这种顾客选购商品时特别注重商品的款式、造型等是否新颖和流行，而对商品的质量、实用性和价格不十分介意。具有这种购买动机的多为经济条件比较好的青年消费者。这类顾客对社会时尚反应敏感，他们是时装、时尚商品和新产品的主要购买者。

求名购买动机。以追求名牌为主要特征。在这种动机的驱使下，顾客购买几乎不考虑商品的价格和实际使用价值，只是通过购买、使用名牌来显示自己的身份和地位，从中得到一种心理上的满足。具有这种购买动机的顾客一般都具有相当的经济实力和一定的社会地位。此外，表现欲和炫耀欲较强的人，即使经济条件一般，也可能具有此种购买动机。他们是高档名牌商品的主要消费者。

求优购买动机。以追求商品的质量优良为主要特征。这类顾客选购商品时注重内在质量，对外观式样以及价格等不过多考虑。这种购买动机多见于经济条件较好的老年顾客。

求美购买动机。以追求商品的艺术欣赏价值为主要特征。这类顾客在购买商品时最为关注的是商品的审美价值和装饰效果，注重商品的造型、色彩、图案等，商品的实际使用价值是次要的。具有这种购买动机的多为中青年女顾客以及文化界人士，他们是女性时装、化妆品、首饰、工艺品、家庭装饰用品的主要购买者。

求廉购买动机。以追求商品的价格低廉为主要特征。这类顾客选购商品时最注重的是价格，对商品的花色式样及质量等不太计较，喜欢购买降价处理品、优惠价商品。具有这种购买动机的多为经济收入较低的顾客，也有部分经济收入较高但节俭成习的顾客，他们是低档商品、残次品、积压品、降价处理品的主要推销对象。

求便购买动机。以追求购买过程简便、省时为主要特征。这类顾客的时间、效率观念很强，希望尽可能简单、迅速地完成交易过程，不能容忍烦琐的手续和长时间的等候，但对商品本身却不大挑剔。具有这类购买动机的大多是事业型的男性顾客。

嗜好购买动机。以满足个人兴趣爱好或兴趣为主要特征。人们由于兴趣爱好、生活习惯或职业需要等原因，往往对某些商品表现出特出的兴趣，成为这类商品的经常行购买者。他们的购买行为取决于个人的购买嗜好，一般不受广告宣传的影响，具有集中性、稳定性和经常性的特点。

攀比购买动机。以争强好胜、不甘人后为主要特征。这类顾客在购买商品时不是出于对商品的实际需要，而是为了与别人比较，向别人炫耀。他们的购买行为很大程度上取决于归属的社会群体，具有较大的盲目性。

6. 消费者特征分析

(1) 消费者年龄和家庭。消费者的需求和购买能力，往往会因年龄不同而发生变化。例如 1 岁的婴儿和 3 岁的儿童，对玩具的要求会大不一样。同一个消费者年轻时与步入老年阶段，对食物的偏好、服装的爱好及社会交往方式的倾向也会有所不同。家庭对其成员的消费有着极其重要的影响。一个人从父母那学习到许多日常的消费行为，即使在长大离家后，父母的教导仍然有明显的影响。

(2) 消费者生活方式和自我形象。生活方式是一个人在生活中所表现出来的活动、兴趣和看法的整个模式。不同的人追求不同的生活方式，所以人们对产品的喜好和追求也就不同。如女性的生活方式有“简朴型”“时髦型”和“中性型”，则女性服装制造商就要为她们分别设计不同服装。在现实社会中，每个人都在追求自我形象塑造，这会驱使消费者有意、无意地寻求与其自我形象相一致的产品、品牌，采取与自我形象相一致的消费行为。

(3) 经济条件、性别以及职业。消费者通常要“量入为出”，依据收入的多少、负担的大小等条件做出消费和购买决定。与此同时，不仅男女有别，一个人的职业也会影响其消费模式。工人、农民、军人、教师、学生、职员及干部、企业家等，对同一商品也会产生不同偏好。

7. 参照群体

参照群体是指任何会成为个人在形成其态度、价值或行为上的参考或比较对象的个人或群体。消费者会观察这些参照群体的消费行为，并加以学习，同时也会受到该群体的意见影响，而采用相类似的标准来形成自身的消费行为决策。参照群体的存在，可以为其成员展示各种可供选择的消费方式，如引起成员的仿效欲望，形成一种无形的压力，从而促使成员的行为趋于一致。参照群体对消费者购买行为的影响主要以下几点。

第一，认同影响。当一个人购买某种产品的主要目的，是因为此种商品可以帮助他和其他人形成某种高度类似时，则认同的影响便产生。研究发现，消费者会倾向于接受那些与他们类似性较高的同辈群体的信息，同样，愈是和消费者类似的广告代言人对于消费者的影响也愈大。

第二，规范影响。参照群体规范消费者的行为，消费者要遵从其他人的期望或某一群体的规范而改变自己的行为。

第三，信息影响。当一个消费者认为群体是一个可信赖的信息来源或该群体所提供的信息具有专业性，则他会认为该信息能够增加他对于产品的判断和选择的知识。

第四，参照群体中的“意见领袖(或意见领导者)”，有时会起到很强的示范作用。比如对“追星族”来说，明星的一举一动，无不在他们身上引起巨大反响。

案例：“明星同款”撑起服饰消费“半壁江山”

随着媒介技术的不断革新，粉丝对明星的追随早已不仅仅停留于娱乐新闻。明星的生活方式和价值审美，正直接地影响年轻人的生活方式，并导向社会的流行文化与消费趋势。“明星经济”随之成为服饰等市场消费经济的重要组成部分。

“明星同款”服饰的消费者较行业整体更显年轻化。其中，90后、95后、00后是明星同款的忠实拥趸，其消费占比超过五成。2019年起，随着直播发展如火如荼，大量明星入局，在“淘宝”平台开设个人直播间带货，且都创造了很高的交易额。“天猫”服饰主播带货成交TOP30榜单中，近1/3是明星主播。

“明星经济”大热的背后，是“为爱发电”的年轻粉丝们。在粉丝经济2.0时代，他们不再满足于购买专辑、门票。情感消费在粉丝群体中的影响进一步扩大，他们通过购买“明星同款”表达对明星的认同、喜爱。分析这一群体，不难发现它具有明显的性别及年龄特征。线上“明星同款”的消费中，女性消费占比超过七成；而在国内最大的明星忠实粉丝平台“Owhat”上，95后占总粉丝数64%以上。

根据与消费者的关系密切程度，可以将参照群体分为直接群体与间接群体。

直接群体，又称成员群体，就是参照群体和被影响的对象都是具有同样身份的人，可进一步分为初级群体与次级群体。初级群体是指和消费者互动比较密切的成员群体，包括家人、亲友、往来较为密切的邻居和同事等。次级群体是指相对互动不那么密切的成员群体，如围棋社的社员，见面次数和来往密切远不如初级群体。

间接群体，是指和我们不具有同样身份，却会影响我们行为的参照群体。包括渴望群体和厌恶群体。渴望群体是指消费者所想要加入的群体，例如公司的领导群体、明星。消费者的行为会受到渴望群体所表现出来的行为的影响，如模仿明星的穿着打扮，消费偏好也会强烈地受到所崇拜的偶像的影响。厌恶群体是试图保持距离的群体，如吸毒者、黑道等，不希望被视为其中的一员，刻意地去回避表现出与厌恶群体相同的行为。

阅读资料：什么是 KOL/KOC?

现实生活中经常会听到一些新奇的字眼，比如很火的“私域流量”“KOL”“KOC”等，这些其实是做运营的小伙伴经常会接触的名词。

KOL：Key Opinion Leader，即意见领袖。KOC：Key Opinion Consumer，即关键意见消费者。KOS：Key Opinion Sales，即关键意见传播者。

KOL 相对权威，KOS 相对真实，这两者可以说都是运营必需的资源。接下来随手举一个易懂的例子，如现在要推广一款适合学生补充营养用的产品，那么它的对标人群基本都是家里有孩子在上学的家庭，且越临近中考/高考则越容易达成推广目标。

这个时候，班主任其实就类似一个 KOL 的角色，为什么呢？因为班主任具有一定的权威性。所以不论他推荐什么建议什么，都会或多或少影响到家长的判断。

那么上述例子中，谁是 KOC 呢，班里那个考了第一的同学的妈妈就是 KOC。如果班里考了第一的同学经常食用这款产品，那么相信其他家长也会产生购买它的冲动。

造成上述场景的原因是场景的共鸣，因为熟人购买了这款产品并且进行了推荐，潜意识里对于熟人的信任便转移到了产品身上，类似于一种背书的效应。

8. 消费者购买决策分析

研究和了解消费者的需要及其购买过程，是市场营销成功的基础。营销人员通过了解消费者如何做出购买决策的全过程，可以获得许多有助于满足消费者需要的有用信息。同时，营销人员通过了解购买过程的各种参与者及其对购买行为的影响，就可以为目标市场制定有效的市场营销计划。

消费者的购买决策过程可以分成五个连续的步骤，即确认需求、寻求信息、评价比较、购买决策、购后评价。需要注意的是，并不是所有的购买决策都必须经历这五个步骤，有些简单的购买行为会跳过一些步骤，如家里没盐了，买盐的决策过程只有三步：确认需求——没盐、寻求信息——楼下小店有的卖、购买决策——去买盐。

(1) 确认需求

消费者进入市场后的第一步是确认自身需要解决的“问题”，即存在着某种需求。消费者需求方面的问题来源很多，一般有：缺货；对正在使用的产品或现实情境不满意；由于生活中的变化导致新的需要和欲求；由对一种产品购买引起的相关产品；新产品；企业的营销因素引起的需求等。

(2) 寻求信息

当消费者意识到一个问题或需要能通过某种产品或服务的购买得到解决,他便开始寻找制定购买决策所需要的信息。最开始的搜索通常是在脑内对储存在记忆里的信息进行扫描,回忆过去有关购买选择的经验和知识。这称为内部搜寻。对于一些日常用品的重复性购买,对储存在记忆里的以前所获得的信息进行比较就可以做出决定了。

如果内部搜寻没有获得足够的信息,消费者便会通过外部搜寻搜集新的信息。信息的外部来源主要有四个方面。

个人来源,指通过家庭成员、朋友、同学或者同事等关系获得信息。

商业来源,指通过企业的广告、展览会、推销员介绍等途径获得信息。

公共来源,指通过社会公众传播得到信息,如消费者协会、政府有关部门提供的信息。

经验来源,指消费者通过直接使用商品得到信息。

消费者决定使用外部信息来源的数量和方式取决于购买决策的重要性、获取信息的难易度、过去相关经验的累积、同购买决策相联系的风险感知程度以及可支配的时间等。

案例:"小红书","种草"容易"拔草"难

很多女生都把"小红书"当"百度"用,这件事由来已久。"我已经习惯买东西之前都先上'小红书'上搜一下了,甚至在疫情期间几乎每天都会使用'小红书'来研究菜谱。"95后女生静静(化名)是"小红书"的资深用户。她平时只要涉及消费决策的事情,都会到"小红书"寻找答案,小到粉底口红的色号、各个季节的衣服穿搭,大到出行旅游、家居装饰、婚礼安排等。"小红书"正在褪去根植于人们心中的"小众""女性""种草"的标签,变成了一座分享生活方式的城池,并不断抢占同类平台如"马蜂窝""下厨房""宝宝树"的流量。

从"种草"到"拔草",看似水到渠成,但"小红书"在打造电商闭环这条路上努力多年,一直在为别人作嫁衣。用户的常态是,在"小红书"完成"种草",再跳转到其他平台"拔草"。目前正品和价格优势在"小红书"都不是特别明显,消费者也在进化迭代。当"小红书"面对着一群对价格敏感、对消费更理性的年轻用户,却没有提供相应的品牌或价格价值时,用户自然"种草"之后就会走掉。

当"快手""抖音""B站"快速抢占用户时长和心智,"小红书"只能加速狂奔,用尽全力追赶短视频、直播的前沿风口。"小红书"未来的商业增长潜力主要取决于两点。一是能否在克制的商业化下,不断拓展内容生态的变现价值;二是能不能真正从一个流量平台变成一个商业平台,深入交易的核心链条。作为积累了大量用户和内容的综合性社区平台,"小红书"的未来依然充溢着向上的希望。但前提是,必须在维持内容生态和加速商业化变现的矛盾点上,尽快给出解答。

(3) 评价比较

消费者从不同的渠道获取有关信息后,便对可供选择的品牌及产品进行分析和比较,并对各种品牌的产品做出评价,最后决定购买。消费者对收集到的信息中的各种产品的评价主要从以下几个方面进行:分析产品属性,建立属性等级,确定品牌信念,形成"理想产品",做出最后评价。企业应不断开发满足消费者不同需求的产品,并使商品的商标、特点给消费者留下印象,以便于消费者的选择与比较。

阅读资料:评价比较时的“锚定理论”

所谓“锚定理论”,说的是我们在做决策时,很容易受到初始信息(先接收到的信息)的影响,并不自觉地将它们作为参考。比如,大家在超市买东西时,经常看到某矿泉水瓶上写着“建议零售价2元”,但超市的标价却仅为1.5元。这是为啥?因为消费者先看到的是“建议零售价2元”,内心已经把2元当作参照物,此时实际售价只有1.5元,这种建议与实际售价的价差,会让客户觉得很实惠,有一种占便宜的感觉,于是就会愉快地购买。

1. 价值锚

营销中最现实的真理就是:客户感受到多少价值,他就将为这个产品支付多少钱。所以,在成交之前,我们需要给客户种下一个“价值锚”,让客户清晰地感知到产品的价值。比如,“小米”插线板被赋予“价值锚”,类似“27WMAX快速充电”“30分钟为手机充电60%”“3个USB接口,可为多个设备同时充电,无须充电器插头”“设备含过载保护,使用更安全”等文案硬生生把一个普通插线板打造成了“高级货”,让客户有一种“我买值了”的感觉。

2. 价格锚

所谓“价格锚”,就是先告诉客户原价是多少,用这个原价,在客户脑海里形成价格锚。原价越高,客户心里的锚定值就越高。

3. 制造“参照锚”

所谓“参照锚”,就是设定一个客户所熟知的参照物,用这个参照物突显产品的性价比。利用对比,让客户觉得我们的产品物超所值且实惠。比如,很多咖啡厅会摆放价格较贵的矿泉水,原因就在于让客户感受到,一瓶水都要卖28元,对比起来,一杯咖啡30元,价格就显得没那么高了。

阅读资料:消费者购买决策的“诱饵效应”

所谓“诱饵效应”,是指当人们在两个不相上下的选项中进行选择时,因为第三个新选项的加入,会使某个旧选项显得更有吸引力。比如,某些网站的会员,当你点进去之后会看到3个选项,分别是初级会员、高级会员和旗舰会员。初级会员功能很少,高级会员功能可以满足日常使用,旗舰会员功能特别全面。你会发现初级会员虽价格低,但功能少,不适合自己。旗舰会员虽然功能全面,但太贵了,最终选择了高级会员。因为在对比之下,高级会员更适合自己,而初级会员和旗舰会员,就是“诱饵”。

1. 投放“高价诱饵”

在客户的认知当中,价格的高低是相对的。如果客户觉得一款产品贵,那么我们可以引入更贵的产品,通过对比,让客户觉得这款产品其实也没那么贵。比如,你是开酒吧的,分别卖18元、28元、38元的啤酒,你会发现28元的啤酒是最好卖的,这里不光是因为18元和38元的啤酒起到了诱饵作用,也有“折中消费”的心理作用。

2. 投放“标杆诱饵”

“标杆诱饵”能够打造企业形象,凸显品牌价值,因为人们在判断一个品牌的实力时,会直观地寻找这个品牌最高价的产品是什么,如果这家企业敢做最高价的产品,就会让人觉得这家企业的实力一定很强。比如,某蛋糕品牌的几乎所有线下店的显眼位置,都会有两个标价奇高的蛋糕,售价为2万元、4万元,这些蛋糕真的有人买吗?其实那两个蛋糕是用来充当“标杆诱饵”的。

(4) 购买决策

消费者决定购买时，都会面临一些问题：购买某商品给自己带来了满足的同时，也会带来其不愿意、不希望的损失或潜在危害，甚至会带来一些现实的危险，这些潜在的或现实的损失和危害就是决策风险。决策风险是由于消费者不能完全预测到购买决策的结果而担心的一些问题，包括以下几种类型。

功能风险，即购买的物品的使用价值是否能满足消费者的需求。

安全风险，即购买的物品可能本身具有潜在危险，会给消费者的身体带来伤害。

经济风险，一方面购买的物品的价值低于消费者付出的货币量，另一方面购买后不久就会打折或降价。

社会风险，即消费者的购买决策可能会给消费者的社会关系带来损害和危险，如物品的消费会带来环境污染或损害邻里关系。

心理风险，即消费者的消费决策可能会给消费者本人的形象带来损害和危险，如受到周围朋友、同事的嘲笑。

时间风险，即消费者在制定购买决策时投入了大量时间、精力，如果决策结果令消费者不满意，就会造成时间、精力的浪费。而重新收集信息制定决策，又需要花费很多时间，此时消费者就会面临决策的时间风险。

一般来说，消费者降低决策风险的措施主要有以下几种。

加强信息获取。风险产生的根源是信息掌握的不充分，为此，消费者应加强信息搜寻工作，努力获取尽可能多的消费信息。随着信息量的增加，购买决策的风险会相应降低。获取的信息越多，风险也就越低。

保持品牌忠诚度。消费者如果坚守品牌忠诚，只购买自己以前购买过的品牌，由于对其效能质量等有深入了解和亲身体验，遭受损失的风险就会大大降低。

购买知名度高的品牌。品牌知名度高的厂商为了维护自己的产品信誉、市场份额和企业形象，通常会向消费者提供质量和服务保证。万一产品出现质量问题，消费者也可得到厂商相应的赔偿，从而可以在很大程度上降低风险损失。

从信誉高的零售商处购买商品。信誉高的零售商与品牌知名度高的厂商一样，为了维护自己的信誉，提供的商品一般可靠性强，风险程度较低。

购买较贵的商品。俗话说好货不便宜、便宜没好货。对于收入比较高、对商品价格不敏感的消费者，为了降低购买风险，可挑选价格较贵的商品。

(5) 购后评价

消费者购买产品之后，就进入了购后评价阶段，此时，营销人员的工作并没有结束，因为购后沟通同样重要。

购后满意与不满意。消费者购买产品后，通过自己的使用和他人的评价，会对自己购买的产品产生某种程度的满意或不满意。这种满意或不满意会影响购买者及其周围人群的未来购买行为。当产品的实际表现满足或超过期望水平，满意就出现了；当实际表现低于期望时，就会产生不满意。消费者通过真实使用某种产品会得到某种感受，这种感受会涉及重复购买和对周围人群的影响。满意与否与期望水平有关，要增加满意度减少不满意，就要降低期望水平，如企业在做广告和推销产品时，要实事求是，不要过分夸夸其谈。

购后认知失调。所谓认知失调，即当消费者做出某项艰难的购买选择之后，体验到的一种心理倾向或买后的怀疑的感觉。当消费者必须在相近的备选方案中选择并做出重要决策时，这种认知失调就可能出现，尤其是当未入选的方案具有被选方案所不具备的令人满意的特点时。

当消费者遇到认知失调时，可能会使用一些策略来减少失调。他们可能会从其他人那里寻找意见或观点以确认自己的购买决策是英明的，或寻找支持他们所做决策的信息。广告就是这种支持性信息的一个来源，所以，当消费者购买某个产品（选购品）后，会更关心该产品的广告。因此，利用广告巩固消费者所做的购买该品牌决策，对于企业而言十分重要。

除了利用广告，企业还可以通过开通消费者热线、回访、寄追踪信件和小册子等方式坚定消费者对已做出的购买决策的信心。

9. 消费者购买行为类型分析

在错综复杂的因素影响下，消费者的购买行为会有很多类型。从不同角度研究可以将消费者购买行为划分为不同的类型。

美国心理学家阿萨尔根据参与者时间、精力等的介入程度和所购产品品牌间的差异程度，可将消费者购买行为分为四种类型：复杂购买行为、寻求多样化购买行为、化解不协调购买行为和习惯性购买行为（见表 3－4）。

表 3－4　消费者购买行为类型

品牌差异/购买卷入	高度介入	低度介入
品牌差异大	复杂购买行为	寻求多样化购买行为
品牌差异小	化解不协调购买行为	习惯性购买行为

（1）习惯性购买行为

对于价格低廉、经常购买、品牌差异小的产品，消费者不需要花时间进行选择，因而其购买行为最简单。消费者只是被动地接收信息，出于熟悉而购买，也不一定进行购后评价。最典型的就是油、盐、酱、醋等日常消费品的购买。

对于这类习惯性购买的产品，营销员可以用价格优惠、电视广告、独特包装、销售促进方式鼓励消费者试用、购买和续购其产品。由于消费者并不重视品牌，企业广告宣传上要特别重视突出本企业品牌的视觉符号和形象特征，力图能给顾客留下深刻印象，以便引导顾客对本企业产品实现习惯性购买。

营销员还可以尝试将低投入产品转换成某种中高投入的产品，如可将相关论点或观念与这类产品联系起来，引起顾客注意，也可能收到较好的效果。例如：宝洁公司将“佳洁士”牙膏与保持牙齿健康联系起来；雀巢将咖啡与消除疲劳联系起来，将饮料与减肥联系起来等。也可在普通的产品中加入一个重要的特征，如在一种普通的饮料中加入维生素的成分等。

（2）寻求多样化购买行为

有些产品品牌差异明显，但消费者并不愿花长时间来选择和估价，而是不断变换所购产品的品牌。这样做并不是因为对产品不满意，而是为了寻求多样化。例如，购买饼干、点心、糖果等小食品时，人们往往为了换换口味而转变品牌。

针对这种购买行为类型，市场领导者企业可采用销售促进和占据有利货架位置的办法，保障供应，鼓励消费者购买；其他企业可利用价格优惠、免费试用和强调产品特色的广告，来吸引顾客寻求不同特点的品牌。

（3）化解不协调购买行为

有些产品品牌差异不大，消费者不经常购买，而购买时又有一定的风险，所以消费者一般要比较、看货，只要价格公道、购买方便、机会合适，消费者就会决定购买。购买以后，消费者也许会感到有些不协调或不够满意，在使用过程中会了解更多情况，并寻求种种理由来减轻、化解这种不协调，以证明自己的购买决定是正确的。经过由不协调到协调的过程，消费者会有一系列的心理变化。

针对这种购买行为类型，市场营销者应注意运用价格战略和人员的推销战略，选择最佳销售地点，并向消费者提供有关产品评价的信息，营销员应该重视售后信息沟通，使消费者在购买后相信自己做了正确的决定，尽量避免或尽快消除购后失调感。

（4）复杂购买行为

当消费者购买一件贵重的、不常买的、有风险的产品时，如购买汽车，由于产品品牌差异大，消费者对产品缺乏了解，因而需要有一个学习过程，广泛了解产品性能、特点，从而对产品产生某种看法，最后决定购买。

对于这种需要高度投入购买的营销员来说，他们必须懂得搜集信息并评估这类消费者的购买行为；他们应采取有效措施帮助消费者了解产品性能及其相对重要性，使其了解本企业品牌在重要属性上的优势及其给购买者带来的利益；他们还可以通过各种促销手段（例如印刷产品说明书）和激励商店一线销售人员的办法，来共同影响购买者的最终选择。

案例：场景营销，培育年轻人的购买习惯

随着“Z世代”成为新兴消费市场的主力军，脑洞大开、追求个性的他们，对于品牌的要求越来越挑剔。玩转场景营销，成为很多品牌杀出重围的方式。比如，“RIO”鸡尾酒抓住了“空巢青年”独处的生活场景，将旗下的微醺系列产品营造成了“一个人的小酒”，引发了广大年轻人的共鸣；而从豆浆机起家的家电品牌“九阳”，发现年轻人开始追求下厨的乐趣和仪式感，推出了各种造型可爱、功能多样的厨房小家电，营造出健康潮流的下厨氛围，引发了年轻消费者的抢购。老字号“东阿阿胶”也开启了不一样的营销新玩法，引领了养生潮流，不断焕新品牌形象。

近年来，年轻消费者对健康养生的关注度持续提升，“脱发掉发”“朋克养生”“保温杯里泡枸杞”等话题的讨论度持续走高，多次登上微博热搜。再加上疫情催生出全民养生的氛围，使得健康消费成为年轻人的刚需。为了满足年轻人随时随地的养生需求，“东阿阿胶”发布了新产品“健康小金条”东阿阿胶粉。“东阿阿胶”在微博联合多位来自健康养生、生活方式等领域的大V，发起了“惜命如金的样子有多努力”的话题以及“限时领取健康小金条”的抽奖互动，用趣味的方式引发年轻人对养生的讨论，吸引了大量用户的自发参与。在“小红书”上，“东阿阿胶”和时尚博主、辣妈、白领等不同身份的达人合作，邀请他们创作真实的种草笔记，内容形式多样，包括体验分享、翻包记、美食食谱等。

有着深厚文化内涵、承载着大众情感的各种节日，成了品牌借势营销的好机会。“东阿阿胶”已经连续13年举办冬至阿胶滋补节。在冬令滋补季前夕，“东阿阿胶”就发布了创意条漫“站队啦！养生也分派别，你是哪一派？”，以生活化、趣味化的方式刻画了当下年轻人对待冬季养生的不同态度和做法。从年轻人熟悉的生活场景出发，以简单易懂、轻松幽默的方式剖析各种养生误区，并进行科普，瞬间拉近了和年轻人之间的距离。

3.3.2 生产者市场购买行为分析

生产者市场又称产业市场，指采购产品或服务，以用于生产加工出其他产品或服务然后销售或提供给购买者的市场。换言之，这个市场购买的目的是通过加工来营利，而不是个人消费。

1. 生产者市场购买行为特点分析

生产者购买行为的模式、影响因素以及购买程序与生活资料消费者的行为既有很多相同之处，也有明显的差别。具体体现在：购买者的数目少，交易量大，区域相对集中，需求受消费品市场的影响（即所谓"派生性需求"或"引申需求"），需求缺乏弹性，需求受社会影响较大，专业性采购，直接采购，品质与时间的要求高，由多数人影响购买决定等。

案例："宜家"采购的低成本模式

"宜家"全球23%的产品采购来自中国。在中国成本飞速上涨的时代，宜家的团队不放过每一个可能降低成本的方法。

"宜家"一个产品的诞生需要经过"设计、采购、制造、物流、终端零售"五个过程。"具有竞争力的价格"(Price Development)是"宜家"提供消费者可接受的产品价格的方法之一。全产业链的掌控使得"宜家"从源头就有可能对成本进行控制。"宜家"拥有自己的设计团队，在产品开发设计阶段就可以根据原材料的价格浮动以及代工厂的生产能力选择"正确"的技术和材料，制定不同的设计方案。

全产业链中，采购环节对于成本控制以及终端产品质量好坏来说非常重要，"宜家"也需要从日益上涨的中国采购成本中省下每一分钱。中国的550个员工负责从玻璃、蜡烛到办公椅和板式家具等17个品类的采购。如何与他们共同发展生意变得尤为重要。

"喜临门"甚至参与"宜家"一款床垫的设计。这款名为EISDAL的床垫是为了适应中国人的需求而特意开发的。中国人相比欧洲人喜欢睡比较硬的床垫，在床垫行业中积累了丰富经验的"喜临门"非常了解中国人的类似喜好，和"宜家"花了6个月开发了这样的床垫。"宜家"把这样与供应商合作生产的产品称为"free range"系列。由于该产品在中国销售情况超过了预期，目前计划在东南亚、日本等国进行市场推广和销售。

"宜家"正在供应商之间推行"卖方管理的补货措施"的项目。这个项目希望达到的理想目标是："宜家"向供应商开放其动态库存，每卖出一张床垫，"喜临门"都能获得相关的信息。这样能够使整个物流供应链的反应时间缩短，从而达到降低成本的目标。这个项目最考核的是供应商供货的保障能力。原来供应商是接到订单来做，而现在是自己要去判断，去和"宜家"一起分析会有什么订单，分析会有什么样的销售发展趋势。

2. 生产者市场购买行为类型分析

生产者市场购买行为的复杂程度和采购决策项目的多少，取决于采购业务的类型。采购业务一般有三种类型：直接重购、修正重购和全新采购。

(1) 直接重购。直接重购是指企业采购部门为了满足生产活动的需要，按惯例进行订货的购买行为。企业采购部门根据过去和供应商打交道的经验，从供应商名单中选择供货企业，并连续订购采购过的同类产品。这是最简单的采购。在这种情况下，原供应者应尽力提高产品质量和服务水平，为客户提供各种便利，争取稳定的供应关系；新的供应者竞争机会较少，可从零星小量交易开始，逐步扩大，以争得一席之地。

（2）修正重购。修正重购是指企业的采购人员为了更好地完成采购任务，适当改变采购产品的规格、价格和供应商的购买行为。这类购买情况较复杂，参与购买决策过程的人数较多。原来的供应者必须做好市场调查和预测工作，积极开发新的品种规格，努力提高生产效率，降低成本，满足修正重购的需要，设法保护自己的既得市场。新的供应者则有较多的竞争机会。

（3）全新采购。全新采购是指企业第一次采购某一产品或服务的购买行为。这是最复杂的采购业务。新购买产品的成本越高、风险越大，决策参与者的数目就越多，需收集的信息也就越多，完成决策所需时间也就越长。这种情况对供应者是最好的竞争机会，可派出专业推销人员携带样品或样本上门推销，尽量提供必要的信息，帮助用户解决疑问，减少顾虑，促成交易。

这三类采购业务决策，以直接重购最简单，全新采购最复杂，全新采购的决策必须包括以下内容：产品规格、价格、交货条件和时间、服务条件、支付条件、订购数量、可考虑的供应商、选定的供应商等。

3．生产者市场采购角色分析

在任何一个企业中，除了专职的采购人员外，还有一些其他人员也参与购买决策。所有参与购买决策的人员构成采购组织的决策机构，也称为采购中心。企业采购中心通常包括五种成员。

使用者。实际使用欲购买的某种产品的人员。使用者往往首先提出购买某种所需产品的建议，并提出购买产品的品种、规格和数量。

影响者。企业内部和外部直接或间接影响购买决策的人员。他们通常协助决策者决定购买产品的品牌、品种、规格。企业技术人员是最主要的影响者。

采购者。在企业中具体执行采购任务的专业人员。在较为复杂的采购工作中，采购者还包括那些参与谈判的公司其他人员。

决定者。企业中拥有购买决定权的人。在标准品的例行采购中，采购者常常是决定者；而在较复杂的采购中，企业领导人常常是决定者。

信息控制者。在企业外部和内部能控制市场信息流到决定者和使用者那里的人员。如企业的采购代理商、技术人员和秘书等。

企业营销者必须注意了解生产者购买的具体参与者，尤其谁是主要的决策者，以便采取适当措施，影响最有影响力的重要人物。

4．影响生产者市场采购决策的主要因素分析

我们可以把影响生产者市场购买者的因素归为四类：环境因素、组织因素、人际因素和个人因素（见图3-12）。

环境因素。包括政治、法律、文化、技术、经济和自然环境等。

组织因素。包括企业的目标、政策、业务程序、组织结构、制度等，都会影响生产者购买决策。

人际因素。生产者购买决策过程比较复杂，参与决策的人员较多，这些参与者在企业中的

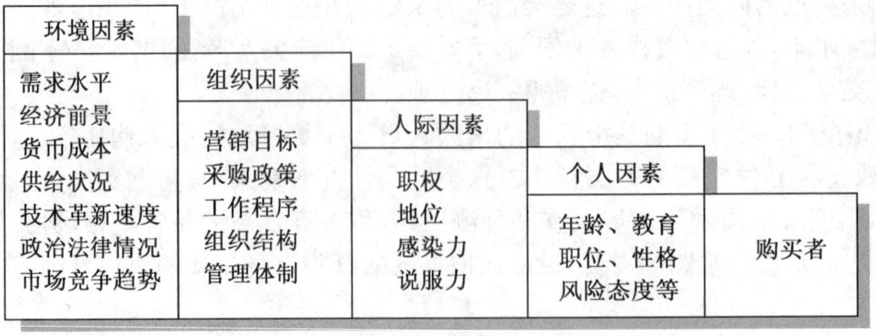

图 3-12　影响组织采购行为的主要因素

地位、职权、说服力以及他们之间的关系都会影响到企业的购买决策。

个人因素。生产者市场购买行为是组织行为，但最终还是要由若干个人做出决策并付诸实施。各个参与购买决策的人，在决策过程中难免会掺入个人感情，从而影响参与者对要采购的产品和供应商的看法，进而影响购买决策。

案例："德力西"电气，工业品牌也可以细腻有温度

与快消品不同，工业行业的广告语言焦点也往往集中于业务端，多是数据的呈现、理性的表达。反观当下社交媒体大环境，有情绪、有态度、有审美的表达，更能引发共鸣，亦与整个家国宏大叙事共振。

"德力西"电气率先打破了制造企业的传统角度，以"看见看不见的力量"为主题，发起全面的品牌形象传播战役，其"言说式品牌诗"系列影片令人耳目一新。首先，在关键词选择这一细节上，"德力西"电气反复锤炼推敲，展现不同行业背后的信念与坚持——澎湃的电力，即是强盛的国力，以"担当"为电保驾护航；带着爱的温度的家居产品，用"热爱"打开更好的家；创新研发新系列产品，用"超越"建构明天的力量；"进取"开拓，实现工控人的中国制造梦；用行动诠释与经销商强大的命运共同体，让"承诺"的力量被看见。

5. 生产者市场购买决策过程分析

各行业、各企业的采购决策过程并没有统一的固定程序。一般认为，生产者市场购买者决策过程可分为八个阶段，但并非每项采购都要经过这八个阶段，这要依据采购业务的不同类型而定。表 3-5 说明了各个阶段对各类采购业务是否有必要。可见，直接重购的决策阶段最少；修正重购的决策阶段多些；全新采购的决策阶段最长，要经过八个阶段。

表 3-5　生产者购买决策过程

购买阶段	购买类型		
	全新采购	修正重购	直接重购
1. 提出需要	是	可能	否
2. 确定总体需要	是	可能	否
3. 详述产品规格	是	是	是
4. 寻找供应商	是	可能	否

（续表）

购买阶段	购买类型		
	全新采购	修正重购	直接重购
5. 征求供应信息	是	可能	否
6. 供应商选择	是	可能	否
7. 发出正式订单	是	可能	否
8. 履约评估	是	是	是

（1）提出需要。企业内部对某种产品或劳务提出需要，是采购决策过程的开始。提出需要一般是由于以下两方面刺激引起的。一是内部刺激。包括企业决定推出新产品，需要购置新设备或原材料来生产；企业原有的设备发生故障，需要更新零部件；或者已采购的原材料不能令人满意，企业正在物色新的供应商。二是外部刺激。如展销会、广告或供应者推销人员的访问等，促使有关人员提出采购意见。营销者应当主动推销，经常开展广告宣传，派人访问用户，发掘潜在需求。

（2）确定总体需要。提出了某种需要之后，就要把所需产品的种类与数量，从总体上确定下来。复杂的采购任务，由采购人员同企业内部的有关人员共同研究确定；简单的采购任务则由采购人员直接决定。在此阶段，营销者可通过向购买者描述产品特征的方式向他们提供帮助，协助他们确定其需求。

（3）详述产品规格。总体需要确定后，接下来还要对所需产品的规格型号等技术指标做详细的说明。这要由专业人员运用价值分析法进行。价值分析是一种降低成本的分析方法，目的是在保证不降低产品功能（使用价值）的前提下，尽量减少成本，以取得更大的经济效益。经过价值分析后，专业人员写出详细的书面材料说明技术要求，此书面材料就是采购人员进行采购的依据。供应商通过尽早地参与产品价值分析，可以影响采购者确定产品规格，以获得中选的机会。

（4）寻找供应商。采购人员通常利用工商名录或其他资料查询供应者，有时也通过其他企业了解供应者的信誉。供货企业应想方设法提高自己的知名度，以便于买方查找。

（5）征求供应信息。企业有了备选的供应者后，请他们尽快寄来产品说明书、价目表等有关信息资料，特别是较复杂和贵重的项目，必须要有详细的资料才能做出决策。这时，营销者要注意整理、编写好产品目录、说明书、价目表等资料，在这些资料中应对产品进行详细介绍，并包含促销的内容。

（6）供应商选择。采购者在做出最后选择之前，还会与选中的供应商就价格或其他条款进行谈判。采购中心和供应商应该是双赢的合作模式，而不是一方利益的增加建立在另外一方利益的减少上。此外，采购者还必须确定供应商的数目。许多采购者喜欢多种渠道进货，这样一方面可以避免自己过分地依赖于一个供应商，另一方面也使自己可以对各供应商的价格和业绩进行比较，需要强调的是，供应商的数目未必越多越好，这主要是企业对供应商管理成本限制决定的。

（7）发出正式订单。采购者选定供应商之后，就会发出正式订货单，写明所需产品的规格、数目、预期交货时间、退货政策和保修条件等项目。通常情况下，如果双方都有着良好信誉，一份长期有效合同将建立一种长期的关系，而避免重复签约的麻烦。在这种合同关系下，供应商答应在一特定的时间之内根据需要按协议的价格条件持续供应产品给买方。存货由卖方保存。因此,它也被称作“零库存”。

(8) 履约评估。用户购进产品后,其采购部门就会主动与使用部门联系,了解所购产品的使用情况,询问使用者的满意程度,并考查各个供应者履约情况,以决定今后对各供应者的态度。因此,供应者应认真履行合同,尽量提高买方的满意程度。

总之,产业市场是一个富于挑战性的领域,营销者应调查研究产业用户的需要和采购决策过程,了解其不同阶段的特点,拟定出有效的营销方案,才能获得营销的成功。

3.3.3 中间商市场购买行为分析

中间商市场也称为转卖者市场,指组织或个人以营利为目的而购买产品或服务后将之转卖所形成的市场。包括批发商、零售商、代理商。

1. 中间商市场购买行为特点分析

中间商在地理分布上比生产商分散,比消费者较为集中。产业市场的特点大部分对中间商市场也适用,二者都属于组织市场。中间商购买行为同产业购买者行为也有许多相似之处,如中间商的采购决策也有若干人参与;其决策过程也是从提出需要开始,以决定向谁进货告终;购买者行为同样受环境、组织等因素的影响。中间商市场具有如下特点。

派生需求。中间商对商品的需求是由消费者对商品的需求引发而来的,所购商品的品种、花色、规格、数量、价格和交货日期等受到消费者需求的制约和影响。

挑选性较强。中间商进货时讲究商品组合配置,需要品种齐全、花色丰富,以满足消费者的多样化需求,提高他们的购买效益。

需求弹性较大。中间商购买商品是为了再转售,对购货成本即中间商市场的价格变化较为敏感,其需求量随价格涨落的变化而变化。

批量购买,定期进货。中间商大都有固定的进货渠道,一次性购买的数量较大,且有较为规律的进货时间。

2. 中间商市场采购行为类型分析

(1) 新品种的购买。这与前述生产者的新购不同,生产者出于生产需要,非买不可,只能选择供应者;而中间商对某种新产品的需求取决于市场需求,来决定是否购进。

(2) 选择最佳供应者。中间商需要经营的产品确定后,经常要考虑的是选择最佳的供应者,即向谁进货。如美国大零售商西尔斯公司和 A&P 公司经营的商品,绝大部分是用自己的品牌,它们采购工作的主要问题就是选择合作者。

(3) 寻求较好的供应条件。有些中间商不需要更换供应者,但希望从原有的供应者那里获得更有利的供货条件。

3. 中间商市场采购决策分析

如上所述,中间商是其顾客的采购代理。因此,他们必须按照顾客的需求来制订采购计划。中间商的采购计划需包括三个主要决策。

(1) 商品搭配战略。搭配战略是最主要的决策,它决定中间商的市场地位。批发商和零售商可选择的搭配战略有以下四种。

独家产品。只经营一家厂商制造的产品,如专门经营“松下”电视机。

深度搭配。经营各厂家制造的同类产品,如经营“松下”“日立”“长虹”“厦华”等许多厂商制造的各种型号的电视机。

广泛搭配。经营范围十分广泛，但并没有超越企业既定的类型，如不仅经营各种牌号的电视机，而且还经营DVD、组合音响、磁带、唱片等各种音像设备。

混合搭配。经营各种无连带关系的商品，如不仅经营各种音像设备，而且还经营电冰箱、洗衣机、微波炉、吸尘器等。

(2) 供应者的选择。中间商在决定是否采购某种产品或选择某家供应者时，通常要考虑的主要因素是：商品价格和利润率，商品的独特性和受顾客欢迎的程度，供应者对该产品的市场定位及营销策略，供应者为该产品提供的广告和促销补贴，供应者的声誉或企业形象等。

(3) 采购的价格和条件。随着市场竞争的加剧，中间商在采购时特别注重价格谈判，这也是营销者必须予以注意的。尤其是当中间商的经营成本上升或消费者需求突然下降导致边际利润减少时，更要注意进货价格。

4. 中间商市场采购决策过程和影响因素分析

中间商的采购决策过程与产业用户类似，不再赘述。由于科学技术的发展，企业大量采用电子计算机和电子通信设备来处理采购业务，如控制库存量、计算合理的订购量、处理订单、要求卖方报价等。有些产品还实行无库存式的采购，即采购者利用电子计算机系统向供应者发要货通知，供应者根据要货通知随时供货，中间商特别是零售商不用建立自己的仓库即可随时得到供应，这对加速资金周转和降低经营费用有重要意义。

中间商的采购者同产业用户一样，也要受到环境因素、组织因素、人际因素和个人因素的影响。此外，采购人员的采购组织风格，也要予以考虑。

案例："百安居"低价的秘密

连锁经营、规模采购，是实现低价优势的坚实基础。门店数量的快速增加，采购规模的不断放大，使得"百安居"与供应商价格谈判时的筹码不断加重。"百安居"凭借自身的实力与优势，跳开中间商的繁复环节，从生产厂家直接进货。据测算，产品的直接采购成本比中间商供货可下降25%以上。

更引人注目的是，不久前，"百安居"又率先完成了国内采购与国际采购的整合与互动，"百安居"的母公司，英国翠丰集团的亚洲采购中心总部落户上海。翠丰亚洲采购中心代表的是其全球700家店的采购量，与原先国内18家"百安居"门店的采购量相比，规模扩大了40多倍。因此，凭借这一庞大的采购量，"百安居"的价格优势将大大增强，未来，"百安居"部分产品的价格在全国将很有优势。"全球的产品订单(全球2 929家店)降低了采购成本，直接向生产商订货，取消了中间环节，找大供货商从源头入手。

采购成本和价格的降低还包括：采取经销而不是代理作为压低价格的谈判筹码、对部分单品进行买断以及下订单、渗入生产企业，传授成本管理模式，降低供应商的生产成本、给供应商提供最合适超市而不是华而不实的包装建议和产品设计建议。

3.3.4 政府市场购买行为分析

政府市场指各级政府为执行其主要职能而采购或租用商品所形成的市场。也就是说，政府市场上的购买者是国家各级政府的采购机构。由于各级政府通过税收、财政预算等，掌握了相当大一部分国民收入，所以形成了一个很大的政府市场。

1. 政府市场购买行为特点分析

同私人或企业采购相比，政府采购具有行政性、社会性、法制性和广泛性等主要特点。

行政性。政府采购决策是一种行政性的运行过程，要严格遵守行政决策的程序和过程，要代表政府的意志，遵循组织原则，并非将经济利益作为唯一的评价标准。

社会性。政府要承担社会责任和公共责任，其包括采购行为在内的所有行为不能只对政府机构负责，而必须对全社会负责。所以其采购行为必然要综合考虑对诸如环境、就业以及国家安全等各方面的影响。同时，政府采购行为的本身也要接受社会和监督。相比私人采购要接受董事会和股东的监督而言，其接受监督的范围要大得多。

法制性。在法治国家中，政府行为的基本特征是必须在法律的范围内运行，所有行为必须符合法律的规范和原则。所以政府采购的对象、程序和操作都必须用法律的形式加以规定并严格执行。

广泛性。政府是对国家和社会实行管理和服务的机构，其涉及的事务范围极其广泛，政治、经济、军事、教育、医疗卫生、资源开发、环境保护，几乎无所不包。所以其采购的领域必然也十分广泛，涉及的货物、工程和服务会和众多的产业有关，从而也给各行各业创造了市场机会。

2. 政府市场采购决策分析

政府采购是建立在政府机构为实现国家及公众目标所必须得到的产品和服务的基础上的。政府采购也同其他组织的采购一样，需要就购买什么、购买多少、在什么地方购买、何时购买、要支付多少款项以及需要哪些相关服务等项内容做出决策。这里需要提及的只有两点：一是政府采购会很注重那些能满足要求的最低出价者，二是企业必须了解政府究竟要采购哪些产品。以美国政府为例，他们购轰炸机、工艺品、教育设施、家具、卫生设施、衣服、材料搬运设备、灭火机、汽车以及燃料等，还要就邮政建设、太空研制、住宅及城市改造等方面形成少量支出。政府采购的一般流程如图 3－13 所示。

3. 政府市场采购方式分析

政府采购主要受两个方面的影响：一是财政预算，它有规定金额、指定购买方向以及检查的作用；二是由于政府采购量大，属非私人性购买，所以要受到廉政建设的监督和公众的评论。因此，政府的采购方式主要有两种类型，即公开招标和协议合同。

（1）公开招标。公开招标采购是指政府采购办事机构邀请合格的供应商对政府的购买项目进行投标。一般来说，中标者是出价最低的供应商。除了日用品和标准品之外，对非标准品来说，供应商必须考虑产品的规格要求及政府能够接受的条件。在有些情况下，如按时或提前高质量完成任务，政府部门会给予供应商一定的奖励或折扣。

（2）协议合同。采购机构同一家或多家供应商接触，并就项目和交易条件进行谈判，最后达成采购协议。这种采购方式主要用于复杂项目的交易。供应商如果能将成本降下来，就可以获得巨大利润；但供应商的利润过高时，合同就有可能受到公开复审或重新谈判。

大公司获得的政府合同能给小公司带来足够的分包机会，但是，得到分包合同的小公司必须与主体大公司共担风险。可见，政府的采购活动能为生产者市场创造出很多的延伸性需求。

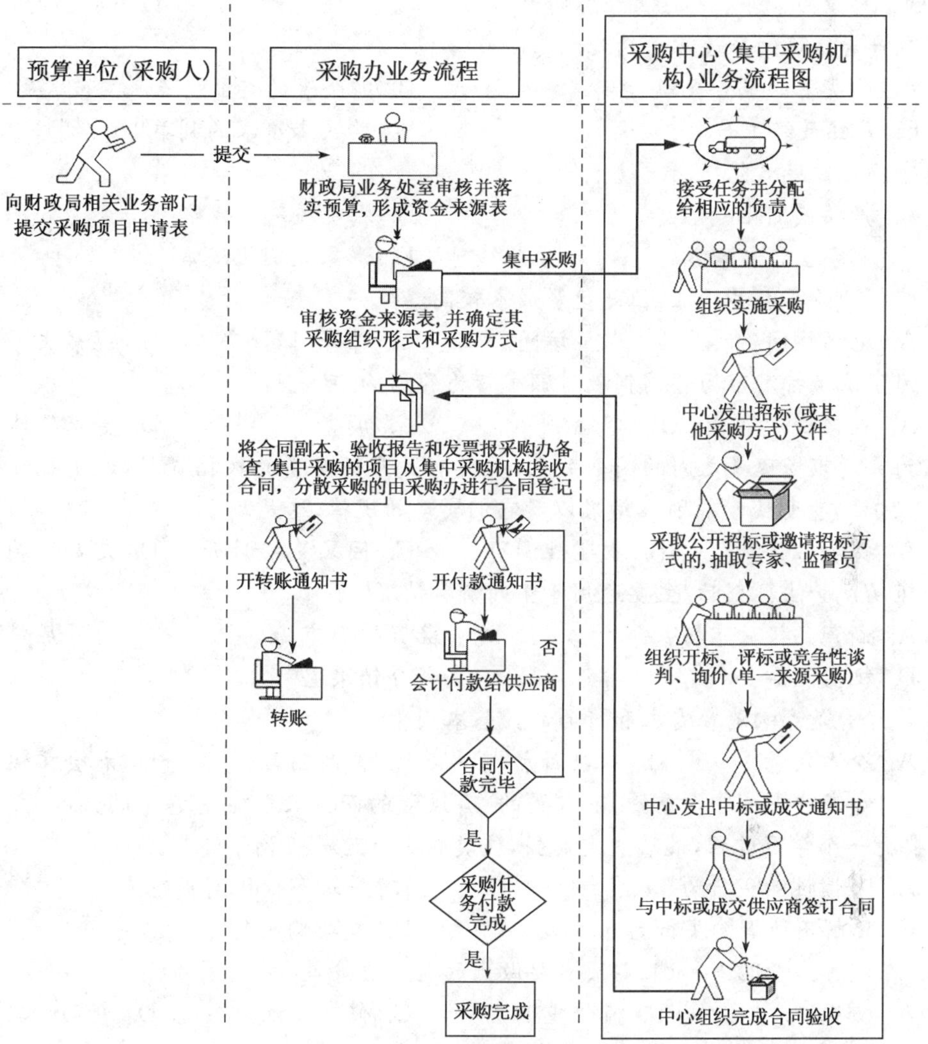

图3-13　政府采购的一般流程

● 分项任务测试:

设置三个不同的情境,讨论生产者市场、中间商市场、消费者市场的需求特点及销售技巧。要求:由若干同学分别饰演消费者或客户、销售人员。

知识检测

选择题

1. 企业将整体市场作为目标市场,推出一种商品,实施一种营销组合,以满足整体市场某种共同需要的目标市场策略是(　　)。

A. 集中性目标市场策略　　　　B. 聚焦战略

C. 无差异性目标市场策略　　　D. 总成本领先战略

2. 根据消费者对商品的忠诚程度来细分市场属于按(　　)的标准进行市场细分。

A. 人口因素　B. 经济因素　C. 心理因素　D. 购买行为

3. 生产者市场细分最常用的标准是(　　)。

A. 购买者的经营规模　B. 购买者的行业特点

C. 产品最终用户　D. 购买者追求的利益

4. 市场定位战略包括(　　)。

A. 产品差别化战略　B. 人员差别化战略

C. 服务差别化战略　D. 形象差别化战略

5. (　　)最富有灵活性,但是花费成本较高。

A. 电话访问　B. 人员访问　C. 邮寄问卷　D. 观察法

6. 为了试验特定市场营销刺激对顾客行为的影响,可采用(　　)。

A. 观察法　B. 实验法　C. 调查法　D. 专家估计

7. 为弄清市场变量之间的因果关系,收集有关市场变量的数据资料,运用统计分析和逻辑推理等方法,判明变动原因和结果以及它们变动的规律,这是属于(　　)。

A. 探测性预测　B. 描述性调研　C. 因果关系调研　D. 定期性调研

8. 市场试验法预测时,主要适用于下列哪种情况?(　　)

A. 新产品投放市场　B. 老产品开辟新市场　C. 原料

D. 机器设备　E. 启用新分销渠道

9. (　　)是影响消费需求和行为的最基本因素。

A. 个人因素　B. 心理因素　C. 商品因素　D. 社会文化因素

10. 消费者购买一件贵重的、不常买的、有风险的而且又非常有意义的产品时,消费者购买时需要有一个学习过程,最后决定购买,这类购买行为一般属于(　　)。

A. 习惯性购买行为　B. 寻求多样化购买行为

C. 化解不协调购买行为　D. 复杂购买行为

11. 在(　　)情况下,产业购买者要做出的购买决策最多。

A. 重购　B. 直接重购　C. 修正重购　D. 新购

12. 马斯洛认为需要按其重要程度分,最高层次需要是指(　　)。

A. 生理需要　B. 社会需要　C. 尊敬需要　D. 安全需要

13. 对于减少失调感的购买行为,营销者要提供完善的(　　),通过各种途径提供有利于本企业和产品的信息,使顾客确信自己购买决定的正确性。

A. 售前服务　B. 售后服务　C. 售中服务　D. 无偿服务

14. 广告中的裸体画面会令人震惊,然而瑞士航空公司的一则裸体广告却收到了意想不到的成功。但有关人士认为这则广告不适合在我国播放,其主要影响因素是(　　)

A. 政治法律因素　B. 经济因素　C. 社会文化因素　D. 自然因素

15. 一个国家的文化包括的亚文化群主要有(　　)。

A. 语言亚文化群　B. 宗教亚文化群

C. 民族亚文化群　D. 种族亚文化群

E. 地理亚文化群

16. 组织市场需求的波动幅度(　　)消费者市场需求的波动幅度。

A. 小于　B. 大于　C. 等于　D. 都不是

名词解释

市场细分；无差异市场营销；差异市场营销；集中市场营销；市场定位；分层随机抽样；定量预测；消费者市场；生产者市场；中间商市场；相关群体；意见领袖；复杂的购买行为

简答题

1. 市场营销调研通常包括哪些基本步骤？
2. 企业如何进行市场定位？有哪些市场定位的方法？
3. 如何理解心理因素对消费者购买行为的影响？
4. 在消费者购买决策过程中，企业在各个环节应如何做好市场营销工作？
5. 针对不同的生产者购买行为应采取什么样的营销策略？
6. 中间商购买行为有何特点？
7. 简述相关群体对消费行为的影响。

案例分析

"钟薛高"：高端网红之路

长久以来，中国雪糕市场基本以中低端为主，高端市场基本被"哈根达斯"和"八喜"等国际品牌占领，"钟薛高"抓住了这一机会，以国货品牌为切入，以"中国人自己的高端雪糕"为定位，从产品和价格两个层面率先落实。

一方面在产品设计上，以江南青瓦的中国传统文化元素为符号，配以莫兰迪色系，从视觉上加深新国货品牌印象；另一方面对外宣传真材实料没有任何添加以及口感工艺，凸显产品品质感。价格层面更是凸显高端属性，平均一支20元，为普通雪糕的四到五倍，并辅以奢侈品惯用的限量操作手法，在让一部分人望而却步的同时，又戳中部分年轻人猎奇的社交炫耀心理，坐实高端性，也为后期的价格营销做了铺垫。

"钟薛高"之所以能有如今的成绩，重要的原因之一是看到了市场缺口，放弃做大众消费市场，与众多雪糕品牌一较高下，而是直接把一个具有100多年历史的大众品类打造成了一个没有竞争对手的高端小众品类。

问题：

1. "钟薛高"的成功取决于市场调查，你认为雪糕市场调查的内容有哪些？
2. 详细描述"钟薛高"的目标顾客及其消费行为特点。
3. 针对高端雪糕市场竞争，为"钟薛高"下一阶段提出发展建议。

面对年轻人，"五芳斋"改变了自己

"五芳斋"可以说是个不折不扣的"老品牌"，不只在年龄上，核心产品粽子更是中国传统美食。随着新消费的崛起，背后是新人群、新场景和新体验的合力。对年轻人来说，可能爸爸妈妈买的粽子，他会吃，但他不一定自己会去买。因此，必须给"Z世代"的年轻人一个购买"五芳斋"的理由。

面对这种现状，"五芳斋"率先改变了自己，在稳固原有的消费群体之外，"五芳斋"开始调整自己来适应新的消费群体，适应他们的一些特征和喜好。

"五芳斋"以用户思维做营销，从消费者视角出发，尝试利用KOL、短视频、"B站""小红

书”、H5、快闪店等许多新鲜玩法与渠道和年轻人沟通。2018 年端午节，“五芳斋”推出了广告片《白白胖胖才有明天》；2020 年端午节，“五芳斋”量身打造了广告片《朋友们“蘸”起来》，短片的构思相当清奇，高大上的文案看得人兴趣盎然，有格调的同时又不失幽默。无论是端午节的粽子广告，还是中秋节的月饼广告，“五芳斋”都用奇特、夸张、冷幽默的故事内容，在年轻人心目中逐渐构筑起其在社交媒体上的品牌风格——反传统、反套路、反差萌，从“老字号”摇身一变成为网感极佳的“新青年”。

2019 年的端午节，“五芳斋”打造了一个奇幻大片，围绕跨越近万年的糯文明，影片化身时光机以从古至今的纬度，以充满国风的视觉呈现，展示从米食起源到端午由来再到“五芳斋”发展的历程，用穿越的视觉效果向消费者展示品牌的“一糯百年心”。

为了让品牌保持年轻，“五芳斋”选择在品牌营销上与各大品牌 IP 跨界合作，展现品牌的活力，拓展在年轻消费者当中的知名度。比如，与“迪士尼”的跨界合作，和“AcFun”联合推出“AC 五芳流心巧克力月饼”，和“拉面说”“AKOKO”“钟薛高”等一大批新消费品牌展开跨界合作，通过产品的品质感、话题性吸引追求新鲜感的年轻消费群体。

问题：

1. “五芳斋”是如何利用消费者的购买心理开展营销的？

2. 作为老字号品牌，“五芳斋”们应当如何保持品牌的年轻化？

技能训练

1. 查找资料，分析某知名企业的目标市场战略。

2. 针对自己的创业项目，选择你的目标市场并进行市场定位。

3. 调查大学生群体，选择一个主题，分析大学生健身消费、恋爱消费、化妆品消费等行为特点和趋势。

任务4　制定产品策略

【任务目标】

知识目标：

1. 理解产品整体概念；
2. 掌握产品组合的基本策略；
3. 掌握产品生命周期理论与各阶段的营销策略；
4. 了解企业的品牌与包装决策。

技能目标：

1. 能够在透彻理解产品整体概念的基础上制订产品组合计划；
2. 能够在分析产品的生命周期的基础上制定相应的产品策略；
3. 能够根据市场环境的变化制订新产品开发计划；
4. 能够制定品牌与包装策略。

思政目标：

1. 树立以产品质量为核心的经营理念，达成客户满意目标；
2. 融入我国品牌企业案例，树立自强、奋斗、勇于创新的企业家精神；树立以发展民族品牌为己任，争创世界一流的职业理想；
3. 通过国货品牌文化营销成功案例，树立文化自信。

【任务分解】

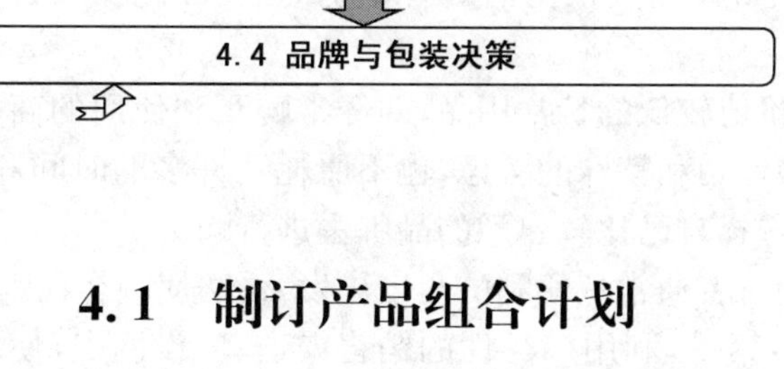

4.1　制订产品组合计划

4.1.1　认知产品

产品是企业开展营销活动的物质基础，通过它，生产者和购买者双方的交换目的得以实现。企业之所以能够生存和发展，是由于它能提供满足顾客的需要和欲望的产品或服务。在这一前提下，企业才能实现其各项营销目标：市场占有率、销售增长率、利润等。

从市场营销角度来理解的产品概念，不仅是一种物质实体，而且是一种系统概念的体现。伴随着物质实体表述的同时，还包括了所有的能满足顾客需求和欲望的任何东西，因为顾客不是为了购买物质本身而进行购买。Philip Kotle 将产品定义为："通过交换来满足人们需要和欲望的因素和手段。"

案例："公牛"插座，凭什么这么牛？

把简单的招数练到极致，就是绝招。"公牛"插座便是如此。它没有百年历史，却算得上是中国最具工匠精神的企业之一。2015 年，"公牛"销售总额达 56 亿元，在一个技术不高的制造领域，以及一个行业体量不大的市场，它缔造了市场占有率全球第一的"公牛神话"。

质量和安全是"公牛"企业创业的初衷。"公牛"插座以结构设计为突破口，以"用不坏"为目标，专注品质，克服了插座使用过程中常见的松动、接触不良和非正常发热等问题。"公牛"成立了课题组，专门研究产品使用的方便性、安全性和可靠性，还建立了产品设计中心、电子设计中心和工程工艺中心。大到插头、电线、外壳和开关，小到内部铜片甚至螺丝，每一个公牛插座，都要经过 27 道全方位安全设计。"公牛"产品一问世，就广受欢迎，虽然价格贵了一倍多，但使用安全，质量有保证，"公牛"逐渐在消费者中建立了口碑。

小产品要有大表现，国内企业要有国际化表现。在进军海外市场的同时，"公牛"不断提升品牌形象。"每一个图案都是卖货的，每一个颜色都是卖货的，每一个文字都是卖货的。产品包装充分体现国际化的品牌视觉和清晰的产品卖点。"

"公牛"在每一家卖公牛插座的店面广告牌打上"公牛"的标识，而卖插座的地方大多为五金店。因此"公牛"积极抢占全国各地五金店，免费安装带有"公牛"标识的广告牌，实现了"有'公牛'的地方就有五金店，有五金店的地方就有'公牛'"。

1. 营销角度的产品分类

通常，与企业营销关联度较高的产品分类方法有三种：按照社会分工来分，可将产品分为农产品和工业品两类；按照产品的耐用程度和有形性来分类，可将产品分为耐用品，非耐用品和劳务；按照产品的用途来分，一般可将产品分为消费品和工业品两大类。

(1) 消费品。消费品泛指一切可供消费用途的产品。例如，可供家庭使用的电器，个人穿着的服装、佩戴的手表等。一般根据消费者特定的购买态度和购买习惯将其分为三类：便利品、选购品和特殊品。

便利品是指一些价值较低的日常用品，即经常购买和使用的商品。消费者在购买此类商品时，并不需要做许多计划和特殊的考虑，也不愿耗费许多的时间和精力去进行比较，而是从方便购买的角度考虑选择自己比较熟悉的品牌去进行购买。

针对上述情况，销售者通常从便利的角度出发，设法使顾客在购买时比较方便。营销活动中一般采取的策略有：第一，利用广泛性的销售渠道、广设网点，使销售地点尽可能接近消费者；第二，利用广告、营业推广等非人员促销方式；第三，依赖产品精美的包装，增加对顾客的吸引力；第四，在保证产品质量的前提下，降低成本，利用成本优势，吸引对价格敏感的顾客。

选购品是指选择性强，在购买时要对其质量、式样、价格等进行挑选和反复比较后才决定购买的一类商品。一般来说，消费者对此类商品了解不够，购买频率相对较低，价格相对较高，所以在购买时较为慎重。如高档服装、家具、家用大型电器等。

针对顾客购买此类商品的购买心理和习惯，营销人员通常采用以下策略：第一，利用选择性渠道策略，慎重选择若干经销商；第二，注意广告宣传，为顾客提供信息和其他服务；第三，经销网点要相对集中，利用行市效应，以便利消费者选择和购买。

特殊品是指能够提供特殊效益并相对排除竞争，为特定顾客群提供的产品和服务。这类产品的最大特色是顾客坚持选购特定品牌的产品，他们愿意不惜时间和精力去达到购买要求。与其他两类商品相比较，价格的高低相对而言不是购买时所考虑的主要因素。例如，如较昂贵的山地车和家用电器等，对许多人来说，都可以归为特殊一类。

由于上述的购买特性，企业的营销者一般考虑其产品在某一地区只选择一家或极少的零售商店进行销售。此外，基于竞争的相对排除性，绝大多数经销商店也愿意配合厂家进行促销及提供相应的服务。

(2) 工业品。工业品是指用于制造、加工、转售或其他营业用途的产品。例如，生产设备、材料和零件等。一般情况下，对工业品的分类主要依据其功能及用途来划分，将其分为五类：主要装备、附属设备、零部件和材料、原料、消耗品。

2. 产品的整体概念

人们经常可以看到这样一种营销现象，同一种产品，由于其包装或服务等因素的变化，会使顾客产生不同产品的觉察感受。因为产品的概念并不仅仅是狭义地指实体本身，而且还包含着许多其他因素部分，这就是整体的产品概念。

整体产品概念认为：产品应包含一切能够满足买方的欲望、需求和利益的有形实体和无形部分。整体产品包括核心产品、形式产品和附加产品三个层次(见图4-1)。

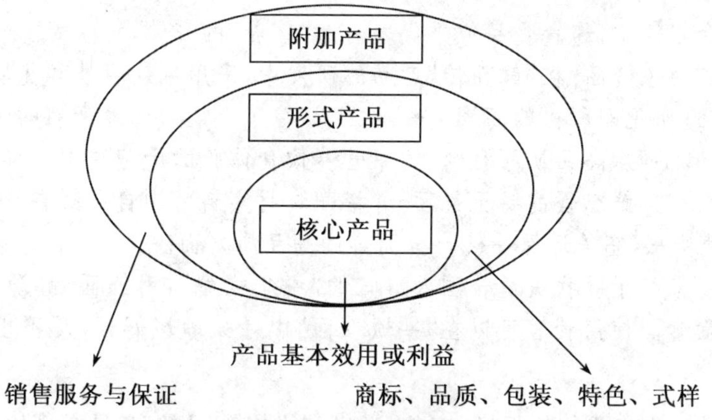

图4-1　产品整体概念

(1) 核心产品。它主要是指产品的本身效用或向购买者提供的利益。在某种意义上说，这部分应该是顾客真正需要购买的东西，因此，它是产品整体概念中最基本的组成部分。

案例：主打"更适合中国本土市场"成功的产品

1. "飞鹤"奶粉——更适合中国宝宝

目前，奶粉的主要消费者是90后、95后妈妈，她们对奶粉价格并不敏感，却对品质要求比较高。在她们看来，配方技术含量高的奶粉更值得青睐。并且，市场信息越来越透明，消费者购买行为趋于理性，这就要求国内企业加强技术研发。

在婴幼儿奶粉领域有着丰富经验的“飞鹤”意识到，要生产出更适合中国人的奶粉，就必须对中国母乳做深入研究。高端化、新品化是永恒不变的主题。无论是从营养成分，还是科技化、人性化、便捷化的角度来寻找新的增长空间，做法都是不断细分，寻找消费者需要的产品，设计能满足消费者新需求的产品。90后、95后新一代妈妈们更注重一站式、专业性的服务，而“飞鹤”作为本土品牌更了解、更尊重中国消费者，以快、准、狠三部曲化危为机制胜领跑。

据了解，“飞鹤”不仅升级当家大单品“星飞帆”，还携手影帝吴京重推“臻稚”有机系列。此外，“飞鹤”还推出“茁然”系列抢占儿童奶粉赛道，一跃成为“天猫”“双11”儿童奶粉品类销量冠军。

2. “卫仕”——更适合中国宠物

“卫仕”是上海宠幸宠物用品有限公司旗下的主力子品牌。最初从宠物营养品切入，针对中国宠物饲养环境及健康问题，推出覆盖犬猫全生命周期的专属营养品，继而推出膳食平衡系列犬猫主粮。

宠物给了我们很多人都给不了的情感陪伴及慰藉，很多时刻甚至可以说拯救过我们，像养孩子一样去照顾这些小天使们，相信我们很多人都可以做到，从饮食、营养入手，“让爱宠相伴的幸福更长久”，是“卫仕”的产品价值观。

(2) 形式产品。即产品实现销售的形式，包括：产品的品牌、包装、质量、特点和形态等因素。产品本身的效用正是通过某些形式才得以实现的。

案例：重新定义高端速食标准，“白象食品”携“鲜面传”惊艳来袭

在传统的大众印象中，速食食品似乎代表着对“营养”的妥协，意味着“方便”与“营养”两者不可得兼。但是，“白象食品”在“鲜面传”产品的研发中，采用创新科技和优质原料，以“中式口味的足料鲜面”打造所见即所得的高端速食标准，颠覆了大众对速食产品的印象。

秉承着“白象食品”对高品质原材料、健康营养饮食体验的严苛追求，“鲜面传”创新采用半干工艺，制作添加≥4%鲜鸡蛋的半干鲜面，并搭配真材实料熬制自然鲜香、无香精味的原炖高汤和浓酱。3分钟快煮，完美还原一碗料全面鲜的高品质好面。

“白象鲜面传”依托于寻找更适合国人口味的“中华味型”，用鲜面、鲜汤、鲜料还原中国各个城市最正宗的面食。使得食客可以在“一城一面”中寻味地域好面，足不出户就可以领略各个城市的面食文化。

(3) 附加产品。它主要包括保证、安装、运送和维修等因素，产品在销售时，企业应对产品的买主做出必要的承诺。一些不易运输的产品应当能主动为买主送货上门，如产品在安装使用时，有特殊技术及要求，生产和销售企业应帮助其安装；同时，良好的售后服务也有助于提高顾客对产品信任度。

案例：“西西弗”书店的经营之道

在零售行业，开书店被公认为是最难做的一门生意。但“西西弗”这些年却一直靠主营“卖书”盈利。关于“西西弗”的盈利模式也一直被业界拿来探讨、效仿，但最后都以失败告终。

在选址上，“西西弗”会选在人群密集的地方。要解决高租金问题，“西西弗”一般采取与地产商合作的方式来解决，将其租金控制在成本的10%以内。

关于图书电商给实体书店带来的冲击,其背后是无休止的价格战。面对图书电商难以动摇的价格优势,专业化、细分化才是线下书店的方向,“西西弗”用服务体现这种专业性。购书目的性强的顾客,不是“西西弗”的目标客户,其主要客户群为随机购买者。

“西西弗”通过数据推导的市场趋势反向定制图书及文创产品。比如,对经典书籍的重新包装和解读。再比如,定制版的《我是猫》《月亮与六便士》《小王子》等。而《月亮与六便士》《小王子》也曾掀起人们对人生价值观的重新审视。

卖书、文创、咖啡,是“西西弗”营收的三个组成部分。据统计,咖啡销售利润占整体利润的40%,尽管存在如此大的诱惑,“西西弗”依旧坚持以“卖书”为主营业务。

如今的实体书店都在努力打造高颜值复合型体验空间,而不仅仅是贩卖书籍的地方。一方面,“颜值经济”正当时,实体书店们也跟上消费者审美趋势,坚持用高颜值的门店设计来吸引年轻人,以满足他们的拍照打卡和社交需求。“最美”“高颜值”等成为实体书店出现频率最高的形容词。另一方面,为了满足读者多元化需求,以及提高销售额,不少网红实体书店都通过规划多业态来刺激消费。其中,最为典型的就是“书店+咖啡”。更有不少实体书店同时融合艺术体验、生活美学、人文价值等多方面元素,让读者在选书买书读书之余,还能享受美学生活、展览空间、服饰时尚、艺术沙龙、音乐盛宴等。

案例:“雅迪”,践行电动车行业标杆服务

随着市场的瞬息万变,电动车行业用户也由最开始关注产品的功能、价格转变为对优质服务和舒适体验的高度关注。作为行业领航者的“雅迪”,始终以消费者为中心,通过过硬的科技创新和标杆级服务,赢得了全球消费者的好评点赞。

当前,“雅迪”已在多个城市试点“24小时救援、15分钟快修”的服务模式,并且通过率先在全国各地升级终端门店、开创性导入汽车4S级售后服务标准,创新“人车全保,丢车包赔”“暖橙服务行动”等服务方式,满足用户的多样化需求,打造电动车行业的极致服务标杆。

整体产品概念是营销领域的一个基础概念,深入分析产品整体概念以及不同层次产品概念之间的关系,在企业营销中有重要意义。

首先,产品整体概念中不同层次的产品,更新换代周期不同。核心产品是买方购买的真正目的所在,它对应于买方的某种需求,所以一般不容易更新换代,或者说换代周期一般很长。形式产品反映了卖方的设计思想,反映了卖方对买方需求的理解,也反映了卖方企业的技术水平和设计能力。在当代技术水平不断进步的背景下,形式产品的更新换代有不断加快的趋势。人们通常所说的现代产品的生命周期缩短、产品更新换代快更多地是指整体产品概念中的形式产品。从附加产品的目的来看,附加产品的提供是为了顾客更方便有效地使用产品,由于人们生活节奏的加快,以及很多产品技术含量不断提高,送货、培训和技术指导等附加产品的必要性不断增强,其生命周期有延长的趋势。

阅读资料:做好用户体验是产品成功的密码

体验经济时代,只有真正做好了用户体验,才能产生价值。用户体验有三层:感官层、行为层、情感层。

感官层,就是人的五感——视觉、听觉、嗅觉、味觉、触觉。外观好不好看、材料手感好不好,这些都是感官层的体验。

行为层，就是用户跟一个产品接触的整个过程中做了哪些动作。能用三步解决，就不要用四步；能用单手，就不要用双手。文字说明能简单就简单，能没有就没有。这就是给用户创造良好的行为体验。

情感层，就是要考虑这个产品设计能不能引起人的情感共鸣，让人感到激动、快乐、振奋、温暖等。

用户体验的五个要点：健康、方便、便宜、好看、文化。

第一，健康。工业时代，人类社会都不怎么健康，都是强调速度。后工业最大的变化在于数字化和智能化，人类开始追求自然和人类社会的和谐共处，特别是疫情之后，健康、环保成了新的主题。

第二，方便。更方便一定是底层的、朴实的需求，没有人希望使用产品(服务)的时候，获取途径十分麻烦。

第三，便宜。几乎人人都追求极致性价比。

第四，好看。这是一个“看脸”“看颜值”的时代，无须多言。

第五，文化。因为产品是有时间和空间脉络的，没有一个产品是脱离时间和空间的。比如，包豪斯的作品体现了德国工业革命气息，日本的无印良品就有战后的极简主义特色，北京西站相当有中国文化的特色。

所以，要想打造真正的好产品，“三层五点”是需要关注的，是基础。

其次，提供优质的附加产品成为当今企业加强竞争能力的重要手段。由于现代社会企业的能力普遍提高，产品之间要形成明显差距越来越困难，所以提供优质的及时的服务成为企业重要的竞争手段。如现在的电脑销售点一般要进行安装、咨询、保修；有人开美容店，附带提供一次性服务；有些企业特别是产品技术含量比较高的，往往要靠技术培训或咨询打开销路，如江苏盐城单片机公司开发市场的初期主要是靠派大量工程师为用户进行免费培训打开销路；在国际贸易的大型成套设备交易中服务的交易额往往占有相当大的比重。

案例：找到餐饮品牌的基因——产品主义

为什么众多餐饮企业都在用过度服务、过度装修等来博取食客眼球，却又往往在食客尝鲜的劲头过去之后黯然收场？造成这种现象的根源是对产品本身的忽略。没有极具市场竞争力的产品，没有有生命力、有内涵、有文化、有价值的产品，其他都是空谈。

餐饮与人的关系，是由产品、环境、服务、氛围等多个维度的点滴感受堆积而成的。在这一系列的关系中，产品是打造餐饮品牌的原点。

品牌要始终用产品说话，用产品做代言，永远以产品为介质和顾客发生关系。就像提到“麦当劳”会想到汉堡，提到“星巴克”会想到咖啡，所有成功的餐饮品牌，都是以产品为入口，经过强大的体系化沟通和表达，让品牌和产品实现了共通。

“苹果”直营门店的工作人员不会向顾客主动示好，也不会为顾客端茶倒水，却能够充分地展示“苹果”手机的最新技术。那么，为什么从来没有人觉得“苹果”直营店的服务不够好呢？事实上，“苹果”在培训员工的时候，从来不教员工怎么样服务客人，而是让员工指导顾客学会体验“苹果”的产品和技术。

“苹果”手机靠的不是取悦顾客，围绕人的服务一概没有，全都是围绕产品展开的。极致的产品会自带感情，架起与顾客沟通的桥梁。极致的产品有它的记忆，进而上升到情怀，上升到战略。

4.1.2　制订产品组合计划

1. 认知产品组合

产品是一个复杂的多维概念,企业提供给目标市场的并不是单一的产品,而是产品组合。产品组合指企业生产销售的所有产品和产品品目的组合,包括各种产品及其品质以及数量比例等。

产品组合由产品线和产品项目组成。产品线是指同一产品种类中密切相关的一组产品。这种密切相关表现在它们以类似的方式发挥功能,或销售给同类顾客群体,或通过同一类型的渠道销售出去,或属于同一个价格范围。产品项目是指一个品牌或产品线内的明确单位,纺织产品项目可以依据尺寸、价格、款式、规格或其他属性加以区分。

企业在规划产品组合时,从其深度、广度和关联度上反映出自己的特征。产品组合的宽度是指企业有多少产品线或产品大类。产品组合的长度指组合中所含的产品项目总数。产品组合的深度是指各产品线所包含产品项目的多少。产品组合的关联度是指各产品线在最终用途、生产条件、分销渠道或其他方面相互关联的程度。

比如:小米生产的产品涵盖手机、电视、笔记本、平板、家电、出行、穿戴、智能、路由器、电源配件、健康、儿童、耳机、音箱、生活时尚、箱包等。其产品线一共有17条,也就是小米产品组合的宽度为17;以手机为例,小米及红米手机共有12个型号,手机产品组合的深度为12。

案例:"养元智汇"的产品组合

"养元智汇"在"六个核桃"之外,还推出过大量核桃乳新品。"养元智汇"的核桃乳产品包括养元精选型"六个核桃"核桃乳、养元精研型"六个核桃"核桃乳、养元无糖"六个核桃"核桃乳等至少14款产品。核桃杏仁露、核桃花生露、果仁露、杏仁露、核桃奶产品有8款,其中核桃奶产品是"养元智汇"在2015年首次推出的产品,包括养元核桃奶复合蛋白饮料、养元精选型核桃奶复合蛋白饮料两款产品。

同为植物蛋白饮料生产企业的"承德露露",将核桃露、果仁核桃、花生露等新产品投放市场后,又推出"小露露"和"露露甄选"系列产品,满足了市场上不同消费者的需求。

一般情况下,企业产品组合的宽度、深度和关联度要受三个条件的制约:第一是企业所拥有的资源情况,在产品选择上要扬长避短;第二是市场需要状况,应选择有市场潜力的产品;第三是竞争条件,当某些产品存在强大竞争对手时,企业应进行多方权衡。

改变产品组合的宽度、深度和关联度,会给企业经营带来不同的影响。扩大产品组合的宽度,即拓展了企业的经营领域,可以更好地挖掘企业潜在资源,提高经济效益,分散经营风险;增加产品组合的深度,可以更好地满足同类产品不同消费者的需求,满足现有市场需求;加强产品组合的关联度,则有利于企业在相关产品领域内赢得声誉。

2. 产品组合决策

产品组合决策是指根据企业目标和市场状况对产品组合的宽度、深度和关联度进行决策。在决策时需要考虑企业所拥有的资源条件、市场基本情况和竞争条件方面的限制。通过产品组合策略的制定,可以帮助企业达到渗透市场、争夺市场或稳固既有市场地位的目标。常见的产品组合决策有以下几种。

(1) 扩大产品组合

增加产品组合的宽度。即增加产品线的数量,扩大企业经营范围,使企业获得新的发展机会。当企业通过市场调查和分析,预测到现有产品线的销售量和利润将有可能下降时,可考虑增加新的具有高盈利能力的产品线。

增加产品组合的长度和深度。即各产品线内拥有更多款式、色彩、规格、型号的产品,更好地满足消费者的不同需求,从而扩大市场占有率。不过这样做会增加许多相应费用,如设计开发费、订单处理费、转产费、仓储费、运输费等。但新产品项可提高企业在该领域的专业化声誉。

案例:辣条一哥"卫龙"的产品组合扩张

在辣条界,"卫龙"是"辣条一哥"。"卫龙"95.0%的消费者是35岁及以下人群,55.0%的消费者是25岁及以下的年轻人,即"卫龙"的购买主力是年轻人。自黑、玩梗、跨界、借势,"卫龙"用出其不意的创意内容,俘获了一大批年轻受众,成功成为一个会玩的网红品牌,最大化释放品牌的魅力。

1. 口味升级,打造网红爆品

通过市场调研发现,除了湖南、四川一带偏爱辣食,中国更多地区的人们并不太能接受食品过于辛辣,因此"卫龙"降低了原先辣条的辣度,将其从"麻辣"调整为"甜辣",更符合大众口味。除了甜辣味,"卫龙"还研发出了多个口味,诸如烧烤味、香辣味、泡椒味、五香味、鸡汁味、五香卤汁味、麦辣鸡汁味等十余种口味,满足当下年轻人多元化的口味需求。

2. 品类多元化,持续重塑品牌力

"卫龙"意识到,市场表现不能太依赖明星产品——辣条。毕竟,消费人群单一,发展空间受限,很难支撑上市后的规模化发展。因此,通过明星单品撬动市场后,"卫龙"由"辣条单品"驱动向"全品类"突围。开始拓展产品线以实现多元化增长,陆续推出了辣条之外的肉食、膨化零食、海味零食、方便速食等产品线。通过产品力的升级,"卫龙"持续重塑品牌力,逐渐奠定"辣条一哥"的江湖地位,拓展了品牌的想象空间。

(2) 缩减产品组合

当企业面临资金短缺、经济不景气、生产能力不足等问题时,应考虑缩减产品组合,主要方式有以下两种。

第一,缩减产品线。剔除获利很小甚至无利可图的产品线,使企业集中资料于优势产品线的生产经营。

第二,删减产品项目。剔除盈利能力差的产品项目,集中资源提高产品质量,降低消耗,提高促销和分销效率,同时减少资金占用,加快资金周转。

应用本策略的企业将取消一些产品系列或产品项目,集中力量实行高度专业化,试图通过生产经营较少的产品品类来获得更多利润。

案例:"小仙炖"燕窝,一切从简

凭借着一碗鲜炖燕窝,成立于2014年的"小仙炖"已经在中式滋补赛道占据了一席之地,在2021年的"双11","小仙炖"天猫销售位列健康、滋补及燕窝行业第一。

2013年,创始人林小仙和苗树决定做鲜炖燕窝,就是由经验丰富的林小仙炖完,苗树自己亲自配送，当日炖当日送，这个模式解决了干燕窝原料难鉴别、吃起来麻烦难以长期坚持、即食燕窝口感不佳、可能含有防腐剂等多重痛点。

"小仙炖"的服务优势主要体现在：燕窝行业内率先引入的C2M模式，用户直接跟工厂下单，下单鲜炖，保证产品的新鲜和体验感；周期滋补模式，消费者按年、按月购买，工厂按周给顾客冷鲜配送；微信有私域流量管理，每位顾客都有自己专属的滋补管家，随时解答滋补问题。

2016年，"小仙炖"进行了一场大刀阔斧的改革，把产品线从六个口味直接砍到一个口味，只保留了冰糖鲜炖燕窝。苗树和林小仙发现，坐在家里为顾客想出来的福利完全是多余的，燕窝不同于饮料、彩妆，消费者不需要由多口味、多新品来寻求新的刺激。哪种模式更适合燕窝行业最终还是消费者说了算。因此，在这之后的2017年"小仙炖"回归最"简单"的初心——为用户提供一碗新鲜、营养又好吃的燕窝。

(3) 产品线延伸策略

大多数企业在开始时都是先提供少数产品线在一部分市场销售，当市场状况不错、有更多市场机会时，企业就跨越原有范围，开始追加产品线提供给其他细分市场，这就是产品线延伸策略。产品线的延伸有三种，即向下延伸、向上延伸和双向延伸。

向下延伸。即在一种产品线内增加廉价(次位品牌)的产品项目。企业采用向下延伸策略可能基于以下原因：高档市场容量有限，增长缓慢，甚至正在停滞或衰退，资金设备得不到充分利用，不能给企业带来满意的回报；期望利用高档品牌的声誉吸引更多购买力水平较低的消费者购买本企业较低档次的产品；企业可能注意到低档市场存在强劲的增长机会；填补企业产品线的空白，以排斥新的竞争者；企业最初进入高档市场的目的就是树立品牌形象；企业市场来直接打击来自低档市场的竞争者，因为这些竞争者正试图进入中高档市场。

企业采用向下延伸策略会面临一些风险，比如可能会影响企业形象和声誉；新的低档产品可能会蚕食企业自身的高档市场；或者可能会促使竞争企业转而开发高档市场等。

案例："派克"延伸的失误

早年，美国"派克"钢笔质优价贵，是身份和体面的标志，许多社会上层人物都以带一支"派克"笔为荣。然而，1982年新总经理詹姆斯·彼特森上任后，盲目延伸品牌，把"派克"笔品牌用于每支售价3美元的低档笔。结果，"派克"在消费者心目中的高贵形象被毁坏，竞争对手则趁机侵入高档笔市场，使"派克"公司几乎濒临破产。"派克"公司欧洲主管马克利认为，"派克"公司犯了致命错误，没有以己之长攻人之短。鉴于此，马克利筹集巨资买下"派克"公司，并立即着手重塑"派克"形象，从一般大众化市场抽身出来，竭力弘扬其作为高社会地位象征的特点。

向上延伸。即原来定位于中低档市场的企业逐渐增加一些高档的产品项目。企业采用向上延伸策略可能基于以下原因：高档市场有较高的销售增长率和利润率；企业重新进行产品定位，期望能把自己定位成完整产品线的生产商，并以高档产品来提升整条产品线的档次。

企业采用向上延伸策略会面临一些风险，比如企业竞争压力增大；消费者比较难以相信新推出的高档产品的品质；企业的销售代表和经销商可能缺乏高档产品分销的相应能力和知识等。

案例:"小米"品牌高端化面前的"三座大山"

"小米"手机冲击高端市场,至少在品牌层面上会面临以下三个挑战。

1. 品牌名的调性问题

"小米"听上去就是一个大众化、接地气的产品,拥有着并不高端的大众联想。事实上,不太可能有高端品牌会取名为"高粱"或者"红薯","小米"的高端化应该通过开辟子品牌或者新品牌来实现,而不是让目前已有广泛认知的"小米"手机进行定位转型。

2. 以往用户群的洗牌

"小米"手机的高端化自然会导致人群定位上的调整,高端手机对标的更多是"苹果""三星""华为"这类大厂旗舰,但大众对"小米"的认知更多是"学生气""幼稚",用户固有印象很难改变,目前还不能形成社交上的优越感。此外,"小米"过往与用户沟通的方式非常接地气,也就是说"有网感",包括雷军等高管的个人 IP 打造,而高端化的手机调性一般偏高冷,一定的距离感会让用户认为品牌有风格、有调性,因此在营销上也更加老派、传统。

3. "小米"手机与"小米"平台的品牌拉扯

"小米"已经不仅仅是一个手机品牌,而转化成一个平台品牌。平台品牌的特性,其实在某种程度上是"去产品化"的。事实上平台型品牌也很难用"高端"或者"低端"这类维度去评判,比如说你很难评价"淘宝"是"高端"还是"低端"。"小米"手机的高端化,自然需要考虑以后如何跟"小米"的智能硬件、生活百货相协同,而"小米"的百货类产品依旧是大众化的。这样看来,"小米"手机可能成为"小米"系产品中的另类,长此以往可能会让用户产生不必要的品牌认知混乱。

双向延伸。即原来定位于中档市场的公司同时向上和向下两个方向扩展其产品线,以赢得更多的顾客群。前文提到的向上延伸与向下延伸需要注意的问题,企业在此都必须事先考虑。

这里值得注意的是,企业做品牌延伸之前必须具备三个必要条件。一是,主业地位必须稳固,产品的市场培育过程基本结束。二是,品牌的知名度相当高,在消费者心中的地位稳定。三是,企业应当具有雄厚的实力。

(4) 产品组合现代化策略

产品组合现代化策略即企业不改变产品线长度,而是在现有产品组合中有选择地改进已有产品,使产品线现代化。产品线现代化由两种方式:一种是渐进式现代化,另一种是一步到位式现代化。

企业采用该策略时必须选择改进产品的最佳时机,使之不至于过早(否则会使现有产品线的销售受到不良影响),也不至于过迟(否则竞争者会以较先进的产品抢先树立了良好声誉)。

案例:"麦当劳""星巴克"们长盛不衰的启示——敢放弃,做真正的长期主义者

无论是初创品牌,还是已经有一定规模的大品牌,只要希望品牌可以永久创新、迭代、发展、壮大下去,"追求长远利益"就是必经之路。

"娃哈哈"曾为了"长远利益",承受了高达企业 3 年净利润的负债;"巴奴"曾为了"长远利益",砍掉 80%以上的门店和 70%以上的 SKU;"麦当劳"曾为了"长远利益",敢于和整个美国消费者的消费习惯对着干。

在“麦当劳”刚刚成立的 19 世纪四五十年代，美国正是“汽车餐厅”的天下。“麦当劳”的创始人制定了核心竞争战略：把顾客的等餐时间从 30 分钟缩短到 30 秒。为了达到这“30 秒”，放弃了很多同样重要的东西。客户体验重不重要？菜品口味重不重要？菜品丰富度重不重要？这些都重要，但在“30 秒战略”下，就要舍弃。有了这些斟酌、取舍，才有了如今定义了整个快餐行业的“麦当劳”。

曾经的中国乳酸菌饮料老大——“太子奶”，是一代中国人童年的记忆，如今却已几乎销声匿迹，很大一部分原因便是中了早期高速增长的“毒”。1997 年，成立只有 1 年的“太子奶”砸下 8 888 万元天价，买下当年央视广告“标王”位置，并在之后持续加码，每年都拿出“未来 N 年”的利润去砸广告费，整个企业的增长几乎完全靠营销拉动，长期寅吃卯粮的“太子奶”在 2008 年金融危机中资金链断裂，创始人李途纯后来也因“非法吸收公众存款”而锒铛入狱。

● 分项任务测试：

1. 在直播间或教室运用产品的整体概念进行某产品介绍。
2. 登录小米、华为、海尔等企业的销售网站，查看其产品组合并提出优化建议。

4.2　分析产品市场生命周期

4.2.1　认知产品市场生命周期

企业经过新产品研制开发阶段，将新产品投放市场，总是希望该产品尽可能保持旺盛的生命力，从而获取最大的利润。但由于科学技术的发展、市场竞争、政府的干预以及消费者需求的变化等因素，产品在市场上出现了一个由成长到衰退的过程，这个过程就是产品的市场生命周期(Product Life Cycle，PLC)。

案例：“周黑鸭”产品上新策略

2021 年，“周黑鸭”的定位调整为：“没滋味？就吃周黑鸭。”看似平平无奇的一句话，为“周黑鸭”打开了年轻人对于卤味消费场景的无限想象空间。“周黑鸭”洞察到，这届年轻人吃卤味很少是为了饱腹，大多是为了“滋味”。

“滋味”有两层含义：味觉的满足和生活的趣味。由此延展出的场景是无穷无尽的：嘴里没味道了，聚会单调了，刷手机无聊了……“滋味”就像氧气，无处不需要，无处不适宜。很明显，“周黑鸭”在率先引领卤味品牌持续向年轻化、时尚化进行蜕变，让卤味变成一种“好玩”的休闲食品。

“周黑鸭”近年来，一直在试图打破消费者在口味上的藩篱。“周黑鸭”相关人士介绍，他们的理念是在聚焦头部口味的同时，体现个性化。比如，“宝藏山胡椒”系列，是对小众吃货的专享福利，升级版的“新藤椒”口味，带来舌尖震颤的麻感。

“周黑鸭”在加速创新的同时，并没有一味贪大求全，而是根据销售数据及反馈，及时优化产品结构，为潜力新品腾空间。“周黑鸭”陆续下架了卤鹅、秘制黑鸭及部分小规格装产品，并非因为“水土不服”，而是作为红极一时的爆款品类，在新的产品策略下及时“让贤”，给新品铺路。

产品市场生命和产品使用寿命是两个不同的概念。产品使用寿命是指某件产品能使用的时间。而产品市场生命是指某种产品从投入市场开始到退出为止所经历的全部时间。例如，火柴的使用寿命是十分短促的一刻，但其产品市场生命周期却经历了很长的时间。

产品生命周期一般表现为一条S形曲线，该曲线一般可分为导入期、成长期、成熟期和衰退期四个阶段(见图4-2)。

(1) 导入期(Introduction)。也称为投入期，这一阶段，产品刚投入市场，消费者还不太了解它，产品生产的工艺不成熟，质量不稳定，销售渠道和服务不适应消费者的需求，销量不大；生产批量小，成本较高；广告费用大；利润较少甚至亏损，企业承担的风险最大；没有或只有极少的竞争对手，有利于企业的产品定位和发展市场空间。

(2) 成长期(Growth)。消费者对产品已相当熟悉，有的已经产生偏爱；产品生产工艺成熟且大批量生产；成本大幅度下降，销售量急剧上升，利润增长较快；大批竞争者纷纷介入，竞争开始激烈；建立了比较理想的营销渠道。

(3) 成熟期(Maturity)。潜在的购买者已加入了购买的行列，市场需求渐趋饱和，产品销售量达到最高点并处于相对稳定状态；产品的生产技术成熟，生产批量大，成本低，薄利多销，利润达到最高点；很多同类产品进入市场，竞争更加激烈，具有规模和品牌实力的企业市场占有率逐渐提高，一些企业被挤出市场；更新的产品陆续出现，销售增长缓慢，成熟后期，销售增长趋于零，甚至出现负数。

(4) 衰退期(Decline)。消费者的需求已经发生转移，产品销量明显下降，甚至停滞不前；市场上产品供过于求，价格进一步下跌，企业生产量下降，获取的利润也很微薄甚至出现负利润；竞争日益淡化，一些竞争者的同类产品纷纷退出市场。

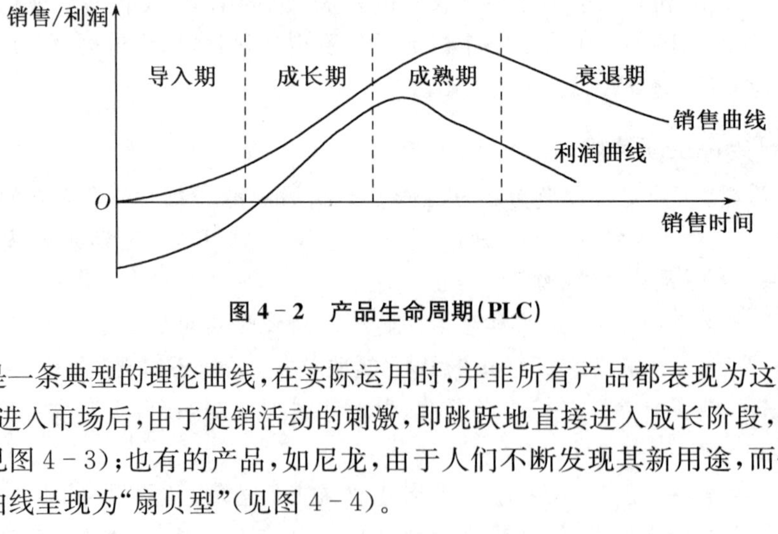

图4-2 产品生命周期(PLC)

图4-2是一条典型的理论曲线，在实际运用时，并非所有产品都表现为这种描述轨迹图线。有些产品进入市场后，由于促销活动的刺激，即跳跃地直接进入成长阶段，然后迅速地进入衰退阶段(见图4-3)；也有的产品，如尼龙，由于人们不断发现其新用途，而使产品寿命周期不断延长，曲线呈现为“扇贝型”(见图4-4)。

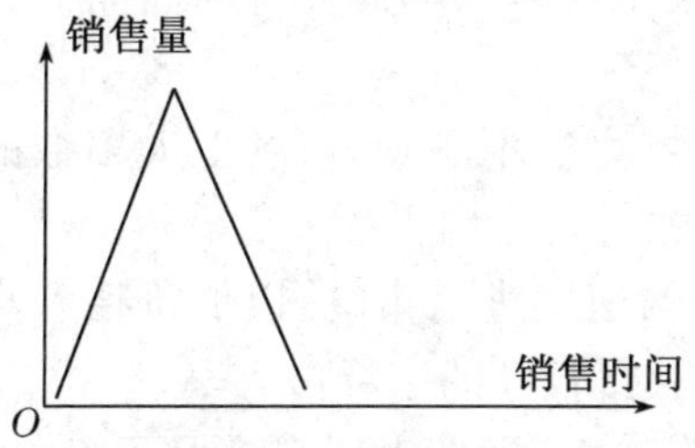

图 4－3　流行型生命周期曲线

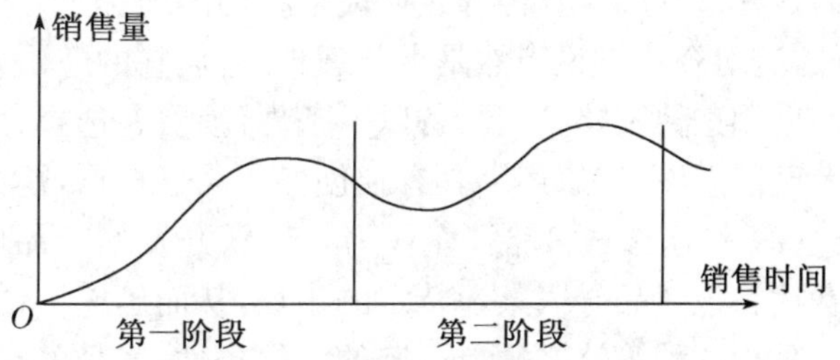

图 4－4　循环型生命周期曲线

4.2.2　制定产品生命周期的阶段策略

1. 导入期产品营销策略

新产品经开发、研制、试销等过程后正式导入市场，导入期便开始了。这一时期，销售额的增长往往比较缓慢，生产能力还没有全部形成，生产的批量小、成本高、广告费用高，企业一般没有什么利润且销路还没有打开，产品的市场风险较大。因此，这一时期企业的重要任务是发展和建立市场。

在制定此阶段产品营销策略时，首先要把握住市场变化情况，投入必要的资源，保证企业生产能力和畅通配销途径。其次是通过向潜在消费者宣传，吸引他们试用此产品。广告宣传的重点应放在“介绍产品”上，展示其结构、性能、特点、使用方法，尤其要突出产品对用户所能带来的利益。此外要重视产品的市场风险，由于新产品在导入期失败的比率是较高的，应迅速促使其进入成长期。该阶段企业主要运用四种策略，如图 4－5 所示。

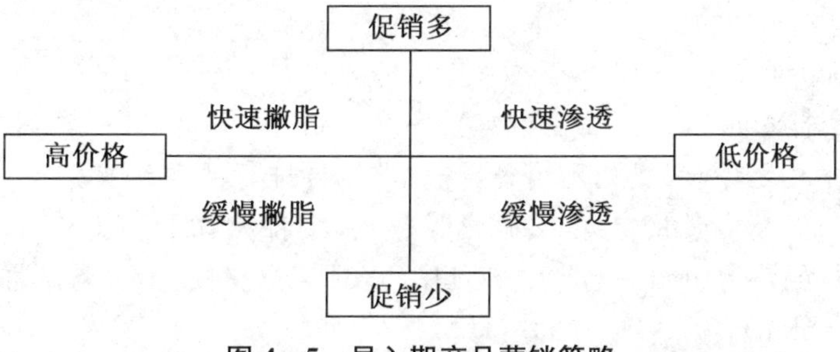

图 4－5　导入期产品营销策略

（1）快速撇脂策略。企业为迅速补偿产品在开发研制阶段的费用和生产初期未形成批量而引起的高成本，并为扩大生产能力筹集所需的资金，以尽快收回投资为目的，在产品导入阶段将其价格定得比成本高得多，同时配以大量的促销费用进行广告宣传等促销活动。这样，一方面利用高促销费用使消费者产生“优价优质”的感觉，迅速提高产品知名度、打开市场局面。另一方面可使企业在投放产品进入市场后迅速得到最大的利润，先定高价再逐步降低价格，也容易被消费者接受，便于竞争。

采用这种策略的条件是：产品的市场需求较大，了解此产品的消费者急于购买，而对卖方的高价更乐于接受；市场上无替代品或该产品具有明显优于同类产品的特点。只有这样，企业利用高价高促销策略才能奏效。

（2）缓慢撇脂策略。即产品以高价格并采用低促销费用进入市场。企业运用这一策略的目的是在节省广告宣传等企业促销费用的前提下，尽可能获得较多的利润。价格高而促销费用低，这对企业来说当然是十分理想的，但它的应用条件较苛刻。

采用这种策略必须具备以下条件：消费者选择性小，市场竞争不激烈；市场上大多数的消费者已熟悉该产品；产品具有独创性和明显特点，购买者愿意付高价购买。

(3) 快速渗透策略。企业为了使新开发的产品以较快的速度进入市场，以低价格和高促销费用将该产品导入某一特定的市场，从而迅速占领市场，获得较高的市场占有率。

采用这种策略必须有一定的前提条件：产品的市场规模较大；消费者对该产品不熟悉，但对价格比较敏感；企业有能力降低单位产品成本；潜在的竞争对手较多。

(4) 缓慢渗透策略。是指企业以低价格和低促销费用相结合的方式来推出新产品的一种策略。采用这种策略的条件是：该产品的市场容量大；消费者对这种产品熟悉但对价格反应敏感。

在导入期，企业制定相应的产品策略时，必须考虑到产品导入市场的规模，即产品是推向整体市场，还是导入区域性市场或是按照细分的市场逐步进入。此外，资金问题也是新产品能否顺利渡过导入期的重要支持因素。此阶段企业获利较少，需要筹措一定的资金给予保证。

阅读资料：新品牌爆品共性"3F"

1. 速度快(Fast)

通过研究这些爆品企业发现，它们大多数从成立到其产品成为爆品都在4年左右时间完成，这里的速度快是指快速引爆、快速迭代、快速增长。

例如，"王饱饱"2017年成立，"钟薛高"2018年成立，"Ubaras"2016年成立，"完美日记"品牌创立于2017年，这些品牌无论从调研、研发、产品测试和推向市场，短期内完成了从"0"到"1"的蜕变。

2. 强聚焦(Focus)

这些新品牌在进入市场时候，往往聚焦在一类单品、一个卖点、一类人群、一类平台、一个时段，以迅雷不及掩耳之势，完成亿元销售突破，继而再进行品类延伸。

例如，"完美日记"最初聚焦在口红、眼影等彩妆，主打大牌平替卖点，以18～30岁年轻人为主流人群，以"小红书"为引爆平台，以"双11"和"618"为契机，集中资源打透打穿。

3. 高颜值(Fashion)

在"颜值即正义"的年代，新品牌通过打造高颜值的产品去吸引年轻人的注意力。

包装设计大师笹田史仁在《0.2秒设计力》里曾说过："购物的客人在经过货架前，让商品映入眼帘的时间只有0.2秒。想要让顾客在这个瞬间惊叹一声'哇！'并且愿意驻足停留，那就必须靠抢眼的包装。"

根据尼尔森数据，64%的消费者会购买包装更吸引人的产品。产品仅仅是实用已经不够了，还要"好看"。例如，"完美日记"的与大都会和Discovery的联名款外观设计都是令人惊艳的例子。

2. 成长期产品营销策略

经过导入期的市场考验，新产品已被消费者或用户所接受，结构和工艺也已经基本定型，企业的生产能力在这段时期也逐步形成，由于导入期的企业各项促销活动的开展，促销量有了迅速增长。同时，企业从该产品中获取的利润也随之增加，并且有了较多的盈利机会，这样，就必然导致了竞争的加剧,企业必须克服盲目乐观的情绪,正视这一事实,制定相应的战略,保持这来之不易的市场地位。

在此阶段,企业可采取以下策略。

(1) 增强产品的竞争能力。企业通过建立完善的产品质量保证体系,进一步提高产品质量,通过技术上的改进,增加新的性能、花色品种,改进包装,增强产品的竞争能力,以满足消费者或用户的需要,扩大市场占有率。

(2) 加强产品的品牌宣传。在产品的导入期广告宣传主要是介绍产品,使消费者或用户知晓产品。成长期的广告宣传应主要侧重"建立产品形象",从而诱导消费者对本企业的产品产生偏爱,增加其信赖程度。

(3) 开辟新市场。通过前一时期的市场销售情况的反馈,结合继续进行的市场调研工作,积极探索新的细分市场,做好充分的准备工作,一旦时机成熟,迅速进入。

(4) 拓宽产品销售渠道。这一策略的主要目的是增加产品的销售机会。企业利用产品配销途径的增多,扩大销售网点,方便购买,赢得更多的顾客。

产品处于成长期的企业应注意以下两方面的问题。

第一,生产能力问题。企业在努力做销售工作、积极开拓市场的同时,还必须考虑到企业的生产能力问题。如果企业的生产能力跟不上,高度的促销工作反而会引起产品不能保证充分供应,致使仿制品和替代品大量进入,给竞争对手有机可乘。

第二,短期收益问题。在成长期的后期,由于竞争的加剧,巩固市场竞争优势和近期利益的增加,企业必须放弃短期的最大收益,一方面将部分资金再投入,以确保其市场优势;另一方面,可以选择适当时机,降低售价,以吸引对价格敏感的买主,从而争取主动,促进销售。

阅读资料:爆品关键模型

1. 选赛道/爆品类(Bigmarket)

打造爆品最难是第一步就是选赛道(选品类),赛道选不好,再努力也事倍功半,选赛道的过程就是预见风口—找准风口—抢占风口的过程。

例如,"王小卤"第一次创业,选择了卤味猪蹄熟食品类,但产品没能成为爆品。转为主攻卤味鸡爪,聚焦在零食品类后获得重生机会。"完美日记"的赛道就选得非常好,它选择了化妆品中的彩妆,彩妆中又选择了口红和眼影。我国彩妆市场占比很低,有更大的增长空间,所以"完美日记"选择了彩妆小赛道。彩妆中,口红又是女性妆容中的必备款,无论购买频率和使用场景都具有很大优势。

2. 爆卖点/独特性(Outstanding)

选好品类为爆品奠定了基础,但是成为爆品一定要有爆点,这个爆点来源于消费者需求的痛点。爆点源于痛点,爆点解决购买,尖叫点解决裂变。

例如,"元气森林"的0卡、0脂和0糖;"三顿半"的3秒超即溶;"小仙炖"的"鲜"和"即食";"Ubras"的无尺码、无钢圈、无束缚;"完美日记"的大牌平替;"润百颜"的玻尿酸原液;"花西子"的"东方彩妆"等。

3. 爆渠道(Multi-Channel)

目前大多数爆品渠道突围基本上是从线上开始的,因为消费习惯已经从线下走到线上。线上主要的渠道平台包括"天猫""京东"等电商平台、"抖音""快手""小红书"等直播和短视频平台。

爆品渠道选择的路径基本都是电商、直播和短视频。以“花西子”为例，2020 年 1 月至 7 月发布的 6 款新品中，通过李佳琦直播平台销售的，月销量均达到 1 万至 20 万笔。

4. 爆传播(Broadcast)

中国新品牌爆品的传播基本上采用公域流量加私域流量的打法，通过公域流量获客，用私域流量留存、复购和裂变。

公域流量是需要花钱购买的，比如“抖音”“快手”“小红书”“头条”“淘宝”等，但后续需要引到私域流量，让用户沉淀下来，例如，企业的微信公众号、小程序、官网、社群等。抓好私域流量，才会避免漏斗效应。

例如，“完美日记”主打的传播渠道就是“小红书”，通过在“小红书”金字塔式的投放布局，包括头部、肩部、腰部网红，以及路人、素人大范围投放。成交后通过优惠、买赠等形式吸引到“完美日记”“完美日记宠粉联盟”“完美日记体验店”三个公众号，以及“官方旗舰店”“完子心选”“完子之家”三个小程序私域流量中，“完美日记”粉丝数已经达到 4 800 万，形成了强大的私域流量矩阵。

3. 成熟期产品营销策略

随着产品各项市场指标的相对稳定，产品的销售增长速度便开始放缓，甚至停滞不前或有所下降，出现了产品发展的相对稳定期，这标志着产品进入寿命周期的成熟期阶段。在成熟期阶段，企业的经营者更应根据外部环境和企业的内部条件，审时度势，制定和运用合适的产品战略以延长此阶段的时间，获取更多的利润。企业在这个阶段可采用以下策略。

(1) 改革市场策略。其目的是在稳定老顾客且尽可能赢得新顾客的基础上，开拓新的市场，提高产品的销售量。实现途经不是通过改变产品的本身，而是改变产品的用途和销售方式或消费方式。这种策略的实现一般有以下三种方式。

第一，寻找新的细分市场，取得新的市场机会，使产品进入尚未使用本产品的市场。例如：1990 年以盈利 23.1 亿美元而排名美国公司盈利额第六位的杜邦公司，其产品之一“尼龙”，最初用于军队制作降落伞，第二次世界大战结束，其销售出现困境，杜邦公司运用改革市场战略，将尼龙针织品由军需市场转入民用市场，之后又进一步进入生产尼龙轮胎等的工业品市场。通过市场的不断改革，销售额的增长持续保持一个良好的势头。

第二，刺激现有的顾客，增加使用率。例如，原来“南京板鸭”在市场上很有名气，但由于很多人不会烧，重复购买率不高。生产厂家改进了包装并在包装上增加了烹饪说明。同时，通过报纸等广告媒体进行说明、宣传，从而不仅提高了顾客对产品的重复购买率，而且还吸引了潜在顾客的购买，扩大了顾客的购买量。

第三，重新树立产品形象，寻找有潜在需求的新买主。例如，运动服装原来基本上只限于运动员穿着。随着市场的重新定位，运动服装进入了青少年市场和中老年市场，使企业销售量大增。

(2) 改革产品策略。这是产品经过自身的适当改变，重新推向市场，使之更好地满足消费者需要的一种策略。

第一，提高产品的质量。产品的质量提高，应包括两个方面：性能质量和设计质量。这两个方面都将影响顾客的购买态度。如果市场上大多数顾客对产品质量反应敏感，企业应通过提高产品质量吸引更多的顾客，巩固已取得的市场地位。

第二，改良产品的特性。对产品原有特性的改进或在某一方面为其赋予新的特性，这也是产品在成熟期的一个重要策略。

第三，拓展产品的服务。在现代的整体产品概念中，服务是产品的主要组成部分之一。增加服务的内容，提高服务的质量，使消费者的购买欲望得到进一步的满足，也为企业在竞争中取胜做出了良好的保证。

(3) 改革市场营销组合策略。其主要目的是通过市场营销组合的某一要素或若干要素的改变，来延长产品成熟期的时间，从而为企业带来更多利润。常用的策略方法有：

采用降低价格的方法，来刺激对价格敏感的消费者；

加强广告宣传，提高产品的市场知名度让更多的消费者了解产品，便于购买；

选择适当的销售渠道，有利于企业扩大市场覆盖面，获得优势；

改进产品的包装，吸引不同需求的购买者，增加产品附加价值，使企业盈利；

加强销售服务，提高服务质量，增加售前、售中、售后服务的内容，一方面为购买者提供了方便，满足了买主的需求，另一方面也提高了产品的销售量。

上述成熟期的三种产品策略，如果应用得当，则可使进入成熟期的产品出现"循环一再循环"的曲线效应，甚至"扇贝形"曲线效应。使产品所处生命周期阶段得到进一步拓展，在提高或巩固产品市场占有率的同时，延长了产品寿命周期，使企业保持良好的竞争势头。

4. 衰退期产品营销策略

当产品处于衰退期阶段时，销售额和利润通常表现为急剧下降，企业已形成的生产能力与骤减的销售量之间的矛盾日益突出，企业所采用的增加促销费用、大力开展促销活动和降低产品价格等策略已基本失效。当产品处于衰退期时，企业通常可以采取下列三种策略。

(1) 集中策略。产品处于衰退期时，由于企业的销售额迅速下降，如果经营规模和各项投资水平仍保持不变，势必造成企业近期利润的急剧下降。从这方面考虑，企业就可应用集中策略，缩短产品营销战线，将企业的人才、物力、财力相对集中在具有最大优势的细分市场上，经营规模的相对缩小，企业则可以从该市场上再获取一定的利润。

(2) 收割策略。由于产品的市场销售率和市场占有率都很低，现金流动净值仅处于平衡状态或已出现小负值，企业此时应大力降低销售费用，精简销售人员。如果市场上仍有一些顾客需要购买此产品，企业则可维持此产品一定的生产能力，在不增加生产成本的基础上减少投入市场的产品数量，削减广告宣传、推销等促销费用，或降低产品销售价格，增加眼前销售额。

(3) 放弃策略。由于技术进步、市场竞争、政府干预、消费者需求变化等因素的影响，老产品被新产品取代是必然的。经过准确判断，确定产品无法再为企业带来长期利益，那么就应当机立断放弃该产品。当然，为了企业的名誉和消费者的利益，放弃应是有计划和有策略的。例如，产品在退出市场后，应为原产品忠实用户在一定期限内提供足够的维修零件和售后服务。这样一方面可以增加一些收益，更主要的是维持了企业的声誉，使顾客对企业的信任度增加，这对企业的长远发展是有利的。

案例：黑妹牙膏沦为超市"弃儿"，未来发展路在何方？

对于 80 后、90 后来说，"黑妹"牙膏曾经承载了一代人的记忆。直到 1996 年，"黑妹""中华""两面针"三大国产品牌曾分别占据着南部、东部和西部市场，形成三足鼎立格局。不过，随着 1992 年"高露洁"进入中国市场以后，外资品牌开始对中国市场进行洗牌，本土牙膏品牌逐渐式微。"蓝天六必治""芳草""两面针""冷酸灵""黑妹"等昔日国产名牌逐渐沦为二线品牌，退守三四线市场，整体陷入颓势。

随着外资品牌近年的日渐壮大，在海淘等新的消费模式催生下，日系、韩系品牌持续进入，以"黑妹""两面针""田七"为代表的传统牙膏品牌的生存空间受到了严重挤压。这类本土牙膏产品过于低端化造成了消费者对品牌认知上的严重低档化。当外资巨头向低端渗透，与本土品牌在同等价位上竞争时，受众自然更倾向于选择洋品牌。

与渐渐沦为快捷酒店标配的"两面针"一样，"嘿，黑妹"这句曾经耳熟能详的广告语背后的"黑妹"牙膏也在逐渐淡出人们的视野。与"两面针"策略类似，"黑妹"牙膏试图将触手伸向酒店旅游业，但3克包装的旅行牙膏市场鱼龙混杂，"山寨"严重。"黑妹"牙膏淡出市场，一方面折射出品牌母公司美辰集团旗下产品影响力的下滑，另一方面也是国产牙膏如今艰难求生的真实写照。

● 分项任务测试：

1. 分析 iPhone 手机各代产品的生命周期轨迹，分析手机市场生命周期的发展趋势。
2. 针对某衰退期的产品，提出延长产品生命周期的方法。

4.3 制订新产品开发与推广计划

在当今竞争激烈的市场上，产品日新月异，企业要想长久地占领市场，仅靠现有产品是绝对不行的，必须不断更新换代，推陈出新，才能适应不断变化的市场需求，以及科学技术的快速发展和产品市场生命周期日益缩短的要求。因此，开发新产品日益成为企业生存与发展的重点问题。

4.3.1 认识新产品开发的必要性

企业开发新产品具有重大意义，一方面是企业生存和发展的需要，另一方面也是社会进步和发展的需要。因此，企业的营销人员需要随时关注环境变化，树立开发新产品的意识和理念。

第一，产品生命周期理论要求企业不断开发新产品。如果企业不开发新产品，则当产品走向衰落时，企业也同样走到了生命周期的终点。相反，企业如能不断开发新产品，就可以在原有产品退出市场舞台时利用新产品占领市场。

第二，消费需求的变化需要不断开发新产品。消费结构的变化加快，消费选择更加多样化，产品生命周期日益缩短。

第三，科学技术的发展推动着企业不断开发新产品。科学技术的迅速发展导致许多高科技新型产品的出现，并加快了产品更新换代的速度。

第四，市场竞争的加剧迫使企业不断开发新产品。只有不断创新，开发新产品，才能在市场上占据领先地位，增强企业的活力。

4.3.2 选择新产品开发类别

新产品是在结构、性能、材质等某一方面或几方面比老产品有显著改进和提高的产品。新产品的核心是"创新",因此,产品研发人员首先要确定新产品的创新程度。通常,企业新产品包括以下五种类型。

(1) 全新产品,指应用新的技术、新的材料研制出的具有全新功能的产品。如电话、汽车在刚投入市场时都属于全新产品。这类产品开发难度大,费用高、成功率低,据调查,新产品中全新产品只占10%。

(2) 换代产品,指在原有产品的基础上,采用或部分采用新技术、新材料、新工艺研制出来的新产品。如普通自行车—电动自行车、4G手机—5G手机。

(3) 改进产品,指对老产品的性能、结构、功能加以改进,使其与老产品有较显著差别的新产品。如普通牙膏—药物牙膏。

(4) 仿制产品,指对国际或国内市场上已经出现的产品进行引进或模仿、研制生产出的产品。如市场上出现的新牌号的电视机、手机等大多是模仿已有的产品生产的。

(5) 重新定位产品,指对现有产品开发新用途,或者为现有产品重新寻找消费者群体,使其畅销起来。如20世纪40年代麦氏速溶咖啡将其产品定位由上市时的"快捷方便"改变为后来的"美味、芳香、质地醇厚",同时改变了包装,使其很快从滞销产品变为深受消费者喜爱的畅销产品。

在上述五类新产品中,全新产品不常出现,一旦出现,就意味着在一定的地域乃至整个世界都会发生产业结构的大规模调整,能够率先把握住这一时机的企业必将获取丰厚的经济果实。在现实经济生活中起重要作用的是换代产品、改进产品、仿制产品和重新定位产品,因为这类新产品开发的难度远较全新产品低。

4.3.3 征集并筛选新产品创意

企业要得到新产品,并不意味着必须由企业独立完成新产品从创意到生产的全过程。除了自己开发外,企业还可以通过购买专利、经营特许、联合经营,甚至直接购买现成的新产品等来开发、取得新产品。

新产品创意的主要来源有:顾客、科学家、竞争对手、企业的推销人员和经销商、企业高层管理人员、市场研究公司、广告代理商等。从市场营销的观念出发,消费者需求是新产品构思的起点。企业应当有计划、有目的地通过对消费者的调查分析来了解消费者的基本要求。另外,向消费者询问现行产品的缺陷是产生新产品构思的有效方法。

经销人员因经常接触消费者,比较了解消费者的需求状况和消费者对产品的不满程度。有时,他们也能提出一些有价值的建议。对竞争企业的密切注意,有利于新产品构思,对有关销售渠道人员的调查,了解掌握竞争企业产品的优缺点。对竞争企业产品的详细分析,也能帮助企业改进自己的产品。

创意产生后,需要采用适当的评价系统及科学的评价方法对各种创意进行比较分析,依据市场需求量、产品质量、性能、成本、价格、分销渠道、产品发展趋向、顾客反应、资金、技术水平、设备能力、营销能力、管理水平等因素,开展可行性研究,选出最佳创意。

在筛选阶段,应当注意避免两类错误:删减了有价值的新产品构思,保留了过多的无价值构思。要完全避免这两类错误是不可能的。只能依靠一定的措施、方法，并凭借工作人员的判断力尽量减少这两类错误的发生。应当了解，筛选的目的是尽可能早地发现没有价值的构思，以减少新产品开发成本，缩短开发周期。

案例："和其正"推出"凉茶可乐"

2021 年 7 月，"和其正"居然推出了"凉茶可乐"，不但蹭到了如今饮料市场大热的"气泡＋"潮流，还和曾经的对手可乐化干戈为玉帛，来了个"大融合"。

凭借无糖气泡水这一"敲门产品"，"元气森林"引领新时代下的气泡水市场潮流。大厂纷纷跟进，搅动了"沸腾"的气泡水市场。也正是这股风潮让日益边缘化的凉茶品牌看到了希望，于是"气泡＋"饮料的火开始烧到凉茶界。

"和其正"推出了这款号称中国"凉茶可乐"的新品"和其正"气泡凉茶。卖点上宣称采用独有的中草药现熬萃取专利技术加工凉茶，还加入了无磷酸气泡。其实饮料产品的创新源于消费者的口味变化，面对追求新鲜的年轻人，猎奇的零食、饮品层出不穷。毕竟市场红海一片，稍不留神就会被挤下神坛。因此，饮料品牌们只能绞尽脑汁琢磨如何征服这群口味刁钻的年轻人。

4.3.4 新产品概念的形成

产品构思是企业对新产品的设想，它是新产品开发机构等人员通过对消费者需求的调查、整理获得的。它可能是正确而集中地反映了消费者的普遍需求，也可能是错误地理解了消费者的需要。为了保证企业开发的新产品确实能满足消费者的需求，将产品构思发展成新产品概念是必不可少的重要一步。

新产品概念是消费者对产品的期望。从逻辑学角度来看，产品构思与新产品概念的关系还是一个种概念与属概念的关系。产品构思的抽象程度较高。从产品构思向新产品概念的转化是抽象概念向具体概念的转化。一个产品构思可以转化成几个新产品概念。新产品开发人员需要逐一研究这些新产品概念，进行选择、改良。

进行新产品构思后，就应当对产品概念进行试验。所谓产品概念试验，就是用文字、图画描述或者用实物将产品概念展示于一群目标顾客面前，观察他们的反应。例如，一台冰箱，企业要考虑它的制冷剂、压缩机、箱体、制造过程、管理手段和成本核算；而对消费者而言，则要考虑电冰箱的外形、价格、控温性能、保修期等。

案例："飞乐思"的温控科技

"飞乐思"是一家发热理疗产品研发商，专注于厚膜技术的研发、生产和应用，主要产品包括"飞乐思"产品、元气恢复披肩、元气恢复腰带、暖宫腰带、高精度灵敏传感器、保密型电子芯片等。一个发热产品，只发热，没有根据人体进行温控的能力，是很危险的。"飞乐思"深耕技术 10 年，在发热产品的研发上，特别强调了温控科技。2020 年 11 月，"飞乐思"和国家射击队签约，赞助国家队在国际赛场上创佳绩。这次合作，将其精准温控科技，与射击运动员的专注精准建立起强关联，对这个低调的品牌来说，会是一次精彩亮相。

4.3.5 新产品商业分析

商业分析实际上在新产品开发过程中要多次进行。当新产品概念已经形成,产品定位工作也已完成,新产品开发部门所掌握的材料进一步完善、具体,在此基础上,新产品开发部门应对新产品的销货量进行测算。此外,还需估算成本值,确定预期的损益平衡点、投资报酬以及未来的营销成本等。商业分析实质上是确认新产品的商业价值。

在这一阶段,企业市场营销管理者要复查新产品将来的销售额、成本和利润的估计,看看它们是否符合企业的目标。如果符合,就可以进行新产品开发。

案例:“帮宝适”尿布的诞生

宝洁(P&G)公司以其寻求和明确表达顾客潜在需求的优良传统,被誉为在面向市场方面做得最好的美国公司之一。其婴儿尿布的开发就是一个例子。1956 年,该公司开发部主任维克·米尔斯在照看其出生不久的孙子时,深切感受到一篮篮脏尿布给家庭主妇带来的麻烦。洗尿布的烦恼给了他灵感。于是,米尔斯就让手下几个最有才华的人研究开发一次性尿布。

宝洁公司产品开发人员用了一年的时间,力图研制出一种既好用又对父母有吸引力的产品。产品的最初样品是在塑料裤衩里装上一块打了褶的吸水垫子。但 1958 年夏天现场试验结果,除了父母们的否定意见和婴儿身上的痱子以外,一无所获。于是又回到图纸阶段。

1959 年 3 月,宝洁公司重新设计了它的一次性尿布,并在实验室生产了 37 000 个样子相似于现在的产品,拿到纽约州去做现场试验。这一次,有三分之二的试用者认为该产品胜过布尿布。行了!然而,接踵而来的问题是如何降低成本和提高新产品质量。为此要进行的工序革新,比产品本身的开发难度更大。一位工程师说它是“公司遇到的最复杂的工作”。生产方法和设备必须从头搞起。不过,到 1961 年 12 月,产品还是进入了能通过验收的生产工序和产品试销阶段。

公司选择地处美国最中部的城市皮奥里亚试销这个后来被定名为“娇娃”(Pampers)的产品。试销发现,皮奥里亚的妈妈们喜欢用“娇娃”,但不喜欢 10 美分一片尿布的价格。因此,价格必须降下来。降多少呢?在 6 个地方进行的试销进一步表明,定价为 6 美分一片,就能使这类新产品畅销,使其销售量达到零售商的要求。宝洁公司的几位制造工程师找到了解决办法,进一步降低成本,并把生产能力提高到使公司能以该价格在全国销售“娇娃”尿布的水平。

“娇娃”尿布终于成功推出,它直至今天仍然是宝洁公司的拳头产品之一。它表明,企业对市场真正需求的把握需要通过直接的市场调研来论证。通过潜在用户的反应来指导和改进新产品开发工作。企业各职能部门必须通力合作,不断进行产品试用和定价调整。最后,公司做成了一桩全赢的生意:一件解决了每个做父母的最头疼的问题的产品,一个为宝洁公司带来收入和利润的重要新财源。

4.3.6 新产品设计与试制

完成以上程序,新产品仍然还是纸上谈兵,只有进入试制阶段,构思才开始成为实实在在的产品。经过产品开发、试制出来的产品如果符合以下要求,就可以认为是成功的:在消费者看来,产品具备了产品概念中所列举的各项主要指标;在一般用途和正常条件下,可以安全地发挥功能;能在已定的生产成本预算范围内生产成品。

这一阶段往往需要大量的投资,消耗大量的人力和时间。实体样品的生产必须经过设计、试验、再设计、再试验的反复过程,定型的产品样品还经过功能测试和消费者测试,了解新产品的性能、消费者的接受程度等。最后,决定新产品的品牌、包装、营销方案。

4.3.7 新产品市场试销

试销是将产品投放到具有代表性的市场进行销售,以了解消费者对新产品的反应态度,并进一步估计市场。通过试销企业可获取大量的信息。如新产品的目标市场情况、营销方案的合理性、产品设计、包装方面的缺陷、新产品销售趋势等。利用这些信息,企业可进一步完善产品,选择更好的营销方案,保证大规模销售的成功。也有相当多的产品是在试销过程中才发现其存在严重缺陷而中止开发。在这种情况下,试销可使企业避免遭受更大的损失。

4.3.8 新产品正式上市

通过试销,最高管理层已掌握了足够的信息,产品也已进一步完善。企业最后决定产品的商业化问题,即确定产品的生产规模,决定产品的投放时间、投放区域、投放的目标市场、投放的方式(营销组合方案)。这是新产品开发的最后一个阶段。如在这一阶段新产品遭到失败,不仅前面的努力付诸东流,更将使企业蒙受重大损失。新产品投放市场的时刻,常常也就是企业在市场上进行殊死决战的关键时刻。按照上述程序,主动开发全新产品的做法对我国许多企业来说还相当陌生。现代产品尤其是高技术产品,其构造严密、机理复杂,只有按照一定的工作程序和组织系统才能成功地开发。

阅读资料:新产品采用者的类型

在新产品的市场扩散过程中,在个人性格、文化背景、受教育程度和社会地位等因素的影响下,不同的消费者对新产品接受的快慢程度不同。

1. 创新采用者

他们富有个性,受过高等教育,勇于革新冒险,性格活跃,消费行为很少听取他人意见,经济宽裕,社会地位较高。该类采用者约占全部潜在采用者的2.5%。广告等促销手段对他们有很大的影响力。

2. 早期采用者

这类消费者一般也接受过较高层次的教育,年轻且乐于探索,对新事物比较敏感,并且有较强的适应性,经济情况良好,他们对早期采用新产品具有自豪感。该类采用者约占全部潜在采用者的13.5%。他们对广告及其他渠道传播的新产品信息很少有成见,促销媒体对他们有较大的影响力。

3. 早期大众

这类人群一般较少有保守思想,接受过一定的教育,有较好的工作环境和固定的收入,对社会中有影响的人物、特别是自己所崇拜的“舆论领袖”的消费行为具有较强的模仿心理,他们不甘落后于潮流,但由于他们特定的经济地位所限,在购买高档产品时,一般持非常谨慎的态度。他们常常是在征询了早期采用者的意见后才采纳新产品。这类采用者的采用时间较平均采用时间要早,约占有34%的市场份额。

4. 晚期大众

晚期大众属于较晚跟上消费潮流的人，其工作岗位、受教育水平及收入状况往往比早期大众略差，他们对新事物、新环境多持怀疑态度，对周围的一切变化抱观望的态度，他们的购买行为往往发生在产品成熟阶段。这类采用者的采用时间较平均采用时间稍晚，约占有 34% 的市场份额。

5. 落后采用者

这些人受传统思想束缚很深，思想非常保守，怀疑任何变化，对新事物、新变化多持反对态度，固守传统消费行为方式。这类采用者是采用创新产品的落伍者，约占有 16% 的市场份额。

● 分项任务测试：

1. 结合个人的学习、生活、工作，讨论现有某产品的缺陷，提出新产品创意。
2. 展示你所接触的新产品并在班级进行交流。

4.4　制定品牌与包装策略

4.4.1　制定品牌策略

在现代市场条件下，品牌不仅仅是某个商品的标志，还可表明商品的出处，区别市场上同类商品不同生产者或经营者，是企业竞争的强有力的武器。因此，正确地制定品牌决策，对企业保持竞争优势具有重要意义。

1. 认知品牌

品牌(Brand)：是一个名称、名词、符号、象征和设计，或者是以上集中的组合，它主要用于识别一个或一群卖主的产品或劳务，使之与其他竞争者的产品或劳务相区别。

(1) 品牌名称：指品牌中可以用语言称呼的部分。如苹果、三星、海尔等都是品牌名称。

案例："宝马"品牌名称的来源

"BMW"是英文"Bayerische Motoren Werke"的缩写，翻译成中文是"巴伐利亚汽车制造厂"。1916 年，两位工程师卡尔·拉普和马克斯·佛里茨在德国慕尼黑创建了"巴依尔飞机公司"。1918 年，公司更名为"巴伐利亚发动机制造股份公司"并公开上市。

1992 年之前，"BMW"汽车在中国市场上被音译为"巴依尔"。但是，公司通过调查发现中国消费者对这一名字普遍感到陌生。于是，"BMW"汽车把"巴依尔"改为"宝马"，既突出了"宝马"车系高贵豪华的气质，又与中国的传统称谓"汗血宝马"相符合，同时发音也与"BMW"相似，因此受到了消费者的广泛关注。"宝马"的名字既契合了音译，又简洁明了、神形兼备，推动了"BMW"在中国的发展。

(2) 品牌标志：指品牌中可以被识别，但不能用语言称呼的部分。如海尔电器以小孩图案作为其品牌的标志。

案例:“香奈儿”状告“华为”,LOGO 维权败诉

2021 年 4 月,法国奢侈品牌“香奈儿”在与“华为”的商标纠纷中败诉。“华为”公司于 2017 年为其用于计算机硬件的 LOGO 申请了欧盟商标保护。这个 LOGO 从外形上看像是“华为” HUAWEI 的首字母 H,又像是两个 U 上下相交。该商标在申请的时候却遭到了“香奈儿”的反对,其表示图标设计元素和自己的太过于相似。“香奈儿”向法院提出,两个相互交织的半环,与其受保护的 LOGO 相似,而后者已被“香奈儿”用于化妆品、香水和服装等产品中,容易造成消费者混淆。欧盟综合法院裁定认为,尽管具有一定相似性,但两个商标的视觉差异很大。尤其是“香奈儿”的商标曲线更圆润、线条更粗,且方向是水平的,“华为”商标是垂直的。因此法院判定二者存在差异,“华为”申请注册商标不构成对“香奈儿”的侵权。此外,“香奈儿”还曾经针对“奥迪”“安德玛”的品牌 LOGO 提出过相似度的异议。

在维权之路上,“香奈儿”比一般品牌更激进的原因在于,奢侈品的高价格更依赖品牌自身带来的溢价,而不是产品本身的价值。维权没错,但像“香奈儿”这样屡次三番状告“华为”的近乎赖皮式“维权”,对一个本应注重形象的奢侈品品牌来说未必是好事。“不自信”的评价反映的或许正是一个大牌在消费者心目中形象的动摇。

(3) 商标:商标实质是一个法律名词,一个品牌或其一部分经政府有关部门注册登记后,获得使用权、禁止权、转让权和许可使用权等权限,就成为商标。

案例:“高露洁”有史以来第一个全球声音 LOGO 发布

品牌形象的塑造是一项立体的、多维的、动态的、复杂的系统工程。除了视觉系统外,越来越多的品牌开始发展声音品牌,让品牌被听到比以往任何时候都更重要。

全球家居护理与消费品品牌“高露洁”宣布,已开发完成其有史以来第一个声音标识。“高露洁”聘请伦敦的国际创意音乐机构 Massive Music 为其开发品牌声音,声音将简单地承载这些重要元素:强劲的节拍、明亮的声音和令人惊讶的时刻。声音混合了女性和男性的音调,以哼唱声为特色,让人听起来非常真实、亲切和自然。

“乐观”一直是“高露洁”的核心价值,多年来从未离开其宣传活动的视线开发团队与学者、民族音乐学家和神经科学家进行了交谈和合作,最终确定了一个简单但真实的积极性能指(语言文字声音)——嗯哼声。这种声音与“高露洁”乐观的态度高度匹配,以高度独特和全面的方式代表品牌的乐观本质。

(4) 品牌化:菲利普 · 科特勒指出,企业为其产品建立品牌名称、品牌标志,并向政府有关部门注册登记而取得法律保护的一切活动称为品牌化。

阅读资料:如何讲好品牌故事?

故事是什么? 大到神话,小到“故人的事”。由神话到童话,到事实,到“愿景”,经过岁月洗礼,虽看似身边一切在变但内核却永远不变,就是“故事”。

如何把故事讲到用户心里去? 要有共情的思维,换位思考赋能故事与意义,制造快乐,描绘远景,达成某个想象力的“统一”。女性护肤品中有款高端产品“海蓝之谜”,在其官网上有这样一则故事:麦克斯 · 贺博士在实验室遭遇意外,唤起他对修护容颜的探索之旅,白天他仍是一名太空物理学家,而夜幕降临,他则化身追梦者,历经 12 载,6 000 次实验,博士终获令其受益终身的顿悟。“聚美优品”在早些年有则宣传片叫《我为自己代言》,在当年电视圈轰动一时,这则故事依然让人记忆犹新。

怎么讲好故事？向内求找初心，其一，围绕创始人IP关键词，如地下室、梦想、吃苦、偶然事件。其二，围绕产品性能关键词，如源头、戏剧性、匠心精神、关键数据。互联网巨头，不论是国外的“谷歌”还是“Facebook”，还是国内的“阿里”“字节跳动”等，创始人都会宣传自己是在地下室或宿舍基于某个想法而开始创业的。

阅读资料：品牌形象代言人的选择

对品牌而言，邀请明星代言不失为一种好的选择。在前期的明星筛查的过程中，企业不仅要确定明星有庞大的带货流量，还要重点考虑该明星的知名度以及其与品牌定位的契合度。

一是打开消费者对品牌的认知。逛街的时候看到“海澜之家”你会想到林更新，看到“特步”你会想到谢霆锋，这就是把品牌和明星等同起来。在此期间，关键一点就是在最短的时间内运用明星的知名度，将品牌营销主题有针对性地向用户群体传达出去，并尽可能地利用明星不同年龄层的粉丝进行圈层传播。

二是适合的品牌定位。刚入行的流量明星代言快消品、护肤品、饮料、家居用品等领域的优势较多。而到青年以及中年演员这个阶段后，他们代言的大多是腕表、西装，以及符合相近年龄的消费者需求品。因为一个品牌邀请一个明星代言自家的产品，除了考虑销量以及打开知名度之外，还要考虑邀请的明星在消费者的心中以及在企业内部是否符合该品牌的策略及品牌定位。只有明星代言人符合品牌的定位，才会打通在消费者的购买“屏障”，直击消费者的痛点。

2. 创建品牌的意义

品牌和商标，对消费者来说意味着一种产品“标准”。对销售者来说，品牌是企业主要的促销工具，是企业与消费者沟通的中介，是造成产品差别、产品竞争的基本手段。一个声誉良好的品牌对企业而言是一种极其宝贵的资源。

阅读资料：品牌价值

品牌价值代表着什么？一般指产品功用之外的价值。可以比照的是，消费者明白奢侈品品牌排除成本后依然有着最惊人的溢价，但是仍然愿意为之买单。因为奢侈品品牌意味着地位、品味，代表着更精致、更优雅的生活。

在新消费领域也有成功的案例，比如“星巴克”一直强调自己卖的是空间和生活方式，喝“星巴克”意味着一种生活态度，而很少有人会去在意一杯“星巴克”的成本是多少。

在瞄准健康需求上，新消费品牌都是个中好手。“拉面说”在宣传上屡屡将其产品与传统方便面对比，在方便面不健康的大众观念中，“拉面说”强调其高端健康的品牌定位，声称选用半干生鲜面，只需稍微烹煮便能更健康，配料中的汤底也不添加防腐剂。

“元气森林”的崛起便是依靠“0糖0脂0卡”的宣传，早期吸引的第一波消费者，便是对健康、减脂等有需求的人群。不过，近期其涉嫌虚假宣传，对“0蔗糖”的宣传进行道歉，在其公告中显示，将全部乳茶的包装从“0蔗糖低脂肪”改为“低糖低脂肪”。

“生活方式”“文化符号”等也都是装载品牌故事的好“容器”。

“奈雪的茶”瞄准“星巴克”的“第三空间”，希望为年轻人提供适合聚会的场所的同时，也构建起围绕茶饮的生活方式。

“花西子”则通过设立“文化传播官”、在产品外观上复刻“古方”等，紧密地与民族文化绑定，在这一代年轻人有着前所未有的文化自信这一背景下，“花西子”的文化故事讲得恰是时候。在越卖越贵的新消费趋势下，品牌卖的不再是产品，而是以产品为载体的更多附加价值。

品牌的作用表现为以下几个方面。

(1) 产品或企业核心价值的体现。企业通过品牌的整体传播树立了良好的形象，赋予了品牌美好的情感，或代表了一定的文化，使品牌及品牌产品在消费者或用户心目中形成了美好的记忆。比如“麦当劳”，人们对于这个品牌会感受到一种美国文化、快餐文化，会联想到一种质量、标准，也能由“麦当劳”品牌激起儿时在麦当劳餐厅里尽情欢乐的回忆。

案例：“她经济”时代，“初心”酸奶精准营销读懂女人心

“初心”品牌的初心其实有两层含义，一是向消费者提供新鲜健康的优质产品的初心，二则是呼吁当代女性放下社会压力，真实做自己品牌的初心。

在产品的初心上，“初心”素颜酸奶一直坚持不使用化学添加剂，0香精0明胶0甜味剂，采用自然成分改良酸奶口感。如此健康的工艺，让“小红书”博主们纷纷自发种草，多个明星博主更是直接把这样轻松无负担的好酸奶“带货”给粉丝和消费者。在品牌初心上，“初心”素颜酸奶一直致力于为当代独立女性带来享受新的“食髦”生活方式，倡导轻松无负担的生活状态。

“初心”于2021年3月8日当天打造了“姐姐节”，推出“了不起的小姐姐”主题活动，以H5的形式用身边的“姐姐”故事诠释女性原力，为奋战在一线的姐姐们加油打气；5月20日顺势而为推出“爱的潜台词”，讲述爱情最真实的模样；七夕推出“‘素’说你的爱”主题营销活动，表达爱就是不用太多修饰，敢在另一半面前表露最真实的一面；通过《社畜自查手册》H5游戏这类Social玩法进行线上互动，加深与职场女性群体的沟通，倡导在新的一年更要卸下“包袱”，回归初心，轻松做真实的自己。

(2) 识别商品的分辨器。品牌设计具有独特性，品牌的图案、文字有别于竞争对手，能鲜明地突出本企业的特点。例如人们购买汽车时有这样几种品牌：奔驰、沃尔沃、桑塔纳、英格尔。每种品牌的汽车代表了不同的产品特性、不同的文化背景、不同的设计理念、不同的心理目标，消费者和用户便可根据自身的需要，依据产品特性进行选择。

案例：“五爷拌面”的品牌密码

门头和内部主题色是中国红，与“五爷拌面”这个富有国潮气息的名字相得益彰。门店LOGO借用了财神爷的卡通形象。墙面绘有“五爷拌面”的品牌故事，“吃五爷面，发五爷财”等，给消费者传递了好寓意、好彩头。

店内的菜单也比较丰富。菜品以拌面为主，包括炸酱面、油泼面、鸡丝拌面等。此外，还有汤面、米饭、小菜、早餐等不同品类产品。店内客单价在16元左右，大部分产品价格不超过20元，菜单上还标注着“免费加面加饭”，性价比非常高。

“五爷拌面”定位“拌面集合店”，既有武汉热干面、宜宾燃面、陕西油泼面，还有新疆拉条子、中原凉面等，几乎集全国各地受欢迎的拌面于一身，这样的定位，既可以强化品牌自身的拌面赛道，也能更好地满足不同人群的需求，无论在东南西北开店，都能收获一定的消费人群。除了主打产品拌面外，五爷拌面也有汤面、饭等其他菜品，产品组合较为丰富，抗风险能力也更强。

据了解,为了给消费者带来持续的新鲜感,“五爷拌面”研发部联合了国内一线的大厂、院校做产品调研和产品研发,确保月月上新,并且根据当地口味推出特色菜单,符合更广泛人群的口味需求。

(3) 质量和信誉的保证。品牌代表企业形象,企业从长远发展的角度必须从产品质量上下功夫,特别是知名品牌代表了一类产品的质量档次,代表了企业的信誉。比如人们提到“海尔”,就会联想到海尔家电的高质量、海尔的优质售后服务及海尔人为消费者和用户着想的动人画面。

(4) 企业的“摇钱树”。品牌给产品增加了附加值,企业可以为品牌制定相对较高的价格,获得较高的利润。

案例:“老干妈”们的品牌保护

随着企业的不断发展,“老干妈”的品牌广为人知。但是“人怕出名猪怕壮”,商品好了,假冒的就出来了。一时间,全国各地的市场上,竟然每年都有50多种假冒的“老干妈”!

“老干妈”公司近年来每年都要准备两三千万的“打假”专项资金。此外,“老干妈”公司对商标保护也加强了措施。目前,该公司全部注册商标达114个,包括“老于妈”“妈干老”等商标,这都是为了防止一些公司打擦边球,对“老干妈”品牌有所影响。资料显示,“老干妈”公司还申请注册过“老干爹”“陶老干爹”“陶老干爷”“陶老干爸”“陶老干儿”等商标,甚至连“陶老干妈”“陶华碧新干妈”“陶华碧老干娘”“陶华碧老亲娘”“陶华碧老亲妈”等商标名也被其申请注册过。

2021年7月5日,“王老吉”申请“新婚大吉”“新年大吉”“升职大吉”等多个商标,国际分类均为啤酒饮料,目前商标状态为注册申请中,据不完全统计,“王老吉”申在申请类似的“大吉”商标超20个。当然,此做法也具有品牌营销的概念,通过带“吉”字的商标注册,强化品牌辨识度,代表着市场识别企业的高度,在顾客的心里留下强记忆。

企查查搜索显示,2020年,“海底捞”申请了“池底捞”“渠底捞”“清底捞”“上‘海底捞’”“下‘海底捞’”“唐底捞”“宋底捞”等商标信息。

这是因为2020年8月,“海底捞”起诉一家名为“河底捞”的企业,认为“河底捞”标识与其注册的“海底捞”商标为近似商标,侵犯了“海底捞”商标专用权。“海底捞”注册如此多的商标,除了配合自身业务需要,更多是一种防御性的注册。为了防止别人“蹭热度”,干脆把沾边的商标统统注册一遍,避免恶性竞争;而且对所申请的商标做多类别注册,能够避免对企业产生的不利影响。

3. 品牌化决策

在现代市场中,品牌决策是企业经营活动过程中相当重要的一个环节。一个企业所生产的产品是否采用品牌,这是品牌决策的第一个需要解决的问题。

并不是所有的产品都必须使用品牌,但市场上大多数产品都是使用品牌的。使用品牌,特别是运作比较成功的品牌,它给企业带来的益处是不可低估的。“可口可乐”的老板曾宣称:“即使我的工厂在一夜间烧光,只要我的品牌还在,我就能马上恢复生产。”他敢这么说,是因为“可口可乐”品牌这一无形资产的价值,已超过了其有形资产的价值。

一般来说,以下几种情况可以不使用品牌:

(1) 产品不会因为企业不同而形成产品的不同特点,如电力、煤炭、自来水、木材等;

(2) 顾客习惯上不是认品牌购买的产品,如打火机、白糖、面粉等;

(3) 小范围的生产、销售、没有明确技术标准的产品,如土特产、手工艺品等;

(4) 企业临时性或一次性生产的产品,如接受外来的加工业务等。

4. 品牌拥有决策

在企业决定了使用品牌后,接下来面临的选择是企业利用自己的品牌还是利用经销商的品牌。采用制造商品牌,这是目前大多数企业所采用的一种决策。品牌一经注册,即拥有经济、信誉、权利和艺术四种价值,实际上是企业的一笔无形资产。仅凭商标可以转让和许可使用这两种权利,就可使企业受益。此外,企业用自己的品牌,可以建立自己的信誉,与购买者建立更为密切的联系,在企业经营方面更为主动。

但如果企业在某一市场上创品牌所花的代价较大,而企业实力不足以建立良好的市场信誉时,选用销售商品牌也不失为一种良策。企业采用销售商品牌进行销售,一方面节省了品牌宣传费用,另一方面也可借助销售商的声誉将产品推入某一特定市场。这在产品出口和进入新市场时尤应引起重视。许多大型的百货公司,如美国的西尔斯百货公司等也基本上要求用自己的品牌销售。

案例:"耐克"——中间商品牌

"耐克"作为一个全球品牌,享有很高的知名度,年销售额95亿美元。然而,很多人不知道它没有自己的生产基地,"耐克"只是一个中间商品牌。

为了显示自己在市场方面的核心优势,它没有建立自己的生产基地,自己并不生产"耐克"产品,而是在全世界寻找条件最好的生产商为"耐克"生产。并且,它与生产商的签约期限不长,这有利于"耐克"掌握主动权,选择生产商的标准是:成本低、交货及时,品质有保证。这样,"耐克"规避了制造业公司的风险,专心于产品的研究与开发,快速推出新款式,大大缩短了产品周期。

5. 系列品牌决策

企业的产品可能有多个大类,每个大类的品牌是相同的还是不同的?这就涉及企业的系列品牌决策。一般而言,企业可以选择的策略有:同一品牌策略、个别品牌策略、分类品牌策略和主辅品牌策略四种类型。

(1) 同一品牌决策。即本企业所生产的所有产品均同时使用一种统一的品牌。例如,日本的日立电器公司的所有电子产品,均采用"日立"牌。这样的好处是建立某品牌信誉后,当新产品投入市场时,品牌宣传费用少,从而成本降低。但此策略的应用是有条件的,这就是企业必须绝对保证所有产品的质量,否则,一旦个别产品在市场上出现不良状况,就会严重影响企业其他产品在市场上的信誉和销售。

(2) 个别品牌决策。即企业生产的各种产品分别采用独自的品牌。不同的产品,采用不同的品牌,可以使各个产品根据各自的质量等要求独立发展,降低了因某种产品的质量低而损坏其他产品和品牌的互感程度。同时,也便于各种产品更有针对性地开展销售工作,方便消费者购买。但企业因此要花费较高的品牌建立和宣传成本。

案例:"欧莱雅"的全覆盖式多品牌营销策略

"欧莱雅"是世界上最大的化妆品集团,已经有一百多年的历史。它在全球有 25 个国际知名品牌,在 130 多个国家和地区都有分公司和销售子公司。全球有近 7 万员工、42 家工厂,"欧莱雅"是全球 500 强企业中唯一一家只做化妆品的公司,同时也是全球 50 家最受欢迎的公司之一,也是全球最受尊敬的可持续发展的企业之一。

"欧莱雅"1996 年进入了中国,1997 年决定选苏州作为工业基地,在上海设立了研发与销售总部。2004 年收购了中国本土品牌"小护士"和"羽西"。

"欧莱雅"是按照渠道分布品牌的。专业美发渠道,这些品牌只在发廊里面销售;大众化妆品在每一个角落都可以找到和看到,而且它的价位也非常合理,品质优秀;高档化妆品部,以"兰蔻"为首的,"碧欧泉""植村秀""圣罗兰""阿玛尼""KISS"都在高档化妆品领域占绝对优势;药房专销的"薇姿""理肤泉"在中国市场销售非常好。

我们可以看到这些品牌来源于世界的各个角落。这种多元化的品牌战略,能够充分体现品牌美。"欧莱雅"的品牌荟萃里面,就包含了法兰西的优雅,拉丁美洲的热情奔放,美国的青春、活力、潮流,日本的精细,中国的古典,以各种不同的文化背景去塑造产品,让全世界任何一个角落的消费者都能够在产品种类中找到他们所喜爱的化妆品和他们觉得能够体现自身价值和意义的化妆品品牌。

(3) 分类品牌策略。即企业在分类的基础上对各类产品使用不同的品牌。如法国"欧莱雅"集团公司拥有不同价位的产品线。"兰蔻"等面向经济条件较好的群体,"美宝莲""欧莱雅"则走大众路线。这种策略实际上是前两种策略的一种折中,它既可以区分在需求上具有显著差异的产品类别,又可以反映出强强联合的产品优势,对于多元化经营的企业尤其适用。

(4) 主辅品牌策略。通常以企业名称作为主品牌,同时给各产品打一个副品牌,以副品牌来突出产品的个性形象。例如,"海尔—小神童"洗衣机,副品牌"小神童"表达了"体积小、电脑控制、全自动、智能型"等特点和优势,但消费者对它的认可,主要是基于对海尔品牌的信赖。这种策略可以使新产品与老产品统一化,进而享受企业的整体信誉,同时,各种不同的新产品分别使用不同的品牌名称,又可以使新产品个性化。主辅品牌决策是利用企业已经在市场获得成功的产品的品牌带动改进产品或新产品迅速推向市场的一种策略。这一策略主要适用于原产品的品牌已在消费者心目中形成了较好的形象,而推出的新品牌又需很快打入市场的情况。利用这种决策,可以节省改进型产品或新产品的促销费用,降低成本,以迅速获得市场优势。

6. 品牌延伸决策

品牌延伸指企业利用已经成功的品牌推出改良产品或新产品。如"耐克",从运动鞋起步,后来逐步扩大到运动服和其他运动产品。这种策略的优点是可以降低广告宣传费用,有利于新产品投入市场,也有利于企业创名牌。但若推出的新产品不好,就会影响到原来产品的形象。

4.4.2 制定包装策略

随着现代市场经营水平的不断提高,产品的包装已经成为买方和卖方都十分重视的一项产品影响因素,是现代整体产品概念中的一个重要构成部分。

俗话说,“人要衣装,佛要金装”“三分人才,七分打扮”“货卖一张皮”。大多数产品,在从生产领域流转到消费领域的过程中,都需要有适当的包装。包装是产品实体的一个重要组成部分,在西方,包装一向受生产者和经营者的高度重视,有些营销学家甚至把包装称为营销因素四个P之外的第五个P(Package)。

案例:“拉面说”×“999感冒灵”,给生活来一剂治冷良方

以“一个人,也要对自己好一点”为品牌暖心初衷的“拉面说”,作为速食界的“跨界大户”,它和长期以来有着独特治愈特性的“999感冒灵”联手,率先于“寒意”现状下展开暖心破冰行动。

“拉面说”与“感冒灵”发掘“泛大众人群”对于“暖事”的内心诉求:无论是在特殊时期,承受着“情绪寒冷”,还是在日常生活中的爱情、职场、社交难事里,不管眼下的生活如何不顺心意,依然都对于美好的事有所期待。

根据这一洞察,品牌之间将食与“药”结合,以“嘘寒问暖,面面俱到”的形象,创意推出“吃货门诊”的概念,用“一碗心灵鸡汤暖人心”,展现了两者品牌之间联名的高度。

在创意内容的呈现上,“拉面说”也由外包产品做引入,借用“999感冒灵”熟知的通用药物品牌做包装,将“吃货诊所”的概念彻底打透,以诊断“冷病”构建出“来一剂治冷良方”的大主题,传递“情绪里的‘寒冬’总会过去,‘暖意’一定会到来”的正能量。

整个传播的调性上,拉面说选择了“暖心+魔性”的形式并行,以更贴近年轻人的方式去呈现联名特色和产品卖点,结合魔性浮夸的演绎,打击用户痛点,再现都市里的“寒冬”,形成情绪共鸣,满足用户对“暖”的诉求。

1. 认知包装

所谓包装,不仅是指保护产品质量和便于流通的容器或包裹物,而且还应具有促销的功能。包装在过去一直被认为是产品制成的最后一步而不是投入市场的第一步,这种观念一直阻碍着商品价值和使用价值的更好实现。虽然产品的核心部分是效用和内在质量,但被消费者首先感知和体会的是其包装,所以包装也是市场竞争中的一个重要因素。

通常,包装有以下几个作用:有助于保证产品的内在质量;有助于产品的运输和消费者的购买;有助于美化产品,增加附加利益,提高产品的竞争能力。

案例:“大白兔”奶糖换法式包装,身价涨9倍

“‘大白兔’奶糖新包装价格涨9倍,一斤265元你会买吗?”“‘大白兔’奶糖+法国设计……”昨天,许多市民的微信朋友圈都出现了这样的话题。作为上海人津津乐道的老字号糖果品牌,“大白兔”奶糖携手法国时尚品牌“agnèsb”推出限量珍藏版:蓝色、粉色两款兔形铁盒装的奶糖,蓝色盒装(牛奶味)128克,每盒售价65元,粉色盒装(红豆味)每盒售价再贵3元,这一身价是传统普通包装“大白兔”奶糖的10倍。

尽管身价倍增,不过依然有一部分“有钱、任性”的消费者愿意为礼盒包装的“高颜值”奶糖买单,或是作为送人的礼品,或是为了满足自己的“少女心”。对此,有专家表示,在礼品包装方面,沪上一些老字号的附加价值远不如国外产品,“大白兔”的此次尝试不失为一种创新探索。

事实上,“大白兔”奶糖近年来一直在尝试改变,除了传统的牛奶口味外,还新增了咖啡、巧克力、清凉、红豆等口味,不过有些消费者最钟爱的还是牛奶味。虽然消费者对口味各有偏好,但他们对大白兔奶糖换新的包装却一直乐于接受。此前“大白兔”奶糖已推出过不少特殊包装，如“巨白兔”、玻璃牛奶瓶装、小方铁盒装等，也都受到好评。

对于“大白兔”奶糖此次换“法式外衣”，有商业专家表示不失为一种良好的尝试。沪上一些老字号品牌产品品质好，但在包装上太过朴素，而人们出国旅游爱买的一些零食，薄薄十多片小饼干配上精美的包装，也能卖到几十元人民币。“大白兔”奶糖“珍藏版”的推出，可以说是老品牌对创新的一次探索，并不是单纯的涨价，而是在普通大白兔奶糖正常销售的情况下，为消费者多提供一种选择。

2. 包装设计

正因为包装如此重要，所以，企业应重视包装决策，正确地选择包装策略。包装决策主要考虑以下几个方面。

(1) 根据包装的对象，决定包装的主要功能是什么，是采用防水包装、防锈包装，还是防震包装或其他。另外，包装要能反映出产品的特色、特性，从而便于买主选择、购买，使消费者能直观地了解产品的特色。

(2) 决定包装要素。一般来说，产品包装是由包装的材料和形状、图案和色彩以及必要的标识等要素组成。决定这些要素时，还必须和市场营销因素如定价等相协调，必要的包装标识主要是指便于运输、贮存的指示性标识和警告性标识以及便于消费者购买而标明的解释性标识等。

此外，包装设计要符合国家的包装法规，如出口产品的包装还应注意消费国对包装的规定。如遵守包装道德，注意减少包装废弃物对生态环境的污染等。

案例："农夫山泉"的文化包装

“农夫山泉”在设计上拥有很多成功的案例，一般来说，其设计主要使用于包装外观上，和清宫元素的结合是其进行传统文化营销的成功尝试。

为了将这一文化的风格和样貌具体浓缩在小小的包装上，还要与自身的品牌理念相契合，“农夫山泉”推出了限量版“故宫瓶”系列产品，使用的是图文形式，使用了故宫中几位皇帝、妃子的画像。由于当时清宫剧非常火爆，借势这一热点，产品使用了人们最为感兴趣和熟悉的一些清朝皇帝画像和宫廷风元素，并配上宫廷味浓厚、同时具有现代流行意味的文案，让这些在文物画卷上看起来颇为严肃厚重的宫廷人物形象变得非常接地气，并且文案非常清新文艺，如同画中人物诉说心事，让人在感到反差萌的同时被这些文字表达出的心情所打动，也得以进一步了解清宫皇帝和妃子们的悲欢喜乐。这一跨界营销与以往“农夫山泉”清新灵动的风格如出一辙，而由于借助的是清宫文化中的皇帝、妃子等家喻户晓的形象，也并非生搬硬套，而是通过文字来传达其中的意蕴情感，让画面中的人物变得鲜活起来，从而与大众产生了情感上的联系和触动。

案例：国家媒体批评"椰树"牌椰汁的低俗营销

2021年3月，“椰树”集团在其官博发送了一条招聘广告。“入学就有车、有房、有高薪，肯定有美女帅哥追。”“专业不限，只要懂写作。”“当‘椰树’集团总经理须过三大关，实践锻炼过两大关升副总经理。”粗暴直接的招聘文案，加上黑黄红的经典配色，以及身材丰满的代言人徐冬冬，一股浓烈的“椰树风”扑面而来，随即引发热议。

随后，人民日报发表评论《“椰树风”？低俗绝不是一种“风格”》，批“椰树”集团把低俗广告当作“宣传风格”，实在匪夷所思。随后央视网也加入其中，批评“椰树”集团这则广告不仅使用了浮夸表达，而且沿用其辣眼的大红大黄、加黑加粗的“小黄站”视觉风格，与某些不健康网站高度契合，批评“椰树”集团是“低俗广告界的‘老油条’”。新华网则评论：做人三观要正，做企业三观也要正；企业的核心价值是产品质量，要把心思放在正路上；不要试探法律的红线，广告营销无底线，企业口碑就“下线”。

3. 包装策略选择

(1) 类似包装策略。企业生产的各种产品在包装上采用相类似的包装材料、图案、色彩、外形，有利于降低包装设计费用，也便于消费者识别、购买。

(2) 组合包装策略。将几种关联性较大的产品组合在一起包装，成套供应，这样不仅便于顾客的购买和使用，而且对企业的促销也带来便利。例如成套的化妆品等。

(3) 附赠品包装策略。即在包装中附有奖券、小礼品等。

(4) 增加用途包装策略。指包装物在物品使用前暂时做包装用途，以后可以被消费者作为他用。如雀巢咖啡、果珍等，采用玻璃杯包装，产品用完后将包装作为水杯使用。

案例：“香奈尔 5 号”——香水瓶成为艺术品

1921 年 5 月，当香水创作师恩尼斯·鲍将他发明的多款香水呈现在香奈尔夫人面前让她选择时，香奈尔夫人毫不犹豫地选出了第五款，即现在誉满全球的“香奈尔 5 号”香水。然而，除了那独特的香味以外，真正让“香奈尔 5 号”香水成为“香水贵族中的贵族”的却是那个看起来不像香水瓶，反而像药瓶的创意包装。

服装设计师出身的香奈尔夫人，在设计“香奈尔 5 号”香水瓶型上别出心裁。“我的美学观点跟别人不同：别人唯恐不足一项项往上加，而我一项项地减除。”这一设计理念，让“香奈尔 5 号”香水瓶简单的包装设计在众多繁复华美的香水瓶中脱颖而出，成为最怪异、最另类，也是最为成功的一款造型。“香奈尔 5 号”以其宝石切割般形态的瓶盖、透明水晶的方形瓶身造型、简单明了的线条，成为一股新的美学观念，并迅速俘获了消费者的心。从此，“香奈尔 5 号”香水在全世界畅销 90 多年，至今仍然长盛不衰，“香奈尔 5 号”香水瓶也成为名副其实的艺术品。

阅读资料：食品包装带你读懂年轻人的心

2021 年全球食品包装设计大赛中，超过 70% 的作品在目标消费人群处，提及了“年轻群体”“18～35 岁”，或“Z 世代”“90 后、00 后”等字眼。以年轻人为目标消费群体，品牌商家们都设计出了怎样的食品包装呢？我们提取出了三个折射年轻消费群心理的关键词：“治愈感”“高级感”“纯净感”。

1. 治愈感

无论是学业、职场、家庭，还是不断上涨的物价、房价，都在不断挤压着当代年轻人的生存空间。伴随着焦虑和佛系的交替二重奏，都市年轻人对治愈的追求也不断升级。为了填补年轻人的心灵空缺，软乎乎、甜蜜蜜、暖融融，这些能带来些许治愈感的包装纷纷出世。

比如，“RIO”微醺美好生活系列包装以独居人群众多的居家萌宠陪伴——猫咪为创意原点，5 款口味分别围绕客厅、卧室、餐厅、浴室、阳台等一居室的地点，以及猫咪的不同慵懒状态，来诠释当代年轻人的独居生活状态。在色彩上，特意使用更加温暖、饱和度较高的颜色，让人的心情顿时愉悦放松下来。

“小懒”放松型饮料的产品包装设计、产品配料、口味，都遵循“放松、时尚、萌趣”的产品设计理念。二次元的卡通图案，清爽又明亮的色彩设计，让品牌形象年轻、时尚、萌趣而且独特。

2. 高级感

高级感象征了一种科技与时尚交界的动感和浪漫。当代年轻人打心底里追求“质感”，哪怕物价高昂，选择用略高的价格买轻奢的商品，也可以偶尔作为对生活品质不妥协的表现。比如，“AMX”0 蔗糖控感系列酸奶，主要面向“Z 世代”消费者，满足消费者“健康又美味”的心理刚需。“AMX”在包装上强化产品 0 蔗糖属性，以深蓝为底色，加入烫银工艺，简洁而不失品质。“AMX”采用了无衬线字体，字体线条硬朗锋利，棱角分明，配合瓶身的斜切角度，凌厉感十足。

3. 纯净感

纯净感，是人们内心对简约和健康的追求。天然而干净的感觉，让人感到精神上的放松，尤其是在被纷繁复杂的信息和数据包围时，清爽设计的包装，更会让人眼前一亮。比如，“We 唏”小吸饮无蔗糖吸管固体饮料以 18 岁以上有瘦身需求的女性白领为目标人群，简单的色调、白底与黑字组合，呼应“轻”和“简”的生活方式。“We 唏”小吸饮，外包装做成了小圆筒状，携带方便；5 种口味的吸管拥有专属色调的独立分装，密封包装卫生安全，防潮易撕，打开就能开启极简饮用体验。新希望“初心”酸奶包装采用时尚波点的渐变，色调以蓝白色为主，传递出素颜酸奶的干净新鲜；同时，通过自然成分表的升级吸引消费者，整体简约干净，有呼吸感、通透感。

● 分项任务测试：

1. 列举 5 个你所能记住品牌的产品品类。你会发现，消费者能记住品牌的产品品类不会超过 7 个，营销学家把这种现象称为“心智抽屉”。分析现代社会中品牌的重要性及创建品牌的关键因素。

2. 分享你认为非常好和非常不好的产品包装，并说出你的理由。

知识检测

选择题

1. 产品的核心部分是指产品提供给消费者的(　　)。

A. 实体本身　　B. 基本功能　　C. 产品构造　　D. 基本效用或利益

2. 企业对产品线中的各牌号的产品所包含的花色、款式、品种的数量做出的决策，属于产品组合的(　　)。

A. 宽度决策　　B. 长度决策　　C. 深度决策　　D. 关联性决策

3. 某企业原来经营高档服装，为迅速扩大销售，应付日趋激烈的服装价格竞争，它开始向经营中、低档服装方向发展，这种决策被称之为(　　)。

A. 产品线换代决策　　B. 产品线充实决策

C. 产品线延伸决策　　D. 产品线带动决策

4. 在原有产品基础上采用或部分采用新技术、新材料研究出来的新产品，称作(　　)

A. 改进产品　　B. 换代产品　　C. 全新产品　　D. 仿制产品

5. 把电熨斗加上蒸汽喷雾，电风扇改成遥控开关。这类新产品属于(　　)

A. 改进产品　　B. 换代产品　　C. 全新产品　　D. 仿制产品

6. 在产品生命周期的(　　)，企业应积极主动地扩大分销渠道，为日后产品的销售奠定良好的网络基础。

A. 投入期　　B. 成熟期　　C. 衰退期　　D. 成长期

7. 当产品处于(　　)时，市场竞争最为激烈。

A. 成长期　　B. 投入期　　C. 成熟期　　D. 衰退期

8. 撇脂定价策略的主要优点是(　　)。

A. 有利于价格竞争　　B. 有利于阻止竞争对手介入

C. 有利于在短期内补偿成本　　D. 有利于扩大市场份额

9. 对于拥有良好声誉且生产质量水平相近产品的企业，宜采用的包装策略是(　　)策略。

A. 等级包装　　B. 类似包装　　C. 分类包装　　D. 配套包装

10. 企业采用统一品牌策略(　　)。

A. 能够降低新产品的宣传费用　　B. 有助于塑造企业形象

C. 易于区分产品质量档次　　D. 促销费用较低

E. 适合于企业所有产品质量水平大体相当的情况

名词解释

产品整体概念；产品组合；产品线；制造商品牌；产品生命周期；快速渗透策略；配套包装；品牌延伸；个别品牌策略；统一包装

简答题

1. 简述产品组合及其宽度、长度、深度和相关性。
2. 企业的品牌决策包括哪些内容？
3. 试述产品生命周期各阶段特点及市场营销策略。
4. 试述新产品的开发程序。
5. 简述包装策略的主要类型。

案例分析

"汇源果汁"的没落

"喝汇源果汁，走健康之路。"这句曾在八九十年代风靡一时的广告词，在很长一段时间让"汇源"成了不少消费者聚餐时的首选饮料。然而，2009年与"可口可乐"的并购失败，成了"汇源果汁"发展的一大转折点。此后，"汇源果汁"逐步没落。一代"国民饮料"品牌为何会沦落到这般地步呢？

首要原因，其实就是"汇源果汁"拳头产品过于单一。在之前物品匮乏的年代，一款饮品其实只要质量和口感没有太大问题，只要在营销上敢于重金开路，基本都能有不错的市场份额。然而重金开路之后的"汇源果汁"，拳头产品过于单一的短板问题随着消费口味日渐多元，也越发严重了。再加上冷链不断改进、普及，消费者观念的转变，直接购买新鲜水果越来越方便，而这都蚕食了汇源这种果汁饮品的市场。

其次,并购失败给品牌形象造成了一定的负面影响。2008年正值民族情绪高涨的时刻,北京奥运会成功举办、神舟七号载人飞船发射成功,所以"国民饮料"汇源选择在那个时节并购,很大程度上会让人将其品牌跟"卖国"等联系到一起。

第三,营销缺乏创新。"有汇源,才叫过年""中秋喝汇源,健康庆团圆",很难想象,依靠广告营销起家的"汇源果汁",在之后的营销上,却明显将产品的使用场景收缩到了节假日和"家人团圆"上。但实际上果汁的使用场景,却显然要大得多。比如,汇源的竞争对手美汁源、味全每日C等,在使用场景的营销上都是聚焦于日常生活。而使用场景的错判,其实背后也恰恰是对消费市场和消费需求的错判。

问题:

1. 从营销角度分析"汇源果汁"产品的整体概念。

2. 在饮料市场竞争非常激烈的环境下,"汇源果汁"如何突围?

3. 请从品牌名称、品牌标志、品牌代言人、广告语等方面为"汇源果汁"进行品牌重新设计。

技能训练

1. 深入当地的"小米"专卖店,了解其产品组合,分析其产品组合的特点。

2. 运用产品的整体概念分析手机产品的三个层次,分析当前中国市场上手机的竞争要素。

3. 列举你最喜爱的品牌及其代言人,分析该品牌的独特性。

任务5　制定价格策略

【任务目标】

知识目标：

1. 理解定价的基本原理；

2. 掌握三种定价方法；

3. 掌握并运用基本的定价策略。

技能目标：

1. 能够根据企业的定价目标选择相应的定价方法；

2. 能够针对市场需求选择相应的定价策略；

3. 能够根据环境变化对价格实施调整。

思政目标：

1. 正确认识和评价价格在营销中的作用，遵守行业规制；

2. 融入“自由、平等、公正、法治”的社会主义核心价值观，树立公平竞争、守法经营的理念，能够恪守社会公德和价格伦理，维护消费者利益。

【任务分解】

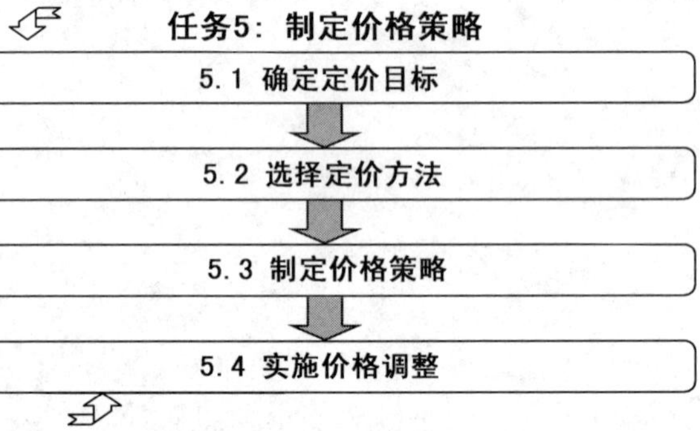

在市场营销活动中，价格直接影响着消费者的选择。尽管近年来非价格因素影响消费者选择的重要性日趋上升，但价格作为供求双方最具理智性的行为指标，仍是决定企业市场占有率与获利能力的最重要因素。同时，价格又是营销组合中唯一能创造收入的因素(其他因素皆可视为成本的发生)，它直接影响和决定着企业收益水平的高低，关系到企业短期盈利目标的实现以及长期发展的兴衰存亡。因此，营销中的定价与价格竞争业已成为企业决策者考虑的首要问题，须引起企业界的充分重视。

阅读资料：定价是一种特殊的营销手段

著名的价格大师在他的经典名作 *Confessions of the Pricing Man：How Price Affects Everything* 中提及，“定价”才是营销策略中最重要的一环。

定价是品牌根据市场行情、竞品价格、边际成本、产品自身价值和品牌溢价等方面，将投放到市场的产品通过价格手段来吸引消费行为的一种营销手段。

定价是提高用户黏性的手段。像“肯德基”“麦当劳”推出的仅限早餐时段的套餐组合，就是为了提高用户的黏性，培养常态化消费习惯，增强用户的品牌忠诚度而推出的。

定价是提升品牌溢价力的营销方式。“劳斯莱斯”卖的不是汽车，是一种至高无上的驾乘体验；奢侈品卖的不是质量也不是材料价格，而是奢侈品所标榜的品牌故事和文化，它的定价是为了提高品牌在同行间的溢价能力。

定价是在特殊时期的盈利技巧。“阿里巴巴”的“双 11 购物节”，就是以品牌周期性的运营，定时刺激消费者引发条件反射，为品牌形成“生物钟营销”。定价的营销玩法背后，就是给品牌一个营销由头，给消费者创造低价薅羊毛的高级理由，为品牌在节日实现盈利的增长。

5.1　确定定价目标

5.1.1　认知营销定价

1. 价格的含义

从最狭义的角度来说，价格是对产品或服务所收取的金钱。较广义地来说，价格是指消费者用来交换拥有或使用产品、服务利益的全部价值量。价格曾经是影响购买选择的主要因素。虽然在近几十年来，非价格因素在买方购买行为中已经变得越来越重要，但在较贫穷的国家、在较贫困的群体和大宗商品的交易中，价格仍然是影响购买行为的主要因素。

2. 营销定价的基本原理

定价即价格的形成，是营销组合中唯一能产生收益的要素(其他要素均表现为成本)。合理的定价不仅可使企业顺利收回投资，达到盈利目标，而且能为企业的其他活动提供必要的资金支持。然而，企业产品定价要受到许多因素的制约，而不能随意而为。并且，随着市场环境的不断变化，企业还需要适时地调整价格，以保持竞争优势和企业拥有的市场份额。

从理论上说，价格是商品价值的货币表现，以货币来表示的商品或服务的价值就称为该商品或服务的价格。一方面，价格的高低直接影响市场需求，影响产品在市场上的竞争地位和市场占有率，进而影响企业的销售收入和利润；另一方面，价格又是企业其他营销策略的函数，也是营销组合中最灵活的因素，须与营销组合的其他策略相辅相成地发挥作用。

在企业的市场行为中，其产品价格的决定是供求双方力量共同作用的结果。从需求的角度看，企业的产品能否为消费者所承认，取决于以下三个方面：① 产品的质量、性能、包装以及服务对消费者的吸引力等；② 企业的公众形象以及中间商、零售商的声誉；③ 价格对目标市场消费者实际支付能力的适合程度。

从经济学的观点看，价格的形成受到供应和需求的相互影响：随着价格的增加，供应量会上升；随着价格的增加，需求量会上升。当企业的定价使得需求量与供应量相等时，市场会形成供求平衡，此时的价格 P_0 称为长期价格或均衡价格(如图 5－1 所示)。

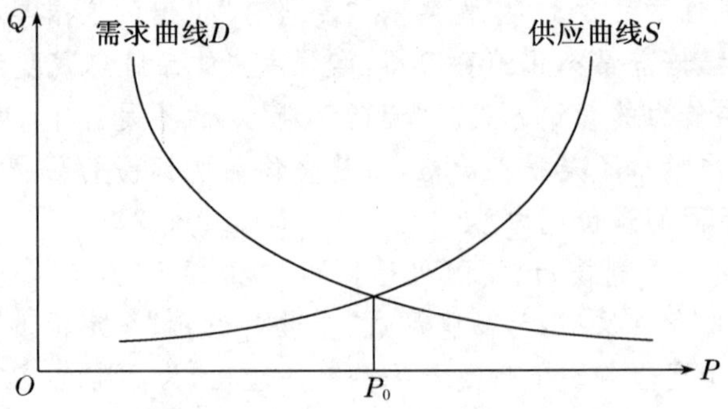

图 5-1 价格形成的基本原理图

企业定价的基本原则是：既能保持对目标市场消费者足够的价格吸引力，以求得更大的市场占有率，又能使企业获得较高的收益水平，以利于企业的生存和发展。

5.1.2 影响定价的主要因素分析

企业最终的产品定价是众多影响因素相互作用的结果，归纳起来有以下几个方面的因素。

1. 成本因素分析

成本通常包括生产成本、分销成本、物流成本、融资成本等。根据成本的性质可以分为固定成本和变动成本两部分。固定成本(FC)指不因产量而变动的成本。变动成本(VC)指随着产量的变化而变化的成本。二者构成产品的总成本(TC)。它是企业在正常的市场环境下定价的最低限，从而构成企业决定产品价格的最基本因素。市场竞争中，产品成本较低的企业在价格决定方面往往具有较大的主动性，易于维持竞争优势，并能得到预期合理的利润回报。

案例："蜜雪冰城"，中国低价奶茶之王

中国的奶茶市场，这几年的火热，与"喜茶"密不可分。"喜茶"一举改变了传统奶茶路边小摊的印象，从小摊小店走向了休闲吧模式，而且具备了时尚特点，它的成功经营受到了资本的青睐，让奶茶市场再次兴隆，并出现了众多品牌。

与"喜茶"这些新茶饮相比，"蜜雪冰城"还属于传统奶茶的模式。不过，凭借超级低价策略，走传统模式路线的它，具备了超级产品竞争力。"蜜雪冰城"的价格是"喜茶"的三分之一，产品价格都在10元以内，最便宜的甜筒甚至只要2元。

"蜜雪冰城"总部位于郑州，创立于1997年，是最早一批的茶饮品牌。产品包括冰激淋与茶、奶茶特饮、奶盖、原叶茶几大系列。十几年过去了，"蜜雪冰城"的价格相对于竞争对手和物价变化而言，竞争优势非常强。例如：最初1元一个的冰激凌，现在3元一个；2012年3元一杯的柠檬水，现在4元一杯。相对其竞争对手动辄十几元的价格而言，"蜜雪冰城"确实具备不错的低价优势。

2. 产品因素分析

产品特性包括产品的包装、功能、品质、形状、颜色等。对高度流行或对品质威望具有高度需求的商品，价格乃属次要。产品之间的差异性决定了产品价格的差异性。产品差异性不仅指实体产品本身的差异，还包括产品设计、商标、款式、售后服务以及销售渠道等诸方面的差异。企业产品的差异性越大，则其定价的灵活性就越大。原因如下。

(1) 产品的差异性使竞争对手之间产生区别,且由于消费者对品牌的忠诚,使得产品价格刚性增强。

(2) 产品的差异性使得消费者无法相互比较,价格的敏感性相对减弱。

(3) 具有差异优势的产品,在应付替代品方面亦较其竞争者处于更有利的市场地位。但取得差异优势的产品往往须付出较高的成本代价。

案例:"江小白",为"情怀"买单?

很多被"江小白"台词感动的年轻人,勇于尝试,但喝完后常常给出反面的评价。在"江小白"的社交媒体,"陶石泉"的视频号下面的很多评论是:最好的文案,卖最差的酒。

青春小酒,其实它并不便宜。"江小白"核心产品表达瓶,40度、100 ml,标价20元,算下来和中国白酒市场通行的百元大单品价格差不多。而同类产品"五粮液"歪嘴,52度、100 ml,标价15元;歪嘴小郎酒,45度、100 ml,标价17元。

每一句"走心"台词都是有价格的,当细分行业进入成熟期,品类和产品多样化,充分竞争,价格便成为消费行为考虑的主要因素之一。特别是"江小白"等面对的是非高端消费群体。年轻人可以因为广告消费一次,但不可能一直为情怀买单。

3. 市场需求因素分析

消费者需求对企业定价的影响可以从以下四个方面反映出来。

(1) 需求能力。企业的产品定价应充分估计消费者愿意并且能够支付的价格水平。它构成企业产品在市场的价格上限。

(2) 需求强度。指消费者想获取某种商品的欲望程度。消费者对某一产品的需求强度愈大,则价格的敏感性愈差,反之亦然。市场需求量对价格变动的灵敏程度通常用价格需求弹性系数来表示。价格需求弹性小的产品,其供求关系对价格的影响较小,价格需求弹性大的产品,其供求关系对价格的影响较大。

(3) 需求层次。不同需求层次的消费者对同一产品的需求强度不一样,因而对其价格的敏感程度也有所不同。故对于高需求层次的市场定位,应采取高价格政策与之相适应。

(4) 价格认知。价格认知是指消费者对产品价值的主观判断。如果消费者认为得到的商品价值低于价格,问自己"值得那么多钱吗?",他们就不愿意购买商品。

案例:健身房定价新模式

以卖卡、推销为主的传统健身房,不仅需要较大的占地面积,大型固定健身器械的配置,同样需要大量资金投入。重资产开店模式注定要采取预付年卡的付费方式,以保证现金流得以周转。但动辄成千上万元的年卡费用,将大批初阶健身爱好者、"轻"运动需求者拒之门外。

从付费模式来看,新型健身业态"无年卡"的设置大幅压低新用户的进入门槛,由年卡付费转为碎片化按次或按课时付费。从健身时间来看,众多24小时营业、月付费、全程无推销等理念的健身房不仅颠覆消费者的过往认知,灵活选课、匹配教练、智能管理等则更贴合年轻一代的个性化需求。从健身内容来看,线上直播课、线上训练营、话题打卡训练、短视频跟练等线上形式持续激活并留存消费者,使其日渐熟悉线上化或家庭健身场景。

例如,创立于2014年的"超级猩猩",以不办年卡、没有推销、专业教练、按次收费为口号,带领了业内健身模式革新。其丰富高质量的团操课体系颇受年轻人欢迎,众多城市甚至出现

"一位难求"的网红门店。

阅读资料:消费者价格的"心理账户"

"心理账户"理论说的是人在消费时,花自己的劳动收入时比较节俭,花意外之财时相对铺张。如果你通过一个月的辛苦打拼赚了2 000元,你会花500元请朋友去酒吧喝酒吗?可能大部分人都不会。但是,如果你买彩票中了2 000元,你会请朋友去喝酒吗?这个时候,你请客的概率会大大增加。人们会把在现实中的收入,在心理上划分到不同的账户中。比如我们会把每个月辛苦打工积攒下来的钱放到"勤劳致富账户"中;把年终奖视为一种奖励,放进"奖励账户"中。把彩票中的奖或拆迁赔的款,放进"天上掉馅饼账户"中。如何利用心理账户进行营销呢?

(1) 变换心理账户

要尽量把自己的产品,放进客户最愿意花钱的心理账户中。比如鲜花和巧克力被放到了"情感维系账户"中;钻石、珠宝被放进了"爱情账户"中。

想让客户购买你的产品,你就要改变客户对产品与品牌的认知,让他把产品从不愿意花钱的账户,转移到愿意为此付费的心理账户中。人们在"情感维系账户"的影响下,是最容易被激发出购买欲望的,也是花钱最感性、最豪爽的。各种结婚纪念日、生日、情人节、春节等,都是人们维系情感的重要日子。所以我们把产品放进客户的"情感维系账户"中,将会卖得更快也更贵。

(2) 变换计算方式

当你的产品比较贵时,你便可以尝试拆解你的产品,告诉客户你的产品等同于其他哪几种产品的功能之和,如果客户去分别购买其他几种产品,总价格要比你的产品贵得多。我们还可以通过"拆分产品价格"的方式,化整为零,把客户心理账户切换到零钱账户,让客户觉得,自己不是在花一大笔钱,而只是在花零钱,这些零钱仅相当于一顿早餐、一包烟、一盒面膜的钱,这样客户才会放弃抵抗,直接买单。比如,电视购物中将老年手机的各个功能分别报价,总价加起来要近1万元,而老年手机涵盖了以上所有功能,仅要599元;"奔驰"促销时宣称:"奔驰"SUV只需78元每500 g,而小龙虾88元每500 g,少吃一斤小龙虾,你与"奔驰"就更近了一步。

4. 市场竞争因素分析

企业定价在市场竞争中无疑是一种挑战性的行为。任何一次价格的设定与调整都将引起同行或替代产品竞争者的关注,并有可能导致竞争者的反击。在现有的诸多竞争方式中,价格竞争显得更为原始和残酷。而竞争的结果带来的可能是整个行业的平均利润率的降低,尽管如此,处于竞争劣势的企业还是会更多地采用追随性价格政策。故企业产品的定价无时不受到其竞争者定价行为的影响和约束。

在完全竞争条件下,由于买卖双方对商品的价格均无影响力,价格只能随供求关系而定,为此,企业只能接受现实的价格。在完全垄断条件下,由于某产品完全被一个垄断组织所控制,因而该组织拥有较大的定价自由。但是,垄断组织在制定价格时,也必须考虑比较高的价格可能会引起消费者的反感和政府的干预。在不完全竞争条件下,对价格的影响力是由企业对市场的控制能力的大小决定的。

5. 宏观因素分析

企业定价时还要考虑当前所处的宏观经济环境、利率、经济形势(繁荣、萧条)、通货膨胀、国家有关价格法律法规等因素。

在经济增长阶段,人们的收入增长快,易出现需求膨胀,导致物价总水平上涨;而经济处于调整时期,经济发展放慢,人们收入增长减缓,易出现有效需求不足,影响物价总水平基本稳定。作为国家与消费者利益的维护者和代表者,政府力量渗透到市场行为的每一个角落。在企业定价方面,政府的干预表现为一系列的经济法规,如美国的《反托拉斯法》《反倾销法》等,在不同方面和不同程度制约着企业的定价行为。这种制约具体的表现在企业的定价种类、价格水平等几个方面。因此,企业的价格政策必须遵循政府的经济法规。

6. 其他因素分析

企业在确定产品的价格时,除考虑以上因素外,还要考虑流通渠道、营销组合策略、销售量、定价工作者等因素。价格是营销组合的因素之一,定价时,必须考虑到不同的产品、分销渠道、促销方式等,然后确定不同的价格水平。销售量对价格的影响,一般是销售量与价格成反比例关系。参与定价的人员一般有:最高领导层、产品经理、营销经理、专门的定价机构等,价格的制定是否正确、合理,与定价工作者的知识经验、接受外界信息、本人的性格、态度等各方面密切相关。

5.1.3 确定定价目标

企业的定价目标规定了其定价的目的和水平。该定价目标最终取决于企业的经营目标。一般来说,企业可能同时追求多项目标,目标愈清晰,则价格愈易确定。而每一价位的设定,又都影响到利润、销售收入以及市场占有率等目标的实现。定价目标是定价决策的基本前提和首要依据。

1. 以最大利润为目标

最大利润有长期和短期之分,还有单一产品最大利润和企业全部产品综合最大利润之别。一般而言,企业追求的应该是长期的、全部产品的综合最大利润,这样,企业就可以取得较大的市场竞争优势,占领和扩大更多的市场份额,拥有更好的发展前景。

如果企业希望以最快的速度收回初期开拓市场的投入并获取最大的利润,往往会在已知产品成本的基础上,为产品确定一个最高价格,以求在最短时间内获取最大利润。企业在较准确地掌握某种产品的需求与成本函数的情况下,可以通过建立数学模型得到最大化时的商品价格。

采用这种定价策略,会使企业面临两种风险:第一,当前利润最大化,有可能会丧失扩大市场份额的良好时机,损害企业的长远利益;第二,对产品的需求弹性的测定和对产品生产、销售总成本的预计往往会有偏差,由此定出的价格可能不太准确,企业可能会因定价过高而达不到预期销售量,或者因定价低于可达到的最高售价而蒙受损失。

案例:"Gucci"(古驰)定价策略陷——"短期逐利"困局

奢侈品牌"Gucci"(古驰)近期在华进行全面调价,涨价幅度约为10%。据悉,"Gucci"已经在欧洲市场对全线产品进行调价,涨幅在10~30欧元,远低于国内的涨幅水平。值得一提的是,这是"Gucci"本年度内第二次提价,与目前奢侈品大牌降价策略大相径庭。

但在定价策略方面"Gucci"一直不走寻常路,"Gucci"是去年奢侈品打折促销最为凶猛的品牌,在北京、上海等地进行5折促销。时过境迁,随着"Gucci"业绩一路凯歌,打折救市的策略摇身变成了提价树立品牌。然而，在业内人士看来，“Gucci”这种卖得好就涨价、卖不好就降价的定价策略，短期内或许可以收获营业额，但是对于品牌的长期价值而言百害而无一利。

2. 以合理利润为目标

它是指企业在补偿社会平均成本的基础上，适当地加上一定量的利润作为商品价格，以获取正常情况下合理利润的一种定价目标。采用适度利润目标有各种原因，以适度利润为目标使产品价格不会显得太高，从而可以阻止激烈的市场竞争，或由于某些企业为了协调投资者和消费者的关系，树立良好的企业形象，而以适度利润为其目标。需要指出的是，适度利润的实现，必须充分考虑产销量、投资成本、竞争格局和市场接受程度等因素。否则，适度利润只能是一句空话。

采用这种定价目标的企业，往往是为了减少风险，保护自己，或限于力量不足，只能在补偿正常情况下的平均成本的基础上，加上适度利润作为产品价格。条件是企业必须拥有充分的后备资源，并打算长期经营。临时性的企业一般不宜采用这种定价目标。

案例：这届年轻人，为什么不爱吃“周黑鸭”了？

“绝味”“周黑鸭”“煌上煌”卤味三巨头之间的竞争一直是行业内的关注焦点。不同于“绝味”定位休闲、“煌上煌”定位餐桌，“周黑鸭”的初始定位是高端休闲，从后面发展来看，也正是因为“高端”，限制了“周黑鸭”的发展。

从产品包装来看，不同于其他两家的散装为主，“周黑鸭”采取的是锁鲜包装方式，但是固定的重量降低了顾客的购买灵活性，且锁鲜装的价格明显高于散装。定位高端的“周黑鸭”在产品定价方面，也明显高于其他两家。“周黑鸭”日常 32 元每 250 克的价格是“绝味”和“煌上煌”(39.8 元每 500 克)的 1.6 倍左右。

从门店布局来看，“周黑鸭”的前期店面选址多以高铁、机场、综合购物超市等地区为主，基本符合公司礼赠/高档休闲卤味的品牌调性。但是，这些地段的高租金也给公司带来了较大的成本压力。

受制于高端品牌的定位，“周黑鸭”依靠品质无法满足消费者对于物美价廉产品的期待，而自视清高的直营门店模式，限制了门店开拓和市场下沉，由此造成的规模上的差距也是导致“周黑鸭”业绩持续下滑和行业地位退步的主要原因。

3. 以销售额为目标

这种定价目标是在保证一定利润水平的前提下，谋求销售额的最大化。某种产品在一定时期、一定市场状况下的销售额由该产品的销售量和价格共同决定，因此销售额的最大化既不等于销量最大，也不等于价格最高。对于需求的价格弹性较大的商品，降低价格而导致的损失可以由销量的增加而得到补偿，因此，企业宜采用薄利多销策略，保证在总利润不低于企业最低利润的条件下，尽量降低价格，促进销售，扩大盈利；反之，若商品的需求的价格弹性较小时，降价会导致收入减少，而提价则使销售额增加，企业应该采用高价、厚利、限销的策略。

采用销售额目标时，确保企业的利润水平尤为重要。这是因为销售额的增加，并不必然带来利润的增加。有些企业的销售额上升到一定程度，利润就很难上升，甚至销售额越大，亏损越多。因此，销售额和利润必须同时考虑。在两者发生矛盾时，除非是特殊情况(如为了尽量地回收现金)，应以保证最低利润为原则。

4. 以投资收益为目标

投资收益定价目标是指使企业实现在一定时期内能够收回投资并能获取预期的投资报酬的一种定价目标。采用这种定价目标的企业，一般是根据投资额规定的收益率，计算出单位产品的利润额，加上产品成本作为销售价格。但必须注意两个问题。第一，要确定适度的投资收益率。一般来说，投资收益率应该高于同期的银行存款利息率，但不可过高，否则消费者难以接受。第二，企业生产经营的必须是畅销产品。与竞争对手相比，产品具有明显的优势。

5. 以市场占有率为目标

也称市场份额目标。即把保持和提高企业的市场占有率(或市场份额)作为一定时期的定价目标。市场占有率是一个企业经营状况和企业产品在市场上竞争能力的直接反映，关系到企业的兴衰存亡。较高的市场占有率，可以保证企业产品的销路，巩固企业的市场地位，从而使企业的利润稳步增长。以提高市场占有率为目标进行定价，企业通常采用的策略有以下两种。

(1) 定价由低到高。是在保证产品质量和降低成本的前提下，企业入市产品的定价低于市场上主要竞争者的价格，以低价争取消费者，打开产品销路，挤占市场，从而提高企业产品的市场占有率。待占领市场后，企业再通过增加产品的某些功能，或提高产品的质量等措施来逐步提高产品的价格，旨在维持一定市场占有率的同时获取更多的利润。

(2) 定价由高到低。是企业对一些竞争尚不激烈的产品，入市时定价可高于竞争者的价格，利用消费者的求新心理，在短期内获取较高利润。待竞争激烈时，企业可适当调低价格，赢得主动，扩大销量，提高市场占有率。

案例:拒绝与低端画等号的光瓶酒

2021年9月，"江小白"正式发布了十周年特别版(金盖)，这款光瓶酒建议零售价108元。同样在9月，"泸州老窖"高调发布"塔基"光瓶酒品牌(黑盖)，定价80元，也引起了业内的关注。

光瓶酒赛道的升温，以及光瓶酒的高端化，主要受两个因素的驱使，第一是新中产阶级消费趋于理性；第二是下沉市场消费能力的提升。光瓶酒的高端化，是整个中产阶级消费理性化的一个趋势的代表，因为在西方国家，1万多块钱的葡萄酒都是光瓶，在中国，20多块钱的这种盒装酒到处都是。原因是在20世纪80年代末90年代初，那些贴牌酒为了更好地招商，将每一瓶酒都用盒子包装，当时是为了社交需要。但是今天，民族自信，消费者更加自信。喝酒，特别是自饮消费的这种喝酒更加理性化，光瓶喝好酒成为趋势。新中产日益增多的独饮需求，是催生更高品质光瓶酒的原因之一。市场的另一端，下沉市场消费的升级，则是对光瓶酒需求量增加、对光瓶酒品质提出更高要求的另一个原因。

6. 以应对竞争为目标

很多企业以保持价格相对稳定，避免正面价格竞争为定价目标。当企业准备在一个行业中长期经营时，或某行业经常发生市场供求变化与价格波动需要有一个稳定的价格来稳定市场时，该行业中的大企业或占主导地位的企业率先制定一个较长期的稳定价格，其他企业的价格与之保持一定的比例。这样，对大企业是稳妥的，中小企业也避免遭受由于大企业的随意提价而带来的打击。在钢铁、采矿业、石油化工等行业内，稳定价格目标得到了最广泛的应用。

● 分项任务测试：

将班级同学分成组，以小组为单位对某种产品（如帽子、矿泉水、饼干、化妆品、景区门票、地铁票价等）进行价格分析，总结影响该产品定价的主要因素。各组分别进行价格核算，确定定价的目标。

5.2 选择定价方法

5.2.1 认知定价流程

企业的定价活动涉及企业自身、竞争者以及消费者等多方面的利益。归纳起来有六个步骤（见图 5-2）。

1. 选择定价目标

价格是营销因素组合中最为活跃的因素。因此，企业的产品定价就显得至关重要。产品定价是否适当，往往决定着产品能否被市场接受，并直接影响着产品在市场中的竞争地位以及占有的份额，从而关系到企业的兴衰存亡。故企业的定价活动必须综合考虑各方面的因素，采取一系列的步骤、措施和方法。首先是如何选择定价目标。这一目标必须与企业的营销目标相一致，并作为其确定价格策略和定价方法的依据。

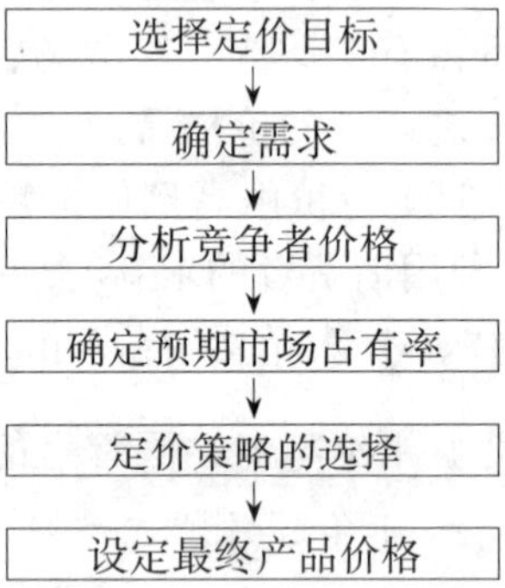

图 5-2 营销定价的基本程序

2. 确定需求

众所周知，价格与市场需求的关系十分密切。一般情况下，价格与需求成反比例关系，即价格上扬则需求减少，价格下跌则需求增加。可见，企业市场行为中的定价高低直接影响着产品的销售量。

3. 分析竞争者价格

企业定价除考虑市场需求与产品成本外，还要顾及竞争者的价格与可能的价格反应，并对竞争者产品做深入分析，了解其价格与其品质的内在联系。

4. 确定预期市场占有率

企业拟寻求的市场占有率不同，则其定价的策略与方法可能完全不同。企业若以销售成长为导向，以市场占有率的扩大作为营销目标，往往爱用强劲的广告攻势或其他非价格竞争手段，而不采取传统的价格竞争方式。此时企业应充分考虑以下几个因素。(1) 企业生产能力。若实施低价政策使产品市场占有率迅速上升，但因生产能力不足而无法满足市场需求，则低价不仅不能创造利润而且有损企业声誉。(2) 发展的生产成本。企业生产能力不足，可以采取扩充的方法解决。若扩充的成本过高，则其结果得不偿失。(3) 拓展市场的难易程度。企业市场的拓展必然导致竞争的加剧。故低价渗透拓展市场必须与迂回、包抄、侧翼进攻等营销战略相配合，倘若贸然进攻发生正面冲突，则可能使企业陷入十分难堪的被动局面。故一般企业最初定价宁可略微偏高，而将市场占有率的拓展放在第二位。

5. 定价策略的选择

定价策略是企业为达到特定的营销目标而制定的相应定价方案的总称。企业定价策略又与营销因素组合中的其他策略存在着相互依存、相互制约关系。企业定价，既要考虑其他因素对价格的影响，亦要考虑价格对其他因素的制约。

6. 设定最终产品价格

按上述定价程序经周密考虑后，即着手设定企业产品的最终产品的最终价格。

根据前面的分析，我们知道，营销定价的影响因素主要有三个方面：成本、需求、竞争。企业定价不得高于消费者的需求，最低不得低于成本，在最高值和最低限之间则取决于市场竞争的状况。对应地，企业的定价方法可以分为三种：成本导向定价法、需求导向定价法和竞争导向定价法（如图 5-3 所示）。

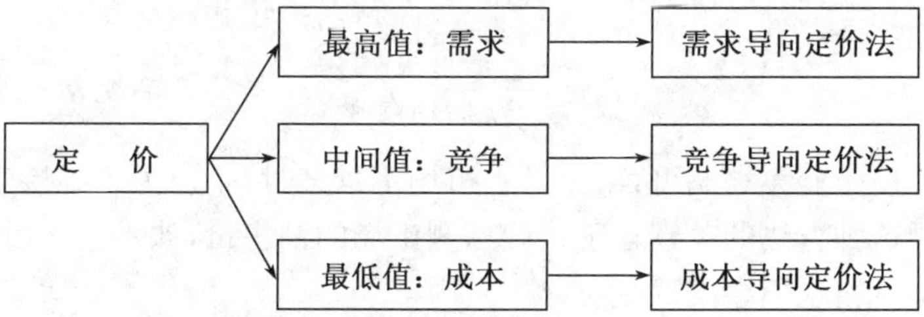

图 5-3 企业营销定价的三种方法

5.2.2 成本导向定价法

成本导向定价法是以产品的成本为依据，分别从不同的角度制定对企业最有利的价格的定价方法。包括总成本加成定价法、盈亏平衡定价法、边际成本定价法、目标投资收益率定价法。

1. 总成本加成定价法

成本加成定价法是一种传统的产品定价方法。成本加成就是以商品总成本为基础，再加上一个百分比作为利润来确定价格。成本包括生产成本（包括固定成本与变动成本）和经营成本（包括销售费用、管理费用、运费、关税等）。

成本加成定价是企业最基本、最普遍采用的定价方法，这种方法简便易行，计算准确，但由于缺乏竞争性，没有考虑消费者的需要，是很难制定出最适宜的价格的。若以 C 表示产品单位成本，以 S 表示百分比，P 表示价格，则有：$P=C(1+S)$。

成本加成定价法之所以受到企业界的欢迎，主要是由于这一方法有以下几个方面的优点。

(1) 相对于需求的不确定性而言，成本的不确定性一般比较少，根据成本决定价格可以大大简化企业定价的过程。即使企业对国外市场上的需求、竞争等因素了解不多，只要产品能够卖得出去，根据成本加成定出的价格就能保证企业的正常经营。

(2) 如果同行业中所有企业都采取这种定价方法，则价格在成本与加成相似的情况下也大致相似，价格竞争也会因此减至最低程度。

(3) 许多人认为成本加成法对买方和卖方讲都比较公平，当买方需求强烈时，卖方也不利用这一有利条件谋取额外利益，同时又能获得公平的投资报酬。

成本加成法的主要缺点就是忽视了市场供求关系的变化及影响产品销售的其他因素，当市场出现供大于求时，因企业定高价而未及时改变，使产品难以销售出去；当市场出现供不应求时，产品定低价，一方面无法及时提高利润率以加快收回投资，另一方面会使购买者认为企业产品质量低劣，影响企业和产品形象。

我国企业在运用成本加成法制定产品价格时，还要考虑国外市场对倾销的认定。由于我国劳动力成本低，导致产品成本和售价低，有时在国外市场上被他国政府认定为有倾销倾向。这也是我们在制定产品价格时要考虑的一个因素。

2. 盈亏平衡定价法

盈亏平衡定价法，也称保本定价法、收支平衡定价法。它是按照生产某种产品的总成本和销售收入维持平衡的原则，制定产品的保本价格。其计算公式为：

$$\text{单位产品保本价格}=\frac{\text{固定成本总额}+\text{变动成本总额}}{\text{预期销售量}}$$

$$=\frac{\text{固定成本总额}}{\text{预期销售量}}+\text{单位产品变动成本}$$

盈亏平衡定价使企业无利润可言，只是在市场不景气时，企业为了维持生产不得已而采取的定价方法。采用这种方法的关键在于正确预测市场的销售量，如果销售量预测不准确，则依此计算出来的保本价格也不会准确。

3. 边际成本定价法

边际成本定价法是以变动成本为依据，结合产品的边际贡献来指定产品的价格。亦称为变动成本定价法。边际贡献是指产品销售收入与变动成本的差额。边际贡献除去补偿固定成本部分外，即为企业利润。其计算公式如下：

价格＝(总变动成本＋总边际贡献)/总销售量

或　价格＝单位变动成本＋单位边际贡献

例如，某企业产品单位售价为 15 元，总销售量为 10 000 单位，则其总销售收入为：15×10 000＝150 000 元。若该产品变动成本 80 000 元，固定成本为 100 000 元，则边际贡献为 150 000－80 000＝70 000。显然，15 元的产品单价销售，不求弥补全部成本 180 000 元，而仅仅着眼于产品的变动成本，追求的是产品的边际贡献。可见该种定价有利于企业拓展与渗透市场，以价格优势占据市场的有利地位。但是，边际成本定价只是一种拓展市场的临时方法，不宜长期使用。一旦企业占领市场，往往逐步提高价格，以弥补全部成本并获取预期利润。

4. 目标投资收益率定价法

目标投资收益率定价法亦称为目标利润定价法。它是根据企业的总成本和计划的总销售量，加上按投资收益率制定的目标利润作为销售价格的定价方法。

这种方法的实质是将利润看作产品成本的一部分来定价，将产品价格和企业的投资活动联系起来，一方面强化了企业经理的计划性，另一方面能较好地实现投资回收计划。国外大型的工业企业，因为投资大，业务具有垄断性，又与公众利益息息相关，政府对它的定价有一定的限制，常采用这种方法。

目标利润定价法的不足之处在于价格是根据估计的销售量计算的，而实际操作中，价格的高低反过来对销售量有很大影响。销售量的预计是否准确，对最终市场状况有很大影响。企业必须在价格与销售量之间寻求平衡，从而确保用所定价格来实现预期销售量的目标。

5.2.3 需求导向定价法

需求导向定价法是以消费者对产品价值的理解和需求强度为基础来制定价格的方法。它是以目标市场的消费者所能接受的价格来定价的,因而能够适应市场需求及其变化情况。主要方法有理解价值定价法、逆向定价法、需求差异定价法等。

1. 理解价值定价法

价值定价是指尽量让产品的价格反映产品的实际价值,以合理的定价提供合适的质量和良好的服务组合。这种方法兴起于20世纪90年代,有学者认为其是市场导向的战略计划中最好的定价方法。

价值定价与认知定价是有区别的,消费者对企业产品的认知价值是主观的感知并不等于企业产品的客观的真实价值,有时两者之间甚至会有较大的偏离。企业价值定价的目标就是要尽量缩小这一差距,而不是通过营销手段使这一差距向有利于企业的方向扩大。企业要让顾客在物有所值的感觉中购买商品,以长期保持顾客对企业产品的忠诚。

值得强调的是,所谓的低价是相对于商品的质量及服务而言的,任何以牺牲质量为代价的低价正是价值定价法所反对的。此外,价值定价不仅仅涉及定价决策,如果企业无法让消费者在现有的价格下感觉到物有所值,那么就必须对产品重新设计、重新包装、重新定位以及在保证有满意利润的前提下重新定价。

案例:1个杯子,8种不同的营销方案,价格翻了700倍!

产品不同的卖法打造不同的附加值,就会形成不同的价值、价格,从而适应不同的消费人群、消费市场——"以品定价、以价定人",不过这个过程中的思路,对于企业打造独特的产品,还是很有启发的。

一家红酒公司为了达到更高的销售额,请了产品策划公司来进行包装策划。在做定价策略策划时,该公司与策划者发生了激烈争论,原因是定价太高了,每款产品价格都比原来高了将近1倍,该公司感觉高得离谱,肯定没法卖了。

这时,策划者对该公司负责人说:"如果你只想卖原来的价格,那就用不着请我们来策划。策划最大的本事就是将好产品卖出好价钱。"策划者向公司负责人讲了"一个杯子到底能卖多少钱?"的例子,不仅说服了负责人,更充分证明了策划对产品价值创新的意义。

(1) 卖产品本身的使用价值,只能卖3元/个

如果你仅仅将它当成一只普通的杯子,放在普通的商店,用普通的销售方法,也许它最多只能卖3元钱,还可能遭遇邻家小店老板娘降价招客的暗招,这就是没有价值创新的悲惨结局。

(2) 卖产品的文化价值,可以卖5元/个

如果你将它设计成今年最流行款式的杯子,可以卖5元钱。隔壁小店老板娘降价招客的暗招估计也使不上了,因为你的杯子有文化价值,冲着这点,消费者是愿意多掏钱的,这就是产品的文化价值创新。

(3) 卖产品的品牌价值,就能卖7元/个

如果你将它贴上著名品牌的标签,它就能卖6～7元钱。隔壁店3元/个叫得再响也没用,因为你的杯子是有品牌的东西,几乎所有人都愿意为品牌付钱,这就是产品的品牌价值创新。

(4) 卖产品的组合价值,卖15元/个没问题

如果你将三个杯子全部做成卡通造型,组合成一个套装杯用温馨、精美的家庭包装,起名叫"我爱我家",一只叫父爱杯,一只叫母爱杯,一只叫童心杯,卖50元一组没问题。隔壁店老板娘就是3元/个喊破嗓子也没用,小孩子会拉着妈妈去买你的"我爱我家"全家福。这就是产品组合的价值创新。

(5) 卖产品的延伸功能价值,卖80元/个绝对可以

如果你猛然发现这只杯子的材料竟然是磁性材料做的,那我帮你挖掘出它的磁疗、保健功能,卖80元/个绝对可以。这个时候隔壁老板娘估计都不好意思叫3元/个了,因为谁也不信3元/个的杯子会有磁疗和保健功能,这就是产品的延伸价值创新。

(6) 卖产品的细分市场价值,卖188元/对也不是不可以

如果你将你的那个具有磁疗保健功能的杯子印上十二生肖,并且准备好时尚的情侣套装礼盒,取名"成双成对"或"天长地久",针对过生日的情侣,卖188元/对,绝对会让为买生日礼物而伤透脑筋的小年轻们付完钱后还不忘回头说声"谢谢",这就是产品的细分市场价值创新。

(7) 卖产品的包装价值,卖288元/对卖得可能更火

如果把具有保健功能的情侣生肖套装做成三种包装:一种是实惠装,188元/对;第二种是精美装,卖238元/对;第三种是豪华装,卖288元/对。可以肯定的是,最后卖得最火的肯定不是188元/对的实惠装,而是238元/对的精美装,这就是产品的包装价值创新。

(8) 卖产品的纪念价值,能卖2 000元/个

如果这个杯子被名人用过,不卖2 000元/个才怪,这就是产品的纪念价值创新。

2. 逆向定价法

这种定价方法不以实际成本为主要依据,而是以市场需求为定价的出发点。可以通过以下公式计算价格:

批发价=零售价格/(1+零售商毛利率)

出厂价=批发价格+(1+批发商毛利率)

显然这一方法仍然是建立在最终消费者对商品认知价值的基础上的。它的特点是:价格能反映市场需求情况;有利于加强与中间商的良好关系,保证中间商的正常利润,使产品迅速向市场渗透;并且根据市场供求情况及时调整,定价比较简单、灵活。这种定价方法特别适用于需求价格弹性大、花色品种多、产品更新快、市场竞争激烈的商品。

3. 需求差异定价法

企业根据消费者的购买能力,对产品的需求状况、产品的型号及式样、购买时间和地点不同,对于同一种产品按两种或两种以上的价格销售。其必须具备的条件是:企业的各个细分市场显示不同的需求强度;不存在市场的套利行为。需求差异定价若处理得好,可以给企业创造灵活的市场收益。若处理有误,"一市二价"会影响消费者对企业产品的忠诚,甚至会让消费者产生厌恶情绪,有损于企业的形象和声誉。

一些企业依据企业自身及产品的差异性,特意制定出高于或低于市场竞争者的价格,甚至直接利用低价格作为企业产品的差异特征。主动降价的企业一般处于进攻地位,它们必须具备真正的实力,不能以牺牲顾客价值和顾客满意度为降价的代价。而实施高价战略的企业则只有保证本企业的产品具备真正有价值的差异性,才能使企业在长期竞争中立于不败之地。

5.2.4 竞争导向定价法

竞争导向定价法是指企业通过研究竞争对手的生产条件、服务状况、价格水平等因素，依据自身的竞争实力，参考成本和供求状况来确定产品价格的一种定价方法。主要方法有随行就市定价法、投标定价法、拍卖定价法。

1. 随行就市定价法

随行就市定价法主要根据竞争者的价格和行业平均价格水平来确定企业产品的售价，而不考虑产品的成本和市场需求。这并不意味着企业产品的定价必须与竞争者的价格保持一致，而是要求按竞争者的产品价格同一幅度调整。

该定价方法的特点是：产品价格与其成本和市场需求并不发生直接联系。即便产品本身成本或者市场需求发生变化，只要竞争品价格没有改变，企业仍应维持产品原先的价格，反之，当产品或市场需求没有改变而竞争品价格发生变化时，企业的产品价格亦应相应调整。

2. 投标定价法

当多家供应商竞争企业的同一个采购项目时，企业经常采用招标的方式来选择供应商。供应商对标的物的报价是决定竞标成功与否的关键。价格报的过高自然会得到更多的利润，却减少了中标的可能性；反之，则可能由于急于中标而失去可能得到的利润。很多企业在投标前往往会拟定几套方案，计算出各方案的利润并根据对竞争者的了解预测出各方案可能中标的概率，然后计算各方案的期望利润，选择期望值最大的投标方案。

这是一种典型的竞争导向定价法。指企业的定价是以预期竞争者的价格为基础，而不是依据企业的成本与市场需求。企业一方面必须制定比其竞争者更低的价格才有可能中标，但这一价格不能低于某一水准，即价格不能低于企业总成本。而另一方面，价格愈高则中标的概率愈小。故企业一般依据投标的期望利润，并根据其最高值报价。

3. 拍卖定价法

拍卖定价是由卖方预先发布拍卖公告，公布时间、地点、拍卖物、拍卖起步价等，经买方看货后，卖方通过拍卖市场公开叫价，买方相互竞争，将商品卖给出价最高者的一种定价销售方式。拍卖定价法主要用于品质不易标准化的商品的定价，如各类收藏品、土地、房屋、企业，或不能长期保存、季节性强、淘汰周期短的各类商品。

● 分项任务测试：

1. 找出三个运用不同定价方法的案例，分析三种定价方法的适用情况。
2. 以小组为单位，对某一种商品进行定价，比较小组定价的差异及产生原因。
3. 班级模拟招投标的过程，拍卖的流程。

5.3 制定价格策略

制定价格需要一套策略和技巧。定价方法侧重于产品的基础价格，定价技巧和策略侧重于根据市场的具体情况。定价策略是企业为达到预定的营销目标而制定相应的定价方案的总称。

5.3.1 新产品定价策略

新产品投入市场时,来自市场的直接竞争威胁不大,企业拥有较大的定价自主权。另外,由于消费者对新产品不甚了解,需要一个适应过程。故企业采用何种定价策略,不仅关系到新产品的市场推进,还将影响竞争者的数量。通常,有以下几种基本定价策略供企业选择。

1. 撇脂定价

顾名思义,该定价策略即在新产品刚上市时,将价格定得较高,尽可能在新产品投入期获得较高的收益。撇脂定价策略一般适用于以下情况:市场有足够的购买者且其需求缺乏弹性;高价仍有较大需求,且不致刺激竞争者蜂拥而上;市场上没有替代品,企业拥有专利和技术秘密;产品生产能力有限,且较小产量的单位成本不致抵消高价所带来的收益;高价可以造就优良的品质形象。

案例:"华润雪花"推出500元一瓶的高端啤酒

近日,"华润雪花"啤酒宣布推出致敬中国千年酿酒文化的超高端产品"醴",18.8度999 ml×2瓶装礼盒售价为999元,许多人认为"华润"高价啤酒存在割韭菜的嫌疑。

国内啤酒界,曾经甚至出现过几十万元的天价产品。"青岛啤酒"举行的"百年之旅大师珍酿"百年艺术酿造新品发布会上,001号新品啤酒现场拍出48万元的高价。事实上,无论是"青岛啤酒"的001号新品啤酒还是"华润雪花"的"醴",普通消费者原来就不是这些产品的潜在消费群体,那些喝"茅台"、开"法拉利"的人才是。

在消费升级的带动下,人们的味蕾变得更加挑剔,大众早已不满足于传统的工业水啤的口感,啤酒消费也正向高端化、品质化迈进。

2. 渗透定价

渗透定价策略指在产品投放市场时,将价格定得较低,以吸引消费者而渗入市场。

渗透定价策略一般适用于以下情况:产品的需求弹性大;市场上存在类似的替代品;产品的潜在市场巨大,且竞争者容易进入;存在着消费者购买力薄弱的市场;企业产品的销售成本随着产量的增加而下降;产品市场消费量大,短期可以打开销路。

案例:白酒的渗透定价

在消费品领域,低端、中低端、中端、中高端、高端等不同市场,都有各自不同的空间。每个市场,都有着一定的规模,不容小觑。

例如,在中国的白酒市场,主打中低端消费的"牛栏山"业绩达到了百亿。2019年,"牛栏山"营收突破100亿,达到102.89亿。

在2019年之前,中国白酒市场只有"茅台""五粮液""洋河""泸州老窖"四家销售过百亿。一瓶十几元的"牛二",与"茅五洋泸"显然不是一个档次,但是也成了中国白酒行业"百亿俱乐部"仅有的几个企业之一。这也说明了中低端市场的规模和潜力。

"蜜雪冰城"低价策略的成功也说明了这一点。无论是它的低价竞争策略,还是单店模式、管理能力、供应链、时间规模的沉淀,都值得企业思索和学习。

3. 温和定价

温和定价策略是一种中价定价策略,是指在新产品刚投放市场时,企业把价格定在一个比较合理的水平,使消费者比较满意,企业又能获得适当的利润。这种策略兼顾了生产者、中间商及消费者的利益,使各方面都感到满意。即使当企业处于优势地位,本可采用高价时,为了博得顾客的好感和长期合作,企业仍然选择中价,这样可赢得各方尊重。

温和定价策略的优点是:价格比较稳定,在正常情况下能实现企业盈利目标,赢得中间商和消费者的广泛合作。其缺点是:应变能力差,不适合复杂多变和竞争激烈的市场环境。运用这一策略的具体定价一般是采用反向定价法,即企业先通过调查,拟出消费者易于接受的零售价,然后反向推算出其他环节的价格。

5.3.2　心理定价策略

消费者的需要能激发购买动机,而购买动机又可引发购买行为。消费者的需要包括生理需要和心理需要。在多数情况下,消费者的心理需要是影响其购买行为的重要因素。企业定价,应针对消费者的不同心理,选择合适的心理定价策略。

1. 尾数定价

尾数定价亦称零头定价,是指制定商品售价时以零头结尾。如5元的价格,定4.99元。该定价会给消费者一种经过精确计算的最低价格的心理感觉,从而增添对产品的亲切感和信任感。因此,企业定价时,当价格处于整数分界线上时,宁可定在线内。如10元的产品,可定价为9.98元。至于品质卓越的高档品,则不宜采用此策略。

2. 整数定价

整数定价指企业定价时只取整数而不要零头。因为市场上商品繁杂,在交易中消费者往往利用价格作为辨别商品质量"指示器",一些高档名牌商品更是如此。对于该类商品宜采用整数定价,迎合消费者较高价格意味高质量的求贵心理,既有利于消费者尽快做出购买决策,亦有利于企业的商品销售。

3. 威望定价

威望定价亦称为声誉定价,是指一些经营卓越、信誉颇佳的企业和一些著名品牌商品,利用其在消费者心目中的威望来制定价格。因为求名心理的消费者往往对名牌商品富有忠诚和信任感。

案例:"星巴克"不卖"小杯"杯型

"星巴克"一直把杯型分为中杯、大杯、超大杯。明明可以直接把杯型设计成小杯、中杯、大杯,但"星巴克"偏偏要走弯路,还有人怀疑"星巴克"是"中杯歧视"。

试想一下,如果一位顾客点了一杯中杯饮料,那么店员往往会追加一套销售话术解释,反问一句"你确定是中杯吗",并强调"中杯就是等同于最小杯",要不要加3元升个杯,核心目的是传达两层意思:一是中杯可能不够喝,二是升杯也不贵。

在这样的心理暗示之下,就可能会说服消费者"换大杯"。不只线下门店,打开"星巴克"的App也会发现,下单的默认杯型就是大杯。升杯意味着客单价的提高,拉高整体客单价。相关数据显示,"星巴克"一个升杯的提醒能增加营收6 570万元。

为什么有的人会改变换杯型的初衷呢?仅仅是担心中杯不够喝吗?这还就得讲讲中国这

个人情社会，面子文化是中国人特有的文化现象。在中国人的传统观念里的，"小的"往往是代表小气吝啬，"大的"才更有面子，送礼要"大"，排场要"大"。所以很大程度上"星巴克"是抓住中国消费者的心理，以中杯取代小杯，降低消费中杯的面子顾虑。

4. 特价品定价

特价品定价又称招徕定价，指商品的价格定得低于一般市价。这一策略主要是为了迎合多数消费者的求廉心理，有意把几种商品做较大幅度的减价以招徕顾客，借机扩大连带销售。这样，对企业总销售额和总利润较为有利。特价品定价策略应注意以下几方面：① 特价品应是顾客购买频率较大的日用品或生活必需品；② 大规模零售商店，商品名目繁多；③ 特价品价格必须真正接近成本甚至低于成本，才能长期取信于消费者；④ 特价品数量有一定范围限制，数量太大或太小，要么无利可图，要么失去招徕顾客的作用。

5. 习惯定价

市场上许多产品由于销售已久，形成一种习惯价格或便利价格，消费者习惯于按此价格购买，对此类产品，任何企业要进入市场，必须依照习惯价格定价，这就是习惯定价。采用习惯定价的产品，纵使成本降低，也不要轻易降价，降价易引起消费者对产品质量的怀疑，若产品成本升高，也不要轻易升价，宁可在产品内容、包装、容量等方面进行调整，升价会导致消费者的不满。若要升价，也要尾随市场领导者之后。

阅读资料：价格心理中的"比例偏见"

"比例偏见"是指人们在很多场合，对于比例的感知，比对数值的感知更加敏感。比如，你早晨要吃早点，楼下的油条卖5元，而走10分钟就有家小店只卖2元，大部分人都愿意走10分钟去另一家店。因为省3元相当于省下了60%。而你想买一辆汽车时，同样的汽车，A店卖180 000元，B店卖179 800元，但去B店需要多走10分钟，这时候大多数人会选择在A店购买。原因很简单，200元占180 000元的比例实在是太小了，不值得搭上额外的时间和精力去节省。由于比例偏见，人们更愿意去省那3元而不愿意去省200元。人们往往会直观地认为，比例数值越大，优惠力度越大。具体如何运用"比例偏见"呢？

1. 放大优惠数值

一般情况下，客户对优惠的直观判断是哪种优惠数值大，就代表哪种优惠力度大。比如，买个房子打95折，你可能会觉得优惠力度不大；但售楼经理如果告诉你可以给你优惠2万元，你会觉得优惠力度很大。所以，如果你卖的产品价格较高，就不要用折扣的方式，应该直接告诉客户你能帮他省多少钱。相反，如果你卖的产品是10元的奶茶，你应该告诉客户可以优惠20%而不是2元。

2. 突显投入回报

让客户觉得优惠力度很大的另一种方式就是"低投入，高回报"。所以在打折优惠的过程中，我们要强调此次购买行为只要极低的投入，就可以获得较高的回报。比如，你去某电器商城买洗衣机，买1 300元的洗衣机可以获赠一个价值90元的烤箱，大部分人都觉得优惠力度不大。但如果改为买1 299元的洗衣机，加1元就可以换购一个烤箱，此时你就会觉得优惠力度挺大。90元在1 300元中的占比只有不到7%，而"加1元换购"，让客户觉得，1元的投入就有90倍的回报，很显然更有吸引力。

3. 增加赠送数量

买就赠的方法在营销中很常见，但赠送的方式不同，则转化率不同。依然拿买洗衣机送烤箱的例子来讲，买一个1 300元的洗衣机送90元的烤箱你可能不感兴趣，但如果买一个洗衣机送吹风机、电动剃须刀、电动牙刷、洗衣机防尘罩和洗衣机清洁剂（总价不超过90元），客户的感受是“买一送五”。这种“买一送N”的活动，N的数值越大，客户往往觉得越优惠。

5.3.3 折扣定价策略

折扣是企业对中间商或顾客提供的一种特定的激励办法。商品交易中，折扣的形式繁多，其中最主要的有数量折扣、交易折扣、现金折扣以及季节性折扣四种。

1. 数量折扣

企业为了鼓励买主大量购买，或集中向一家购买，根据他购买的数量或金额给予一定的折扣。在实际运用中，数量折扣可分为累计折扣和非累计折扣两种：① 累计折扣，即一定时期，按照买方购进的累计商品数量给予的折扣；② 非累计折扣，即根据买方一次购进卖方商品的数量而给予的一次性折扣。数量折扣的运用能否达到预期的目标，其购买基数量与折扣率的确定是其关键。企业必须经过科学的预测分析和计算来确定，使得买卖双方互惠互利。

2. 交易折扣

交易折扣是一种最常见的折扣策略。如一个中间商，其买入产品时可享受交易折扣，但具体折扣的多少，则要根据中间商能为企业提供的职能（如运输、贮藏、管理等）多少来确定。故交易折扣又称功能折扣或业务折扣。实际上，这是企业将减少功能而节省下来的成本费用以折扣形式转让给中间商，从而在中间商中造成公正的企业形象并建立融洽的社会关系。

3. 现金折扣

现金折扣策略，就是企业为了鼓励顾客在一定限期内早日偿还贷款，而从售价中出让给顾客的一定数额款。折扣一般约占应付金额的1%～3%。采用现金折扣可以：① 减少呆账；② 减轻对外部资金的依赖；③ 对销售渠道中间环节实现有效控制，并与其保持长久的合作关系。

4. 季节性折扣

季节性折扣策略就是企业给那些购买过季商品的顾客的一种减价。目的是鼓励购买者早订货、淡季进货，从而使企业的生产与销售在一年四季都能保持相对的均衡和稳定，减少企业的资金负担与仓储费用。

5. 其他折让定价

（1）推广让价。中间商为产品提供各种推广活动，如刊登地方性广告、布置专门橱窗等，对此，生产企业乐意给予津贴或减价作为报酬。

（2）运费让价。对较远的顾客，销售企业为顾客送货困难大，便减价或补运费给顾客以弥补部分运费或全部运费，这样有利于扩大市场的范围。

（3）回扣和津贴。回扣是间接折扣的一种形式，是指购买者在按价格目录将货款全部付给销售者以后，销售者再按一定比例将货款的一部分返还给购买者。津贴是企业为特殊目的，对特殊顾客以特定形式所给予的价格补贴。如，当中间商为企业产品刊登地方性广告、设置样品陈列窗等在内的各种促销活动时，生产企业给予中间商一定数额的资助或补贴。又如，“以旧换新”，将旧货折算成一定的价格，用新产品的价格减旧货价格，顾客只付余额，以刺激消费者需求,促进产品的更新换代,扩大新一代产品的销售,这也是一种津贴的形式。

阅读资料:临期折扣店经营模式

临期食品店这一业态,最近正式从小众狂欢,走向大众视野。由于购买场景中连带购买、冲动消费的比例颇大,能逛的线下门店是临期食品最理想的销售场景。从2019年开始,临期食品折扣店变成了一些加盟商的"财富密码",以1～3折的价格进货,再以2～5折的价格销售,临期折扣店的利润率可达30%～50%。虽然店里商品价格低,但利润可真不低。

在线下临期折扣店品牌出现之前,临期商品的销售渠道有三种:线上网店、超市特价区、夫妻老婆店。但这三种渠道,都不能真正解决供货方积压货品倾销的痛点,也和临期商品消费者购物需求不匹配。

在线下折扣店中,消费者处于一种冲动消费状态,绝大部分商品都是源于连带购买。进店时,消费者大多并没有明确的购物目标,看到新奇的,没有见过的小众品牌也愿意尝试,毕竟几元钱的价格没有什么决策成本。这使得原本在商超中可能由于口味不佳,或由于陈列位置不好从而产生滞销的商品,在这里,很容易被消费者接受。所以,临期商品线下折扣店的价值,是当前任何其他渠道都无法替代的。

5.3.4 差别定价策略

差别定价策略,是指产品在不同的细分市场上,针对各个市场的特殊情况,分别制定不同的价格。因此,这种价格上的差别化程度并不总是以反映成本费用的比例差异为基础,而以各细分市场的自身特征为主要决策依据。这些特征决定了产品以不同价格销往各细分市场的现实性与可行性。通常,企业采用差别定价策略必须具备以下条件:

(1) 市场必须能够明显细分,且各细分市场必须存在不同的需求强度;

(2) 各细分市场对同一产品存在不同的需求弹性;

(3) 市场细分与控制的成本,不能高于企业价格差别所带来的额外收益;

(4) 各细分市场发生套利行为(顾客以较低价格买进再以较高价格售出)的可能性极小;

(5) 竞争者不可能在企业以较高价格销售的细分市场上低价竞销;

(6) 高价销售的细分市场顾客不会产生不满、怨恨的抵触情绪;

(7) 不论在低价或高价细分市场,这一策略均不能扰乱销售区域的经济秩序。

差别化定价策略根据其细分标准的不同,主要有以下四种形式。

1. 需求差异定价策略

根据顾客的需求、习惯、消费模式、欲望等方面的差异性,企业按照不同的价格,将同一产品或劳务销售给不同的顾客。如在同一时期,企业以1 000元的售价将某一产品卖给顾客A,而以950元的价格卖给顾客B。

2. 产品的款式差异定价策略

企业将不同款式的相同产品分别规定不同的价格,且不同款式产品的售价之差与其成本之差并不成比例。如企业生产两种款式的服装,款式A售价95元,款式B售价80元,两者售价之差为15元,而其实际成本差额仅有5元。

3. 地理差异定价

企业对处在不同场所或位置的产品或服务分别规定不同的价格。如飞机前舱票价高而后舱票价低;影剧院雅座票价几乎是普通座的2倍等。

4. 时间差异定价

企业对不同季节、不同时间的产品或服务分别规定不同的价格。如夏季空调器提价而冬季降价;长途电话费用夜晚比白天便宜等。

5.3.5 组合定价策略

产品组合是指企业生产或经营的全部产品品种的结构。企业产品组合定价策略即是对其相关产品进行综合考虑和评价,从中找出一组满意价格,从而使整个产品组合利润最大化。产品组合定价策略主要有以下四种形式。

1. 产品线定价

在企业的市场行为中,为了减少经营风险和拓展市场份额,企业通常倾向于开发产品线,而不是单一产品。企业定价时,应决定产品线中各相互关联产品之间的价格梯级。而决定价格梯级必须综合考虑以下因素:各产品间的成本差距;产品间的相互替代程度;顾客对企业产品线中各关联产品的评价;竞争者同类产品的价格状况等。只有综合上述因素,才有可能合理地确定产品线价格。

一般来说,如果产品线中两个前后连接的产品之间"价格差额"小,且两种产品之间的"成本差额"小于"价格差额",则顾客将倾向于购买其中较先进的产品,从而对企业产生利润贡献。反之,如是两个产品之间"价格差额"大,且其"成本差额"大于"价格差额",则顾客将偏向较差产品,从而有可能是企业的利润减少。实践证明,如果顾客心目中的产品品质差距与企业制定的价格差距相一致,产品线定价往往能获得较好的效果。

2. 附加产品定价

多数企业除生产和经营其主要产品外,往往同时还生产和经营与其主要产品密切相关的附加产品或辅助产品。企业除了给其主要产品定价外,还必须给其附加产品定价。此时应充分考虑附加产品与主要产品的价格配合问题,目的是取得最佳的整体效益。如某企业对其附加产品采取低价政策,以此为其主要产品招徕生意。

3. 连带产品定价

所谓连带产品,即是必须与主产品一同使用的产品。如照相机为主要产品,胶卷则为连带产品。企业通常的做法是采用高低价组合价格,对主要产品定低价而对连带产品定高价。日本柯达公司的互补产品定价便是典型的一例。柯达公司对其照相机定价较低,而对一次性使用的胶卷定价较高,并主要靠胶卷赚取厚利。而那些只生产照相机而不生产胶卷的企业必然将其产品定较高的价才能获得相同的收益。这样,在照相机市场上柯达公司就拥有了相当大的价格竞争优势。

4. 副产品定价

在许多行业,如石油化工、肉类加工、冶金工业等,企业在生产其主要产品时往往伴随着副产品。倘若这些副产品没有市场,企业将付出相当的代价去处理,使得其主要产品的成本费用增加,进而影响企业主要的定价。故企业往往想方设法为其副产品寻找市场。通常副产品的售价只要高于其储运成本,企业就可接受。这样可以降低其主要产品的成本与价格,同时提高其市场竞争能力。

● 分项任务测试：

到购物网站或实体店观察，分析下列商品的定价策略的不同。

产品类别：口香糖；钢琴；名牌服装；化妆品；洗衣粉；网红奶茶；笔记本电脑；生鲜果蔬。

5.4 实施价格调整

企业为某种产品制定出价格，并不意味着大功告成。随着市场营销环境的变化，企业必须对现行价格予以适当调整。

调整价格，可采用减价及提价策略。企业产品价格调整的动力既可能来自内部，也可能来自外部。倘若企业利用自身的产品或成本优势，主动地对价格予以调整，将价格作为竞争的利器，即为主动调整价格。有时，价格的调整出于应付竞争的需要，即竞争对手主动调整价格，而企业也相应地被动调整价格。无论是主动调整，还是被动调整，其形式不外乎是降价和提价两种。

5.4.1 降价策略运用

1. 降价条件

这是定价者面临的最严峻且具有持续威胁力量的问题。企业降价的原因很多，既有企业外部需求及竞争等因素的变化，也有企业内部的战略转变、成本变化等，还有国家政策、法令的制约和干预等。这些原因具体表现在以下几个方面。

(1) 企业急需回笼大量现金。对现金产生迫切需求的原因既可能是其他产品销售不畅，也可能是为了筹集资金进行某些新活动，而资金借贷来源中断。此时，企业可以通过对某些需求价格弹性大的产品予以大幅度降价，从而增加销售额，获取现金。

(2) 企业通过降价来开拓新市场。一种产品的潜在顾客往往由于其消费水平的限制而阻碍了其转向现实顾客的可行性。在降价不会对原顾客产生影响的前提下，企业可以通过降价方式来扩大市场份额。不过，为了保证这一策略的成功，有时需要以产品改进策略相配合。

(3) 企业决策者决定排斥现有市场的边际生产者。对于某些产品来说，各个企业的生产条件、生产成本不同，最低价格也会有所差异。那些以目前价格销售产品仅能保本的企业，在别的企业主动降价以后，会因为价格的被迫降低而得不到利润，只好停止生产。这无疑有利于主动降价的企业。

(4) 企业生产能力过剩，产品供过于求，但是企业又无法通过产品改进和加强促销等工作来扩大销售。在这种情况下，企业必须考虑降价。

(5) 企业决策者预期降价会扩大销售，由此可望获得更大的生产规模。特别是进入成熟期的产品，降价可以大幅度增进销售，从而在价格和生产规模之间形成良性循环，为企业获取更多的市场份额奠定基础。

(6) 成本降低，费用减少，使企业降价成为可能。随着科学技术的进步和企业经营管理水平的提高，许多产品的单位产品成本和费用在不断下降，因此，企业拥有条件适当降价。

(7) 企业决策者出于对中间商要求的考虑。以较低的价格购进货物不仅可以减少中间商的资金占用,而且为产品大量销售提供了一定的条件。因此,企业降价有利于同中间商建立较良好的关系。

(8) 政治、法律环境及经济形势的变化,迫使企业降价。政府为了实现物价总水平的下调,保护需求,鼓励消费,遏制垄断利润,往往通过政策和法令,采用规定毛利率和最高价格、限制价格变化方式、参与市场竞争等形式,使企业的价格水平下调。在紧缩通货的经济形势下或者在市场疲软、经济萧条时期,由于币值上升,价格总水平下降,企业产品价格也应随之降低,以适应消费者的购买力水平。此外,消费者运动的兴起也往往迫使产品价格下调。

2. 降价方式

降价最直截了当的方式是下调企业产品的目录价格或标价,但企业更多的是采用各种折扣形式来降低价格。如数量折扣、现金折扣、回扣和津贴等。此外,变相的降价形式有:赠送样品和优惠券,实行有奖销售;给中间商提取推销奖金;允许顾客分期付款;赊销;免费或优惠送货上门、技术培训、维修咨询;提高产品质量,改进产品性能,增加产品用途。由于这些方式具有较强的灵活性,在市场环境变化的时候,即使取消也不会引起消费者太大的反感,同时又是一种促销策略,因此在现代经营活动中运用越来越广泛。

3. 降价时机

确定何时降价是调价策略的一个难点,通常要综合考虑企业实力、产品在市场生命周期所处的阶段、销售季节、消费者对产品的态度等因素。比如,进入衰退期的产品,由于消费者失去了消费兴趣,需求弹性变大、产品逐渐被市场淘汰,为了吸引对价格比较敏感的购买者和低收入需求者,维持一定的销量,降价就可能是唯一的选择。由于影响降价的因素较多,企业决策者必须审慎分析和判断,并根据降价的原因选择适当的方式和时机,制定最优的降价策略。

5.4.2　提价策略运用

1. 提价条件

提价确实能够增加企业的利润率,但会引起竞争力下降、消费者不满、经销商抱怨,甚至还会受到政府的干预和同行的指责,从而对企业产生不利影响。虽然如此,在实际中仍然存在着较多的提价现象。其主要原因有以下几点。

(1) 应付产品成本增加,减少成本压力。这是所有产品价格上涨的主要原因。成本的增加或者是由于原材料价格上涨,或者是由于生产或管理费用提高而引起的。企业为了保证利润率不致因此而降低,便采取提价策略。

(2) 为了适应通货膨胀,减少企业损失。在通货膨胀条件下,即使企业仍能维持原价,但随着时间的推移,其利润的实际价值也呈下降趋势。为了减少损失,企业只好提价,将通货膨胀的压力转嫁给中间商和消费者。

(3) 产品供不应求,遏制过度消费。对于某些产品来说,在需求旺盛而生产规模又不能及时扩大而出现供不应求的情况下,可以通过提价来遏制需求,同时又可以取得高额利润,在缓解市场压力、使供求趋于平衡的同时,为扩大生产准备了条件。

(4) 利用顾客心理,创造优质效应。作为一种策略,企业可以利用涨价营造名牌形象,使消费者产生价高质优的心理定式,以提高企业知名度和产品声望。对于那些革新产品、贵重商品、生产规模受到限制而难以扩大的产品,这种效应表现得尤为明显。

2. 提价方式

在提价方式选择上，企业应尽可能多采用间接提价法，把提价的不利因素减到最低程度，使提价不影响销量和利润，而且能被潜在消费者普遍接受。同时，企业提价时应采取各种渠道向顾客说明提价的原因，配之以产品策略和促销策略，并帮助消费者寻找节约途径，以减少消费者的不满情绪，维护企业形象，提高消费者信心，刺激消费者的需求和购买行为。

至于价格调整的幅度，最重要的考虑因素是消费者的反应。因为调整产品价格是为了促进销售，实质上是要促使消费者购买产品。忽视了消费者反应，销售就会受挫，只有根据消费者的反应调价，才能收到好的效果。

3. 提价时机

为了保证提价策略的顺利实现，提价时机可选择在这样几种情况下：

(1) 产品在市场上处于优势地位；

(2) 产品进入成长期；

(3) 季节性商品达到销售旺季；

(4) 竞争对手产品提价。

案例：价格因素带来的火锅行业新格局

如果说"海底捞"是一个神话，如今，这个神话正在破灭。"海底捞"发布一则公告称，2019年度其净利润为23.47亿元，而2020年度同比下降约90%。无独有偶，"呷哺呷哺"也发布公告称，2020年度纯利润较2019年下滑90%以上。

事实上，中国的火锅行业还在持续增长，但为何"海底捞"和"呷哺呷哺"的营收却严重下滑？以"海底捞"为例，2021年3月，"海底捞"就"喜提"三个热搜："海底捞"净利润暴跌90%；"海底捞"包间装摄像头；"海底捞"牛肉粒替换成大豆素肉。此外，"海底捞"还曾因数次涨价问题、食品安全问题以及付费插队问题成为热搜"常客"，不仅败光了自己的好人缘，更是直接将消费者挡在了"门外"。2020年4月，"海底捞"在没有公示的情况下直接将单品价格上涨10%，此举让不少消费者抵制"海底捞"。而对于另外一个火锅巨头"呷哺呷哺"来讲，"呷哺呷哺"的业绩下滑与其自我定位有关。资料显示，"呷哺呷哺"发迹于"平价"，但是尝到市场甜头后就急于撕破"平价"标签，向"高端"模式转型，在"高端"梦想下，近几年"呷哺呷哺"门店的人均消费随之大涨，由原来的人均40～50元涨至70～90元，部分一线城市的门店甚至为80～100元。最终，失去了性价比的"呷哺呷哺"在激烈的火锅市场当中丧失优势。

5.4.3 价格调整的市场反应分析

1. 消费者反应分析

不同市场的消费者对价格变动的反应是不同的，即使处在同一市场的消费者对价格变动的反应也可能不同。从理论上来说，可以通过需求的价格弹性来分析消费者对价格变动的反应，弹性大表明反应强烈，弹性小表明反应微弱。但在实践中，价格弹性的统计和测定非常困难，其状况和准确度常常取决于消费者预期价格、价格原有水平、价格变化趋势、需求期限、竞争格局以及产品生命周期等多种复杂因素，并且会随着时间和地点的改变而处于不断地变化之中，企业难以分析、计算和把握。所以，研究消费者对调价的反应，多是注重分析消费者的价格意识，即消费者对商品价格高低强弱的敏感性。我们可以将消费者对价格变动的反应归纳如下。

(1) 在一定范围内的价格变动是可以被消费者接受的;提价幅度超过可接受价格的上限,则会引起消费者不满,产生抵触情绪,而不愿购买企业产品;降价幅度低于下限,会导致消费者产生种种疑虑,也对实际购买行为产生抑制作用。

(2) 在产品知名度因广告而提高、收入增加、通货膨胀等条件下,消费者可接受价格上限会提高;在消费者对产品质量有明确认识、收入减少、价格连续下跌等条件下,下限会降低。

(3) 消费者对某种产品降价的可能反应是:产品将马上因式样陈旧、质量低劣而被淘汰;企业遇到财务困难,很快将会停产或转产;价格还要进一步下降;产品成本降低了。而对于某种产品的提价则可能这样理解:很多人购买这种产品,我也应赶快购买,以免价格继续上涨;提价意味着产品质量的改进;企业将高价作为一种策略,以树立名牌形象;卖主想尽量取得更多利润;各种商品价格都在上涨,提价很正常。

2. 竞争者反应分析

虽然透彻地了解竞争者对价格变动的反应几乎不可能,但为了保证调价策略的成功,主动调价的企业又必须考虑竞争者的价格反应。没有估计竞争者反应的调价,往往难以成功,至少不会取得预期效果。

如果所有的竞争者行为相似,只要对一个典型竞争者做出分析就可以了。如果竞争者在规模、市场份额或政策及经营风格方面有关键性的差异,则各个竞争者将会做出不同的反应,这时,就应该对各个竞争者分别予以分析。分析的方法是尽可能地获得竞争者的决策程序及反应形式等重要情报,模仿竞争者的立场、观点、方法思考问题。

一般说来,在同质产品市场上,如果竞争者降价,企业必须随之降价,否则大部分顾客将转向价格较低的竞争者;但是,面对竞争者的提价,本企业既可以跟进,也可以暂且观望。如果大多数企业都维持原价,最终迫使竞争者把价格降低,使竞争者涨价失败。

在异质产品市场上,由于每个企业的产品在质量、品牌、服务、包装、消费者偏好等方面有着明显的不同,所以面对竞争者的调价策略,企业有着较大的选择余地。

第一,价格不变,任其自然,任顾客随价格变化而变化,靠顾客对产品的偏爱和忠诚度来抵御竞争者的价格进攻,待市场环境发生变化或出现某种有利时机,企业再做行动。

第二,价格不变,加强非价格竞争。比如,企业加强广告攻势,增加销售网点,强化售后服务,提高产品质量,或者在包装、功能、用途等方面对产品进行改进。

第三,部分或完全跟随竞争者的价格变动,采取较稳妥的策略,维持原来的市场格局,巩固取得的市场地位,在价格上与竞争对手一较高低。

第四,以优越于竞争者的价格跟进,并结合非价格手段进行反击。用比竞争者更大的幅度降价,比竞争者小的幅度提价,强化非价格竞争,形成产品差异,利用较强的经济实力或优越的市场地位,居高临下,给竞争者以毁灭性的打击。

● 分项任务测试:

结合个人消费经历,分析不同产品在"双11"促销前后价格的变化原因。

知识检测

选择题

1. 在完全竞争情况下，企业只能采取(　　)定价法。

A. 成本加成　　B. 随行就市　　C. 拍卖　　D. 边际成本

2. 某种产品本应定价 90 元，厂商定价时实际定为 89.88 元，这种定价策略为(　　)。

A. 声望定价　　B. 尾数定价　　C. 招徕定价　　D. 整数定价

3. 某商场规定，顾客一次性购买其产品满 200 元，给予 10% 的折扣，这种折扣属于(　　)。

A. 数量折扣　　B. 现金折扣　　C. 季节折扣　　D. 以旧换新

4. 在企业定价法中，目标定价法属于(　　)。

A. 成本导向定价法　B. 需求导向定价法　C. 竞争导向定价法　D. 市场导向定价法

5. 准确地计算产品所提供的全部市场认知价值是(　　)的关键。

A. 认知价值定价法　　B. 反向定价法

C. 需求差异定价法　　D. 成本导向定价法

6. 企业利用消费者具有仰慕名牌商品或名店声望所产生的某种心理，对质量不易鉴别的商品的定价最适宜用(　　)法。

A. 尾数定价　　B. 招徕定价　　C. 声望定价　　D. 反向定价

7. 当企业有意愿和同行和平共处而且自身产品成本的不确定因素又较多时，企业往往会采取(　　)定价方法。

A. 反向　　B. 投标　　C. 需求导向　　D. 随行就市

8. 企业在竞争对手价格没有变的情况下率先降价的策略称为(　　)策略。

A. 被动降价　　B. 主动降价　　C. 撇脂定价　　D. 渗透定价

9. 非整数定价一般适用于(　　)的产品。

A. 价值较高　　B. 高档　　C. 价值较低　　D. 奢侈

10. 企业定价目标主要有(　　)等。

A. 维持生存　　B. 当期利润最大化

C. 市场占有率最大化　　D. 产品质量最优化

E. 成本最小化

11. 引起企业提价主要有(　　)等原因。

A. 通货膨胀，物价上涨　　B. 企业市场占有率下降

C. 产品供不应求　　D. 企业成本费用比竞争者低

E. 产品生产能力过剩

名词解释

长期价格；成本加成定价法；随行就市定价法；声望定价；招徕定价；撇脂定价；渗透定价；差别定价；产品组合定价

简答题

1. 简述影响定价的主要因素。

2. 简述差别定价的适用条件。

3. 竞争导向定价的方法有哪些?

4. 简述企业在哪些情况下可能需要采取降价策略?

5. 如何根据竞争对手的价格调整进行自我调整?

计算题

1. 某厂生产某种商品10 000件,固定总成本400 000元,变动总成本600 000元,预期利润率20%,试按成本加成定价法计算每件商品的销售价格。

2. 某烤箱厂投资100万美元,期望取得20%的投资收益率。如果生产烤箱的固定成本为30万美元,平均变动成本为10美元,建成投产后预计年销售量50 000台,则按目标收益定价法确定的烤箱价格是多少?

3. 某生产商通过统计分析得:需求函数Q=1 000-4P;成本函数C=6 000+50Q;如果公司以利润最大化为定价目标,则其价格为多少时可取得最大利润?最大利润是多少?

案例分析

"呷哺呷哺"小火锅回归大众,低价能否帮助其"翻身"?

创立于1998年的"呷哺呷哺",以一人食、小火锅的定位,在过去数十年的中国火锅市场站稳脚跟。其获得成功的因素中,低价的亲民路线无疑是不可忽略的。

"呷哺呷哺"早期更偏向于低成本模式,吧台式小火锅的设计,能容纳更多顾客,同时顾客可以自己调节电磁炉、添加小料等,大部分工作都不需要服务员完成,节省了部分人力。那时候,顾客以人均不到50元的价格,便能吃到一顿"呷哺呷哺",而其门店装修、环境无疑要胜于一般的餐饮小店,这也让其成了性价比高的代表。

但随着时间的推移,"呷哺呷哺"越来越贵了。根据财报,其人均消费已经从2017年的48.4元涨至2020年62.3元。消费者也在社交媒体上对"呷哺呷哺"菜品涨价的现象多有怨言。2016年,其不仅开拓了小火锅的外卖业务,餐厅也全面升级,从快餐式火锅的定位转型为休闲正餐,以吧台座位为主的设计,转变为以四人式餐桌为主。"呷哺呷哺"希望以此方式贴近年轻消费者,而当时国内火锅市场的消费客单价集中在50~70元,中高端火锅市场尚且属于蓝海,"呷哺呷哺"的转型十分合理。但从结果来看,这一转型最终没能成功,反而让"呷哺呷哺"开始走下坡路。

在消费者眼中,"呷哺呷哺"不再是性价比的代表,它变得与其他火锅品牌并无什么不同。在价格有所上涨的同时,在大众点评上,关于服务态度差、菜品质量差等来自消费者的投诉并不少见。

"呷哺呷哺"接下来应是本着初心,做以大众消费为主的餐饮品牌,定位于60块钱左右的小火锅。"呷哺呷哺"希望扭转在消费者心中的形象,如贺光启所希望的那样,消费者能重新认识到,"五六十块钱能吃一个非常精致的小火锅套餐"。

问题:

1. "呷哺呷哺"提价的原因有哪些?

2. 你认为"呷哺呷哺"提价给"海底捞"带来什么影响?

3. 企业调价的基础和注意点是什么?

技能训练

1. 深入当地一家高端的商场(百货公司),了解其产品的定价策略。
2. 比较同一商品在不同平台的销售价格的差异并分析原因。
3. 分析“双 11”或“6·18”期间,某种产品的价格促销策略。

任务6　建立和管理分销渠道

【任务目标】

知识目标：

1. 熟悉分销渠道的基本模式；
2. 掌握分销渠道设计的基本要素；
3. 掌握分销渠道流程管理的基本方法；
4. 了解分销渠道的发展趋势。

技能目标：

1. 能够根据企业的产品特点、市场情况、环境因素选择有效的分销模式；
2. 能够分析并设计企业的分销渠道系统；
3. 能够对分销渠道成员进行选择、评价、激励，提升渠道效率。

思政目标：

1. 认识分销对满足人民美好生活向往的重要作用；
2. 认识传销的危害性，坚决抵制传销；
3. 融入“互联网＋”、新零售、线上线下融合发展的元素，树立创新发展理念，实现科技强国梦。

【任务分解】

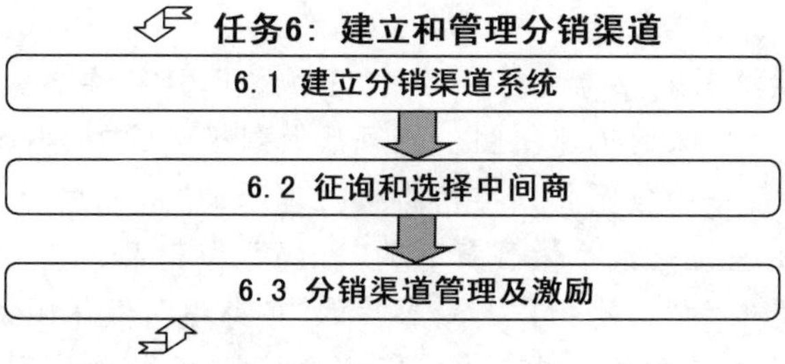

6.1　建立分销渠道系统

6.1.1　认知分销渠道

1. 分销渠道的概念

分销渠道，是指产品从生产领域转向消费领域所经过的通道，是连接生产和消费的“纽带”和“桥梁”。分销渠道解决了产品如何从生产者手中到消费者手中的问题，其起点是生产者，终点是消费者，中间环节有经销商和代理商以及各类批发商、零售商、代理商、经纪人等中间商，不包括供应商、辅助商，也可以没有中间商。

不管是多么完美的产品,多么合适的价格,多么有创意的促销方式,消费者是多么地想要,如果没有分销渠道的话一切都是空谈。

案例:互联网零食品牌线上线下渠道分布

1.“三只松鼠”。自“三只松鼠”成立以来,就以“中国第一家纯互联网食品品牌企业”自居,成为国产零食品牌的领头羊。狂奔的松鼠如今正加速从坚果品牌向食品品牌转型,推出四大新品牌,互联网婴童食品“小鹿蓝蓝”、互联网宠粮品牌“养了个毛孩”、互联网喜礼品牌“喜小雀”。

2.“良品铺子”。“良品铺子”的发展非常均衡,2021 年线上收入占比为 51.58%,线下收入占比为 48.42%。线上线下两条腿走路,加上“高端零食”的差异化竞争策略,让“良品铺子”发展迅猛。“良品铺子”尽力深耕细分领域,推出子品牌“良品小食仙”,为 3～12 岁儿童定制研发高品质零食;推出健身零食品牌“良品飞扬”,为泛健身人群提供体重管理方案。

3.“来伊份”。“来伊份”一直走的都是线下策略。如今“来伊份”将“新鲜零食”确立为未来十年的品牌战略,用原料优鲜、技术保鲜、包装锁鲜、产销争鲜、配送领鲜的五个标准,开启零食行业的下半场竞争。

4.“盐津铺子”。“盐津铺子”的优势在于拥有自己的供应链,拥有自家工厂,可以自主研发,自主生产,自己搭建销售渠道。在线下渠道上,“盐津铺子”主攻大型商超,首创的“店中岛”模式强化了品牌感,已然成为超市的标配。

5.“洽洽食品”。“洽洽”在线下渠道的布局上十分强势,无论是街边小店还是大型商超,都有“恰恰”瓜子的身影。快速触达就是替消费者做决策,“恰恰”做到了消费者在想吃的时候就能吃到,大大提升了线下渠道的转化率。“洽洽食品”还积极布局下沉三四线市场,推进社区团购、餐饮等渠道,取得了不俗业绩。

6. 网红品牌。以烘焙燕麦片为主打产品的“王饱饱”,活跃在各大社交平台上,凭借着高颜值的包装和突破传统的口味而迅速出圈。把凤爪做到极致的“王小卤”,短短 18 个月就拿下“天猫”鸡肉类零食销量第一的位置。以控糖为核心理念的“每日黑巧”,健康的食材加上健康的定位,走出了差异化的垂直路线。做蛋黄酥的“轩妈”,做精品大鸭舌的“藤桥牌”,做特色肉食的“郝小子”,做红糖零食的“云耕物作”,做薯片的“单身粮”,做休闲饼干的“欧贝拉”等,网红新产品以后来者之势抢占消费者心智,让休闲零食赛道变得更热闹,也激发原有品牌求变求新。

2. 分销渠道的职能

分销渠道的基本职能是把产品从生产者手中转移到消费者的手中,其目的在于消除产品或服务与它们的消费者或客户之间存在的差距。这种差距具体表现在时间、地点和所有权等方面,为了弥合这些缺口,需要分销渠道各成员的共同努力。具体而言,分销渠道的主要职能有以下几种。

(1) 推销。一般来说,并不是每个顾客都对产品的功效以及供给情况非常了解,这就需要承担商品所有权转移或帮助所有权转移的渠道成员,都要积极开展推销工作,以唤醒顾客需要,激发其购买兴趣和购买欲望。

(2) 支持和配合。渠道内几乎每个成员都应该相互支持和配合,积极主动地同其他成员沟通信息,从而尽可能消除渠道成员之间的信息不对称,提升渠道内的合作和运作效率。例如，零售商与最终消费者接触的概率最高，他们相对更了解消费者的需求和声音。如果他们能及时地将有关信息向生产商或批发商进行通报，这对生产商的新产品开发、市场营销策略的制定、库存的控制等都会产生积极的影响。

(3) 谈判。在整个营销渠道内部，只要存在商品所有权转移，就必然关系到有关成员的利益得失。因此，每个渠道成员都应该积极参与谈判，尽可能地如实表达自己的意愿，从而缩小甚至消除彼此间的差距，消除彼此间的误会，从而促进更好的合作。

(4) 协调。使供应商所提供的产品与购买者的要求相协调，这包括生产制造、分类组合、装配、包装等一系列活动。

(5) 订货付款。只有当分销渠道下游的成员主动向上游供应商下达订单时，整个分销渠道才能充分发挥出应有的作用。渠道成员在转移商品所有权的同时，必须同时承担收取货款、向供应商转交货款的职能。

(6) 承担风险。只要存在营销活动，就一定有风险。在国内的市场上，营销风险主要是开拓市场的风险，即有可能产品销售不出去，造成部分渠道成员所付出的开拓市场、从事经营活动的费用无法得到。其他可能的风险主要有通货膨胀或滞胀风险、商业道德风险、货物损失损坏风险等。

(7) 物流配送。产品实体从原料到最终顾客手里的连续的储运工作。无形产品(服务、咨询、软件、音乐等)可在网上直接配送；有形产品的配送则需要借助专业的物流配送体系来完成。同时，所有权从一个组织或个人转移到其他组织或个人。

案例："蜜雪冰城"三位一体的供应链

作为茶饮行业中的"价格屠夫"，"蜜雪冰城"能够将产品价格控制在较低水平，所依靠的是完整的供应链体系，以此来压低成本，达到"省钱"的目的。

首先，原料自产为主。早在2007年，"蜜雪冰城"就有了自己的原料加工厂。到了2012年，生意越做越大，作坊式的自建工厂已无法满足前端的需求，于是河南大咖食品有限公司成为"蜜雪冰城"最大的原料供应商。特调乳、奶浆等几种主要原料批量生产后，生产成本自然下降。

其次，构建了以河南为中心、覆盖全国大部分区域的物流运输体系。大咖食品有河南总仓、西南仓、华南仓、东北仓、新疆仓。当加盟商需要原料时，大咖食品有覆盖全国的供应能力，可免运费直接送进门店，没有中间商赚差价。

最后，最大程度降低门店运营成本低。运营成本低主要体现在产品制作工序少，易操作。一个新人入职，只要培训半个月到一个月时间就可以学会店内产品制作。相比于"奈雪的茶"时间短了许多，"奈雪的茶"员工培训短则三个月，长则半年时间。可以说，"蜜雪冰城"压根不是一家奶茶店，本质是卖原材料的供应商。

(8) 融资。无论是产品制造还是商品分销都需要资金，用于渠道成员之间货款的支付、组织的运转开支和职工工资支付，以保证营销渠道不同层次有效运转和保持有效联系。

渠道中的每个成员都应该承担一定的渠道职能，当然不是每个渠道成员都要承担所有的渠道职能，有些渠道职能被规定为分销渠道环节上的成员的必要职能，比如占有实体店的职能对生产商和店铺零售商来说是必要的，但对某些批发商来说就不是必要的。因此，在制定具体的策略时，由谁来执行分销渠道的职能，要首先考虑职能对中间商的必要程度，兼顾效率和效益原则。

3. 分销渠道的作用

在商品经济发达的现代社会，生产远离消费，两者之间存在着各种各样的矛盾。分销渠道在连接生产和消费的过程中起到了巨大作用。这些作用主要表现为以下几方面。

(1) 疏通生产和消费之间的矛盾

这是分销渠道最基本的作用。现代化大生产使得生产和消费在时间、空间、数量、信息、品种等各方面的矛盾越来越突出，生产者总是相对稳定地、多品种、大批量地生产，消费者则经常季节性地、多样化、零星而频繁地购买。二者之间的矛盾需要通过建设合理的分销渠道来解决。

(2) 降低交易成本

组建合理的分销渠道可以有效减少不必要的商品交易次数，从而带来交易成本的降低。比如，通过中间商分销服装，比起企业直接分销给顾客，可以减少交际次数，节约交易费用。图 6-1和图 6-2 分别是不使用和使用中间商的经济效果图，通过对比可以直观地感受到合理分销渠道的重要性。

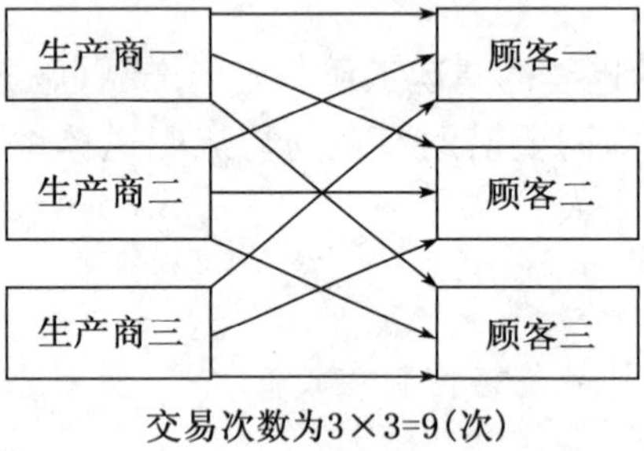

图 6-1　不使用中间商的经济效果图

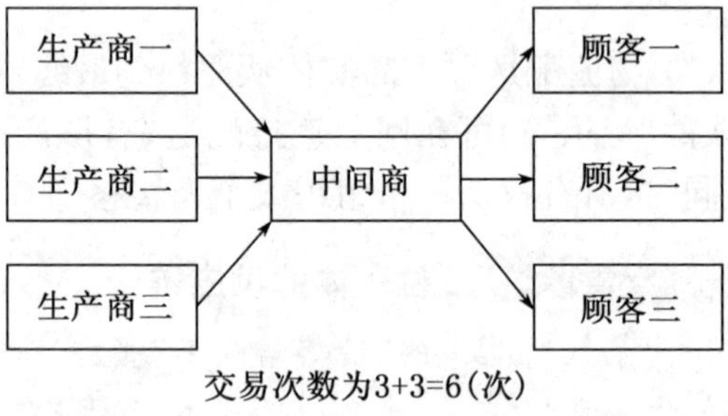

图 6-2　使用中间商的经济效果图

(3) 接近终端用户，方便顾客购买

日化巨头宝洁公司的培训手册上有一句格言："世界上最好的产品，即使有最好的广告支持，除非消费者能够在销售网点买到它们，否则，简直就销不出去"。分销渠道建设就是要求企业在正确的时间、正确的地点以正确的方式方便顾客购买，从而能够及时满足顾客需求。

(4) 收集市场信息，指导企业生产，规避市场风险

现代市场营销理念强调"以顾客为中心，满足顾客需求"，要求企业按照顾客需求指导生产。分销渠道直接服务于市场，对顾客需求变化最敏感，对市场信息了解最及时。通过各种销售网络收集信息并及时反馈，企业可以正确指导生产，从而减少和规避市场风险。

6.1.2　选择分销渠道模式

由于不同行业不同企业各自的特点不同，分销渠道各不相同。归纳起来有两种基本模式：消费品营销渠道模式和生产资料营销渠道模式(如图 6-3、图 6-4 所示)。

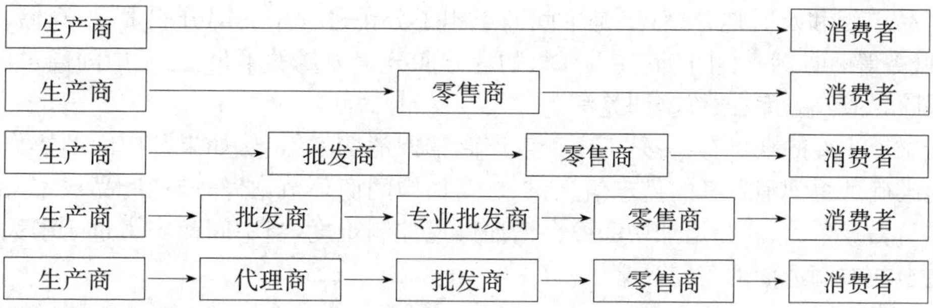

图6-3 消费品市场的分销渠道模式

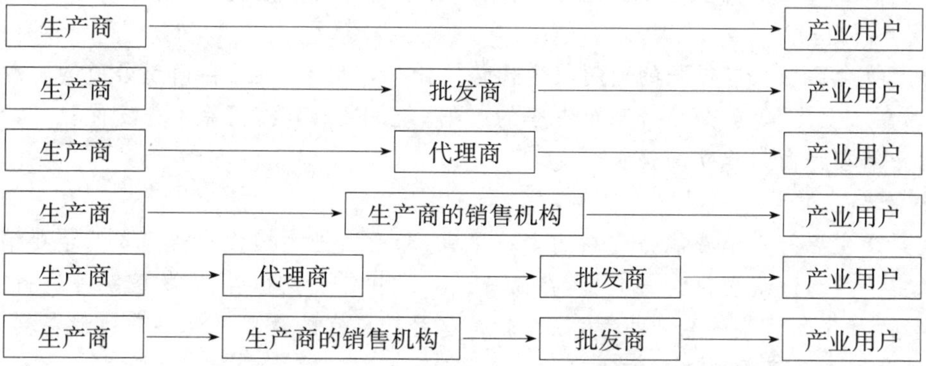

图6-4 工业品市场的分销渠道模式

从上述流程图我们可以看出，消费品与工业品的分销渠道模式非常类似。根据没有或有中间商，分销渠道可分为直接渠道和间接渠道；根据渠道中间环节多或少，分销渠道可分为长渠道和短渠道；根据每一个渠道层次中间商多或少，分销渠道可分为宽渠道和窄渠道。

1. 直接渠道和间接渠道

(1) 直接渠道

直接渠道是指生产者将产品直接销售给消费者或者用户，没有中间商介入的分销渠道形式，也称零层渠道。这是一种最简单、最直接的渠道策略。

直接渠道由于没有中间环节，可以减少流通费用，缩短流通时间，提高产品市场竞争力；同时便于全面周到地为用户提供服务，尤其是技术复杂的产品，生产商可以给予安装、维护、人员培训等各方面的协助；直接渠道不借助于中间商分销，有助于生产商对渠道的有效控制，方便生产商营销政策的贯彻实施。

直接渠道的缺点主要表现为：一是要求企业有雄厚的资金实力和资源实力，要能够大量存货，要有比较完善的仓储及零售设施，独自承担生产和分销以及售后服务等所有职责，增加负担和费用，分散精力；二是一些优秀的中间商在当地市场上通常比生产商分销经验丰富，如果没有他们的协作，凭生产商自己的力量去销售，很难迅速和全面地占领市场；三是生产商需要独自承担产品分销中的全部风险；四是直销对于团队的管理、执行能力要求非常高。

(2) 间接渠道

间接渠道是指生产商通过中间商将产品销售给消费者或者用户的分销渠道形式。

间接渠道的优点主要有：一是借助于中间商现有的分销渠道，生产商可以迅速占领市场，有助于产品广泛和及时地分销；二是中间商承担了分销过程中的部分职责，如仓储、配送、促销、售后服务等，可以弥补生产商在人、财、物等方面分销力量的不足；三是中间商可以承担部分市场风险，如运输、库存、资金回笼等。

间接渠道主要的缺点有：一是不便于生产商掌握消费者信息，如果与中间商协作不好，会难以及时准确地得到消费者的需求信息；二是增加中间商环节，必然增加产品成本，由此会降低产品的价格竞争力；三是增加中间商会增加渠道控制难度，当中间商实力过于强大时，往往会影响甚至左右制造商的营销政策。

案例：宠物食品的分销渠道类型

宠物食品企业在国内市场议价能力较强，主要通过三类渠道进行销售。

1. 线下商超渠道

国际宠物食品巨头有很强的商超渠道优势。比如，“玛氏集团”在商超渠道的资源和经验，奠定了“伟嘉”“宝路”等大众品牌高市占率的基础。在中国，“玛氏”除了先发优势外，更多依赖的是其消费品在大商超建立的强势渠道。

2. 线下专业渠道

专业渠道主要针对消费能力较高的老铲屎官，专业人士的推荐是养宠人的重要消费参考。专业渠道主要是通过代理商经营分销，将品牌产品入驻各大宠物店、宠物医院等进行销售。宠物不会说话，如宠物医生的专业推荐，往往就是这些铲屎官的重要采购参考。消费群体定位精准，是高端和差异化产品的推广主力。

3. 线上渠道

近几年来，随着国内社交电商崛起，宠物用品的新场景也被搬到了线上，成为主流渠道之一。其中包括“抖音”“淘宝”“快手”等平台。

国内宠物行业起步晚，当前行业处于迅速做大的阶段，所以，线上线下结合的双渠道协同并举将是企业必由之路。在线下打通专业渠道会更快速打开市场，在线上则会以在大 B2C 平台开设旗舰店为主，专业垂直平台为辅。历经变迁，国内宠物食品行业“线上电商＋线下专卖店”双渠道格局已经形成，国际巨头在商超资源上的优势起的作用越来越小，线上渠道进入壁垒低于线下渠道，本土企业迎来发展机遇。

2. 长渠道和短渠道

分销渠道长度是指产品从生产商到最终消费者或者用户所经历的环节的多少，也就是渠道层次的多少。通常，把经过两个或两个以上层次中间环节的分销渠道称为长渠道，把只经历一个层次中间环节的渠道称为短渠道。

长渠道的优点是市场覆盖面广，借助的中间商资源多，生产商承担的分销职能少；缺点是信息传递慢，渠道控制程度低，管理难度大，终端价格高。短渠道的优缺点正好相反。

在实际营销活动中不能简单地认为长渠道策略好还是短渠道策略好。企业应该根据自身实力、产品特性、市场竞争力等因素，综合考虑所选择的渠道类型应该具有较高的分销效率和较广的市场覆盖，并且能够给企业带来良好的经济效益。

3. 宽渠道和窄渠道

分销渠道宽度是指分销渠道中的不同层次使用的中间商数量的多少。在分销渠道的每个层次上，使用的中间商数量越多分销渠道就越宽，反之分销渠道就越窄。这主要取决于企业希望在目标市场上扩散范围的大小。通常企业有三种可供选择的策略，即广泛分销策略、选择性分销策略和独家分销策略。

(1) 广泛分销

广泛分销策略，也叫密集分销策略，是指在渠道的每个层级使用尽可能多的中间商。这种策略的优点是能使产品快速进入市场，能扩大市场覆盖面，使众多消费者和用户能随时随地买到产品。缺点是生产商与中间商关系松散，几乎无法控制渠道，渠道容易混乱，管理难度大。该渠道策略通常适用于消费品中的便利品(如饮料、烟酒等)和工业品中标准化、通用化程度较高的产品(如小件工具、标准件等)的分销。采用这种策略，生产商要与众多中间商发生业务，中间商也往往同时经销多家企业的产品，生产商就要设法鼓励和刺激中间商积极推销本企业的产品。

案例："晨光"的渠道策略

"晨光"在渠道运作上，符合众多快消行业大佬的风格，注重渠道网络体系的构建，充分发挥渠道为王的特点。

1. 庞大的终端网络，近7万家零售终端

"晨光"公司在全国拥有30家一级(省级)合作伙伴、近1 200家二、三级合作伙伴，超过7万家零售终端(50 000多家标准样板店、8 000多家高级样板店以及5 000多家家加盟店)。此外，公司在泰国和越南拥有1 800多家零售终端，可以说"晨光"在渠道上构建了一个强大的网络体系。

2. 渠道品牌化、构建品牌影响力

"晨光"主要通过渠道形象进行传播。与得力通过媒体的拉动不同，它所采用的方式和"公牛"插座的方式类似——渠道中端的VI形象建设，统一为经销商代理商更换门头，全国7万左右的终端，就是7万多个活的品牌广告。

3. 厂商深度协同合作

经过长达10年的耕耘，"晨光"和自己的渠道代理商形成了深度协同合作的关系。2004年开始，陈昇明("晨光"创始人)下决心规范渠道，通过自己的运营能力改变了经销商的看法，并逐渐形成了稳固的合作关系。"晨光"的经销商被称为"伙伴或者叫战略伙伴关系"，在陈昇明看来，厂商跟代理商是一种非常脆弱的买卖关系，当双方思想高度保持一致时，这种关系就不一样了。陈昇明说："我们的合作伙伴可以忍受前期的亏损甚至没钱赚，他付出以后可以暂时不要回报，但是你的客户不可以。"

(2) 选择性分销策略

选择性分销策略，是指在一个渠道层级上不是所有的中间商都被使用，只有那些经过仔细挑选的条件较好的中间商被使用。选择性分销策略通常由实力较强的中间商组合，能有效地维护生产企业的品牌信誉，建立稳定的市场和竞争优势。缺点是如果销售点布置较松会给竞争对手留有市场空隙，布置过紧容易造成中间商之间的冲突。该渠道策略通常适用于消费品中的选购品(如电脑、手机等)的分销。采用这种策略，生产商应该注意销售点的设置以及对中间商政策的平衡，保证中间商之间展开良性的竞争。

(3) 独家分销策略

独家分销策略，是指生产商在某一特定地区市场只选择一个中间商去销售自己的产品。

这种策略的优点是专营的中间商具有较高的积极性和推销效率，能够更好地服务市场。同时厂商之间协作紧密，渠道管理难度小。缺点是特定地区只有一家中间商，可能会因为推销力量不足而失去许多潜在用户。同时容易受制于中间商，市场风险大，如果中间商选择不当或者发生意外情况，可能会完全失去市场。该渠道策略通常适用于挑选水平很高的消费者，非常注重品牌的特殊产品（如珠宝、轿车等）和面向专门用户的产品（如高楼电梯等）的分销。采用这种策略，厂商之间通常会以协议的方式来确定双方的销售权限、利润分配、费用分担等权利和义务。

6.1.3 建立分销渠道系统

1. 建立分销渠道需要考虑的因素

企业分销渠道的选择，不仅要求保证产品及时到达目标市场，而且要求选择的分销渠道销售效率高、费用少、效益佳。因此，企业进行分销渠道建设前，必须综合分析企业的战略目标、营销组合策略以及其他影响分销渠道选择的因素，然后再做出某些相关的决策。

(1) 产品因素

一般来讲，不同特性的产品适合采用不同的分销渠道，这是企业选择分销渠道时必须首先考虑的。产品特性通常包括以下几方面。

物化性质。有些产品易毁损、变质或腐烂，储存要求高，有效期短，如鲜活品、危险品、陶瓷等，应尽可能选择短而宽的渠道，或直接销售，尽快送到消费者手中。

技术服务。技术复杂、专用性强、售后服务要求高的商品，宜采用短渠道，由企业自销或由专业代理商销售，以便提供周到服务；相反，对于技术含量低、专用性不强、技术服务要求低的商品，则可选择长渠道。

重量和体积。重量和体积直接影响运输费用和储存费用。因此，对于体积大、分量重、移动不方便的商品宜采用短渠道，采用直销，以减少中转的麻烦，同时也减少产品损失，节约储运费用；反之，可采用较长渠道。

产品价格。一般说来，单价昂贵，又需充分演示或较多附加服务的商品，宜采用短渠道，可直销；单价低的产品，则宜采用较长和较宽的分销渠道，以方便消费者购买。

时尚性。对于时尚性强、款式花色变化快的商品，应选用短渠道，以免商品过时；而款式花色变化较小的商品，渠道则可长一些。

生命周期阶段。处于导入期的产品，其分销渠道是短而窄的，因为新产品初入市场，许多中间商往往不愿经销，生产企业不得不直接销售；处于成长期和成熟期的产品，消费需求迅速扩大，生产者要提高市场占有率，就要选择长而宽的渠道，扩大产品覆盖面。

产品的标准性与专用性。如果是具有一定的品质、规格、式样等标准的产品，分销渠道长短灵活选择。但如果用户比较分散，如通用机械、量具刀具等，最好采用间接渠道。对于非标准化的专用品或定制品，比如说需要供需双方商议价格、品质等标准的产品，应直接签订合同。

(2) 市场因素

目标市场。市场越分散，流通成本高、耗时长，越需要中间商；反之，用户规模大、位置集中，一次购买批量大，则可直销或采用短渠道。因此，一般说，对生产者市场的用户可采用直销，对消费者市场则大多需相对较长的渠道；当零售商规模庞大时，可采取一层渠道或至多两层渠道；当零售商十分细小时，中介环节自然要多些。

消费者的购买习惯。消费者的购买习惯,也会影响分销渠道的选择。一些日用生活必需品,其价格低,消费者数量大,购买频率高,顾客不必做仔细挑选,随时随地都能买到,生产商应尽多采用中间商扩大销售网点,其分销渠道应长而宽。对于一些耐用消费品,生产商一般只通过少数几个精心挑选的零售商去推销产品,甚至在一个地区只通过一家零售商去推销其产品,其分销渠道可以短而窄。

需求的季节性。季节性商品要求供货快销售也快,因此应充分利用中间商进行销售,渠道相应就宽一些。

竞争状况。企业出于市场竞争的需要,有时应选择与竞争对手相同的分销渠道;有时则应避免"正面交锋",选择与竞争对手不同的分销渠道。如"好记星"学习机上市时避开同类产品的商场渠道而选择书店。

市场形势。市场繁荣、需求上升时,生产者应考虑扩大其分销渠道;而在经济萧条、需求下降时,则需减少流通环节。

(3) 生产商自身因素

规模和声誉。企业规模大、声誉高、资金雄厚、销售力量强,具备管理销售业务的经验和能力,在渠道选择上主动权就大,既可采取直销或短渠道,也可采用间接渠道,依靠中间商进行销售。

营销经验及能力。一般而言,企业市场营销经验丰富,则可考虑较短的分销渠道;反之,缺乏营销管理能人及经验的企业,就只有依靠中间商来销售。

服务能力。如果生产商服务能力强,则可取消一些中间环节,采用短渠道;如果服务能力有限,则应充分发挥中间商的作用。

控制渠道的愿望。企业控制分销渠道的愿望各不相同。如果生产企业十分看重自己对最终市场的控制,或十分关注自己的产品在最终市场上的销售情况,或认为由自己直接承担各项营销职能,将比中间商更有效,那么,可以选择直销或短渠道,否则,可采用宽而长的渠道。

此外,法律、法规等环境特性也会对市场营销渠道的选择产生影响。如由国家或主管部门实行严格控制的产品、专卖性产品,其分销渠道的选择必然要受到制约。

案例:"抖音",粘贴成功经验的"生活场"

从2020年上线的电影票务服务,到2021年的美食、休闲娱乐团购,"抖音"正逐渐从一种娱乐方式变成一种社交方式,甚至是一种生活方式,让多种生态得以在"抖音"复制。进入了视频、直播营销时代后,老品牌想翻红、新品牌想爆火、不新不老的品牌既想出爆款又想维持热度,而且他们还都想离用户近一点。所以,自带种草属性、6亿日活的国民级应用——"抖音"成了"兵家必争之地"。

从2018年开始,"抖音"里就已经出现了各种商业模式,从视频种草带货到探店打造网红餐饮、网红景点甚至网红城市,从直播推广到有规划的电商运营,不少商家和品牌都选择"抖音"作为打通自己营销"任督二脉"的平台。特别是对于新消费品牌,"抖音"已经成为弯道超车的关键。例如"元气森林""Ubras"内衣、"三顿半"咖啡、"空刻"意面、"饭乎"煲仔饭、"欧拉好猫""云鲸"扫地机等涉及吃穿用住行的新消费品牌们,都在"抖音"找到了增长之道。

说到成功,最近几年一直有一句"打破成功学"的毒鸡汤——"你教我复制成功,可我没地方粘贴啊”。但“抖音”却一反这碗毒鸡汤，告诉企业主们，这里既能复制成功，又能帮他们找到粘贴空间。即在平台能力上，“抖音”短视频、直播、电商、生活服务等解决方案让商家有多种途径触达消费者、把成功的营销思路落地，每个品牌通过内容深耕、流量运营、阵地经营……都可以找到粘贴成功的“空白页”。

2. 建立分销渠道系统

企业在建立自己的分销渠道系统时，可供其选择的类型主要有传统分销渠道模式、垂直分销渠道模式、水平分销渠道模式、多渠道分销模式等几种（见图 6－5、图 6－6、图 6－7 所示）。设计者应结合企业实际情况，选择最适合企业发展的渠道系统。

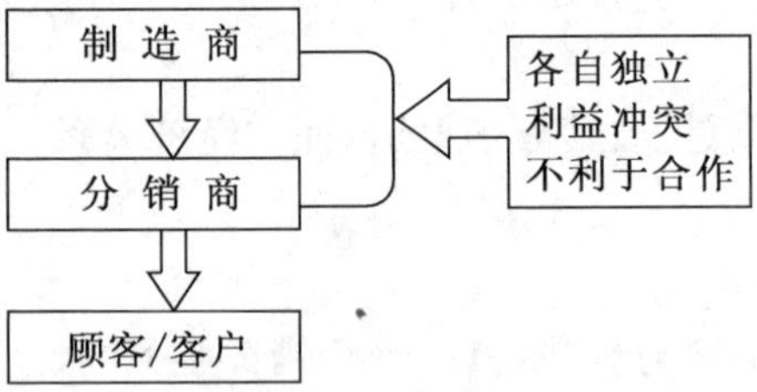

图 6－5　传统(松散型)分销渠道系统

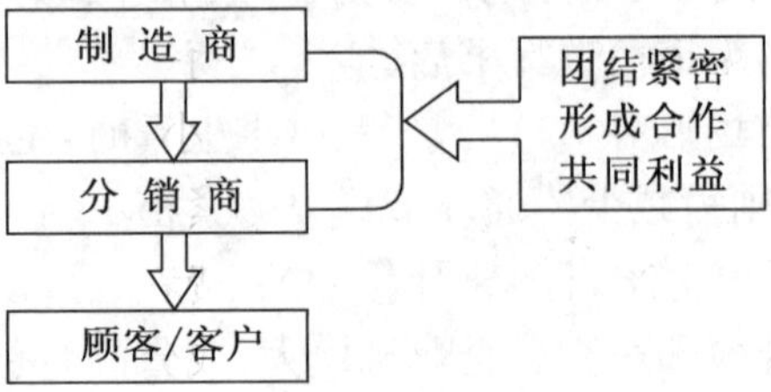

图 6－6　垂直分销渠道系统

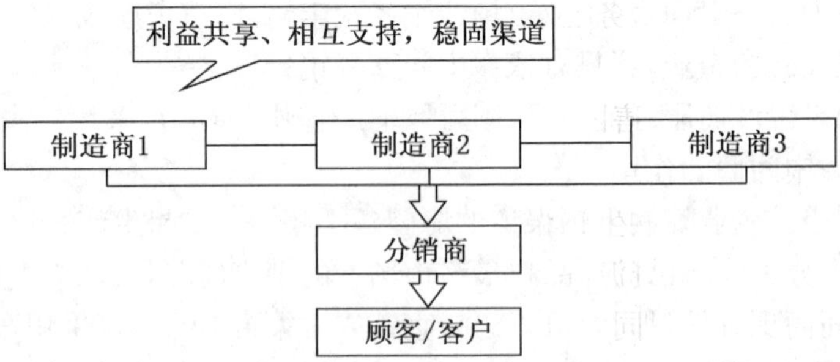

图 6－7　水平分销渠道系统

（1）传统分销渠道模式——松散型渠道关系

传统分销渠道模式，是指一般的营销组织形态。渠道成员之间是一种松散的合作关系，各自追求自己的利润最大化，最终使整个渠道效率低下。

松散型渠道关系从严格意义上来讲还算不上一种较为定型的模式，但对于实力较弱的中小企业来讲，参与其中要比单枪匹马、独闯天下强得多。它会为渠道成员提供如下几方面的好处：渠道成员有较强的独立性，无太多义务需要承担；进退灵活，进入或退出完全由各个成员自主决策，根据局势需要可以自由结盟；由于缺少强有力的“外援”，促使企业不断创新，增强自身实力；中小企业由于知名度、财力和销售力的缺乏，在进入市场时可以借助这种关系迅速成长。

松散型渠道关系的主要缺点有：临时交易关系，缺乏长期合作的根基；成员之间的关系不涉及产权和契约关系，不具有长期性、战略性，无法充分利用渠道的积累资源；渠道安全系数小，缺乏有效的监控机制，渠道的安全性完全依赖于成员的自律；没有形成明确的分工协作关系，使广告、资金、经验、品牌、人员等渠道资源无法有效共享；缺少投身渠道建设的积极性，渠道成员最关心的是自身利益能否实现及商品能否卖得出去或者能否卖高价，而较少考虑渠道的长远发展问题。

(2) 垂直分销渠道系统

垂直分销渠道系统，是由生产者、批发商和零售商组成的一种统一的联合体，每个成员把自己视为分销系统中的一分子，关注整个垂直系统的成功。按照垂直关系形成的方式，可以形成三种不同的渠道关系：管理型渠道关系、公司型渠道关系和契约型渠道关系。

管理型渠道关系是由一个或少数几个实力强大、具有良好品牌声望的大公司依靠自身影响，通过强有力的管理将众多分销商聚集在一起而形成的渠道关系。

公司型渠道关系，是指一家公司通过建立自己的销售分公司、办事处或通过实施产供销一体化及横向战略而形成的一种关系模式。公司型渠道关系是渠道关系中最紧密的一种渠道关系。企业可以通过以下两种方式来建立公司型渠道关系：一是制造商设立销售分公司、建立分支机构或兼并商业机构，采用工商一体化的战略而形成的销售网络。二是大型商业企业拥有或统一控制众多制造型企业和中小商业企业，形成工贸商一体化的销售网络。公司型渠道关系以产权为纽带凝聚而成，关系紧密，建立这种关系会使其成员获得如下好处：行动的一体化；品牌的统一化；最大限度接近消费者；节省费用。

契约型渠道系统，是指厂商或分销商与各渠道之间通过法律契约来确定它们之间的分销权利与义务关系，形成一个独立的分销系统。它与产权型渠道系统的最大区别是成员之间不形成产权关系，与管理型渠道系统的最大区别是用契约来规范各方的行为，而不是用权利和实力。当前越来越多的制造商或服务性企业通过契约这一"文明锁链"将自己的产品、服务或商号、形象快捷地扩散到世界各地。契约型渠道关系类型主要包括：以批发商为核心的自愿连锁销售网络；零售商自愿合作的销售网络；特许经营销售网络。

(3) 水平分销渠道系统

水平分销渠道模式会形成共生型的渠道关系。在市场上，很多企业出于种种动机，积极寻找合作伙伴，以取长补短、发挥资源的协同作用，从而形成共生型渠道关系。两家或两家以上的公司通过某种形式的协作，共同开发新的市场机会而形成的渠道关系，目的是通过联合发挥资源的协同作用或规避风险。

共生型渠道关系可以发挥资源的协同效应，实现优势互补；可节省成本，避免重复建设；可规避风险，把部分职能转让出去，把部分风险也进行了转让；大树底下好乘凉，这是众多小企业依附于大企业常见的心理。

共生型渠道关系要能得到维持，须有如下事实存在：合作双方都各自拥有对方所不具备的优势，这是吸引对方参与的关键；合作双方地位是平等的，不存在支配与被支配关系；合作双方有共同的需求，也就是说，是共同的利益使他们成了"同一战壕里的战友"。

(4) 多渠道分销系统

多渠道分销模式一般有两种形式：一种是生产商通过两条以上的竞争性渠道销售同一种产品；另一种是生产商通过多种渠道销售不同品牌的差异性产品。另外，还有一些企业通过同一产品在销售过程中的服务内容与方式的差异，形成多条渠道以满足不同顾客的需要。多渠道分销模式的好处在于：有利于扩大产品的市场覆盖面，能有效降低成本并能更好地适应客户要求。

案例："百草味"，持续深化线下布局

休闲零食的竞争力主要体现在渠道、品牌和产品三个方面，当产品研发已经不是技术门槛，品牌也逐步形成头部聚集效应，渠道在当下就显得尤为重要，线上线下融合的意义就更加明显。一直以来,休闲零食消费就具有冲动性、即时性和便利性的特点,线下消费的门店体验、服务流程,和"随想随买"的即时满足感,是线上下单、等待送货上门场景之外的补充。

在线上生意依然是大势的同时,"百草味"居安思危,开启线下扩张,实现全渠道发展。"百草味"从2017年开始通过零售通、新通路等分销渠道入驻线下门店,触达消费者。截至目前已经成功进驻50万家小店,覆盖全国20个省,累计交易金额超15亿。

"百草味"直营店重点打造线下体验样本,加强消费者沟通,增强情感联结和品牌价值;分销模式让品牌与消费者有更加广泛的接触渠道;加盟模式借合作伙伴对本地的了解和资源更深入消费者产生联结。

● 分项任务测试:

你的家乡特产有哪些?挑选其中的一种特产,为当地的特产生产企业设计分销渠道系统。

6.2 征询和选择中间商

6.2.1 认知中间商

中间商是指介于生产者与消费者(用户)之间,专门从事商品流通活动的经济组织或个人,或者说,中间商是生产者向消费者(用户)出售产品时的中介环节。其基本职能是作为生产和消费之间的媒介,促成商品交换。中间商的主要类型有以下几种。

1. 批发商

批发是指一切将物品或服务销售给为了转卖或者商业用途而进行购买的活动。批发商主要有三种类型:商人批发商、经纪人和代理商、生产商的销售机构。

(1) 商人批发商

商人批发商是指自己进货,取得产品所有权后再批发出售的商业企业,也就是人们通常所说的独立批发商。商人批发商按职能和提供的服务是否完全来分类,可分为两种类型。

一是完全服务批发商。这类批发商执行批发的全部职能,它们提供的服务主要有:保持存货、雇佣固定的销售人员、提供信贷、送货和协助管理等。它们分为批发商人和工业分销商两种。批发商人主要是向零售商销售,并提供广泛的服务;工业分销商向制造商而不是向零售商销售产品。

二是有限服务批发商。这类批发商为了减少成本费用,降低批发价格,只执行部分服务的职能。

(2) 经纪人和代理商

经纪人和代理商是从事购买或销售或二者兼备的洽商工作,但不取得产品所有权的商业单位。与商人批发商不同的是,它们对其经营的产品没有所有权,所提供的服务比有限服务批发商还少,其主要职能在于促成产品的交易,借此赚取佣金作为报酬。与商人批发商相似的是,它们通常专注于某些顾客群。经纪人和代理商主要分为以下几种。

产品经纪人。经纪人的主要作用是为买卖双方牵线搭桥,协助他们进行谈判,买卖达成后向雇佣方收取费用。它们并不持有存货,也不参与融资或承担风险。

销售代理商。销售代理商是在签订合同的基础上，为委托人销售某些特定产品或全部产品的代理商，对价格、条款及其他交易条件可全权处理。这种代理商在纺织、木材、某些金属产品、某些食品、服装等行业中常见，在这些行业，竞争非常激烈，产品销路对企业的生存至关重要。某些制造商，特别是那些没有力量自己推销产品的小生产商，通常使用销售代理商。

采购代理商。采购代理商一般与顾客有长期关系，代顾客采购，往往负责为其收货、验货、储运，并将物品运交买主。

(3) 生产商的销售机构

批发的第三种主要类型就是生产企业自设销售机构，将产品直接批发销售给零售商或工业用户。生产企业销售机构的形式、规模、独立程度不一，有的是销售部门，有的是办事处，有的是独立的销售公司。如大型的汽车制造商，在世界各地设置汽车销售商店和维修服务站，几乎控制了产品销售的全过程；中国目前多数大型家电企业也都组建了遍布全国的销售分公司，在许多城市都是直接向零售商推销产品。

2. 零售商

零售，是指所有向最终消费者直接销售产品和服务的活动。零售商或者零售商店是指那些销售量主要来自零售的商业企业，也称为终端。零售商种类繁多，主要包括专卖店、百货商店、超级市场、折扣店等(见图6-8所示)。

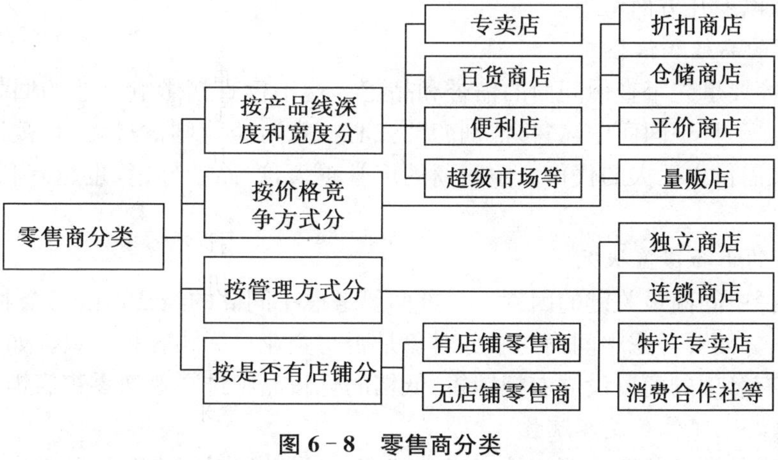

图6-8　零售商分类

(1) 专卖店。专门经营某一类产品或具有连带性的几类产品。如服装店、体育用品商店、家具店、花店和书店均属于专用品商店。

(2) 百货商店。这是一种大型零售商店，分门别类地销售品种繁多的商品，经营范围广、花色品种齐全、能满足消费者多方面的购买需要。

(3) 超级市场。超级市场是指规模巨大、成本低廉、薄利多销、顾客自我服务的经营机构。

(4) 便利店。设在居民区附近的小型商店，营业时间长，销售周转率高的日常用品，可满足消费者一些随用随买的需求。

(5) 超级商店、联合商店和特级商场。超级商店比传统的超级市场更大，主要销售各种食品和日用品。它通常提供洗衣、干洗、修鞋、支票付现、代付账单和廉价午餐等服务。联合商店的面积比超级市场和超级商店更大，呈现一种经营多元化的趋势，主要向医药和处方药领域发展。特级商场比联合商店还要大，综合了超级市场、折扣和仓储零售的经营方针，其花色品种超出了日常用品，包括家具、大型和小型家用器具、服装和其他许多品种。其基本方法是原装产品陈列，尽量减少商店人员搬运，同时向愿意自行搬运大型家用器具和家具的顾客提供折扣。

(6) 折扣商店。一个真正的折扣商店具有下列特点：商店经常以低价销售产品；商店突出品牌，因此价格低廉并不说明产品的质量低下；商店在自助式、设备最少的基础上经营；店址趋向于在租金低的地区，要能吸引较远处的顾客。

(7) 产品陈列室推销店。原则上用于品种繁多、成本高、周转快和有品牌的产品。这些产品包括珠宝首饰、动力工具、手提包、照相机及照相器材。这些商店已经成为零售业最热门的形式之一，甚至对传统的折扣商店形成威胁。顾客可用电话订货，由店方送货上门，顾客支付运费。顾客也可来商店亲自验货提货。

6.2.2 中间商分析

选择正确的中间商对于构建分销渠道系统是极其重要的。对于生产商来说，中间商的选择不是为了解决某一时或某一事的问题，而是要处理与其长期合作的问题：选择什么样的中间商将会直接影响到产品是否能及时顺利地转移到消费者手中，影响到企业的成本和服务质量，影响到企业的营销目标的顺利实现，影响到产品及企业在消费者心目中的形象。选择中间商的时候，可以从以下几方面考虑。

1. 中间商的品德和信誉

选择中间商要事先审查中间商的信誉和品德。这不仅直接影响企业的回款，还影响到分销渠道的稳定。一旦中间商中途"移情别恋""三心二意"，企业则欲进无力、欲退不能，如重新开发中间商，又需付出巨大的代价。中间商的声誉越大，产品越好销，也越有利于产品形象和企业形象。

2. 中间商的市场覆盖状况

市场是选择中间商最关键的因素。一方面要考虑中间商的经营地区与企业产品销售地区是否一致，另一方面要考虑中间商的服务对象是否与企业目标顾客相一致。如，高档的化妆品通常应该选择有名望的商厦设立专柜销售，低档的化妆品则选择普通零售店销售。

3. 中间商的地理位置或客流量

实体中间商的地理位置尽可能接近于生产商的目标顾客，或者目标顾客容易光顾的地方。尤其是零售点，要能够方便顾客购买。如牙膏等日用品应该选择设在居民区附近的便利店销售。作为网络平台，需要了解平台的客流量、平台的口碑、平台的活动方式及效果。

4. 中间商的实力和财务状况

这一标准通常可以作为中间商支付货款能力的象征。资金雄厚、财务状况良好的中间商，不仅可以及时付款，而且有能力对困难的生产商给予帮助；反之，则容易给企业带来资金回笼风险。

5. 中间商的能力

中间商的能力主要表现在中间商的销售能力和管理能力。如果中间商行业经验丰富，管理能力强，员工素质高，运输存储等硬件设备好，就能够更好地为顾客服务，从而促进产品的销售。反之，如果中间商能力弱，不能有效地满足顾客需求，就会影响中间商的市场形象，甚至影响产品品牌的形象。

6. 中间商的产品线

生产商要考虑中间商总共经营多少产品，产品特色如何，还要分析这些产品与本企业产品的配合程度，是否对本企业产品有影响，要尽量避免选择经销本企业竞争产品的中间商。

7. 中间商的态度与合作意向

中间商应该有良好的进取心和销售热情，有与生产商良好合作的意愿和诚意。大型的中间商通常愿意与市场地位高、受消费者欢迎的生产商合作，但是对实力小、知名度不高的生产商往往兴趣不高。如果后者勉强争取其作为渠道成员，则可能需要付出昂贵的激励成本，或者得不到应有的重视，影响分销效果。

8. 中间商与公众、政府和顾客的关系

中间商在一定的区域内，需要与公众、政府以及顾客(特别是集团客户)保持良好关系。这样有助于中间商的生存和发展。这也是生产商选择渠道成员考虑的一个重要因素。

阅读资料:规避中间商选择的误区

在一个区域选择中间商时，通常应先收集该区域的相关中间商的信息，如通过黄页、走访、他人介绍等，再从中选择。选择的标准在前面一节已经介绍，在实践操作中，中间商选择常存在以下误区。

1. 中间商越大、实力越强越好

企业在选择中间商时，应尽量避免“中间商越大，实力越强越好”想法。事实上，中间商强大，有利于推销产品和提高产品的知名度。但中间商强大，其发言权也越大，和生产商讨价还价的能力也强，经销条件苛刻，尤其在实力不对等的情况下，生产商容易受制于对方，失去渠道的控制权。所以在实践操作中选择中间商时，不是越大越好，也不是越小越好，关键在于适度和匹配。

2. 中间商的数量越多或越少越好

一般来说，中间商区域市场容量是有限的，如果中间商多了，就难以保证每个中间商的利益，中间商很容易失去积极性，甚至会放弃投向竞争对手或经营其他产品。而且，中间商数目多了，生产商很难对其进行统一的、规范化的管理，很容易发生渠道冲突造成市场混乱。

另一方面，如果市场区域大或产品市场容量大、密度高、竞争强，此时如果中间商数目少，则生产商容易失去市场机会和竞争优势。同时，中间商数目少，中间商的讨价还价能力必然强，生产商也容易失去渠道的控制权。

所以在考虑中间商的数量时，应综合考虑目标市场的容量、中间商的市场覆盖范围、中间商对市场的控制力度、中间商的发展潜力等多种因素而定，不能简单得出结论。

3. 选择了好的中间商，企业就可以高枕无忧了

事实上，中间商的选择仅仅是渠道建设中的一个环节，后面的环节任重而道远。选择了好的中间商，能不能让它为你所用、成为整个分销渠道的竞争优势，能不能保证它不“背叛”等，还需要生产商做好很多的工作。所以，生产商不但要选好中间商，还要与中间商通力合作、积极配合，同时还要对中间商进行有效的监督和控制。这样才能让中间商发挥出其应有的优势，并防患于未然。

6.2.3 中间商征询与选择

一般说来，征询中间商的方式有三种：一是直接信函询问，二是公开广告征求，三是人员上门洽谈。

直接信函询问征求中间商的方式是厂家搜集本行业潜在中间商的名单与具体信息，然后以邮寄资料、电子邮件的形式直接联系、征询代理商。广告征询中间商是指在网站、报纸、杂志、电视、广播或街头广告栏上打出诚征代理的广告来征求代理商。人员上门洽谈即人员面对面地拜访中间商，洽谈相关事宜。

6.2.4 签订销售代理合同

生产商与中间商之间的相关事宜应以合同的方式签订下来，生产商与中间商的关系是委托人与被委托人的关系，其之间的合同是规定委托人授予代理人代表前者向第三者招揽生意或签订合同的一种授权协议。一个向客户公开其代表身份的代理商，在向客户销售产品时，只充当其委托人的发言人或分销渠道，其行为不得超出实际或书面的授权范围。

销售代理合同的主要条款包括：合同前文、代理商的选任与受任、代理商的义务、代理区域、代理商品、代理权限（独家代理时）、分代理商或辅助人的信任、最低代理销售额、订单的处理、佣金、商情报告、推销宣传与广告事宜、售后服务及零件储存、合同期限的规定、合同的终止、保密条款、仲裁条款、结尾条款等内容。

● 分项任务测试：

李经理是一家日化企业的渠道部经理，今年的主要任务是开拓A市的洗发水市场。请你为李经理设计中间商征询和选择的方案。以公司的名义，与中间商签订经销（代理）合同。

6.3 管理分销渠道

6.3.1 评估分销渠道方案

分销渠道方案确定后，必须对中间商加以选择和评估，并根据条件的变化对渠道进行调整。生产厂家要根据各种备选方案，进行评价，找出最优的渠道路线，通常渠道评估的标准有三个：经济性、可控性和适应性。其中最重要的是经济性标准。

1. 经济性评估

经济性评估主要是比较每个方案可能达到的销售额及费用水平。企业对两方面情况进行权衡，从中选择最佳分销方式。

2. 可控性评估

一般说，中间商可控性小些，企业直接销售可控性大；分销渠道长，可控性难度大，渠道短可控性较容易些。企业必须进行全面比较、权衡，选择最优方案。

3. 适应性评估

如果生产企业同所选择的中间商的合约时间较长，而在此期间，其他销售方法(如直接邮购)更有效，生产企业也不能随便解除合同，这样企业便失去了选择分销渠道的灵活性。因此，生产企业不宜签订时间过长的合约，除非在经济或控制方面具有十分优越的条件。

6.3.2 激励与控制渠道成员

分销渠道建成后，企业还要对如何管理渠道进行决策。一般来说，制造企业不可能像控制产品、定价和促销方式那样直接控制分销渠道，因为中间商是独立的经营者，他们有自身的利益追求，有权在无利可图或不满意时撤出。客观上，制造企业和中间商之间存在诸多矛盾，这些矛盾导致制造商和中间商相互竞争，双方都希望取得更大的控制权。但从根本上来说，两者的利益又是一致的，都只有通过将商品顺畅地卖给使用者才能获得效益，因此又要加强渠道管理，使渠道内部各成员之间、协调、合作。

1. 评估中间商

生产商需要定期对每位渠道成员的工作进行评估，具体包括以下内容：

(1) 检查每位渠道成员完成的销售量和利润额；

(2) 查明哪些经销商积极努力推销本企业的产品，哪些不积极；

(3) 检查其同时经销多少种与本企业相竞争的产品；

(4) 统计每位经销商的平均订货量；

(5) 检查每位经销商为商品定价的合理程度；

(6) 检查每位渠道成员为用户服务的态度和能力，及是否令用户满意；

(7) 计算每位渠道成员的销量在企业整个销量中所占的比重。

2. 激励渠道成员

一般来说，中间商希望从企业那里获得丰厚的利润回报、好销的产品、优惠的价格、一定数量的先期铺货、供货及时、广告支持、销售技巧培训、特殊补贴、付款优惠、充分的施展才能的空间、厂家的特别青睐、市场威望等。因此，企业应该通过满足中间商的这些需要来激励中间商，让他们更好地合作。企业激励中间商的方式主要有如下几种。

(1) 价格折扣：现金折扣、数量折扣、功能折扣(中间商依据自身在渠道中的等级，享受相应待遇)、季节折扣(在旺季转入淡季之际，可鼓励中间商多进货，减少厂家仓储和保管压力)。

(2) 根据提货量，给予一定的返点：在利润越来越低的今天，靠返点挣钱是经销商的一个重要手段。

(3) 提供市场基金：市场基金即市场启动基金。给经销商一个市场报销的额度，用于调动经销商在各个环节的能动性。

(4) 库存保护：使经销商保持一个适度的库存量，以消除其断货之虑。

(5) 开拓市场：使中间商获得广阔的发展空间，这是一种较为长远的激励措施，是中间商希望得到的。

(6) 设立奖项：在渠道成员间设立奖项，如合作奖、开拓奖、回款奖、专售奖、信息奖、销货奖等。

(7) 产品及技术支持：为中间商提供优质的产品和强有力的技术支持及服务，对中间商来说是最实在的，因为产品卖不出去，给的奖励再多也没有用。

(8) 补贴:一是协助力度补贴,针对中间商对本厂家产品的陈列状况,如陈列数量、场所、位置、货架大小等,一般来说,将产品大量陈列在过道两旁,或橱窗展示或专柜陈列都需要支付一定的补贴。二是库存补贴,包括点存货补贴和恢复库存补贴。点存货补贴是指促销活动开始时,中间商清点存货量,再加上进货量,减去促销活动结束时的剩余库存量,其差额即厂家给予补贴的实际销货量,再乘以一定的补贴费。恢复库存补贴是指点存货补贴结束后,如果经销商将库存再恢复到过去的最高水平,厂家会给予一定的补贴。

(9) 代理权激励:所谓代理权的激励是指厂商运用变化代理权的形式与内容来激励代理商,从而使代理商更积极地工作。代理权的激励有两种形式,一种是先采用多家代理再转为独家代理,另一种则是先采用独家代理后转为多家代理。物质激励的方式只能起到短期激励的作用,从长期来看,代理权的激励作用更大。

案例:"亿佳能"的经销商管理政策

"亿佳能""皇明""清华""华扬"曾经被称为中国太阳能行业四强。"亿佳能"之所以能取得如此辉煌的业绩,是与其高妙的经销商管理政策分不开的。

一是巨额广告支持。"亿佳能"每年在包括中央媒体在内的媒体投入近亿元巨额广告费用,为经销商的市场开拓扫平了一切障碍。

二是方案支持。实践检验智慧,公司制定了周密的市场推广蓝本,用于指导经销商启动市场。推广蓝本包括:整合传播方案;终端建设指南;导购人员管理手册;网络建设和管理纲要;客户档案管理条例和各类规范管理表格。

三是资金支持。资金是基础,支持是动力。公司充分考虑到经销商的资金难题,并为坚定经销商的信心,特别制定了一切资源倾向市场的资金援助计划:全年将在市场超前投入按地区预计销售总额一定比例的整体推广费用;启动市场初始,提供各种丰富的终端物料,包括各种宣传资料、DM、陈列架等。

四是样板市场支持。打造强势经销商的"黄埔军校",公司选择出23个样板市场,重点支持,精心打造,给经销商提供成功的楷模。在样板市场,经销商可以在如下方面得到提升:系统思考市场运作的能力、市场信息分析能力、管理能力、解决营销难题的能力。

五是人力资源支持。公司营销人员既是导师,又是士兵,公司组建市场精英团队赴市场一线和经销商一同作战。以传、帮、带的形式,最终帮助经销商建立一支最具战斗力的市场特种兵部队:协同拜访客户,协同检查终端陈列、协同市场信息搜集;进行营销专业知识的培训;举办经销商业务经理短训班,在激励业务精英的同时,给经销商的业务队伍进行知识投资。

六是服务支持。在全国范围内建立紧密的售后服务网络,专业周到的售后服务,让经销商毫无后顾之忧。

七是提供服务援助。对样板大区,派出市场专员,协助经销商进行市场开发和业务推进;对经销商人员进行专业知识和营销专业技巧培训。提供专业的服务热线,由专业人员对消费者的疑难问题进行解答。

八是经销管理支持。没有规矩,不成方圆。公司在制定各种奖励政策的同时,也明确规定了对扰乱市场行为的惩罚措施,并将严格贯彻,绝不姑息。

"亿佳能"通过与经销商间建立"绿色战略伙伴"关系,改变了许多厂商间纯交易型的关系,并给经销商"授之以渔",厂家为经销商着想,商家更忠于厂家,并且以市场为中心,厂商共同为消费者着想,实现了厂、商、消费者三方共赢。

3. 控制渠道成员

生产商控制中间商主要通过两种途径,第一种途径是在订立合同之时,规定好中间商的权利与义务,即通过合同控制中间商的作业;第二种途径是订立合同之后,继续加强对中间商的联系与沟通,注意中间商的业务经营状况,及时修订计划,即日常业务控制。

(1) 通过合同控制代理商。制造商主要可通过合同中的如下项目控制中间商的业务:划分清楚销售区域,以防止越区销售;规定最低销售额,以防中间商不积极推销产品;规定商情报告制度,以加强厂商与中间商的沟通;规定产品价格与代理佣金水平或扣点。

(2) 日常业务控制。制造商不宜对中间商的业务过多地干涉,其主要通过市场计划的修改,对中间商的指导及对代理商的评估来达到控制中间商日常业务的目的。

第一,继续进行市场研究,并适时修改计划。企业选定中间商后,不可全盘依赖中间商统揽全部营销事务,其仍需进行市场研究来拓展市场。企业应当仔细观察市场需求的变化、营销渠道的变化;注意竞争对手有何新的行动,如是否推出了新产品及该新产品对本厂产品的影响;注意自己的中间商销售能力、销售业绩的变化。通过市场研究之后,企业拿出市场营销方案,具体由中间商执行。

第二,对中间商进行指导。具体内容包括指导中间商建立进销存报表,做安全库存和先进先出库存管理;指导中间商进行零售终端管理;指导经销商管理其客户往来,从而加强经销商的销售管理工作。

第三,对中间商进行再评估。评估中间商是为了下一阶段更好地控制中间商的业务经营。对中间商进行评估主要是检查销售业绩及成长率,中间商对产品推销的努力程度及服务品质的高低等。对于业务进展不佳的中间商,要进一步评估其活动区域是否过大,其有无足够的时间及力量推销产品。此外还得随时注意中间商在财务、库存等经营管理方面上的能力及资金周转等。

案例:公牛集团如何控制经销商?

多年发展中,公牛集团采用"经销为主、直销为辅"的销售模式,已覆盖全国的 110 多万家终端零售,包括 75 万家五金渠道售点、12 万多家专业建材及灯饰渠道售点以及 25 万家数码配件渠道售点。其中,公牛集团经销商 3 000 家左右,均为一级经销商;线下渠道主要是五金渠道和装饰渠道,线上渠道则包含"京东"和"天猫"等平台。

公牛集团的线下和线上经销商均从公司买断式购入经销产品。同时,公牛集团对最核心的转换器业务制定"专营专销"规定,这意味着,经销商除了未完成销售任务所产生的剩余产品自负盈亏,还被要求不可再售卖其他品牌的产品。公牛集团利用自身比较高的市场份额,以具备可支配性的市场地位、垄断支配地位,进一步实施垄断行为。

阅读资料:窜货管理

窜货,又称冲货或倒货,是中间商受利益驱动,使所经销的产品跨地区销售,造成市场价格混乱,从而使其他经销商对产品失去信心,消费者对品牌失去信任的营销现象。同样的商品,只要价格存在地区差异,或者只要同种商品在不同地区的畅销程度不同,就必然产生地区间的流动。

企业销售价格体系混乱、激励措施不当、目标过高或企业存在着营销漏洞等都可以引起窜货,总之形成窜货的原因很多,有生产商的原因,也有中间商的原因,但利益是窜货的根本原因。企业可通过制定科学、规范、严谨的中间商管理制度,制作不同的产品包装,合理划分区域建立合理的价格体系,建立完善的信息管理机制,强化市场监督等措施控制窜货。

4. 调整渠道

在分销渠道管理中,根据每个中间商的具体表现、市场变化和企业营销目标的改变,企业需要对分销渠道进行调整。调整的方式主要有以下几种。

(1) 增减分销渠道中的中间商。经过考核,对推销不积极或经营管理不善、难以与之合作的中间商以及给企业造成困难的中间商,企业在必要时可与其中断合作关系。企业为了开拓某一新市场,需要在该地区物色某一中间商,经过调查分析和洽谈协商,在符合企业对中间商的要求和中间商愿意合作的基础上,可以选定其作为企业在该地区的经销商或代理商。

(2) 增减某一种分销渠道。当某种分销渠道出售本企业的某种产品,其销售额一直不够理想,企业可以考虑在全部目标市场或某个区域内撤销这种渠道类型,而另外增设其他的渠道类型。企业为满足消费者的需求变化而开发新产品,若利用原有渠道难于迅速打开销路和提高竞争能力,则可增加新的分销渠道,以实现企业营销目标。

(3) 调整整个分销渠道。有时由于市场情况变化太大,企业对原有渠道进行部分调整已难于实现企业的要求和适应市场情况的变化,必须对企业的分销渠道进行全面调整。

案例:“喜茶”的数字化渠道拓展之路

近年来,“喜茶”积极推动数字化建设,利用信息化平台触达更多消费者,实现下单、取茶和外卖一体化。从2018年自主开发小程序“喜茶GO”以来,积累了超过3 000万的线上会员,其中80%为90后,线上订单超过总订单量的80%。目前,“喜茶”已在中国内地、中国香港以及新加坡50多个城市拥有600多家门店。随着“喜茶”门店越开越多,特别是小程序“喜茶GO”的上线,自提服务和外卖服务大大提升了购买效率。现在,“喜茶”早已凭借超高的产品力和社交能力,摆脱“网红”的标签,成了抗打力十足的实力派选手。

6.3.3 分销渠道流程管理

1. 认知渠道流程

在现代市场经济条件下,生产者与消费者在时间、地点、数量、品种、信息、产品价值、所有权等多方面是存在着差异和矛盾的。而渠道就是连接二者由此及彼的“运河”,往来输送的正是这些产品或服务、所有权、资金、信息等。这些就构成了整体的渠道流程。

(1) 实体流程。是指实体原料及成品从制造商转移到最终顾客的过程。例如,在汽车市场营销渠道中,原材料、零部件、发动机等从供应商运送到仓储企业,然后被运送到制造商的工厂制成汽车。制成成品后也须经过仓储,然后根据代理商订单而运交代理商,再运交顾客。如遇到大笔订单的情况,也可由仓库或工厂直接供应。在这一过程中,至少要用到一种以上的运输方式,如铁路、卡车、船舶等。

(2) 所有权流程。是指货物所有权从一个市场营销机构到另一个市场营销机构的转移过程。在前例中,原材料及零部件的所有权由供应商转移给制造商,汽车所有权则由制造商转移到代理商,而后到顾客。

(3) 资金流程。又叫付款流程，是指货款在各市场营销中间机构之间的流动过程。例如，顾客通过银行或其他金融机构向代理商支付账单，代理商扣除佣金后再付给制造商，再由制造商付给各供应商，还必须付给运输企业及独立仓库。

(4) 信息流程。是指在市场营销渠道中，各市场营销中间机构相互传递信息的过程。通常，渠道中每一相邻机构间会进行双向的信息交流，而互不相邻的机构间也会有各自的信息流程。

阅读资料：现代信息流及物流

很多人都在超市买过东西，你一定记得，在付款时，收银员手上拿的那个像枪一样的东西，那个叫读码器，如果你买的是一台海尔空调，到收银员那里，他会用读码器在空调条形码上照一下，"嘀"，接下来就是你付款了，交易就这样完成了。你可知道，这声"嘀"还有其他什么作用吗？

这声"嘀"通过网络，到了超市(零售商)的管理部门以及配送中心，货物卖掉了，得进货，他们就可以制定采购计划了。

当然，更有趣的是，这声"嘀"还会传到海尔(生产商)配送中心，通过很多声"嘀"，海尔就知道了，西北地区空调今天销了多少台，都是些什么型号，明天的配货计划也就出来了。

接下来，海尔配送中心要把这些"嘀"来的信息发送给海尔车间，海尔车间接到这些信息，就用相关软件计算：明天要生产多少产品，需要多少原料。

说话的功夫，计算机就把结果算出来了，然后，下一个电子订单，原材料供应商立马就知道：该送什么货，该送多少货，一清二楚。

(5) 促销流程。是指广告、人员推销、宣传、促销等活动由一单位对另一单位施加影响的过程。供应商向制造商推销其品牌及产品，还可能向最终顾客推销自己的名称及产品，以便影响制造商购买其零部件或原材料来装配产品。促销流程也可能从制造商流向代理商或最终顾客。

流程管理，其实质是指如何使得产品、资金、所有权、信息、促销等在分销渠道中顺利输送，以满足构成分销渠道中的各种机构的生存发展的需求。渠道流程的畅通与否关系到整个社会的经济发展，也是各种机构组织生存发展的关键所在。在现代意义上，渠道流程管理中最核心的是物流管理(实体流程管理)，而资金流和信息流的管理则是与物流管理密切相关的两个主要部分(见图6-9所示)。

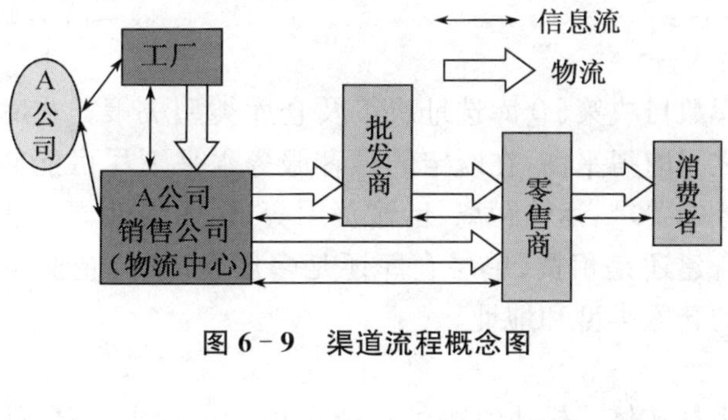

图6-9 渠道流程概念图

2. 物流管理

所谓物流，是指通过有效地安排商品的仓储、管理和转移，使商品在需要的时间到达需要的地点的经营活动。物流作为市场营销的一部分，不仅包括产品的运输、保管、装卸、包装，而且还包括在开展这活动的过程中所伴随的信息的传播。它以企业销售预测为开端，并以此为基础来规划生产水平和存货水平。企业要制定一个综合战略，其中包括仓库及工厂位置的选择、存货水平、运送方式，进而向目标顾客提供服务（见图 6－10）。

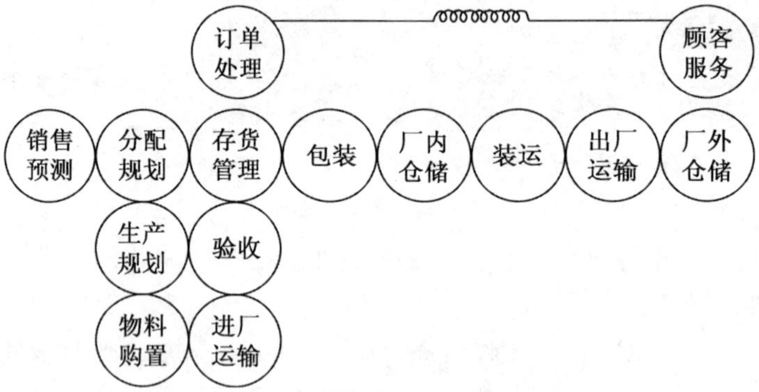

图 6－10　物流所涉及的工作

（1）物流管理的目标

根据市场营销的观点，物流是为了满足顾客的最大效用服务的，从而产出时间效用和空间效用，是一种生产性活动。故物流的一项基本产出就是对顾客服务的水平。顾客服务水平包括：产品的可得性；订货及送货速度，包括普通订货速度和紧急订货速度；存货或缺货的比率；送货频率；送货可靠性，包括小心照护、轻拿轻放以及损坏补偿等；安装、试车及修理服务；运输工具及运输方式的选择；免费修理或分别计价。所以，物流管理的目标可以概括为：对产品进行适时适地的传送，兼顾最佳顾客服务与最低配送成本。

（2）订单处理

为了提高订货效率，缩短订货周期，许多企业已经采用计算机控制系统，从接到顾客订单开始，计算机就会依次完成如下工作：检查顾客的信用情况以及订购的产品是否有存货，若有存货，则显示货物存放地点；计算机发出送货指令、开出账单和更新库存记录；发出生产（进货）指令，以补充库存；通知销售人员货已发出。为加速订单处理的效率，目前企业界已普遍实行了计算机网络化。

（3）仓储决策

仓储决策包括仓库数目决策、仓库选址决策及仓库类型决策。仓库数目决策必须在顾客服务水平与物流成本之间取得平衡，在既定的顾客服务水平下尽可能使物流成本最低。仓库选址可根据顾客对服务的要求、运输距离、运输费用等，运用线性规划法进行决策。仓库类型决策主要决策仓库是自建还是租赁、单层仓库还是多层仓库等，企业可结合待储存商品的规模、特点等，选择适当的仓库类型和地址。

（4）存货决策

存货水平的权衡也是实体分销决策中的重要一项。存货水平高，能更好地满足顾客提出的订单，增加销售，但大量的存货会占用较大的仓储面积和较多的流动资金，增加储存成本，加大市场风险，最终影响企业的经济效益。因此，存货决策主要包括进货时间决策和订货量决策两个方面。企业在进行订货量决策时，必须权衡存货成本和订货成本，确定最佳订货量，使总成本达到最小(如图 6－11 所示)。

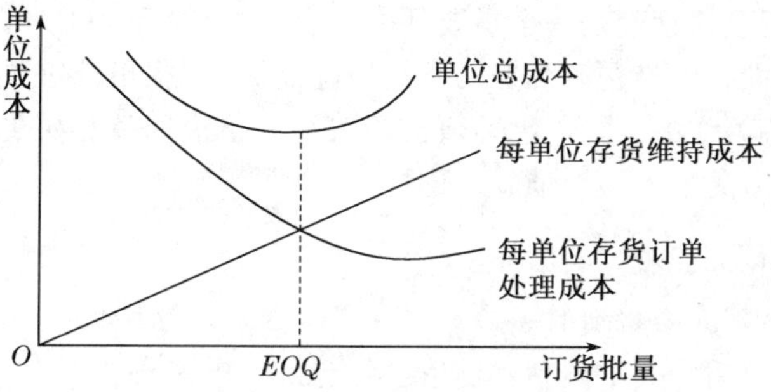

图 6－11　经济订货量(EOQ)的确定

(5) 运输决策

运输是物流过程中最具潜力的成本控制领域之一，运输决策主要涉及选择合理运输路线和最佳运输方式两个方面。在组织商品运输前、必须选择合理的运输路线，就近供应，减少运输，避免对流、迂回、重复等不合理运输，努力使运费降到最低，保证重要的用户得到良好的运输服务。

案例："戴尔"的物流管理

随着科技的飞速发展，电脑更新换代的速度也在加速，与之而来的是全球电脑市场的激烈竞争。在这块市场中，"戴尔"却始终保持着较高的收益，不断增加市场份额。与其他计算机厂商不同，"戴尔"公司并不生产任何计算机配件，只从事个性化的整机组装。然而它却战胜了"IBM""康柏""惠普"等众多技术实力雄厚的公司。

论及"戴尔"的成功之道，大家几乎是众口一词地归结为"直销模式"。事实上，"戴尔"的成功源于其效率超乎寻常的物流管理——就是建立起了一条高速、有效的供应链。"我们只保存可供 5 天生产的存货，而我们的竞争对手则保存 30 天、45 天，甚至 90 天的存货。这就是区别。""戴尔"公司分管物流配送的副总裁迪克亨特一语道破天机。

分析"戴尔"直销模式的实现方式，我们可以看到，一方面，"戴尔"通过电话、网络以及面对面的接触，和顾客建立起良好的沟通和服务支持渠道。另一方面，"戴尔"也通过网络，利用电子数据交换连接，使得上游的零件供应商能够及时准确地知道公司所需零件的数量和时间，从而大大降低库存，这就是"戴尔"所称的"以信息代替存货"，这样，"戴尔"也和供应商建立起了一个"虚拟"的企业。

在库存管理上，"戴尔"以物料的低库存与成品的零库存而让人称道。仅低库存一项就使"戴尔"的产品比许多竞争对手拥有了 8%左右的价格优势。我们在为"戴尔"物料的低库存与成品的零库存惊讶时，应该看到：事实上"戴尔"没有仓库，而是供应商在它周围有仓库。"戴尔"的工厂外边有很多配套厂家。"戴尔"在网上或电话里接到订单，收了钱之后会告诉你要多长时间货可以到。在这段时间里，它就有时间去对订单进行整合，对既有的原材料进行分拣，需要什么原材料就下订单给供应商。下单之后，货到了生产线上才进行产权交易，之前的库存都是供应商的。这也说明"戴尔"把库存的压力转移给了供应商。这是加入"戴尔"供应链的代价，因为“戴尔”需要货物的量很大，加入“戴尔”的供应链就意味着拥有不断增长的市场和随之而来的利润。

3. 资金流管理

在渠道流程中，资金流管理是一个重要环节，而回款又是重中之重。更确切地说，这是绝大多数中国企业普遍面临的难题。赊账乃营销风险之源，它很可能在悄无声息地侵蚀着公司利润，最终会将公司拖垮。所以，企业必须密切关注与渠道回款相关的各个环节的不正常举动，谨防“回款陷阱”，避免陷入追讨债款的困境。

阅读资料："回款陷阱"面面观

心存侥幸，想当然客户会按时付款。

不对中间商进行信用调查和评估，尤其是对老客户，唯恐得罪朋友。

签合同时，客户根本不讨价还价，完全认同厂家开出的条件。对此，不要沾沾自喜，很有可能他根本无意付款，准备“捞一把就跑”。

厂家急于销货，在付款条件上做无条件的让步。

出现欠款，业务员不但不积极追款，反而处处为其客户辩解，这时应考虑业务员是否拿了客户的回扣。

对客户延期付款过于宽容。

财务管理漏洞百出，与销售部门缺乏沟通。

对实力强大的中间商过于依赖，以为“大树底下好乘凉”，殊不知大树不倒则已，一倒就成崩溃之势，到时只好自认倒霉。

“撒下香饵钓金鳌”，一开始还比较守信用，回款比较及时，骗取厂家信任之后，则加大进货量。此后便以种种伎俩拖欠货款，甚至逃掉。

漠视法律的作用。

企业进行资金流管理需要建立预警机制，做到防患于未然，将应收账款降低到最低水平。具体而言包括以下几点。

① 积极调查，做好客户信息管理。在与客户的交往过程中，应有目的地了解有关信息，即使签改后，还应监控客户情况的变化。将收集到的信息归入客户信息档案，并建立相应的客户信息管理数据系统。

② 分析信息，确定客户信用额度。在信息管理系统基础上对客户信用做出分析，按照一定的标准（视企业自身状况而定）给予客户不同信用额度（即赊销额度及付款期限等）。

③ 谨慎行事，进行信用风险控制。一般来说，为了防止信用危机，可以采取控制发货、监督与检查客户群、信用额度审核、贸易暂停、巡访客户、置留所有权、坚持额外担保等方法。

④ 密切关注，实施应收账款监控。应当建立监控系统，定期联系客户，专人监控，及时反馈更新信息。

⑤ 想方设法，追回客户拖欠账款。对于拖欠账款的客户，一般可采取停止供货、取消信用额度、发出催款通知、协助客户解决其纠纷、委托第三方追账等方法，若再不行，则采取法律诉讼解决。

案例:“娃哈哈”公司的资金管理

创建初期,“娃哈哈”因实力有限,产品知名度不高,所以采取的是售后付款结账的方式进行交易,这为产品顺利进入市场奠定了基础。

但是,随着公司日益发展壮大,“娃哈哈”决定开始采用保证金制度。公司坚持全权委托经销商的策略,基本上不从事直销业务。经销商不论大小均按公司统一发货价提货,月初提货,月末结算,公司实行保证金制度。

所谓保证金制度,就是“娃哈哈”公司要求批发商在开始承销其产品的同时交纳一定金额的保证金(通常大于或等于货款),“娃哈哈”为其支付高于银行存款的利息。在月末结算时,若经销商未能及时支付货款,公司则直接从保证金中扣除,而作为经销商可以日后及时补交保证金至原有水平。对经销商来说,若保证金补交迟了,就无异于自动放弃丰厚的利息收入,同时还可能存在被中止提货的可能。

“娃哈哈”公司保证金制度的有效实施,使公司避免了欠款、三角债等纠纷,可以保证资金的及时回流。事实上,这一资金管理方式的变化,充分说明了“娃哈哈”公司随着品牌的提升,已经有了一定的议价能力,并且这一变化也使“娃哈哈”与经销商之间的关系更加密切了。

4. 信息流管理

《孙子兵法》云:“知彼知己,百战不殆;不知彼而知己,一胜一负;不知彼不知己,每战必殆。”来自销售渠道的信息,是企业生产的指南。没有这些信息,企业就无法制定正确的渠道战略,无法把握市场的需求热点。生产者应注意收集与销售有关的一切信息,加强与经销商、消费者及其他相关主体的信息沟通。

(1) 需要沟通的信息

宏观信息:主要包括政府的经济管制、优惠政策、法律措施、经济周期性变化、消费特点及趋势、科学技术、行业现状、发展趋势、市场结构等。

竞争对手信息:主要包括渠道战略、市场开发能力、市场份额、资金、人员、优势、目标市场定位等。

客户信息:主要包括销售能力、忠诚度、信用度、渠道贡献、合作诚意、需求等。

公司信息:主要包括渠道现状、营销政策、产品知名度、营销资源、市场份额、配送网络、市场机会、市场威胁等。

(2) 信息沟通的方式

包括:通过内部报告制度和公司简报获得公司信息;通过客户数据库和销售代表的例行巡视和拜访获得客户信息;通过渠道成员会议获得渠道方面的信息;通过互联网络获得宏观信息。

● 分项任务测试:

王刚是一家日化企业的渠道经理。到年底了,王经理拟召开渠道成员会议。试为王经理拟定会议的主要内容;分析渠道成员会议召开的目的和意义。

知识检测

选择题

1. 渠道长度是指产品从生产领域流转到消费领域过程中所经过的(　　)的数量。
   A. 渠道类型　B. 中间商类型　C. 中间商　D. 渠道层次
2. 老王养鸡场的鸡蛋,由某超市收购并出售给顾客,这种渠道为(　　)。
   A. 零级渠道　B. 一级渠道　C. 二级渠道　D. 三级渠道
3. 消费品中的便利品和产业用品中的供应品,通常采用(　　)分销方式。
   A. 选择　B. 独家　C. 密集　D. 方便
4. 汽车制造公司通过自己的销售网络销售本公司汽车,这种渠道关系是(　　)。
   A. 传统分销渠道模式　B. 公司型分销渠道模式
   C. 水平分销渠道模式　D. 管理型渠道关系
5. 制造商、批发商、零售商归属同一所有者并受其统一管理和控制的系统是(　　)。
   A. 管理式垂直分销系统　B. 合同式垂直分销系统
   C. 水平分销系统　D. 公司式垂直分销系统
6. 在管理型渠道关系中,企业控制渠道最根本的力量源泉是(　　)。
   A. 产权力　B. 奖赏力　C. 品牌力　D. 经济力
7. 渠道流程管理的目标是企业预期达到的(　　)以及中间商应执行的职能。
   A. 服务水平　B. 顾客服务水平　C. 企业服务水平　D. 中间商服务水平
8. 物流以企业销售预测为开端,并以次为基础来规划生产水平和(　　)。
   A. 销售水平　B. 市场规模　C. 成本费用　D. 存货水平
9. 对生产商来说,激励中间商效果最长远的措施是(　　)。
   A. 设立奖项　B. 提供技术支持　C. 提供市场基金　D. 代理权激励
10. 在汽车生产过程中,原材料、零部件、发动机等从供应商运送到仓储企业,然后被运送到工厂生产成汽车。这属于汽车生产材料分销渠道流程中的(　　)。
    A. 物流　B. 所有权流程　C. 资金流程　D. 信息流程

名词解释

长渠道;短渠道;宽渠道;窄渠道;密集分销;选择分销;独家分销;垂直分销系统;水平分销系统;批发商;零售商;物流;经济订货批量;信息流;窜货

简答题

1. 影响销售渠道选择的因素有哪些?
2. 直销和传销有何本质区别?
3. 如何选择中间商?
4. 简述零售商的主要形式及特点。
5. 现代企业分销渠道的发展趋势是什么?
6. 企业应如何做好渠道客户的资金流管理?

案例分析

"妖精的盒子"的分销渠道

随着消费意识的不断提升,"健康至上"观念开始大面积兴起,大健康赛道的热潮一浪高过一浪。代餐、蛋白棒、植物奶、健身镜等概念的出现,更是捧红了一批新消费品牌,低卡、零糖、低脂、高蛋白已成为零食标配,沙拉、健康餐越来越多地成为90后、00后年轻消费者的餐食选择。

"妖精的盒子"便是一家以沙拉切入鲜食代餐的消费品牌。"妖精的盒子"成立于2016年,最早从设施农业切入,将即食蔬菜种植过程融入家庭场景,以无土培育的方法种植蔬菜。

"妖精的盒子"主要通过代餐餐饮化、餐饮零售化切入,推动品牌的扩张与获客。从代餐餐饮化来看,"妖精的盒子"以鲜食代餐为主,包含无蔗糖欧包系列、低碳水主食系列和三无饮品(零糖、零脂、零卡),目前已开始餐饮零售化商业实践,单店销售额超过1 000元/天。

餐饮零售化方面,首先占据本地电商流量入口,并且为合作商家提供产品、供应链服务和线上平台代运营服务;线下渠道主要通过高密度的自提点、自营店、店中店,覆盖周边500米内可触及人群,为用户实现"500米内必触手可及的便利性",实现私域流量覆盖。

问题:

1. 分析"妖精的盒子"分销渠道模式的特点。
2. 餐饮企业应如何顺应移动互联网时代的发展?

技能训练

1. 调查比较线上零售和线下零售业态的区别。
2. 以加盟商的身份,了解某品牌的加盟条件及具体的中间商政策。
3. 参观某电商企业,了解其订单处理与物流信息系统。

任务7　制订促销计划

【任务目标】

知识目标：

1. 理解促销的基本原理与促销组合工具的特点；
2. 掌握人员推销的基本流程、方法和技巧；
3. 了解广告媒体、广告设计的基本策略；
4. 熟悉公共关系活动的基本流程；
5. 掌握并运用营业推广策略。

技能目标：

1. 根据企业产品和市场的特性选择合适的促销策略；
2. 能够制订人员推销、广告、营业推广、公关促销计划；
3. 能够策划并实施相应的促销活动方案。

思政目标：

1. 具备创新意识、创新思维和创新能力；
2. 全媒体时代，能够讲好中国故事，传播中国文化，树立文化自信；
3. 融入公益广告、电商扶贫、社会赞助等内容，树立正确的营销道德观。

【任务分解】

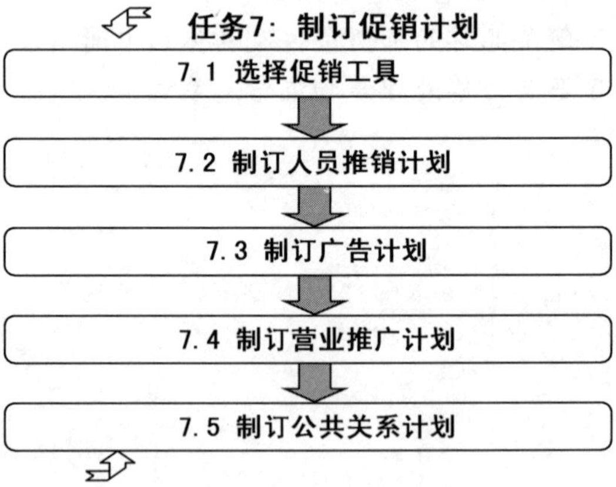

7.1　选择促销工具

7.1.1　认知促销

1. 促销的概念

促销即促进销售，是指企业通过人员或非人员的方式传递企业或产品等信息，以帮助顾客认识产品特点及所带来的利益，从而达到引起顾客注意、激发兴趣、唤起需求、采取购买行为的目的。这个概念应把握以下几个具体方面。

第一，促销的实质是沟通。促销是个沟通过程，企业通过信息的沟通和传递，将产品或服务的存在、性能和特征等信息传递给消费者，激发消费者的购买欲望和购买行为，同时，企业通过市场调研获得反馈信息。信息沟通过程如图 7－1 所示。

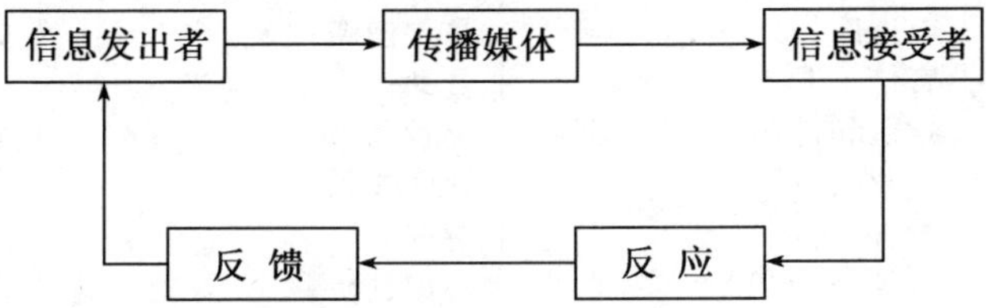

图 7－1　信息沟通过程

案例：跨界营销场域中，品牌精神如何“共振”？

2021 年 5 月，“饿了么”快餐与“七匹狼”电商联合推出了一套独特的骑手装备，旨在宣扬勇于担当、积极生活、健康向上的当代骑士精神，并为这个群体重新赋予“饿狼骑士”的称号。网络上，“饿狼骑士”身着跨界联名外套、开着哈雷摩托、头戴印第安羽冠、肩挎超小号外卖箱的照片广为流传。

一个国民男装品牌和一个本地生活外卖平台玩到了一起，是什么在背后支撑起了这场跨界合作？其核心是对外卖骑手群体的共同关注，以及对当代年轻人身上所具有的“饿狼骑士”精神的敏锐洞察和挖掘。

“饿狼骑士”精神，汲取“饿了么”蓝骑士身上热血积极、认真生活的态度，同时融入“七匹狼”品牌所蕴含的保持好奇、敢于冒险尝试的“狼性精神”，它与当下年轻人所展现的正能量相契合，因而受到广大年轻消费者的价值认同。

“饿了么”目前的营销策略主要有：一是持续与年轻人沟通，传递“万能的饿了么”这一品牌心智；二是强化蓝骑士 IP 的符号价值，在用户心中建立更深刻的感知。

“饿了么”与“七匹狼”电商此次以“饿狼传说”为主题进行跨界合作，正是对这两大营销策略的实践与落地。开设“饿狼餐厅”概念店，上线“饿狼骑士”联名潮服，焕新“蓝骑士”形象装备，更拓展了“外卖配送服装”的新服务：以 30 分钟即达的方式，刷新了用户在新零售世代的购物体验，也诠释了“饿了么”的“爱什么，来什么”的品牌主张。

第二,促销的目的是吸引消费者对企业的形象或产品产生注意和兴趣,激发其购买欲望,促使其采取购买行为。在一般情况下,消费者的态度直接影响和决定着消费者的行为,所以,要促进消费者的购买行为的产生,就必须充分利用各种方式,通过信息的传播和沟通,影响或转变消费者的态度,使其对本企业的产品产生兴趣和偏爱,进而做出购买决策。

第三,促销的方式分为人员促销和非人员促销。人员促销是指派出推销人员直接与消费者面对面的洽谈;非人员促销是指企业借助某种媒介传递企业或产品或服务的信息,包括广告、营业推广和公共关系等多种。在促销活动过程中,企业通常将人员促销和非人员促销结合运用,即促销组合。

2. 促销工具

一般而言,促销的工具主要为四类,即人员推销、广告、公共关系、营业推广(见图 7-2)。

人员推销	广　告	公共关系	营业推广
销售展示 销售会议 奖励 样品试用 展览会	印刷广告与广播广告 外包装 随包装广告 电影广告 宣传手册 招贴和传单 企业名录 翻牌广告 广告牌 招牌 POP 广告 视听材料 标志图形	记者报道参考材料演讲 研讨会 年度报告 慈善捐赠 赞助 出版 社区关系 游说 标识宣传 公司期刊 活动	比赛、游戏、抽奖、奖券 奖金与礼品 样品 交易会 展览会 演示 赠货券 回扣 低息贷款 招待会 以旧换新 商店赠券 搭配商品

图 7-2　常见的促销工具

(1) 人员推销

人员推销(Personal Selling)是一种既传统又现代的促销方式。它是指企业派出人员或委托推销人员,亲自向目标顾客对商品或服务进行介绍、推广宣传和销售。人员推销由于直接沟通信息、反馈意见及时,可当场促成交易。人员推销不仅仅可以出售现有货物,还可以配合企业的整体营销活动来发现顾客需求、满足顾客需求,把市场动向和顾客需求反馈回来,并据此调整企业生产经营范围、结构,增强企业竞争能力。

(2) 广告

广告(Advertising)是指企业通过一定的媒介物,公开而广泛地向目标消费者介绍企业的营销形式和产品品种、规格、质量、性能、特点、使用方法以及劳务信息的一种宣传方式。工商企业作为独立的商品生产者和商品经营者,科学地运用广告宣传,对传播信息、促进生产、引导消费、扩大销售、加速商品流通和提高经济效益都有着十分重要的作用。

(3) 公共关系

公共关系(Public Relation)是指企业通过种种活动使社会各界公众了解本企业,以取得他们的信赖和好感,从而为企业创造一种良好的舆论环境和社会环境。公共关系的核心是交流信息,促进相互了解,宣传企业的经营方针、经营宗旨、经营项目、产品特点和服务内容等,提高企业的知名度和社会声誉，为企业争取一个良好的外部环境，以推动企业不断向前发展。

案例："白小纯"，年轻一代的牛奶

随着新消费时代的到来，"Z世代"已经成为席卷消费市场的"新势力"。爱尝鲜、有个性、重互动的青少年群体成了品牌营销的主要沟通对象。

作为中国最具青春活力的牛奶品牌"白小纯"，代表着年轻一代独有的青春朝气，也更加重视青少年的健康成长。正是在这样的背景下，"白小纯"选择携手河北卫视《我中国少年》第四季，因为这档节目与"白小纯"有共同的理念——关注青少年健康成长，通过花式课间操展演，展现中国少年青春活力姿态，积极传递属于当代中国少年的正能量，打造出"体教融合"新样板。

"白小纯"以精准的产品定位和清晰的营销方向，瞄准"Z世代"，抢占"年轻一代的牛奶"赛道，充分建立营养强化和健康优质的产品属性，成为行业第一个"专属"于年轻人的牛奶品牌。

（4）营业推广

营业推广，又称为销售促进（Sales Promotion），是指企业采用特殊的手段或方法对消费者或中间商进行强烈刺激，以激励他们对特定产品或服务较快或较大量地购买。营业推广多用于短时期的特别促销。可以说广告提供了购买理由，营业推广提供的是购买刺激，推动顾客快买多买。

案例："珍爱网"，用7+100场直播玩转"七夕营销"

在2021年七夕节，"珍爱网"跟年轻人完成了一次大型互动。

B端层面，这是一次由"珍爱网"牵头，与"巨量"引擎和"抖音"电商三方共力、规模庞大的内容共创。不仅有明星和千万粉级别的名人入场，带动众多优质达人参与"dou来脱单吧""抖在恋爱季"话题，进行多元化的短视频创作，创造了近40亿的播放量，还吸引近百位百万粉优质达人打造了一场打破直播产业常规布局版图的"直播拉力赛"。

而面向C端，这是一场与年轻受众的深度建联，充分调动年轻人积极性的跨域联欢，帮助年轻人打破交友壁垒和恋爱禁锢，找到对的人。通过活动品牌定制主话题"dou来脱单吧"和冠名官方话题"抖在恋爱季"两个话题产出高频优质内容，以任务模式刺激用户参与兴趣和积极性，成功激发了用户的决策热情。

"珍爱网"紧紧抓住了两点：一个是明星、达人效应，另一个是内容引爆。此次活动邀请了"抖音"剧情博主祝晓晗首打前站，以其高流量系列相亲短剧内容为依托，拍摄"第134次相亲"深植"珍爱网"品牌主张相关内容，牢牢抓住了"靠谱"这个关键词，让"珍爱网"帮助城市优质青年脱单的定位进一步深入人心。继而明星杨迪以"脱单助言人"身份强势加盟，不仅空降直播间与粉丝深度互动，搅热场中气氛，还续接热度将人和关注度引至直播专场，完成关注度聚焦，是一次完美的流量聚合。

表7-1列出了四种促销工具的优点和缺点。

表 7-1 四种促销工具比较

促销方式	优点	缺点
人员推销	推销方式灵活； 利用深谈，容易激发兴趣； 促成及时成交。	推销费用较大；推销人才难觅。
广告	触及面广； 易引起注意； 多次运用可将信息艺术化，加深印象。	说服力较小； 难以促成即时购买行为； 广告效果难以控制。
公共关系	影响面广； 间接宣传，容易取得消费者信任。	时间长，效果不显著； 公关活动策划要求高。
营业推广	吸引力较大，能迅速改变顾客的购买行为； 见效快，易控制。	可能引起顾客的焦虑和不信任。

7.1.2 选择促销工具

企业在进行促销决策时，需要综合考虑各方面的因素，选择合适的促销组合。具体而言，需要考虑以下几个方面的因素。

1. 促销目标

促销目标根据企业试图刺激的需求类型不同而有别，如促销目标为树立企业形象，提高产品知名度，促销重点应在广告，同时辅之以公关宣传；如促销目标是让顾客充分了解某种产品的性能和使用方法，印刷广告、人员推销或现场展示是好办法；如促销目标为在近期内迅速增加销售，则营业推广最易立竿见影，且须辅以人员推销和适量的广告。从整体看，广告和公关宣传在顾客购买决策过程的初级阶段成本效益最优，因其最大优点为广而告之；而人员推销和营业推广在较后阶段更具成效。

2. 市场类型

产业市场和消费者市场在顾客数量、购买量和分布范围上相差甚远，各种促销方式的效果也不同，其最大的区别在产业市场上更多采用人员推销，而消费者市场上大量采用广告。因为产业市场上的顾客数量少，分布集中，购买批量大，以人员推销为主，既能发挥人员推销的优势，又能节约广告费用；反之，消费者市场顾客数量多而分散，通过广告可以用较低的相对成本达到广而告之的效果。(见图 7-3)。

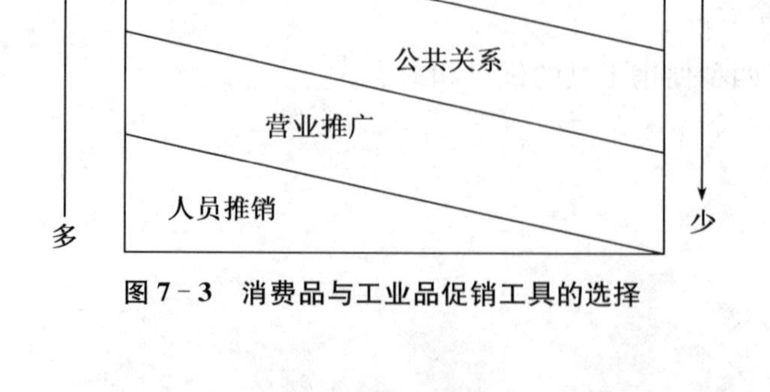

图 7-3 消费品与工业品促销工具的选择

3. 产品生命周期

在产品生命周期的各个阶段,因消费者对产品的了解和熟悉程度不同,企业的促销目标和重点也不一样。一般来说,在导入阶段,需要广泛宣传,以提高知名度,广告和公关宣传覆盖面广,成本效益最优,同时须辅以营业推广和人员推销。在成长阶段,消费者相互口传信息,需求会保持自然增长的势头,促销仍可以广告为主,但内容上应突出宣传本企业产品的品牌、特色和优势。进到成熟期,促销强度要加大,营业推广的效果超过广告,因为此时大多数目标顾客已了解这一产品,只需做少量提示性广告即可。对产业用户,这一阶段则要大力进行人员推销,以与竞争者争夺客户。到衰退期,促销规模要降到最低限度,公共宣传可完全停止,只保留提示性广告和各种营业推广即可。

4. 促销预算

在促销活动中,企业决定使用哪种促销工具,还受其财力状况以及计划用于促销的预算的影响。

5. 其他营销策略

促销是企业营销组合的一个重要组成部分。它必须服从、服务于企业的营销组合。因此,企业在确定促销组合时,还必须考虑到营销组合的总体要求,考虑到与产品策略、价格策略、分销渠道策略的有机配合。这样,不仅有利于取得良好的促销效果,也有利于提高企业的总体营销效益。因此,企业要根据促销目标的要求,结合其他有关因素综合考虑,全面衡量,从实际出发,采用经济而有效的促销组合形式。

7.1.3 制订促销组合计划

企业促销组合计划是将以上几种促销工具加以选择、运用与组合搭配,把既定的促销预算在各种促销方式之间进行合理分配。企业促销组合的制定是一个系统思考的过程。企业拟定促销组合策略可参照下列步骤进行。

1. 明确市场目标市场及促销对象

促销的目的是要解决特定的营销问题,可能是关于消费者,也可能是关于渠道、产品或本企业内部人员,因此首先必须明确市场目标、市场策略并确定目标市场及促销对象,在确定促销对象前必须明确回答下列问题:企业的市场目标、市场策略是什么?市场的销售对象是谁?消费者为何、如何使用我们的产品?产品的购买数量、购买频率如何及购买地点在哪里?主要的竞争对手有哪些?消费者对本企业品牌及竞争者品牌的评价如何?

2. 决定促销目标

经由上一个步骤的评估后,企业已能选择出促销希望解决的问题,接下来就可以决定促销目标。促销目标应当清楚界定企业要达到什么目的、目标是多少以及期望目标对象做出什么样的反应等问题。

例如,消费者对品牌印象模糊时,促销目标是加深消费者对品牌的认知;要吸引更多连锁店加入时,促销目标是吸引更多的商店加入连锁;季节性或流行性淡季时,促销目标是增加销售。所以促销的对象可能是最终消费者或经销商,也可能是企业内部员工。当然其最终目的是达成企业的市场目标。

3. 规划促销预算

企业的资源是有限的,因此促销预算也会受限制,企业在有限的预算内选择最大效益的促销策略及方案。

4. 选择促销组合

如前所述，为了能与消费者进行有效的信息沟通，企业应当在综合考虑各种影响因素的基础上选择适当的促销工具的组合。

5. 实施、控制及评估促销活动

促销组合实施前一定要先规划好执行计划与控制计划。执行计划包括计划及预算的核准、目标受众的选择、促销信息的传播等。评估执行效果可用两种不同的方法来检验：一是比较促销组合实施前、实施时和实施后销售量的变化情况；二是从消费者样本中了解他们对活动的反应以及追踪他们在促销后的行为。例如，了解品牌知名度提高多少、美誉度改善多少、消费者对促销组合评价如何、对以后的品牌选择是否有影响等。

案例："小天鹅"的"卖光"行动

在以优惠、促销为主要抓手的电商大战中，"小天鹅"却别出心裁卖起了场景。2021年"6·18"期间，"小天鹅"跨界途家民宿，将洗烘套装带到民宿场景之下，在旅途中打造了一场"卖光"行动。

1. 设悬念

以反差形式与消费者对话，刺激探索欲望。悬疑式海报，吸引着消费者眼球。"小天鹅"以"日光浴""把阳光穿在身上""江南再无梅雨季"等关键词与消费者进行对话，能够瞬间勾起消费者的兴趣，让其有进一步探索的欲望。

2. 指痛点

"小天鹅"以三张痛点海报直指消费者当下晾衣的痛点。无论是换季衣物晾晒、梅雨季节晒衣，还是沙尘天气晾衣，无疑都是让人心烦的一件事情。当"小天鹅"一针见血地指出这些问题，痛点被赤裸裸地袒露在消费者面前，痛点似乎更痛。

3. 诚邀请

三大形象共同出击，总有一位戳中你。通过全新IP品牌形象"鹅小天""小天鹅"品牌代言人万茜、途家美宿"家帽帽"向全民发出诚挚邀请，欢迎光临"鹅家"。

4. 重体验

在上海，"小天鹅"选取外滩和"迪士尼"两个知名景点，深度改造周边的"花小爷"民宿和"朴宿花园"两间民宿。让消费者了解这是一次品牌体验之旅，却丝毫不影响其真正旅行的体验，甚至通过"小天鹅"洗烘套装达到轻装上阵、解放阳台和心爱衣物即洗即穿的效果。

● 分项任务测试：

1. 分组讨论四种促销方式的优缺点。

2. 将班级同学分成四个小组，分别为某"臻享"纯牛奶制定春节、重阳节、母亲节、情人节的促销创意。

7.2 制订人员推销计划

7.2.1 明确人员推销的任务

人员推销是指通过人与人的沟通来达成销售的过程。推销人员可称为推销员、业务员、销售代表、业务经理、销售工程师等。人员推销的推销对象可分为两种:一种是最终消费者,一种是中间商。产品性质、组织大小、行业类型等因素影响着人员推销在企业营销中的效用,因此各企业对人员推销的重视程度也不一。人员推销的任务如下。

(1) 挖掘潜在客户。挖掘潜在客户是指寻找客户并对其进行资格认定,判断其是否是合格的潜在顾客。

(2) 发现客户的需求和需要。推销人员搜集更多的关于潜在客户的信息,并确定接近他们的最佳方式。有时潜在客户不能或不愿确切表达他们的需求,不能提供真实的购买动机,这就要求推销人员设法弄清客户的所需与所想,从而解决他们的难题。推销人员还要确定潜在客户有没有购买决策的能力。

(3) 向客户推荐满足需求或需要的方法。推销人员应当帮助潜在客户解决难题,向其建议一种可能解决他的问题或满足他需要的方法。推销人员还需要进一步提供一些潜在顾客以前没有考虑到的信息,或是提出一些可行的替代方式。

案例:"屈臣氏"的专业化导购服务

依靠精准消费群定位,专业化服务,物美价廉的自有品牌产品,专业和系统化的促销等一系列环环相扣的精细经营举措,"屈臣氏"牢牢抓住了大量的忠诚顾客,并有效避免了与购物中心、大型综合超市、便利店、专卖店和网店等零售形态的同质化竞争,着实有效地实现了自己的经营特色。

走进"屈臣氏",给人的感觉不是走进了一家超市,而是一家专业的个人护理店,为什么会有这种感觉呢?

这是由于精确锁定目标消费群后,"屈臣氏"进而提出了"个人护理"的专业化服务和营销概念。店里不仅针对个人护理提供完备的产品线,而且在商品的陈列方面,按化妆品—护肤品—美容用品—护发用品—时尚用品—药品的顺序分类摆放,方便顾客挑选。

同时,"屈臣氏"成立了一支强大的健康顾问队伍,包括全职药剂师和供给商驻店促销代表,免费提供皮肤护理等专业咨询。并且在店内设资料展架,陈列个人护理、保健营养分配和疾病预防治疗方法等各类资料手册。这样,消费者很轻易被店内的氛围、营业职员的素质、商品的陈列、资料的发放等一系列专业化购销手段所感动,这样"屈臣氏"个人护理专家的品牌形象也因此深得人心。

根据国人"实惠才是硬道理"的消费习惯。"屈臣氏"实施加1元多一件、"全线八折""买一送一"等促销力度大的优惠策略,吸引顾客眼球。此外,"屈臣氏"更注重消费者心理研究。

比如,新奇刺激的活动对有"小资情调"的白领一族更具有吸引力,"屈臣氏"就推出"60秒疯狂抢购",中奖者可以在卖场对指定的货架商品进行"扫荡",60秒内拿到的商品都属于中奖者,这样的方式让消费者因体验新鲜刺激而津津乐道。

(4) 说明公司实力并示范其产品。推销人员通过展示公司的雄厚实力,说服顾客首选本公司。

(5) 成交。即得到潜在顾客的成交,这是最关键的环节,也是最困难的环节。许多推销人员擅长探测、发现客户需求、做产品说明等,但就是迟迟不能成交。此时,通常大多数经理就会参与进来,帮助推销人员成交。

(6) 跟踪回访,提供服务。生意成交并不表示推销人员的任务到此结束。保留现有客户远比发展新客户容易得多。通过跟踪服务保持客户满意度有很多好处,如增加客户忠诚度、形成重复销售、获得搭售的机会等。

回顾推销人员担当的责任,如今的推销人员已远远超过了人们对他的理解,不仅仅是叫卖者、兜售者。推销,就是要说服顾客购买产品,让顾客在使用过程中感到满意,让顾客重复购买,让顾客推荐新顾客。

阅读资料:直播销售秘诀

今天的营销,正在进入一个所见即所得的年代。媒体和渠道的功用已经融合在一起,"营"和"销"之间不再有时空限制。因此,传统做营销的核心是让消费者记住并理解品牌,这样等他逛街购物时才能想起来品牌,销售才得以达成。而在一个所见即所得的年代,营销的核心变成了让消费者即时行动,即刻购买,冲动消费。对于直播卖货来讲,最重要的是给消费者制造一种身临其境的现场感。让消费者在看直播时,自然进入一个购物情景,正如其在线下商场逛街一样。直播要让消费者感到舒适、感到自在、没有疑虑,这样他才会在极短的决策时间内,不搜寻信息了解更多,不比对价格和同类产品,直接下单购买。这就需要主播发挥自己的人格魅力,帮助消费者创造好的购买体验。人格魅力来自哪里呢? 人格魅力=颜值形象+个性能力+表达风格。

颜值和形象是魅力的基础。要根据自己的长相和形象去设计相应的人设风格,独特的风格创造了魅力。就像老罗(罗永浩),原来做培训、办网站时一直是个愤青形象。自从做了手机,换了发型、换了眼镜,整理一下衣服,做好表情管理,原来的愤青气质立刻化身温文尔雅的匠人形象。要找到独属于自己的风格,还包括语言的使用、口头禅,比如提到"Oh My God""所有女生""买它",所有人都知道这些词指的是谁。包括赋予自己一定的特征,比如"牛肉哥"总是要戴一顶帽子。

7.2.2 组建销售队伍

推销人员是企业与顾客之间的纽带。对许多顾客来说,推销人员是企业的象征,反过来推销人员又给企业带回许多有关顾客的有用信息。因此,建立一支高效的销售队伍对企业来说是非常重要的。

1. 设计销售队伍规模

销售队伍的规模是否适当,直接影响着企业经济效益。销售人员过少,不利于企业开拓市场和争取最大销售额;反之,销售人员过多,又会增加销售成本。所以,要做好产品销售,首先要合理确定销售人员的规模。确定销售队伍规模的方法主要有销售百分比法、销售能力法和工作量法。

（1）销售百分比法。销售百分比法是指企业根据历史资料计算出销售队伍的各种耗费占销售额的百分比以及销售人员的平均成本，然后对未来销售额进行预测，从而确定人员销售规模的方法。

（2）销售能力法。是指企业通过测量每个销售人员在范围大小不同、销售潜力不同的区域的销售能力，计算在各种可能的销售人员规模下企业的销售额和投资报酬率，以确定销售人员规模的方法。销售能力法的分析有三个步骤：

A. 测定销售人员在不同的销售潜力区域内的销售能力。

B. 计算在各种可能的销售人员规模下的企业销售额。计算公式为：

企业销售额＝每人销售额×销售人员数

C. 是依据投资报酬率确定最佳销售人员规模。根据各种可能的销售人规模下的企业销售额（即销售收入）以及通过调查得出各种相应情况的销售成本和投资情况，即可计算各种销售人员规模的投资。计算公式为：

投资报酬率＝（销售收入－销售成本）/投资额

其中，投资报酬率最高的即为最佳销售人员规模。

（3）工作量法。工作量法是指企业根据不同顾客的需要，确定总的工作量，从而确定人员推销规模的方法。工作量法包括五个步骤：

第一，按年度销售量将顾客分为若干级别；

第二，确定各级别客户每年所需的访问次数；

第三，每个级别客户的数量乘以各自所需的访问次数得出每年总的访问次数；

第四，确定一个销售代表平均每年可进行的访问次数；

第五，将年度总的访问次数除以每个销售代表的平均年访问次数即可得所需销售代表数。

2. 选择推销人员

企业选择推销人员时，大都是结合自身综合因素从思想政治、知识修养、个性素质和实际工作能力四个方面来考虑的，没有统一的标准，各企业有各企业的标准。

国外某《销售与营销杂志》调查了37个行业中的189家公司的209位销售人员认为最顶尖的销售人员所应具备的特质如下，以供参考。

（1）自我肯定：不卑不亢，能够从被拒绝中恢复斗志。

（2）时间概念：想立刻完成交易。

（3）自我促进：竞争意识和自尊的联合。

（4）果断：坚定，控制销售过程，自信能达到某个目标。

（5）敢于冒险：愿意尝试创新和试图把握机遇。

（6）融洽：外向、友好、能言善道、对他人感兴趣。

（7）抽象思维：理解概念和办法的能力。

（8）质疑的能力：对稍微缺乏可信的人或事都能产生怀疑。

（9）创新能力：非常规思考。

（10）换位思考：能设身处地地站在别人的角度思考。

案例:乔·吉拉德,伟大的推销员

乔·吉拉德是世界上最伟大的销售员之一,他连续12年荣登世界吉斯尼记录大全世界销售第一的宝座,他所保持的世界汽车销售纪录——连续12年平均每天销售6辆车,至今无人能破。乔·吉拉德的销售秘诀是什么呢?

1. 250定律:不得罪一个顾客

在每位顾客的背后,都大约站着250个人,这是与他关系比较亲近的人:同事、邻居、亲戚、朋友。这就是乔·吉拉德的250定律。由此,乔得出结论:在任何情况下,都不要得罪哪怕是一个顾客。在乔的推销生涯中,他时刻控制着自己的情绪,不因顾客的刁难,或是不喜欢对方,或是自己心绪不佳等原因而怠慢顾客。

2. 名片满天飞:向每一个人推销

每一个人都使用名片,但乔的做法与众不同:他到处递送名片,名片漫天飞舞,就像雪花一样,飘散在运动场的每一个角落。乔认为,每一位推销员都应设法让更多的人知道他是干什么的,销售的是什么商品。这样,当他们需要他的商品时,就会想到他。乔抛散名片是一件非同寻常的事,人们不会忘记这种事。

3. 建立顾客档案:更多地了解顾客

乔认为,推销员应该像一台机器,具有录音机和电脑的功能,在和顾客交往过程中,将顾客所说的有用情况都记录下来,从中把握一些有用的材料。乔说:"在建立自己的卡片档案时,你要记下有关顾客和潜在顾客的所有资料,他们的孩子、嗜好、学历、职务、成就、旅行过的地方、年龄、文化背景及其他任何相关的事情,这些都是有用的推销情报。"

4. 猎犬计划:让顾客帮助你寻找顾客

乔认为,干推销这一行,需要别人的帮助。在生意成交之后,乔总是把一叠名片和猎犬计划的说明书交给顾客。说明书告诉顾客,如果他介绍别人来买车,成交之后,每辆车他会得到25美元的酬劳。实施猎犬计划的关键是守信用。乔的原则是:宁可错付50个人,也不要漏掉一个该付的人。

5. 推销产品的味道:让产品吸引顾客

乔特别善于推销产品的味道。与"请勿触摸"的做法不同,乔在和顾客接触时总是想方设法让顾客先"闻一闻"新车的味道。他让顾客坐进驾驶室,握住方向盘,自己触摸操作一番。如果顾客住在附近,乔还会建议他把车开回家,让他在自己的太太、孩子和领导面前炫耀一番,顾客很快就会被新车的"味道"迷住了。根据乔本人的经验,凡是坐进驾驶室把车开上一段距离的顾客,没有不买他的车的。即使当即不买,不久后也会来买。新车的"味道"已深深地烙印在他们的脑海中,使他们难以忘怀。

6. 每月一卡:真正的销售始于售后

乔有一句名言:"我相信推销活动真正的开始在成交之后,而不是之前。"推销员在成交之后继续关心顾客,将会既赢得老顾客,又能吸引新顾客,使生意越做越大。乔每月要给他的1万多名顾客寄去一张贺卡。一月份祝贺新年,二月份纪念华盛顿诞辰日,三月份祝贺圣帕特里克日……凡是在乔那里买了汽车的人,都收到了乔的贺卡,也就记住了乔。正因为乔没有忘记自己的顾客,顾客才不会忘记乔·吉拉德。

7.2.3　划分销售区域

在人员推销实践中，企业的销售部门在确定了整体的销售目标后，需要对企业所意欲达到的销售区域进行合理的划分。销售区域也称区域市场或销售辖区，指在一段给定的时间内，分配给一个推销人员、一个销售分支机构或者一个中间商(批发商和零售商)的一群现实及潜在顾客的总和。销售区域可以有地理界线，也可以没有地理界线。划分销售区域的好处如下。

(1) 鼓舞推销人员的士气。作为所管辖区域的业务经理，推销人员会产生强烈的主人翁意识，他们会更好地设计路线，更好地安排拜访频率。同时，明确的区域划分体现了权责一致的原则。各区域推销人员感到目标明确，相互之间不会发生争夺顾客的恶性竞争。

(2) 更好地覆盖目标市场。由于目标市场的每一个销售区域都有专人负责，就不会有被忽略或遗忘的销售"死角"。如果给每位推销人员规定严格的销售区域，并严禁窜货，那么他们会更努力地开发自己的区域市场。

(3) 提高客户管理水平。销售区域的划分，使得推销人员努力地开发新客户，并对老客户进行深度营销，从而大大提高客户服务的质量。作为所辖区域的主人，推销人员可自己计划自己的活动，定期访问，与客户保持长期关系，深入了解客户的需求问题。

(4) 便于销售业绩考核。把整个市场划分成不同的销售区域后，销售数据的收集会变得比较容易。企业将不同地区的销售额与市场销售总额相比较，就可以清楚地看到每个推销人员的个人业绩。

(5) 有利于销售绩效改进。销售区域管理有利于成本分析和成本控制。企业通过对各推销人员在不同销售活动中花费的时间与成本的分析，可以设计出更好的方案，提高工作效率，降低销售成本，并为科学地规划销售队伍规模提供数据支持。因为每一个销售区域都有指定的营销员负责，可以避免不同营销员对客户的重复访问。推销人员可以细心设计访问路线，尽量减少和合理利用旅行及等待的时间，从而降低销售成本。不仅如此，一对一的访问还可以在客户心目中树立起统一的企业形象。

7.2.4　人员推销实战

1. 拜访与接近顾客

拜访接近顾客是人员推销能否成功的关键阶段。首先，需要推销人员制订一个详细的拜访计划，然后选择一个巧妙的方法接近顾客。

(1) 寻找潜在顾客。在销售区域内圈定客户范围、再充分挖掘出潜在客户，这除了要靠推销人员自身的努力以外，还必须掌握并正确运用基本的途径和方法。推销人员可以通过逐户访问、广告搜寻、客户介绍、请名人介绍、通过参加会议寻找、以打电话方式寻找、邮寄信函、资料查询等途径寻找潜在客户。

(2) 拟定拜访计划。为了顺利达到拜访目的，需要拟定一个周密的拜访计划。拜访计划的内容必须具体，主要包括以下几个方面：确定拜访顾客名单；选择拜访路线；安排拜访时间和地点；拟定现场行动纲要；准备销售工具。

(3) 接近潜在顾客。接近顾客是销售洽谈的前奏，接近顾客包括两个层次的含义：一是指推销人员和顾客之间在空间距离上的接近；二是指推销人员和顾客之间消除感情上的隔阂，逐步趋于同一目标。销售人员接近顾客的方法多种多样，要注意掌握各种方法并综合运用。接近拜访顾客有多种方法,如商品接近法、介绍接近法、社交接近法、馈赠接近法、赞美接近法、反复接近法、服务接近法、利益接近法、好奇接近法、求教接近法、问题接近法等。

案例:以狗会友

有一位销售人员,连着四次去拜访一位老板都被拒之门外。后来他左思右想,决定从这位老板的爱好方面下手。他打听到这位老板喜欢卷毛狗,而且每天傍晚都到小区里遛狗。于是,这位销售人员心生一计,他先学习了一些狗的知识,然后借了一条卷毛狗,也在傍晚的时候去小区遛狗,装作偶遇这位老板。两人就津津有味地谈论起狗来,从狗的品种到如何喂养等,两个人很快成了忘年交,因为狗的原因成了朋友。后来,自然而然就完成了交易,并使那位老板成为他的稳定客户。

2. *产品介绍与示范*

美国奥克拉荷大学企业管理博士郭昆谟总结并提出了一种适用于任何产品的介绍法则“FABE(费比法则)”介绍产品。该方法将介绍产品归结为四个步骤。

第一步,介绍产品的特征(Feature);第二步,分析产品的优点(Advantage);第三步,介绍产品给客户带来的利益(Benefit);第四步,提出证据(Evidence)来说服客户,促成交易。

在介绍的过程中要判定顾客的类型,根据顾客类型,结合自己对产品的了解快速断定针对特定顾客的兴趣集中点,围绕一至两个兴趣集中点来展开销售,做到有的放矢。顾客兴趣集中点主要有:商品的使用价值、流行性、安全性、美观性、教育性、保健性、耐久性、经济性等。

在发现了面前顾客的兴趣集中点后,可以重点示范给他们看,以证明你的产品可以解决他们的问题,适合他们的需求。在示范过程中,销售人员一定要做到动作熟练、自然,给顾客留下利落、能干的印象;同时示范时一定要注意对产品不时流露出爱惜的感情,谨慎而细心的触摸会使顾客在无形中感受选到商品的尊贵与价值,切不可野蛮操作,因为你的态度将直接影响顾客的选择。

案例:豆浆机的产品介绍

F(特征):我们从豆浆机的技术特点开始引入,让观众对商品在第一时间留下标签印象。

主播:今天给大家带来的X品牌豆浆机,具有4大技术声源降噪、3步完成自动清洁、8大菜单及0.3～1 L的自由选择容量。

A(优点):只介绍技术特点太单调了,我们还需要通过技术特点去引出商品卖点。

主播:这款产品的优点是,超级静音、解放双手自动清洁、满足多种家庭的料理需求。

B(利益):只是这样的话,观众很难产生共鸣,我们需要具体的场景凸显商品好处。

主播:就拿我举例子,记得以前小时候的老式豆浆机声音异常的大,所以每天早上叫醒我起床都不是闹钟,而是家里面的豆浆机。如果今天直播间粉丝有早上喝豆浆,又嫌外面买的不健康想要自己做,你们可以看看这款豆浆机。

E(证明):最后在直播间内通过举证的方式,去证明之前阐述的商品特点及优势。

主播:接下来,我给大家现场演示做一杯新鲜的豆浆。

阅读资料:直播带货产品介绍的话术逻辑

1. 简单版(适合简推商品2～3分钟):商品介绍+价格对比+使用场景

例如:这款米糊是大米磨成粉渣做的,对胃非常好,比白米粥对胃还好,因为它冲泡后是黏稠的糊状，所以更方便消化，而且冲泡起来非常简单，一杯热水加满搅一搅就好了，口感非常绵密，喝起来很舒服。(商品介绍)这样一杯40 g的米糊在店铺的日常售价是9.9元一杯，今天在我的直播间是3.9元一杯，所以你放心去买。(价格对比)这个非常适合上班族，买一箱在办公室囤着，早上来不及吃早餐的时候来一杯不会饿坏肚子；另外我胃疼的时候什么都不吃，只喝它。(使用场景)

2. 详细版(适合主推商品5～8分钟)：

店铺名称＋商品介绍＋原价＋现价＋折扣力度＋线下价格＋使用场景＋抢购方式＋快递＋售后

例如：接下来这款商品是来自××旗舰店的米糊(店铺名称)，这款米糊是大米磨成粉渣做的，对胃非常好，比白米粥对胃还好，因为它冲泡后是黏稠的糊状，所以更方便消化，而且冲起来非常简单，一杯热水加满搅一搅就好了，口感非常绵密，喝起来很舒服。(商品介绍)这样一杯40 g的米糊在店铺的日常售价是9.9元一杯，今天在我的直播间是3.9元一杯，这个超市也有卖，要12.9元一杯，所以今天在我直播间真的是直接打了4折，非常划算。(原价＋现价＋折扣力度＋线下价格)这个非常适合上班族，买一箱在办公室囤着，早上来不及吃早饭的时候来一杯不会饿坏肚子；另外我胃疼的时候什么都不吃，只喝它。(使用场景)我们这个米糊库存只有5 000单，抢完就没有了哦，已经上架了，赶紧去抢，进店铺有个5元的优惠券，直接下单。(抢购方式)而且这个米糊是全国包邮，(快递)支持7天无理由退换，(售后)所以放心买。

阅读资料：常见品类的商品介绍侧重点

1. 食品类

这类商品需要现场试吃，通过主播实际展示吃的过程，表现食物的口感，让粉丝了解到食物的色、香、味。同时介绍清楚食物的配方，需要操作处理的食品，要事先准备好，主播还可以展示操作方法。食品类商品用户最关注点：保质期、配料、口感、规格、价格。

2. 美妆护肤类

典型的实验类介绍，如果是面膜一定要现场挤出精华展示含量，如果是口红、眼影一定要现场试色(无滤镜)。美妆护肤类商品用户关注点：使用感受(质感、质地)、功效(保湿还是抗老)、成分(添加了哪些主要成分、功效是什么、占比有多少)、适用人群(肤质是干皮油皮、年龄适合多大)、价格。

3. 鞋靴服饰类

需要展示介绍，这类商品的展示要实际上身，通过讲解穿搭技巧、展示穿搭秀等方式直观展示给用户。鞋靴服饰类用户关注点：适合什么风格、面料是否舒适、实际上身效果、有无色差、尺码(透露模特身材信息、方便粉丝对比)、价格。

3. 商务磋商

推销人员在推销过程中，商务磋商是其必须掌握的一项技能。商务磋商中的报价和让步是最关键的。

报价策略主要包括三个方面的要点。一是报价顺序，即先报价后报价的问题，先报价有利于掌握主动权、影响对方的期望但容易暴露自己的底盘，后报价则对方在明己方在暗，可根据对方报价及时修改方案。二是报价起点，要求报价时尽量报高价，这样为顾客讨价还价留出余地，但报价时要有根据、显示出诚意。三是报价方式，报价时态度要坚定果断，给人以自信、从容的印象；报价时要非常明确，以使对方能准确无误地了解己方的要求、期望；在报价期间和报价以后，一般不应附加任何解释说明，如果主动对报价进行解释和辩护，对方会对报价产生误解和疑心。只有当对方要求解释或不满时才加以说明。

报完价后，双方都会进行一番讨价还价，彼此都要做出些让步才会达成最后的协议。首先正确看待让步：让步是必需的，让步的最高境界是以大换小。让步基本上有三种：第一种是实质让步，即确实让出了自己的利益；第二种是象征性的让步，即没有让出实质的利益，只是调整了方案，让对方觉得是让步了，特别是涉及面子问题时可采用这种让步策略；第三种是虚拟让步，与第二种相似的是也没有让出实际的利益，但也让对方感觉到了让步，不同的是不是调整方案，而是通过其他途径，如非常尊重对方、认真倾听对方说话、保证给对方的价格是和某大客户或名人的一样的或给对方许以远期的利益等。

让步时要尽量先争取不让步，不得不让步时要适度有顺序有步骤，让的步要让对方动心、满足，同时，给对方一个让步时一定要争取对方的一个让步。另外在讨价还价过程中要有良好的心理素质，要耐得住对方的恭维、威胁或冷嘲热讽等，如果感觉让步做了或过了头，要有能力撤销，收回让步。

4. 试行订约

推销人员在从寻找到顾客到达成交易的整个推销过程中，不可避免地会遇到顾客的各种异议。处理异议后，应把握成交机会，积极提出成交的要求。

(1) 处理异议

顾客异议是顾客对推销员所言表示不明白、不同意或反对的意见。处理顾客异议是推销活动的开始，并贯穿于整个推销过程。顾客的异议主要来自需求（如顾客说“我不需要”或“我已经有了”之类的话）、质量、价格、服务、购买时间（如顾客说“我下次再买吧”）、支付能力、推销员（如推销员态度不好、自吹自擂、礼数不到等）方面。

在处理顾客异议时，首先要认真倾听顾客提出的异议，然后适时回答顾客的异议，处理完后要收集、整理和保存好各种异议，以便于给企业提供信息，同时也给以后碰到类似问题准备好应对措施。

阅读资料：销售员如何化解客户异议？

销售情境1：你的价格太贵了。

错误应对：

1. 价格好商量……

2. 对不起，我们是品牌，不还价。

问题诊断：

客户买东西时都会想要便宜点，这是客户的一个正常的消费心理，并不是决定他买不买的主要原因。销售人员在接待客户的时候，会面对客户成百上千的问题，但这些问题归纳分类后其实只有两种问题：真问题和假问题。

我们的很多销售人员并不知道客户的问题中大多数都是假问题。客户问“能不能便宜点”就是一个典型的假问题，这是所有消费者的一个习惯用语，作为一个老练的销售人员根本没有必要就“能不能便宜点”开始讨价还价，而是应该在客户关心价格的时候引导他关注价值。

第一种回答是一种不战自溃的消极销售行为；第二种回答则是一厢情愿，强迫消费者意愿的武断行为，消费者很难接受。

策略：当消费者关心价格的时候，销售人员应当因势利导，让客户关注商品的使用价值。把客户关心"贵不贵"改变为"值不值"。

语言模板：① 先生，买东西不能只考虑价格问题。您以前有没有用过同类的产品？那种便宜的产品可能用一段时间就开始出现质量问题。比方说用不了多长时间可能就会出现鼓包、表面褪色的情况，用不了多久就要换。但是要是买我们店的这种，你用十年都还是跟新的一样，绿色环保，没有甲醛释放，平整度还是跟刚买的时候一样好，而且表皮的颜色也不会改变。一个柜子可以正常使用十多年，这样算下来不也相当于省钱了嘛。其实产品都是一分钱一分货，我觉得耐用性和环保性才是最重要的，您说呢？② 您如果觉得这款商品的价格不合适，我给您介绍另一款性价比更好的……

销售情景2：过两天再买。

错误应对：

1. 今天不买，过两天就没了。

2. 反正迟早都要买的，不如今天买就算了。

问题诊断：客户说"我今天不买，过两天再买"一定是有原因的。两种回答都显得有点一厢情愿，难以引起客户的共鸣。

策略：销售人员只有找到客户不买的真实原因并加以正确引导，才能够让客户回心转意。

语言模板：① 今天买不买没关系呀，我可以先为您介绍一些产品的基本情况，让您明白它为什么这么好，等您过两天想买的时候，就可以心中有数了嘛。② 好的，没关系。过两天您想买什么样的呢？我可以先为您介绍一下的。

销售情景3：我先去转转看再说。

错误应对：

1. 转哪家不都一样吗？

2. 不要转了，你要诚心想买，我给你便宜点。

问题诊断：

"转哪家不都一样吗？"强留客户的理由太简单，无法打动客户。

"不要转了，你要诚心想买，我给你便宜点。"虽然能起到一定的挽留客户的作用，但是给客户讨价还价留下了伏笔，使接下来的销售陷入被动。

策略：客户说"我出去转转"，这可能是一种心理战术，也可能是客户没有找到中意的，销售人员首先要判断客户是哪种情况，然后针对性地进行引导。

语言模板：先生，是不是对我的服务不满意？（客户一般会回答：不是，是你们的东西太贵了）先生刚才最看中的是哪款商品？您买到一款自己喜欢的商品不容易，我发展一个客户也不容易。您有什么要求，请直接告诉我，我一定会让您满意的。（如果客户回答：不是，是没有我喜欢的款）请您等一下再走好吗？您最喜欢的款是什么样子的？（等客户说完，把他带到相似的商品前……）

销售情景4：最低多少钱能卖。

错误应对：

1. 最多只能让您20块钱，不能再让了。

2. 那就155块钱吧，这是最低价了。（报价165元，第一次还价到160元）

问题诊断：

客户说："你不要讲那么多，你就说最低多少钱能卖吧。"

恰好证明客户想买这款商品，这时候的销售人员应当着重介绍这款商品有哪些适合客户的地方和介绍这款商品的优越性，而不是一味地消极让价。

策略：客户永远关心的是价格，而销售人员永远要演绎的是商品的价值。要让客户看到价值大于价格，让客户感受到物超所值，客户才不会也不敢一味地追求低价格。

语言模板：先生，价钱不是最主要的。您买我们店的家具至少要用十年时间，我完整给您介绍这款商品最多三分钟。您听我用两三分钟讲完再决定买不买也不迟，要是销售人员三言两语就叫您买，那是对您不负责任，您买回家万一后悔了，他们会把钱退给您吗？

销售情景5：过两天搞活动再买。

错误应对：

1. 促销活动不是人人都能有机会的。

2. 无言以对。

问题诊断：第一种回答，虽然比较真实，但缺少策略，无法让客户回心转意。而第二种情况则比较消极。

策略：每次促销活动都有个特点，即活动期限内的销量会有所增加或明显增加，但活动之前和活动过后的一段时间内，销量会很不景气，原因是活动之前的广告和宣传会使得消费者持币待购，而活动期间积聚的人气和销量也透支了活动过后相当一段时间内的销售。所以这时需要强调活动的重要性及稀缺性。

(2) 识别成交机会

成交的信号有多种，表情、语言、行为，如表情由紧张变为舒缓、精神由集中变为放松、开始关心细节问题、主动将推销人员介绍给负责人或其他主管等都是成交的信号。成交信号的识别一般没有规律和技巧，只有多刻意锻炼多注意观察才能掌握。同时还要尽量地通过营造环境、迎合顾客心理等方式创造成交机会。

(3) 积极提出成交

有人认为成交是自然而然的、水到渠成的，其实不是这样，成交是有时机的，今天能成的事明天可能就成不了，不把握好时机，机会转瞬即去。推销人员要善于提出成交，不提出成交就好比拿着一把枪瞄天上的鸟瞄了半天却迟迟不开枪，小鸟则永远在天上飞。

提出成交的方法也很多，如可以先局部成交或假定成交给对方描绘购买后的美好蓝图，也可以提供几个方案让对方选择或给对方提供保证和优惠或利用大众购买行为促进对方购买等。

(4) 成交后的注意事项

成交后，还要一如既往地对待顾客，不要让顾客觉得你的态度开始冷淡和敷衍，还要与顾客沟通再沟通，希望得到顾客的引见。当然，一旦交易不成，对拒绝自己的顾客依然要彬彬有礼，感谢他们给自己机会，并向他们致歉说耽搁了他们的宝贵时间，以备下次再访成功。

阅读资料：借用场景促进成交

营造使用场景对促单有着非常明显的作用，能让顾客知道"为什么要买"，痛点共鸣，激发顾客的购买欲。

如，渔夫帽促单场景："我夏天一定会买的单品就是渔夫帽，真的特别省事。女孩子出门一定要做防晒对不对,但是我带个防晒伞又很不方便,我们随身带的小包包没有那么大,没法装一把伞。那这个时候呢渔夫帽就很方便,它这个宽大的帽檐就可以帮我挡太阳,而且现在渔夫帽款式很多,也有仙女风的,穿淑女一点的裙子也可以带。”

再如,防蚊液促单场景:“夏天傍晚的时候,宝宝要去公园玩,这是蚊子最多的时候,普通防蚊液你要喷全身才可能防到,那样的话身上满满一股防蚊液的味道,宝宝不爱闻,那这个时候怎么办呢?我就会喷这款防蚊液,出去玩的时候喷在宝宝小腿,宝宝就可以放心玩了,不会有虫子咬。”

5. 客户服务

客户服务的内容分为:一是售前服务,主要有通过广告宣传使顾客知晓、提供良好的购货环境、为顾客提供便利、提供服务电话、免费咨询、客户培训六项内容;二是售中服务,主要有帮助客户了解产品、帮助客户挑选产品、满足客户的合理要求、提供代办业务、现场操作五项内容;三是售后服务,主要有“三包”、送货上门、安装、包装、回访、提供咨询和指导、建立客户档案、处理客户投诉等内容。

在为客户服务过程中,要为客户提供准确的信息,从而进行有效的交流,真正解决客户的问题,同时要注意保护顾客隐私和信息的安全、实现对客户的承诺。

● 分项任务测试:

1. 王经理是一家房产中介企业的区域人力资源经理,最近招聘了几个销售员。为王经理拟定一份销售人员的培训计划。

2. 课堂演练:挑选5名同学,就同一件商品进行介绍和示范,教师点评推销的技能和技巧。

7.3 制订广告计划

7.3.1 明确广告任务

广告,是一种为了某种特定的需要,通过一定形式的媒体,并消耗一定的费用,公开而广泛地向公众传递信息的宣传手段。广告的任务概括起来有以下几个方面。

(1) 引起注意。即借助精彩的文字、妙趣横生的话语、美的形象、动听的音乐等,引起广告对象的注意。这是广告最基本的功能。

(2) 唤起兴趣。广告不仅能引起注意,而且可唤起广告受众对产品的兴趣,这就需要广告的内容和形式与目标对象的经验和心理需求相适应。

(3) 激发购买欲望。一个成功的广告在引起目标对象的兴趣之后,还必须促使其产生购买欲望,这就要求企业对目标顾客作进一步了解,以便投其所好,刺激其购买欲望。

(4) 促成购买行为。这是广告的最终功能,也是其目的所在。

(5) 树立企业形象。好的广告是企业提高产品信誉,争创名牌、树立企业形象的一种手段。

案例:“百度”的儿童节广告

“如果你是生活里的奋斗者,努力奔跑的打工人,每天被大大小小的事情裹挟着,焦虑、压抑、不开心、充满压力;那么我建议你停一停,至少停下来看完这支视频……”

这是“百度”App在“六一”儿童节,对所有人打工人的一次暖心关怀,希望他们在这一天忘掉生活里的累,做一个开心的大孩子。看完之后我的感受是:“百度”App越来越有人情味了,太懂为生活打拼在各个岗位的普通人了。

当代人的世界真的是压力重重,在职场里需要完成各种KPI(关键绩效指标),还要应酬处理各种人际关系,本来就身心疲惫,回到家里还要面对生活里的一地鸡毛,比如房租或房贷、车贷,有孩子的还有奶粉钱、补习班兴趣班费用,有可能还要赡养老人……每一项都有可能是压垮自己的最后一根稻草。他们太需要有人理解他们、安慰他们,他们急需一个情绪的出口,而“百度”App正在为他们寻找或创造这样一个出口。

“百度”推出的“度熊”这样一个亲切的形象,起到了一个理解者、安慰者角色的作用。“度熊”的开导和提醒“大人也要过儿童节哦”,在某种程度上消解了成年人的部分烦恼,唤醒了他们对于生活美好的期待。最近,“百度”App提出了全新的slogan(广告语):“百度一下,生活更好”。这清晰地展示“百度”App所有的一切都是为人服务,为生活增彩。

7.3.2 确定广告目标

在广告促销活动尚未开展之前,企业首先要对市场现状进行调查研究,将分析研究的结果作为制定广告决策的基准点和出发点,根据需要与可能,理顺各种影响因素,兴利除弊,决定必须达到的广告目标。

广告目标即企业广告促销的目的。不同企业,或同一企业在不同的发展阶段,广告起着不同的作用,因而有着不同的目标。具体来说,就是指广告的接触效果、名声效果、理解效果、态度效果、动机效果和行动效果等。所以,降低了多少未知率、提高了多少知名率、理解率、好感率、购买率,就成为商品广告的各项具体目标。归纳起来,企业的广告目标有以下三类。

(1) 告知。这类广告是向目标顾客提供有关信息,如当一种新产品刚上市时,应说明产品名称、效用、价格、使用方法、企业提供的各项附加服务等。广告的目标主要是将此信息告诉目标顾客,使之知晓并产生兴趣,促成初始需求。这类广告常用于产品投入期。

(2) 说服。在产品成长期,这类广告尤为重要。说服性广告的目的在于培养消费者的品牌偏好、鼓励消费者改用本企业产品、说服消费者立即购买等。说服性广告突出介绍本企业产品的特色或通过与其他品牌产品进行比较来建立一种品牌优势。

(3) 提示。这类广告的目的不再是提供信息或说服人们去购买,而是随时提示目标顾客别忘了购买他们十分熟悉的某种“老”产品,加深目标顾客对本企业老产品的印象,从而保持现有市场并影响未来的潜在市场。提示性广告主要用于产品的成熟阶段。

阅读资料:铁打的品牌,流水的slogan(广告语)

碎片化时代,一个短小精悍的slogan(广告语)往往能抢占消费者们的心智、加强消费者们对于品牌的认知。slogan代表了品牌的调性、理念与价值观,如果说LOGO(标识)是品牌的面子,那么slogan就是品牌的“里子”,slogan的重要性不言而喻。

1. 代表品牌定位

“耐克”的 Just do it!(只管去做!)、“麦当劳”的 I'm lovin' it.(我就喜欢),还有“肯德基”的 It's finger lickin'good(有了肯德基,生活好滋味)等你耳熟能详的广告语,让品牌很快在市场站稳了脚跟。“王老吉”的“怕上火,喝王老吉”“农夫山泉”的“我们不生产水,我们只是大自然的搬运工”“农夫山泉有点甜”;“脑白金”的“今年过节不收礼,收礼只收脑白金”等,一句 slogan 甚至带火了一个品牌。

2. 代表了品牌调性

“德芙”巧克力过去相对于竞品强调了入口丝滑的口感的产品特点,而它的 slogan 从“德芙纵享丝滑”变为“世界,从愉悦开始”,强调了品牌风格——低调奢华浪漫感和幸福感。

品牌总是渴望通过一句 slogan 说出目标消费者的心声和期待。比如苹果的“Think different”,Keep“自律给我自由”,耐克“Just do it”,天猫的“理想生活,上天猫”,“益达”的“吃完喝完嚼益达”和“笑出强大”,“特仑苏”的“不是所有牛奶都叫特仑苏”……这些经典的 slogan 总能把品牌的“里子”表达得明明白白,让消费者感同身受。

3. 品牌 slogan 的更新

随着近几年互联网的竞争越来越激烈,换 slogan 已经变成高频事件。从最开始的“吃喝玩乐,尽在美团”到“美团 App,干啥都省钱”,再到如今的“美好生活小帮手”,品牌升级的背后,看得出“美团”在品牌层面开始向消费者的生活全面渗透了。

用了 16 年的“百度一下,你就知道”最近换成了“百度一下,生活更好”。从新的 slogan 可以看出,“百度”也要进一步发力生活服务了。“抖音”的 slogan 也从一开始的“让崇拜从这里开始”变成了如今的“记录美好生活”。

更换广告语的背后是越来越多的品牌希望由迎合消费者的消费趋势转变为引领消费者的消费趋势。从迎合到引领,这无疑是一种更高层级的品牌哲学。而这,恰恰也从一句精炼的 slogan 得到了最具象的表达。

案例:“加多宝”品牌营销“声入人心”

“加多宝”在 2021 年的一系列春节营销采取“声入人心”的方式,全新广告登陆央视和高铁站,大体量、大手笔之下,将“送祝福”作为传播的核心概念,并把“牛气冲天”放在了宣传的中心位上,满足所有人对于 2021 年的美好期盼。

声量上的传播和产品形象的改变,一方面高度契合了“加多宝”凉茶有益健康的一贯品牌形象,另一方面也贴合国家政策的精神号召,为国民送上了从身体到精神的双重健康祝福。这也是品牌营销的真正内核。热度和流量都只是一时,只有正向、正能量的品牌精神和消费文化引导,才能够推动企业乃至行业向上发展。正所谓“润物细无声,长久更动人”,这种温度感会慢慢渗透进每一个消费者心底,当有人想到 2020 年的磨难,或是走进车站,就会想起“加多宝”那一声温暖的祝福。

阅读资料:广告文案信息常用手法

1. 概念替换

用“代号”代替产品名,以达到简化记忆的作用。有些代号还可以为产品赋予新的意义,令人印象深刻。比如,“雅诗兰黛”小棕瓶抗蓝光眼霜,全称是“雅诗兰黛特润修护精华眼霜”。以“小棕瓶”来代替产品,更利于传播。

2. 事物暗示

利用借代手法可以避免直接表达产生的过于露骨的观感，更容易让消费者接受，或带来诙谐的意趣。比如，“杜蕾斯”文案“地球一小时，不止一小时”，指代恋人间持久的亲密时光，将“杜蕾斯”持久装的卖点展露无遗，用借代来含蓄表达，能带来更好观感。

3. 以偏概全

以产品的某项特征借代整体，通过明确的指代起到强化该部分特质的作用。比如，“甲壳虫”的“Think small”，强化“小就是好”的概念，以“甲壳虫”汽车的“small”指代“甲壳虫”汽车，让其成为产品的重要标签。

4. 意义延伸

以具体事物指代抽象概念，或以专有名词代替泛称，可以使文案超越文字本身表达更深刻的含义，让消费者更深入地了解产品或品牌。比如，“张裕摩塞尔”：“众里寻她千百度”，用“她”指代“张裕摩塞尔”红酒，让本来难以具体形容的红酒之妙有了具体可感知的形象，“众里寻她千百度”又暗指消费者追寻的红酒就是“张裕摩塞尔”。

5. 夸张手法

用夸张手法突出产品特性，能够给人留下深刻印象，加深消费者对产品价值的认知，尤其适合卖点明确的品牌。

“炫迈”：根本停不下来。“根本停不下来”是“美味持久，久到离谱”更口语化更具体的表达，配合广告画面，更方便消费者口头传播，还能作为梗融入年轻消费群体的日常对话中。

“士力架”：横扫饥饿，做回自己。从林黛玉瞬间变身运动员，凸显了士力架“快速补充体力”的产品卖点。

“太平洋”保险：平时注入一滴水，难时拥有太平洋。用太平洋夸张指代赔偿金额的巨大，给消费者很大的心理冲击。

“脉动”：随时随地，脉动回来。将品牌名用作动词，“脉动回来”。无精打采到走路都歪了，最后导致撞倒一大片，然后“脉动一下”就恢复。

6. 矛盾策略

“矛盾”手法在广告文案中很常见，例如，那些年让我们无处可逃的“今年过节不收礼，收礼还收脑白金”，就突出了消费者对脑白金的喜爱。

“笑果文化”：明明我不想上班，他却总用“你不用来上班了”威胁我。用说话主体的矛盾对立来自嘲，产生幽默的同时余味也更长。

“RIO”：花露水味鸡尾酒。“RIO”鸡尾酒和“六神”花露水除了都是液体基本没有共同点，两者合在一起产生怪趣效果，让消费者在好笑之余又想试试。

“Keep”：自律给我自由。“Keep”是运动 App，运动需要长期“自律”，“自由”是当下年轻群体中讨论度非常高的话题，这两个词汇之间有矛盾冲突，又恰巧符合产品特性，能够加深消费者对品牌的印象。

“江小白”：懂的越多，能懂你的就越少。字面上是在说懂与不懂，实际上在说年轻人的成长和孤独。

“锤子”手机：漂亮得不像实力派。“漂亮”突出了锤子手机的外观，“实力派”才是想要表达的重点，可以翻译成“漂亮的实力派”。

7.3.3 编制广告预算

确定广告目标后，企业即可为每一产品编制广告预算。广告预算是广告促销活动经费的来源。广告预算的方法及多与少取决于对广告的认知：广告是费用还是投资？有人认为广告是费用，增加成本、减少利润；有人认为广告是投资，增加销售额提高市场份额。表面上看来，这两种观念没什么差别：费用也好，投资也好，都是一种支出。但观念不同，对广告的态度就不一样：把广告当费用的话就会舍不得花钱，能省则省，一旦企业处于困境时，首先砍掉的就是广告；把广告当投资的话，可能会更愿意花钱做广告，因为只有多投才会多收益。制定广告预算常用的方法主要有以下几种。

1. 量力而行法

量力而行法是指企业确定广告预算的依据是他们所能拿得出的资金数额。也就是说，在其他市场营销活动都优先分配给经费之后，尚有剩余再供广告之用。企业根据其财力情况来决定广告开支多少并没有错，但应看到，广告是企业的一种重要促销手段，企业做广告的根本目的在于促进销售。因此，企业做广告预算时还应考虑企业需要花多少广告费才能完成销售指标。所以，严格说来，量力而行法在某种程度上存在着片面性。

2. 销售百分比法

销售百分比法是指企业按照销售额（销售实绩或预计销售额）或单位产品售价的一定百分比来计算和决定广告开支。这就是说，企业按照每完成100元销售额（或每卖1单位产品）需要多少钱广告费来计算和决定广告预算。

其优点是：企业所有类型的费用支出都与总收入的变动有密切关系；可促使企业管理人员根据单位广告成本、产品售价和销售利润之间的关系去考虑企业的经营管理问题。

不当之处：把销售收入当成了广告支出的“因”而不是“果”，造成了因果倒置；基于可用资金的多少，而不是基于“机会”的发现与利用，因而会失去有利的市场营销机会；广告预算随每年的销售波动而增减，从而与广告长期方案相抵触；不是根据不同的产品或不同的地区确定不同的广告预算，而是所有的广告都按同一比率分配预算，造成不合理的平均主义。

3. 竞争对等法

竞争对等法是指企业比照竞争者的广告开支来决定本企业广告开支多少，以保持竞争上的优势。在市场营销管理实践中，不少企业都喜欢根据竞争者的广告预算来确定自己的广告预算，造成与竞争者旗鼓相当、势均力敌的对等局势。

采用竞争对等法的前提条件是：能获悉竞争者广告预算的可靠信息；竞争者的广告预算能代表所在行业的集体智慧；维持竞争均势，能避免各企业之间的广告战。但是，事实上，上述前提条件很难具备。这是因为：企业没有理由相信竞争者所采用的广告预算确定方法比本企业的方法更科学；各企业的广告信誉、资源、机会与目标并不一定相同，可能会相差甚多，因此某一企业的广告预算不一定值得其他企业效仿；即使本企业的广告预算与竞争者势均力敌，也不一定能够稳定全行业的广告支出。

4. 目标任务法

确定广告目标、决定为达到这种目标而必须执行的工作任务、估算执行工作任务所需的各种费用，这些费用的总和就是计划广告预算，这就是目标任务法。企业在编制总的广告预算时，先要求每个经理按照下述步骤准备一份广告预算申请书：尽可能详细地限定其广告目标，该目标最好能以数字表示；列出为实现该目标所必须完成的工作任务；估计完成这些任务所需要的全部成本。这些成本之和就是每个经理的经费申请额，所有经理的经费申请额合起来即构成企业所必需的总的广告预算。目标任务法的缺点是没有从成本的观点出发来考虑某一广告目标是否值得追求。

案例："优信"二手车，突如其来的土豪

2015 年 10 月 7 日晚间，第四季《中国好声音》总决赛在北京鸟巢举行，在这场音乐秀的镁光灯背后，一众广告赞助商逐渐浮出，其中最为高调的、给人印象最深的无疑是"优信"二手车。

当时，这家二手车电商平台上线才半年时间。虽然在决赛当晚该公司因"神曲"大受争议，但实际上"优信"二手车早已在多个互联网平台和综艺节目上投放了广告，比如《爸爸去哪儿》第三季、《奔跑吧兄弟》第二季以及《金星秀》等节目。

2015 年 8 月 28 日的中国好声音竞标会上，"优信"以 3 000 万元价格拍得好声音决赛 60 秒广告位，成交价是 2014 年的三倍，被誉为中国"史上最贵广告"，尤其值得一提的是，这则广告中有 11 位明星代言。

其实，从 2015 年 7 月份以来，"优信"二手车开始就一直做广告，之所以花高价拍下《中国好声音》天价广告，并且在《跑男》以及《金星秀》等知名综艺节目做广告，是为了让更多的人看到广告。《中国好声音》是当时人气相当高的娱乐节目，而且受众和"优信"的核心用户群很接近。

7.3.4 选择广告媒体

广告促销要通过一定的媒体来传播信息。广告媒体的种类很多，主要有报纸、广播、杂志、电视、直接邮寄和户外广告、网络、手机等。每种媒介各有其特点，在时间性、灵活性、视觉效果、传播面、成本等方面相差甚远，各有短长（见图 7 - 4）。

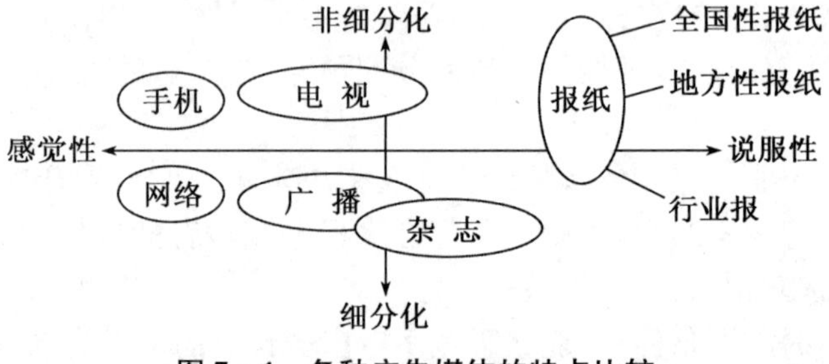

图 7 - 4 各种广告媒体的特点比较

1. 报纸

报纸的优点是：读者稳定、覆盖面广、传播迅速、反应及时，特别是日报，可将广告及时登出，并马上送达读者；地理选择性好；制作设计简单灵活；收费较低。其缺点是：时效性短，内容繁杂，表现力差，创新形式受到限制，制作和印刷不够精细，多数报纸不能表现彩色画面或色彩很简单。因此，报纸适用于详细介绍产品性能、特点、使用方法以及企业经营范围等内容。

2. 杂志

杂志的优点是：专业性较强，读者稳定、集中，宣传效率高，特别适合刊登各种专业产品的广告；保存和阅读期长，传阅者多，便于扩大和深化宣传效果；印刷精制，图文并茂，吸引力强，广告效果较好。其缺点是:受专业限制,传播范围较窄,一般发行量不如报纸,广告覆盖面小;定期发行,信息传递速度不如报纸、广播、电视,及时性差。

3. 电视

电视是现代最重要的视听型广告媒体。电视是最具影响力的一种广告媒体,它将声响、动作、图像、色彩、文字等听觉和视觉效果融为一体,充分运用各种艺术手法,能最直观、最形象地传递产品信息,具有丰富的表现力和感染力,是信息传播中重要的现代化工具。电视广告播放及时,覆盖面广,选择性强,收视率高,直观、生动形象、娱乐性强,宣传效果好,且能反复播出,加深收视者印象。其缺点是:播放时间短,信息易消失;制作复杂,费用昂贵;广告对象缺乏选择性,目标不明确。

阅读资料:央视的黄昏

近年来媒体市场加速分化,互联网新闻门户抢占了报纸广播的大部分市场份额,而灵活多变且内容新锐的视频网站则向电视台发起冲击,分流了相当一部分年轻用户,传统的一家几口守在电视前看新闻和电视剧的现象急剧减少。

面对这种情况,国内不少卫视已在节目内容方面重新定位,找到了适合本台发展的个性化细分市场。如湖南卫视面向年轻观众市场主打"快乐"牌,江苏卫视则面向适婚青年观众(及其父母们)主打"情感牌",东方卫视与浙江卫视则在市民观众中发力,取得了良好口碑。而综艺节目一向弱势的安徽卫视,则对自己的实力有清醒认识,喊出"大剧立台"的口号。

对此,央视内部战略是:全部频道综合收视率要扼守三分之一以上的市场份额。不过,由于政策与思维导向影响,央视仍不得不在节目的内容、情感上涵盖绝大部分观众,追求内容覆盖、观众口碑收视的"大杂烩"。目前看来,央视定位"男女老少通吃"的市场反馈并不理想:电视剧缺乏新锐度,综艺节目目标观众模糊,新闻节目也因为新媒体发展等原因出现了信任度滑坡。在央视内容战略遭遇危机的时候,其"三分之一"市场份额的底线已然岌岌可危。

4. 广播

广播是一种大量、广泛使用的听觉媒介,地理和目标顾客选择性强,传递迅速及时,形式多样,通俗易懂,制作简便,成本低。广播适用于各类产品,尤其是用以不方便看电视的群体(如学生、高级白领)为目标消费者的产品时效果较好。其缺点是有声无形、印象不深、转瞬即逝、难以保存。

5. 网络

网络媒体作为一种新兴的广告媒体,有其自身的优势:覆盖地域宽广;不受时间、地域限制想看就看;费用低,内容更换容易,图文并茂,视觉和创意效果较好等。随着上网人数增加和网上购物的发展,发展迅速。

6. 手机

手机媒体是以手机为视听终端、以上网方式或接受信息方式为平台的个性化信息传播载体。手机在作为人际传播通信工具的同时,传播资讯成为它的另一种重要功能。继报纸、广播、电视和网络之后,手机已掀起分割媒体市场的圈地运动。

7. 其他媒体

其他媒体包括户外广告,如楼宇广告、广告牌、招贴、广告标语、霓虹灯广告等;交通广告,如车身广告、车内广告、站牌广告以及车站、码头、机场广告等;空中广告,如利用气球或其他悬浮物带动的广告。这些广告多利用了灯光色彩、艺术造型等艺术手段，又集中于闹市区、交通要道或公共场所，故一般显得鲜明、醒目、引人注意，又因内容简明、易记，使人印象深刻，展露重复率高，成本低。其缺点是传播范围有限，传播内容也不宜复杂，且难以选择目标受众。

在选择广告媒体时，企业应综合考虑以下因素：企业对广告传播频次、范围和效果的要求；目标顾客接收媒体的习惯；产品特点；广告内容；广告预算；竞争对手的广告策略；国家法令法规。广告媒体不同，广告费用、广告设计、广告策略和广告效果也不同。不同的广告媒体组合运用，其广告效果也不同。因此，广告促销决策必须选定广告媒体，制定广告媒体组合策略。

案例："好人家"火锅底料，"四个一线"为纲的品牌打造战略

2020 年，复合调味品行业领军者天味食品确立了"四个一线"为纲的品牌打造战略，即"一线明星代言""一线综艺 IP 合作""一线广告公司合作""一线媒体广告投放"。纵观近年来"好人家"调味品的品牌动作，无论是代言人选择、综艺 IP 合作还是媒体平台策略，都牢牢将"一线"战略进行到底：牵手邓伦、周笔畅两大一线实力明星合作、独家冠名江苏卫视头部综艺 IP《非诚勿扰》、携手东方卫视三大春晚向全国人民拜年、赞助"抖音"和浙江卫视联合出品的创新音乐综艺《为歌而赞》，进行包括湖南卫视、江苏卫视、东方卫视等四大一线卫视在内的全国十三家卫视的硬广联投，同步整合优酷、爱奇艺、分众、框架传媒等一线媒体平台进行线上、线下广告投放的布局，以"一线"优质资源全面打造"好人家"品牌的高端势能，放大品牌在全国的影响力。

阅读资料：那些年，我们忘不了的广告语(见图 7－5)

"你爱我，我爱你，蜜雪冰城甜蜜蜜"，"蜜雪冰城"凭借这首魔性神曲全网爆红。当你闭上眼睛，脑中一定会浮现一个拿着冰激凌的小雪人，伴着音乐旋律左扭右跳。这应该不是你第一次被品牌宣传洗脑。在各位的童年记忆中，应该都有过那么几个硬核朋克的广告，配上传销般的洗脑节奏，劈头盖脸向你砸来。

图 7－5 "最让人印象深刻的广告语"调查结果

都是谁在制造流行广告语？从行业角度上来看，包含了"农夫山泉""椰树椰汁""旺仔牛奶""可口可乐"等品牌的食品/饮料行业，贡献了最多让人口口相传的广告作品。要成为一个经久不衰占领观众大脑的广告，到底应该具备什么样的特点？

"洗脑"是很重要的因素。"洗脑"的一大要义在于重复，通过不断强调来触发大脑的不间断片段记忆。比如"蜜雪冰城"，可能在你下次打开手机准备点奶茶时，这个产品就成了你的首要选择。这，就是重复的力量。

此外还有"简单"，"简单"往往意味着通俗易

懂，简单的剧情架构，直白的文案，方便理解，也容易被记住。

“感动”“真实”“美好”“温情”的广告，也更容易让人念念不忘。聚焦内在的喜悦，情感共鸣能给消费者留下更深的印象。

让受众明了产品的功效是首要任务，点明产品核心功能，对目标受众做到精准营销是一大派系。“怕上火，喝王老吉”就是一个很典型的例子，在火锅、烧烤等重口味饮食流行的大背景下，打出清热去火的招牌。在遇到类似的场景时，消费者立马就会想到“王老吉”。

着重于产品的独特闪光点也是一种方法。“瓜子二手车”平台强调“无中间商赚差价”；“OPPO”手机宣传强大的快充能力；“农夫山泉”坚持做山泉水……要在激烈的行业竞争中脱颖而出，就得突出自己产品别具一格的闪光点。

除语言符号外，人物符号也是广告基本符号的重要组成。从我们的统计来看，在让人印象深刻的广告中，“孩子、女孩”这样的儿童角色占据榜首。不同类型的广告中，不同的人物背后都有其独特的符号意义。在汽车广告中，男人赋予汽车以威猛、理智形象，女人衬托汽车的格调品味，同时通过各种细节建构精英形象，一方面引发目标消费群体的共鸣；另一方面暗示广告中的汽车不仅仅是座驾，更是身份地位的标尺，成功人士的标配。

广告人物角色扮演者请用明星更是常用手法。周润发被提到的次数最多，是因为他为“重庆奥妮”拍摄了广告《100年润发》。彼时，周润发是整个华语圈最红火的男明星，不仅能为品牌的品质背书，在某种程度上还扮演了意见领袖的角色，更有效地影响了消费者的心理。

7.3.5 运用广告策略

1. 利用名人效应

人们对社会名人普遍存在着仰慕的心理，所以可以利用名人效应来进行广告宣传。在广告中利用名人有两种方式。一是直接的方式，就是直接邀请政界要人、商界巨人、体育健将、演员、歌星、名模等社会明星来进行广告宣传；二是间接的方式，就是借助名人的声望，来提高商品的知名度和美誉度。

案例：“五谷磨房”牵手关晓彤

2021年5月，“五谷磨房”对外发布，牵手“国民闺女”关晓彤成为品牌代言人。作为自带高流量与话题度的艺人，关晓彤的健康美食教程在“小红书”“微博”“抖音”等社交媒体上广受好评，并时常被推上微博热搜，关晓彤同款美食广被“Z世代”群体青睐。而她青春、健康的形象，也与“五谷磨房”近两年“品牌年轻化”的脚步不谋而合。“五谷磨房”在品牌传播方面主要采取了“健康美食明星关晓彤＋KOL＋KOC素人”策略。

传播内容方面，打造社媒爆款超级话语，易记的昵称（活力焕发大黑罐）＋清晰的卖点（顶流明星关晓彤同款，已卖出200多万罐，配方硬核）＋独特的故事（四指发际线），重塑产品高能新形象。

明星达人种草方面，打造“明星＋KOL＋KOC”的种草矩阵：针对年轻人熬夜脱发等痛点的食补疗效内容，快速掀起“年轻食养新概念”的话题热潮。

中腰部博主/达人：在“微博”“小红书”等平台优选发质好有过养发生发经验分享的博主、减肥类博主和孕妈辣妈博主，从母婴辣妈到健身保养再到护发、养生等多个场景，共同分享产品，保证种草内容快速、精准地渗透到多个圈层。

尾部KOC素人，真实反馈、规模式铺量占位，制造热销氛围，提升产品信任度；官方“0元招募体验官活动”发布并加持曝光流量，甄选素人KOC真实体验大黑罐，发布真实体验笔记，提升产品信任度。

此次传播，共实现超1 865万次总曝光量、127万次互动量。艺人笔记互动总数，在其当年发布的同行业笔记互动总数中排名第二；“小红书”开屏硬广斩获8～9月食品行业开屏CTR第一。

2. 赋予产品一种吸引人的形象

由于大多数产品日益标准化和复杂化，公众很难客观地给它们以公平的评价和对待，所以，厂商们迫切需要为那些毫无特色的产品塑造出独特明显、独具魅力的“品质”。这样，当顾客看到某种产品或者听到产品的名称时，该产品的内涵形象便会出现在顾客的心目中，从而达到诱发人们对该产品产生购买欲望的目的。广告促销要成功，就得在人们不能理智地区别产品的时候，通过广告赋予产品一种吸引人的形象这一简单、热烈而富有感情的方法来帮助消费者非理性地判断和区别商品，购买商品。

阅读资料：2019年引爆记忆广告语盘点

热门广告语。在碎片化时代，品牌建设越来越难，但并不阻碍拥有广泛影响力的国民性品牌的诞生。2019年，“抖音，记录美好生活”“瓜子二手车，没有中间商赚差价”“飞鹤，更适合中国宝宝体质”三大品牌广告语高度契合消费者的核心需求和痛点，获得回忆度最高的2019年热门广告语Top10前三名。在被访者回忆里，Top10广告语是在电梯广告中看到，其次是电视。

口碑广告语。口碑广告语前三名分别为“西贝莜面村，闭着眼睛点，道道都好吃”“易车，价格全知道，买车不吃亏”和“妙可蓝多奶酪棒，高钙又营养，陪伴我成长真美味”。“益普索”(Ipsos)报告调研显示，Top10口碑广告语的传播主要以电梯媒体为主，其次是互联网媒体。

突显品牌独特性广告语。广告语本身，最重要的作用就是对品牌的精准定位。“Keep，怕就对了”“洽洽，掌握关键保鲜技术、每日坚果认准洽洽小黄袋”“好慷，超级会做饭，就是做饭家”跻身2019年突显品牌独特性广告语Top10前三名。

3. 以新奇特色取胜

从人们阅读报刊、看电视、听广播的情况来说，除了少数人因为特殊的需要而有意识地去视听广告以外，大多数人在广告播放时处于无意识状态。这时，他们只有首先产生无意注意，然后才可能把广告听下去或者看下去，转向有意注意。所以，在当今广告充斥的世界里，必须把广告做得有特色才能引起消费者的无意注意，进而引起有意注意。

引起无意注意主要靠外界的刺激物。就广告和周围外界其他事物来比，要靠广告本身的特殊刺激。就一系列广告中的一个广告和另一个广告相比，要靠广告之间的明显的差异，也就是广告自身的特异性。所以，在广告的创作和安排上，一定要使广告具有鲜明的特色，要考虑广告画面的大小、色彩的浓淡、音响的强弱、动静的变化、新奇的程度等方面是否独具特色。

案例：“滴露”，专业除菌品牌打造娱乐化营销新玩法

随着“Z世代”消费者的崛起，“年轻化”一直是各大品牌竞相追逐的标签。而现在的年轻人普遍追求个性和有趣，“高高在上”“一本正经”的品牌沟通方式似乎已经很难为年轻消费群体所接受。相比于零食、饮料、美妆等品类，消毒除菌品类显得专业、严肃，在消费者眼中本就不大“有趣”。

2021年5月，“滴露”举办“天猫欢聚日”活动，巧妙地利用了年轻人尤为喜爱的一种表达方式——“吐槽”。而“槽点”来自品牌对于消费者日常生活现象的洞察：很多大人常常教育孩子要讲卫生，而自己却常常不注重个人卫生——餐前不洗手、房间十天半个月都不打扫、甚至脏衣物囤到发臭发霉……对于这种常见的“双标大人”行为，“滴露”从孩子的视角和口吻提出了“专业除菌大人请就位”的活动主题，还请来了脱口秀演员王建国以及自带“吐槽人设”的网红童星钟美美为活动拍摄了《“滴露”专业除菌大人补习社》主题短片和海报。

“滴露”通过“年轻化”“趣味化”的创新营销策略和玩法改变了消费者对于消毒除菌品牌的刻板印象，让品牌形象以一种正向趣味的方式传播，同时也起到了很好的品类教育作用。

4. 利用逆反心理

众所周知，广告是为宣传商品而做的，所以广告重点是商品的优点。可是事实上，没有任何一种商品是十全十美的。所以，当人们对大吹大擂的广告听得太多时，就感到厌烦，产生了逆反心理。抓住这种心理，高明的广告商往往“以逆反逆”，敢于公布商品的不足之处。这种广告方式反而给消费者以真实可信且耳目一新的好感。

案例：诚实的回报

著名的“普兰德”洗染店在创办初期有这样一条规定：凡是在“普兰德”洗过的衣服，如果仍有污渍，就在上面打个记号，倘若顾客能够在别的洗染店把该污渍洗掉，“普兰德”将以两倍费用赔偿给顾客。“普兰德”洗染店坦率地告诉顾客，它并非全能，有些污渍可能洗不掉。但是如果“普兰德”无能为力的污渍，其他洗染店也会无能为力的。承认缺点是使消费者有真实可信感；同时暗示消费者，有缺点的“普兰德”仍是他们最好的选择。如果直截了当地声明这一点，顾客十有八九不相信，但是以说明缺点的方法表示出来，则易为顾客所接受。

5. 赞助公益

赞助广告是利用纪念活动、比赛活动，由公司出资捐助，从中取得刊登广告的权利。公司做赞助广告的目的是要提高公司的知名度，从而有利于公司产品的销售。公益广告是免费做广告为社会或公众提供福利。公司做公益广告虽然属于义务性质，但从中增加了公司的美誉度，间接地促进了销售，最后结果仍然是公司获利。

7.3.6 测定广告效果

广告效果是指广告信息通过广告媒体传播后所产生的社会影响和效应。这种影响和效应主要包括两个方面，即传播效应和促销效应。评估这两种广告效果有助于企业更有效地制定广告策略，降低广告费用，提高广告效益。

1. 广告传播效果的评估

主要是评估消费者对广告信息的注意、兴趣、记忆等心理反应的程度。一般有以下几项内容：对广告注意度的测定、对广告记忆率的测定。

2. 销售效果的测定

广告促销效果的大小，以广告传播后商品销售量的增减为衡量标准，因此销售效果是将广告费用与销售额的增加进行比较。其计算公式为：

广告效果比率=(销售额增加率/广告费增加率)×100%

销售额的增加受多种因素的影响,广告只是促销的众多因素之一,因此,此法衡量广告效果不一定准确,只是作为研究广告效果的参考。在确定销售额增加率时,必须考虑扣除商品的质量、价格和数量,服务质量,社会购买力的变化,经济形势的变化等因素的影响。

在实践中,企业尝试着采用实验法和历史资料分析法评估广告的促销效果。实验法如在不同地区支付不同水平的广告费用,或广告费用相同但选择不同的广告媒体,然后将销售结果进行比较。历史资料分析法则是将企业历年的销售额与广告支出额用统计学方法进行处理,得出两者之间的相关关系。

● 分项任务测试:

1. 播放4~5则视频广告,分析广告制作、传播效果方面的优劣。

2. 为指定的某产品或服务进行广告设计。

7.4 制订营业推广计划

7.4.1 明确营业推广任务

营业推广,又称销售促进(Sales Promotion,简称SP),一般是指企业(包括制造商、供应商和店铺)为了快速增加销售量,扩大市场占有率和打压竞争对手,利用相关方法和手段刺激消费者、经销商和销售人员积极大量购买、进货或推销。营业推广的主要任务有以下几点。

1. 刺激购买行为,在短期内达成交易

当消费者对市场上的产品没有足够的了解并做出积极反应时,通过销售促进的促销措施,如赠送或发优惠券等,能够引起消费者的兴趣,刺激他们的购买行为,在短期内促成交易。

2. 向顾客提供特殊的优惠条件,可有效地抵御和击败竞争者

当竞争者大规模发起促销活动时,销售促进是在市场竞争中抵御和反击竞争者的有效利器。如减价、试用,此举能增强企业经营的同类产品对顾客的吸引力,从而稳定和扩大自己的消费群,抵御竞争者的介入。

3. 与中间商保持良好的业务关系

制造商常常通过销售促进的一些形式,如折扣、馈赠等鼓励中间商更多地购买,同厂商保持稳定的业务关系,从而有利于双方的中长期合作。

7.4.2 确定营业推广活动目标

确立营业推广活动目标,必须先了解与之配合的销售渠道目标和企业的基本营销目标。其特定目标,必须随着目标市场形态的不同而各具特色。

就消费者而言,销售促进目标包括:鼓励使用者多加使用和大量购买;维持已有顾客;针对某一特定的细分市场;争取未使用者试用;加强整合营销传播和建立品牌资产。

就零售商而言,销售促进目标包括:诱导其多订新品项目;鼓励相关产品项目订货;鼓励在

淡季购买;鼓励储存相关产品项目;排除竞争性促销;建立零售商对品牌的忠诚度;获取新的零售商。

就销售员而言,销售促进目标包括:鼓励销售新产品或新式样;鼓励寻找更多的潜在顾客;刺激淡季销售。

阅读资料:看品牌活动日的"生物钟效应"

为什么很多银行信用卡品牌都会设立"周×活动日"?招商银行的"周三招行信用卡美食半价日",广发银行的"周五广发日",还有肯德基的"疯狂星期四",麦当劳的"88金粉节"。其实,每一个"品牌日"都是在试图敲响你的生物钟。

品牌要是将某个福利活动与指定时间挂钩,调好"生物钟",就能建立时间的条件反射,让顾客养成固定节点/节日打卡消费的习惯。值得一提的是,这个生物钟只有反复地出现,才能稳稳地占领消费者的心智。所以,一到周三你就会想起招商银行的美食五折,下班之后给自己一个理由吃顿大餐;周四会因为肯德基的"疯狂星期四"顺便买个夜宵,而到了周五犒赏自己,早餐来一杯"星巴克"。这就是生物钟效应所起的作用,把一切消费动机变得"理所当然"。

7.4.3 选择营业推广工具

营业推广工具也称销售促进手段,它是指企业或卖场为实现促销目标而使用的方法。随着销售促进的发展,工具也越来越多,不同的工具可以达到不同的目标。

1. 针对消费者的营业推广工具

(1) 试用品:通过消费者免费试用或品尝,建立对产品的信任感。这是企业推出新产品、占领新市场时常用的一种有效方式。

(2) 赠品:顾客购买一种商品时,免费获得另一种产品。

(3) 优惠券:持有者凭券在购买商品时可以免付一定数量的钱款。购买频率高或一次购买量较大的商品,采用这种方式效果较好。

(4) 特价包装:以低于正常产品的价格提供组合包装或搭配包装产品。

(5) 示范:利用有利位置进行橱窗陈列、柜台陈列或流动陈列,同时进行操作使用示范,以此展示产品的性能与特长。

(6) 降价:按产品原价实行折扣销售。

(7) 竞赛/抽奖:竞赛是一种消费者在技巧和能力的基础上进行的为获奖而竞争的促销。抽奖是随销售产品发放奖券,到一定数量宣布开奖。中奖者可获得奖品、奖金。

(8) 返还/折扣:是由销售商做出的返还一部分购买款项的承诺,通常是在消费者提供一些购买证明后。

(9) 包装附赠:是指通过在原价格下增大包装的容量或扩大尺寸向消费者提供超量的产品。

阅读资料:打折,"占便宜"心理营销

平常喜欢买衣服的女生应该会发现很多品牌店,比如"ZARA""优衣库""H&M"这些服饰品牌,常常会推出一些大减价活动——满三件打五折或者两三折等。这同样隐藏了商家的营销心机。那么,商家是怎么利用打折套路你的呢?

其一，抓住顾客的捡漏心理。你本来只想买一件衣服，如果看到五折难免会产生"现在最划算，错过这次再没下次"的心理，就会选择其他衣服进行搭配，或者给亲朋好友顺便带一件；商家也凭借连带销售，促进整体门店的销售，可谓是两全其美。很多茶饮店新开张常做一些第二杯半价的活动，背后的原理亦是如此。

其二，利于降低库存压力。在淡季换季这件事上，总会遇到春装上新在即、冬装库存积压的问题，一些服饰因为未能及时销售而积压。所以借助打折活动可以及时把过季、滞销的衣服卖出去，以加快去库存的效率。

有一句话是这样说的，客户要的不是便宜，而是"占便宜"的感觉。商家把感觉做对了，生意还会远吗？

阅读资料：关联产品销售的"配套效应"

"配套效应"是当你获得一件新的物品后，你就会自觉或不自觉地不断配置与其相匹配的物品，以达到心理平衡的现象。比如当你有了鸟笼，你就会想要买一只鸟，所以配套效应也叫"鸟笼效应"。如何运用"鸟笼效应"呢？

1. 免费赠送＋配套消费

有了鸟笼，客户才会想去购买鸟。首先要让客户拥有一个鸟笼。我们可以先免费赠送或低价销售鸟笼，再通过这个鸟笼催生客户的配套消费。比如，某剃须刀的免费赠送刀架活动，当你得到刀架，你就会不由自主地去买它的剃须刀片；某电子烟烟杆非常便宜，当你拥有了它的烟杆，你就会不由自主地去购买烟弹。

2. 多次下笼，增加复购

下笼是为了让客户购买配套产品。要想让客户一直购买产品，就需要在客户每次消费之后，都给他下一个鸟笼。比如，一家餐厅，客户结账时送他一个小笔记本，笔记本第一页分成7个颜色的小卡片，每种颜色对应星期一至星期日每天特价优惠的一道菜。这个卡片，就是鸟笼。电商平台上，我们每次购买后都会获得抽奖机会或直接优惠券，这个优惠券就是鸟笼，让你总有一种"不用就可惜了"的感觉。

3. 关联产品，更换鸟笼

当客户购买了一双皮鞋的时候，在配套效应的影响下，他接着会购买西服、领带、衬衫等产品。客户每一次购买之后，无形间就进入了一个新的鸟笼，希望接着买配套的产品。此时他们的消费欲望是最强烈的，我们可以轻松引导他们购买相关联的产品。电商平台购物后，我们会看到类似于："有××名购买了此商品的人也购买了××款产品"的提醒，这就是关联产品推荐。

2. 针对中间商的营业推广工具

(1) 免费提供陈列样品：经销商在向顾客推销商品时，如果缺少陈列样品，就会减少许多成效的机会，由生产企业免费提供陈列样品，经销商就会免除样品破损或废旧引起损失的担心，增加成交机会，这也是对经销商的支持。

(2) 购买折扣。中间商在一定时期内销售达到一定数量的价格折扣。

(3) 赠品。赠品不仅是对消费者的销售促进方式，对中间商来说也是一种重要的推广工具，它既可为中间商带来实际利益，又可增进双方之间的感情。

(4) 事件赞助：是一种整合营销传播活动。公司赞助某个活动并提供资金以此来获得标注品牌名称、图标或广告信息并作为活动的赞助商的权利。

(5) 推广资助:按订货量或销售额的多少发放推广津贴,专门供其进行推广所用;与经销商联合做广告或特殊展示,费用由双方按比例分摊或全部由生产企业承担;为经销商提供推广指导,如提供广告样板、专橱(专柜)设计资料,提供推广所用的材料、展品等。

(6) 销售竞赛:由生产企业在众多本企业经销商中发起销售本企业产品的竞赛,对优胜者给予奖金或奖励,邀请优胜者参加公司庆典活动。

(7) 协助经营:由生产企业对本企业经销商提供人员培训、派员指导、举办经营研讨会、提供经营手册、发放经营简报、邮寄广告宣传品、产品目录、样品手册等形式,供其了解企业动态,学习经营经验,促进经销商提高经营效率。

(8) 业务会议和贸易展览:业务会议是指企业自办或与其他企业联办业务洽谈会或商品展示会,以便吸引消费者或中间商前来观看、购买或洽谈业务。

3. 针对推销人员的营业推广工具

(1) 推销竞赛:在推销人员中举行推销竞赛活动,对优胜者给予免费旅行、现金或授予某种荣誉称号,以激发员工士气和提高推销积极性。

(2) 推销津贴:对推销人员按完成销量的多少,发放数量不等的津贴或奖金,与推销竞赛相比,推销津贴有更大的受惠面。设计可测量、可达到的销售目标(如发现新客户、恢复老客或者增加客户利润率),促进更多推销人员改进推销方法,扩大推销数量。

7.4.4　制定营业推广方案

从整体营销观点来看,销售促进方案的制定与设计要适应市场情况的变化,能做出灵敏的反映。销售促进是最受企业内外状况(如企业本身的产品或服务、消费者动向、竞争动向、企业在市场中的能力比较等)变化的营销手段,因而必先掌握企业内外状况的变化,才能制定良好的方案。即使是同样的促销方法,因为企业的不同状况,其效果也会截然不同。促销方案中主要内容有诱因的大小、参与条件、促销活动的媒体分配、促销时间的长短、促销的时机和促销的预算。

1. 诱因的大小

营销者在制订方案时决定使其成本/效益最大的诱因数量。假设销售反应随着诱因大小而增减,则一个 15 元的赠券,将比 5 元的赠券带来更多的消费者试用,但我们不能就此认为前者的反应是后者的三倍。事实上,销售反应一般呈 S 形,也即诱因量很小时,反应也很小。一定的最小诱因水准,才足以使这项促销开始引起足够的注意。在超过一定点时,较高的诱因以递减方式增加销售反应。观察销售和成本的相对比较,营销者可以决定最适当的诱因量。

案例:一元啤酒的促销智慧

市场是一匹奔腾的野马,只有顺应它的方向,才能驾驭。在危机的大背景下,企业该采取什么策略呢?我们来看一个酒店是如何用 1 元啤酒的促销策略来应对危机的,想必无论对酒企还是广大的商家,都会有所裨益。

青岛 A 酒店是一家大型的中高档肥牛火锅店,在没有危机之前,这家火锅店的经营状况只能用“中规中矩”来形容。然而,进入夏季以来,该酒店却面临着非常严峻的市场形势。第一,危机之下,消费趋于保守出现萎缩。第二,夏季并非火锅的旺季。第三,青岛夏天的扎啤消费对本地中档酒店冲击非常明显。然而，就是在如此严峻的环境下，青岛A酒店的生意异常火爆，周末高峰期甚至出现了排号的现象，晚上平均可以翻台1～2次。究竟是什么高招让这家中规中矩的酒店反而在金融危机的大背景下"逆势飞扬"呢？这家火锅店的生意突然火爆，主要是采取了"1元啤酒促销策略"。

在该酒店橱窗上，拉着一条醒目的条幅：崂山啤酒1元1瓶，不限量……青岛居民都很清楚，崂山啤酒在青岛零售价为3～4元/瓶。在酒店，崂山啤酒一般要卖到6～8元/瓶。1元1瓶啤酒，别说消费者从零售店买不到，就是该酒店进货这个价格也进不来。所以，1元1瓶崂山啤酒，其中的实惠对于青岛消费者来说是显而易见的。

大家肯定有疑问了：这样卖酒，这家酒店不得赔啊？细算一下单桌菜金与酒水的消费比例和整个酒店菜金与酒水的消费比例，你就会明白这样的促销不但不会赔，而且会赚个衣钵满圆。

1元啤酒策略的另一个动力是在经济危机背景下，为顾客节省了消费开支。比如，一家三口去聚餐，消费10瓶崂山啤酒，正常价格需要30～40元，那么，来这家酒店消费就可以节省20～30元，起码来回打车的费用节省下来了。其次，如果是比较正式的请客，来这个酒店首先不存在"档次不够"的问题，包厢、菜品、环境各方面完全可以给足主人面子，而酒水方面直接为主人节省了一笔费用。

该酒店1元策略的出台和应用，当然是经过了科学分析与策划的，而其成功的关键在于深刻、准确地吃透了危机下的消费心态。

2. 参与条件

促销决策的另一个要素是参与条件。例如，特别优惠是提供给每一个人或仅给予购买量最高或消费量很大的人。抽奖可能给予一定的限制，如不适用于公司成员的家属或某一年龄以下的人。又如某一商场，给予一年内购买一万元以上的顾客有不同的奖励，两万元以上有更大的奖品。因此，仔细选择参与的条件，销售者可选择性地排除那些不可能成为产品固定使用者的人。另一方面，如果条件太严格，则只有大部分的品牌忠实者或喜好优惠的消费者才会参与。

3. 促销活动的媒体分配

制定者必须决定如何向目标观众传送促销方案。假设促销是一种立减15元的赠券，则最少有四种方式可使顾客获得赠券：置于包装内，在卖场内，用邮寄，在广告媒体上。每一种方式包含不同的到达率和成本。例如，置于包装内主要送达经常使用者，而邮寄虽用较高的成本，却可送达非品牌使用者。

4. 促销时间的长短

如果促销时间太短，一些顾客可能无法重购或因为太忙而无法使用这个好处。如果促销时间太长，则消费者可能认为这是长期降价，而使优惠失效，同时会对品牌品质产生怀疑。一般在决定促销时间长短时，应考虑促销目标、消费者购买习惯、竞争中的策略和其他因素。

5. 促销的时机

促销时机的选择通常要考虑产品所处的生命周期阶段、竞争状况、消费者购买习惯等因素。市场部经理通常要根据销售部建立促销的程序来研究和评估，此程序是一项规划工具，应仔细安排，以使生产、销售人员和分配的时机能互相协调。同时，在战术性的压力下，可能需要使用若干非计划内的促销活动。

6. 促销的预算

第一种方式是由下而上的建立方式。营销者决定全年所要举办的促销活动，并一一估计其成本，再予以汇总。特定的促销成本包括：管理成本——印刷、邮寄、促销的优惠，诱因成本——优惠和折扣的成本、兑换率，以及因优惠而卖出的预期数目。在折扣券优惠的办法中，要考虑的是只有一部分消费者真来兑换赠券。而在包装中的奖金办法，优惠成本必须包括奖金的取得和包装的成本再扣减因包装所引起的价格上涨。

第二种自上而下，即先制定预算总额，然后向下一级分配。如某化妆品可能在总促销预算中通过广告获得40%的预算，销售促进获得20%的预算。然而这个比例随不同市场的不同品牌差异很大，且受产品生命周期阶段和竞争的促销费用的影响。一个多品牌的公司须协调各品牌预算，以便从促销活动中取得最大的收益。虽然不是所有的促销活动都能事先策划，但是协调可以节省成本，例如一次邮寄多种赠券活动即是如此。

7.4.5 实施营业推广方案

营业推广的工具有很多种，而且每一种都不尽相同，在执行实施时需要有专门的知识，有些销售促进活动需要由专家或专业的机构来实施。具体来说应先制定书面的销售促进企划书，再对相关人员进行教育培训，例如，由总公司促销部门做成活动企划书，传达给各销售部经理，而后，再传达给销售人员，销售人员再传达给卖场店主，最后传达给卖场营业员。在销售促进企划书中包括：市场状况说明、主题提示、计划内容、明确划分各相关对象的责任、手续及资料。

在方案执行中必须注意两个重要的时间段：前置时间和销售后续时间。前置时间是方案在宣布销售促进活动前的时间，包括：初步的规划、设计、包装改进或资料的邮寄或分送到消费者，配合广告的准备工作和销售点材料、购买点的陈设、实地销售人员的通知、个别经销商地域的分配、购买和印刷赠品或包装材料、预期存货的生产、在分销中心展示的准备，最后还要配送给零售商。销售后续时间是指从销售促进活动开始到90%～95%的优惠商品都已在顾客手中的这一段时间，可能由一个月至数个月不等，根据优惠时间长短不同。

阅读资料：节日促销

节日促销就是指在节日期间，利用消费者的节日消费心理，综合运用广告、公演、现场售卖等营销手段，进行的产品、品牌的推介活动，旨在提高产品的销售力，提升品牌形象。

节日消费心理的特点决定了不同于平常的节日售卖形式，对于新品牌，更是与消费者亲密接触的绝佳良机。对于快速消费品来说，节假日的销售也有着重要意义，我国目前的节假日几乎占到全年的1/3，春节、“十一”黄金周所体现的市场价值非常之高，据上海的一家大卖场统计，“黄金双周”期间的销售额几乎占到全年销售额的40%。节日促销须注意的事项如下。

一是准确的定位。主要表现在主题鲜明，明确是品牌形象宣传还是现场售卖，不要陷入甩卖风、折价风的促销误区。

二是确定最佳的行动方案。除了事前周密的计划和人员安排，还要有一个好的方案，发挥团队作战优势；是有较强的执行能力，所有的活动安排和物料准备要紧扣活动主题，总负责人要清楚活动的每个环节，了解各块的进度，及时发现和解决活动现场出现的新问题；要对参与活动的人员进行详尽的培训，把活动的目的和主旨深入传达到每个人心中。

三是确定时间安排和规划预算。卖场促销时间宜早不宜迟，特色活动最好比对手早三四天，以免被对手抢先。再好的策划，再好的时机，如果没有完整准确的规划预算，届时产品不充足，促销品不到位，顾客该买的买不到，该拿的拿不到，也必定影响整体活动的效果。

四是现场氛围营造。节日活动气氛包括两部分：一是现场氛围，包括气氛海报、POP 张贴、装饰物品的布置、恰到好处的播音与音乐，这些将会在很大程度上刺激顾客的购买欲望。二是员工心情，这就要看组织者是否能够调动员工的积极心态。其中最有效的方法就是制定一个恰当的任务与销售目标，活动结束后按照达成率的情况进行奖赏。

五是评估总结。每次节日营销整体活动都须进行一番很好的评估总结，才能提升节日营销的品质和效果。如本次活动销量情况、执行有效性、消费者评价比、同业反应概况等。分析每次活动的优点和不足；总结成功之处，借鉴不足教训。评估总结，就是为今后规避风险、获取更大的成功做准备。

● 分项任务测试：

1. 班级交流：对自己遇到的印象最深刻的节日促销活动进行分析和评价。
2. 为“×师傅冰糖雪梨”饮料制订开学季营业推广计划。

7.5 制订公共关系计划

7.5.1 明确公共关系的任务

公共关系，简称“公关”，是 20 世纪 70 年代后在西方发展起来的一种促销方式，是指一个社会组织评估社会公众态度，确认与公众利益相符合的个人或组织的政策与程序，拟订并执行各种行动方案，达到与公众建立良好公司形象，处理不利的谣言、传闻和事件等目的。公共关系用来推广产品、人物、地点、设想、活动组织甚至国家。公共关系的行动主体是组织，其作用对象是公众，其作用手段主要是运用信息传播来达到目的。具体而言，公共关系的任务和作用主要表现在以下几个方面。

1. 树立企业良好形象

在市场经济条件下，企业形象逐渐成为企业竞争战略的核心内容。公共关系对于树立企业特定形象有着独特的、别的形式不能取代的作用。因为作为广告和人员推广的作用范围，主要是为企业销售产品服务，其形式主要是自我宣传，因此，在树立形象方面所发挥的作用是有限的。而公共关系的作用是为整个企业服务的，不仅仅是为某个方面的职能服务；其采取的形式是多样化的，有企业的自我宣传，也有公众的口头传播，还有新闻媒介、社会人士进行的客观宣传。

案例：“洽洽”20 周年庆营销

国民级零食品牌“洽洽”20 周年庆营销活动，不再是以往品牌的成绩秀，也不是单纯的趁周年庆促销，而是以“用户思维”为指针，以“洽洽”与用户的 20 年陪伴与成长为沟通主线，一起回味体验20年，让品牌的20年变成与用户及大众共情、共玩、共建的20年。

“洽洽”在周年庆的档期非常有创意地焕新推出了“洽洽”红袋香瓜子20周年特别版，其中附有追溯回忆的经典文化卡片。一张张文化卡片别有新意，用漫画卡片的形式浓缩了消费者与家人、朋友、爱人等共食“洽洽”瓜子的那些美好场景与时刻，这无疑戳中了用户的怀旧情绪“痒点”。每一张卡片的背后，消费者可以扫码进入线上圆梦征集H5界面，填写最大的愿望，或者最深的遗憾，这又无疑精准戳中了现代人的现实遗憾“痛点”和追梦的“兴奋点”。20周年特别版包装的创新设计，聚合了产品的文化价值、怀旧乐趣、情感话题三重元素，从多个维度打开了用户的话匣子，极大地引发了网友的互动参与。

“洽洽”在微博公域平台发起话题互动——“寻找洽洽20岁的你”，充满怀旧与梦想的现实性话题设置，引发了网友的热烈讨论与火热参与。在微信私域平台，则通过官方微信以及朋友圈等高社交流量垂直空间扩散愿望征集信息，鼓励“洽洽”20岁的用户写下“你的20岁梦想”，同样掀起了一波梦想热潮，激发很多人分享，形成了裂变传播。

“洽洽”陪伴用户的20年，也是用户陪伴“洽洽”的20年，“洽洽”陪着用户长大，用户也陪着“洽洽”长大，相信在未来，“洽洽”与用户“陪伴”的共同体会更美好地继续，一起打造品牌与用户间的无限可能，成为行业中的一种潮流文化。

2. 创造和谐的企业外部环境

各种经济多边关系成了每个企业都面临的课题。通过公关活动，发挥沟通和关系协调功能，公共关系可以帮助企业处理好与销售网络中各经销商、股东、顾客、政府、媒体、社区等的技术、文化、心理的复合体。企业的生存和发展离不开和谐的外部环境，维护、协调和发展公共关系，使他们理解和支持本企业的工作，才能使企业在发展过程中保持平衡和协调。

3. 化解企业面临的危机

企业生存在千变万化的环境之中，可能会在某些时候面临危机，这些危机的出现影响企业和产品的形象，甚至摧毁了企业。通过公共关系，对有可能影响企业与公众关系的行为及时提醒和制止，对出现的危机产生的原因进行分析，采取办法化解危机，使企业度过困难阶段。例如，对由于企业过失行为造成的危机，通过公关活动，对企业的过失行为进行道歉等；可以起到化解危机、解决危机的作用。

案例：“三星”Note7“爆炸门”事件

2016年8月2日晚间，“三星”大屏旗舰手机“Galaxy Note 7”正式发布，韩国开启预售3天即创下了超过20万部的预售量，是S7预售量的两倍。8月24日，贴吧网友爆料称韩版“三星Note 7”在充电时发生爆炸，在随后几天，全球又出现60多起“Note 7”电池爆炸事件。

9月18日，中国有两位消费者声称他们的“三星Note 7”手机爆炸了。9月19日，“三星”发布声明，声称通过“三星”电子研究所、品质检测中心部门对产品进行了详细分析，推断产品损坏是因外部加热导致。“三星”怀疑这是消费者为骗取赔偿金的恶性行为，正在讨论对主张虚假爆炸的2名中国消费者进行刑事起诉等法律应对。

10月11日起，在国家质检总局执法督查司进行约谈和启动缺陷调查的情况下，“三星”宣布召回在中国大陆地区销售的全部SM－N9300 Galaxy Note 7手机，共计190 984台。该款手机在中国大陆地区发生了超过20起过热、爆燃事故。

“三星”在整个事件中，想方设法推卸责任，在首先召回的10个国家和地区中，将中国排除在外，声称中国的产品是安全的，但在随后爆出的事故中仍然千方百计抵赖，推卸责任，甚至诽谤是消费者想骗取赔偿金，最后在中国舆论和政府的压力下才不情愿地开始召回，但已迟到47天。“三星”最终在这次重大危机中彻底丧失了中国消费者对它的信任。

4. 增强企业内部凝聚力

公共关系部门承担协调领导与员工的关系、各部门之间的关系及员工之间的关系，创造良好的内部环境的职责；通过公关活动，进行有效的双向沟通，使企业从上到下，从领导层到基层员工，都同心同德为企业经营目标的实现而努力，消除可能产生的误解和隔膜，增强企业员工的自豪感和认同感，使企业成为一个统一的整体，这样的企业才会在竞争中充满活力，即使面临暂时的困境，也会由于强大的凝聚力和高涨的士气而重整旗鼓、摆脱困境。

5. 塑造名牌，增加产品销售

消费者之所以追求、向往和崇尚名牌，其原因既在于名牌产品的内在价值，也在于产品的外在延伸。通过公共关系宣传把企业的好产品名牌化，组合传播完整的品牌形象，全方位地提高产品的知名度、美誉度。例如，“麦当劳”中国第一家分店在深圳开业时，公司就宣布把当天的所有收入全部捐给儿童福利基金。这一公关宣传深受公众好评，“麦当劳叔叔”开朗热情、乐于助人的形象很快被公众接受，使深圳“麦当劳”的营业额一直居于世界各分公司的前列。

6. 信息收集

公共关系所需要收集的信息主要有两大类，即产品形象信息与企业形象信息。产品形象信息包括公众对产品价格、质量、性能、用途等方面的反应，对于该产品优点、缺点的评价及如何改进等方面的建议。企业形象信息包括以下方面内容：公众对本企业组织机构的评价、公众对企业管理水平的评价、公众对企业人员素质的评价、公众对企业服务质量的评价。

案例：打破焦虑，无惧年龄——国货医美品牌“润致”的“走心营销”

说起医美广告，大部分人的印象都是新客优惠券、老带新活动，以及在电梯里投放的海报广告。但到了当下，医美领域已经不再局限于传统的获客技巧，而是紧跟社会热点，以更加用心的方式与大众直接沟通。最近，华熙生物旗下“润致”品牌就针对女性面临的种种“纹”题，发起了营销活动，鼓励大家勇敢面对皮肤衰老，积极对抗皱纹，无惧年龄。

1. 发起微博话题，带领女性直面静态纹

针对皱纹中更为顽固的静态纹，“润致”在微博发起了“第一条静态纹的忧伤”讨论话题，并且由多领域的达人们带头喊出态度宣言，引领大众关注自己的面部“纹”题。随着话题讨论度不断上升，“第一条静态纹的忧伤”也成功登上了微博热搜，获得了6.169亿的曝光量。

2. 上线魔性MV，陪女性积极对抗皱纹

“润致”在登陆热搜之后持续发力，将生活中因为皱纹而产生的各种“纹”题，融入品牌MV场景中进行演绎，并且邀请了“B站”UP主献出唱跳表演，打造了一支节奏欢快、歌词洗脑并且传播性很强的品牌MV。

这支MV在微博和“B站”首发之后，获得UP主粉丝圈及微博达人的纷纷转发，并且不断扩散传播，热度极高。魔性MV传递着乐观积极的心态，将一种鼓励大家直面衰老，对抗皱纹难题和生活问题的态度植入到了大众熟悉的场景中，也让品牌态度随歌曲进行渗透，唤起了大家的共鸣。

3. 发起“抖音”共创活动，共同发现女性美除了选择在微博和“B站”发布魔性MV,“润致”还在“抖音”平台发起共创活动,不仅陪伴大家直面“纹”题,更用亲切真诚的态度和大众建立情感沟通,并且鼓励大家直面生活中的问题,摆脱焦虑,发现女性之美。

“润致”发起“抖音共创”活动后,除了曾为“火箭少女101”成员的李紫婷录制了热舞视频外,还有大量的“抖音”红人和素人都加入了内容共创中,大家为MV中的洗脑歌曲配上了更丰富的“纹”题场景和表现形式,也让“万事无纹题”话题下的视频获得了336万的总播放量。

7.5.2 公众分析

1. 媒介公众

“媒介关系”指企业或组织与报刊、广播、电视等新闻传播媒介的关系,又称“新闻界关系”。对于公共关系人员来说,媒介是一种特殊的公众,具有双重的性质。一方面,它是公共关系人员赖以实现公共关系目标的重要手段;另一方面,它是公共关系人员必须努力争取的重要公众。

2. 顾客公众

顾客或消费者,是公共关系人员必须着意联络的最重要的公众之一。因为消费者公众可以说是最大的社会群体,它几乎囊括每一个社会成员。毫不夸张地说,消费者掌握着每一个工商业企业的命运。在许多发达国家,顾客或消费者甚至被抬到了“皇帝”的位置上。俗语“顾客就是上帝”,便反映了这样一种现实:顾客或消费者是最应受尊重的公众。

改善消费者关系的办法有很多,比如对直接与消费者打交道的工作人员提出要求,制订服务条约;领导上服务第一线,亲自接待顾客,对破坏消费者关系的每一事件都给予认真处理等。具体来说,要想处理好企业与消费者的关系,有以下几个途径。

(1) 设立专门处理消费者关系的职务或组织。除了上面谈到的组织决策层应有专人主管消费者事务之外,大企业可以设立用户关系委员会,负责协调各单位的行动,了解各部门的用户关系。

(2) 建立良好的用户关系基础。良好的用户关系取决于产品与服务的质量和价格。如果产品质次价高,服务低劣,公共关系工作做得再出色也无济于事。产品的优劣取决于产品设计是否新颖,尺寸颜色是否合适,价格是否合理以及售后服务是否周到等。

(3) 制定用户关系计划。用户关系计划取决于公司的用户政策、产品和服务、用户公众的数量和特点,以及公司的资源。计划的目的是在用户心目中树立公司的良好形象。计划内容包括:检查向用户做出的所有宣传和说明是否符合事实;进行公众调查,分析客户的意见,提出改进方案;鼓励、促使职工改进服务态度;礼貌,友善地对待顾客;向用户公众介绍公司的产品、服务及生产动态;撰写产品说明书,介绍其特性和使用方法,最大限度地方便顾客。

3. 社区公众

社区,是指人们共同活动的一定区域,如村落、城镇、区、街道等。社区关系也叫区域关系,即一个组织与它所在的地方政府、社会团体、其他组织以及当地居民之间的睦邻关系,是社会组织生存、发展的“根基”。组织的利益与社区的利益息息相关。组织生存在一个具体的社会环境中,就要讲究睦邻之道,与前后左右善结良缘,为组织本身的生存、发展创造“天时”“地利”“人和”的条件。改善与社区关系的途径有以下几种。

(1) 做好信息沟通工作,向地方公布企业及社会组织的政策和业务情况。例如,生产何种产品，现有和所需的职工数量、工资多少等。

(2) 支援地方建设，积极参与地方上的各种有意义的活动。

(3) 调查、了解地方对组织的看法及各种议论，分析地方对组织了解的程度。

(4) 向社区开放组织中的各种服务设施和娱乐设施，与公众建立密切的联系。

(5) 与学校合作，提供教学器材，资助建立必要的设施。

(6) 资助地方的卫生、福利事业。

(7) 邀请社会各界人士参观企业，使他们对企业产生良好的印象。尤其是青少年学生，他们是未来企业职工的来源，应着意培养他们对企业的好感。

4. 政府公众

政府关系是组织或企业应处理好的一种最重要的外部关系。政府是国家权力的执行机关，是对社会进行统一管理的权力机构。作为社会的一分子，组织必须服从政府对整个社会的统一管理。公共关系部门在处理组织与政府的关系方面应做到以下几点。

(1) 及时了解国家的经济计划，收集汇编国家各级政府和有关部门下达的各种文件、颁布的各种法令，帮助决策层及时、全面、准确地掌握政府的有关方针、政策，从宏观上自觉接受政府的控制和指导。

(2) 公共关系人员应充分了解政府机构的设置、职能结构、工作范围和办事程序，并与主管部门的工作人员保持经常性的联系，以提高办事效率。

(3) 企业或组织在具体的生产经营活动中要遵纪守法。比如，企业开展公关活动的各项支出都要做出预算，并按财政规定入账支出；决不能用请吃喝、搞贿赂等不正当手段来吸引顾客或让政府部门工作人员做出有利于本企业而损害国家整体利益的决策。

(4) 企业或组织要主动向政府有关部门提供信息、通报情况，如主动向统计部门提供经济活动的各项数据；向审计部门提供企业各项资金的运行情况；向财政、税务部门上报企业盈亏情况。

7.5.3 选择公关工具

1. 新闻报道

新闻对公众的影响力要比广告、人员推销等自我宣传形式大得多。所以，它是公共关系最为重要的工具。在公关活动中，利用新闻可从以下方面着手。

(1) 召开新闻发布会和记者招待会，向新闻界通报企业情况，吸引公众对企业产品与企业本身的注意。

(2) 定期邀请新闻记者参观企业，为其采访提供方便。“百闻不如一见”，新闻记者如能亲自参观企业，往往可以发掘出许多可供报道的新闻材料。

(3) 企业人员撰写新闻稿件寄给新闻单位，使其采用发表。可以将企业有意义的活动和事件报道给新闻单位，提高稿件的采用率。

(4) 制造新闻，吸引新闻媒介的注意。这种方法难度较高，需要用上高级公关艺术。

(5) 为创造新闻素材需要抓准时机，随机应变，并且往往需要资金方面的支持。例如，健力宝集团为了支持中国的足球事业，决定拿出 1 000 万元人民币，资助中国少年足球队到南美足球水平较高的国家学习足球，这为新闻界提供了良好的新闻素材，各大媒体纷纷报道，为健力宝树立了良好的企业形象。

以上利用新闻的方法，都要求公关人员掌握新闻的知识和规律，并且要和新闻界保持良好的联系，甚至要与重要媒体的记者和编辑有良好的个人关系，只有这样，企业获得较多、较好的新闻报道的可能性才会增加。

2. 公关广告

这里的广告特指在公关活动中利用广告形式来树立良好的企业形象，或向公众传播必要的信息。公关中的广告归纳起来大致有下述五种类型。

（1）声明广告

声明广告是在紧急情况下表明企业对某些事件的立场、态度的广告。通常适用于两种情况，一种是对企业不利的事件，但企业自身并无过错。如出现假冒本企业商标的伪劣产品，引起消费者的投诉或控告；本企业的专利权被非法侵犯；某些竞争对手恶意中伤、造谣诬蔑；新闻媒介的失实报道等，都需要利用声明广告表明本企业立场，以正视听。

另一种是一些重要的必须使公众迅速知晓的事件和消息，例如，企业更名、迁移、更换商标和包装、清理债权债务等，也需要发布声明广告。

（2）致歉广告

致歉广告是由于企业自身原因所引起的危机事件时，需向公众表示歉意，以取得公众谅解和好感的广告。例如，同企业产品质量不好，引起消费者投诉；本企业员工对待顾客服务态度不好，引起顾客不满等。这类危机事件通常都是以公众来信、新闻报道等形式在新闻媒介披露，给企业声誉带来很不利的影响。企业如果不理不睬，或是以不真诚的态度甚至用否认或抵赖事实的手法来处理这些危机事件，将会给企业带来灭顶之灾。所以，利用致歉广告承认错误，以真诚和改正取得公众谅解，不但无损企业的形象，反而会使公众对企业产生好感。

（3）祝贺广告

祝贺广告是在与本企业有密切关系的企业或单位举办重大活动时表示祝贺的广告。

（4）活动广告

活动广告是为配合企业所开展的各项公关活动而发布的广告。例如，开展消费者意见征询活动；企业各种庆典活动时，围绕着这些活动进行大规模的广告宣传，使公众踊跃参加，提高企业的知名度和影响面，是这种广告的主要目的。

（5）公益广告

公益广告是企业为获取公众好感，表现社会责任而进行的有关维护社会公共利益的广告宣传。具体形式有两种：一种是利用大众传媒播出由企业出资的公益广告；另一种是由企业出资设立各种公益广告物或是向社会举办的各种公益活动提供印有本企业名称的各种实物用品。例如，广州利工民实业公司向广州交通基金会提供的印有“广州交通基金会”和“广州利工民实业公司”字样的T恤衫。

3. 消费者教育

一些大企业认为，受过教育的消费者是更好、更忠诚的顾客。一些财务计划企业经常赞助有关资金管理、退休计划、投资方面的免费学术会，希望消费者在将来需要的时候选择它们。类似的，计算机硬件和软件公司了解到很多消费者面对新技术时不知所措，并发现了学习和购买模式之间的紧密关系，于是它们开始赞助计算机学术会和做免费的店内展示。

4. 事件

事件是企业特意安排和准备的，目的在于吸引新闻媒介和公众注意的事情或活动。事件可以通过发布一些与本企业及产品(服务)有关联的消息,采取某些措施使公众关注该事件,利用公众对该事件的注意和兴趣,提高本企业的知名度和好感。

如何制造事件? 企业可以构思一个题材,并将其发展为事件来达到引起公众关注、提高企业知名度、树立企业形象的目的。例如,2004 年,广西南宁几家乳制品企业邀请新闻界、消费者团体、消费者代表、经销商等参观企业,进行意见征集活动。制造事件与巧抓事件相仿,但其难度更高。

案例:宣传事故,反得订单

1988 年 4 月 27 日,美国的一架波音 737 飞机起飞后不久,就发生了剧烈的爆炸,把前舱顶盖掀开了一个面积 6 平方米的大洞,一名空中小姐被猛烈的气浪抛出窗外,殉职蓝天。经过机长的一番艰苦努力,飞机终于安全降落在附近的机场,所幸旅客和其他机组人员平安生还。

本次事故令航空公司和旅客对波音飞机谈虎色变。值此不利时机,波音公司不仅没有讳而不论、避而不谈,反而主动地广为宣传。他们以翔实的数据说明本次事故是飞机太过陈旧、金属疲劳所致;这架飞机已飞行了 20 年之久,起落达 9 万次,大大超过了保险系数;而飞机能在严重事故之后安全降落,足以证明波音飞机的可靠性能;新型波音飞机已解决了金属疲劳的技术难题,购买波音飞机的新产品就更加安全。

这样,经过及时而诚实的宣传,波音公司变被动为主动,不仅挽救了公司的公众形象,反而进一步赢得了用户的信任,事故之后订货猛增,仅 5 月份的订货量就达一季度的近一倍。

5. *公益活动*

企业投入一定的精力、金钱和时间用在一些有益于社会的公共事业、慈善事业、福利事业方面,以体现企业的社会责任,从而增加公众的好感,提高企业的知名度。投入社会公益服务活动,一方面表现了企业高度的社会责任感;另一方面,公众透过活动,对企业增加了了解,产生了好感,从而对树立良好的企业形象,促进企业产品的销售等也产生了极好的效果。所以,它是一种双向的公共关系活动,而并不是只有投入,没有回报,企业应该重视和积极参与这类活动。如瞩目全国的"希望工程",有许多企业参加;惠泽于广大女童的"春蕾计划",企业也纷纷投身其中。

案例:告别千篇一律,冷门节日也能玩出热营销

相比传统节日,"世界地球日"从来都称不上什么热门节日。但对于各大品牌而言,这却是一个向外界展示企业社会责任感的关键机会,绝不是花钱买吆喝,而是要借机塑造公众心中的良好企业形象。在第 48 个"世界地球日"当天,"统一"绿茶就走出了不一样的路,掀起了一场全网绿 V 风暴,成功突围地球日营销混战,仅一天时间就实现了 2.7 亿的曝光量,吸引 1.3 亿话题阅读量。

发起于 1970 年的世界地球日活动,旨在提高公众的环保意识,通过绿色低碳生活,改善地球的整体环境。统一企业旗下的统一绿茶无疑与这一公益主题存在着天然的契合,在地球日这个节点,顺势为微博上发起绿色行动,一来巧妙地将统一"绿"与地球日环保主题深度捆绑,向外界了展示了企业的社会责任心;二来提高了产品的辨识度,"亲近大自然"的产品口号随活动走进更多用户心中,品牌在原有认知基础上实现正面印象强化。

"统一"绿茶在绿色活动中别出心裁地设置了绿 V 头像挂件,用户在有趣的体验中,获得了一种身份认同感，还能满足自身环保态度的表达，简单的获取方式更是激发了用户的参与热情。

6. 资料宣传

企业可以编写和制作各种书面资料和视听资料，向各类公众广泛宣传，以加深其对企业及产品（服务）了解，影响其观念和态度，增加对企业的好感。各种书面资料包括年度业绩报告、小册子、文章、书籍、画册、企业报纸和刊物等。视听资料是用在各种媒体播放的视频、音频、幻灯等。视听资料的传播效果比书面资料要好，但成本也比较高。

案例："脑白金"的软文促销

"脑白金"的软文策略不能不说是"脑白金"营销策划上的一个亮点。软文的优点是投入少，收效大，消费者易于接受，影响消费者于无声无息之间。"脑白金"入世初期，投放市场的是新闻炒作类软文。如：《人类可以长生不老?》《两颗生物原子弹》《98 全球最关注的人》等。一篇紧接另一篇，持续轰炸，形成一轮又一轮"脑白金"冲击波。这种文章的权威性、真实性不容置疑，又没有直接的商品宣传，"脑白金"的神秘色彩凸现出来，人们不禁要问"脑白金"究竟是什么？消费者的猜测和彼此之间的交流使"脑白金"的概念在大街小巷迅速流传起来，人们对"脑白金"形成了一种企盼心理，想要一探究竟。

紧接着跟进的是系列功效类软文。如：《一天不大便等于抽三根烟》《人体内有只"钟"》《夏天贪睡的张学良》《宇航员如何睡觉》等。主要从睡眠不足和肠道不好两方面阐述其对人体的危害，并指导人们如何克服这种危害，将对"脑白金"功效的宣传巧妙地融入软文中。读者读起来轻松，并且不由得你不信。每一篇都在谈科普，并没有做广告之嫌，投入只两个月就获得了意想不到的效果。

7. 企业形象识别 CI

公关部门参与企业 CI 战略决策，充分利用企业形象识别媒体，体现和传播良好的企业形象。CI 战略把广告宣传、公共关系、人员推广及企业的产品包装、交通工具、建筑物、服装、名片、商业信函、宣传品等一切信息传播形式和传播媒体都纳入总体设计的范围，是为树立良好的企业形象服务的，公关部门要积极参与 CI 战略决策的制定，参与企业视觉形象识别系统的设计；要积极参与 CI 战略的具体实施；在各种公共关系工具的运用中，要服从企业 CI 战略的要求，使企业视觉形象统一化。

7.5.4　公关活动策划与实施

1. 确定公关目标

企业发展公共关系，主要是为争取社会各方面的理解、信任和支持，其着眼点不是企业的眼前利益，而应从企业战略目标的实现和长期发展的角度出发。它的主要目标有：树立知名度和可信度；激励营销员和经销商；降低促销成本。

2. 选择公关信息和公关媒体

公共关系活动一经确定，公关人员就应按目标的要求拟定适当的题材来进行宣传，并选择适当的公关媒体。

案例:“德邦快递”毕业季营销活动

毕业是一个分叉路口,离开学校,毕业生们要尽快做出下一站关于未来的选择,是勇敢追梦还是向生活妥协?理想与现实的冲突,全方位考验着这一群毕业大学生。

2020年6月,“德邦快递”以“无畏前行奔向下一站”为话题切口,在微博上线了3则视频,讲述了关于3个毕业生追梦的故事。

视频展现了3个毕业生的不同寻常的梦想与生活现实的冲突:有追逐电竞梦的宿舍男生,有坚持打鼓追寻音乐梦的鼓手,还有热爱滑板想走出自己道路的女孩。他们都是即将奔赴下一站的高校毕业生,面临着面包还是梦想的两难抉择,而经过了一系列思想斗争和挣扎,鼓起勇气,带着梦想,勇敢奔向下一站。他们都选择了“德邦快递”,帮忙解决行李寄送的后顾之忧,能在美好的青春里勇敢追逐梦想。

在毕业季语境下,“德邦快递”深刻洞察毕业生消费者的诉求和痛点,以3名毕业生境遇折射当下毕业生的群体画像,每个毕业生都能够从视频前半段选择困境中找到自己的影子,这种真实境遇营造出的代入感和参与感,直戳受众痛点,用真实情景的演绎触动了每一个即将毕业的年轻人。

3. 实施营销公关计划

企业公关计划付诸实施时常遇到许多困难,企业公关人员应利用各种形式,经常与新闻媒介人员保持联系,以便通过熟识的媒体人员进行及时有效的宣传报道,实现公关促销计划。

4. 评估公关效果

由于公共关系常与其他促销工具一起使用,因此其使用效果很难衡量。但如果公共关系使用在其他促销工具之前,则衡量效果就比较容易。最常用的衡量方法有展露度、知名度、态度方面的变化、销售额和利润贡献。

案例:“老乡鸡”的公关营销

“老乡鸡”是以180天的土鸡与“农夫山泉”炖制的肥西老母鸡汤为特色,主要以中式烹饪方式出品,服务于中国家庭日常用餐需求的中式快餐品牌。提到“老乡鸡”的营销特色,不得不先说其公关促销。

1. 2012年肯德基“速成鸡事件”曝光,“老乡鸡”迅速科普速成鸡和土鸡有什么区别,突出“老乡鸡”的产品质量优势。

2. “老乡鸡”更名之时,采用形象营销,悬赏5万换LOGO,使得利润翻了2.5倍。

3. “十年免单权”活动,“老乡鸡”评选3名忠实顾客,给予10年免单权,紧接着又开展“寻找第2.1亿位顾客”活动,给予5年免单权,赚足了眼球。

4. 公益营销,2013年四川雅安发生7.0级地震,“老乡鸡”立即组织爱心救援队,组织物资运输车载救灾物资前往雅安,援助雅安人民。

5. 借势营销,2014年柴静的雾霾调查,“老乡鸡”借势发出声明——“老乡鸡”拒绝油烟污染物,并打造全透明厨房。

6. 2020年新冠疫情暴发,“老乡鸡”武汉团队,每天都运送超1 000份鸡汤到各大医院。董事长来了一场“手撕联名信”的事件,安抚了员工,又做了传播,同时又彰显了品牌格局。

7. 2020年,“老乡鸡”荣登中式快餐全国榜首,做了三件刷屏级的口碑事件。一是用200块钱打造品牌战略发布会。二是请全国人民免费吃鸡,成功挑战世界纪录,成为免费用餐人数最多的中式快餐品牌。三是土味海报官宣代言人岳云鹏，并设计了一套完整的传播链路。

8. 2021年1月，打造“土鸡进城事件”。首先，“老乡鸡”董事长年终在线打脸总结，预告土鸡小鹏即将奔赴深圳；接着，“小题大做”，为土鸡小鹏进行欢送仪式；最后，记录土鸡小鹏整个旅程。

随着“老乡鸡”的品牌升级，除了传统的公关手段，其还在新媒体等社交媒体上发力，以“老乡鸡”董事长为核心，以接地气的网络形象，融合热点梗，以轻松有趣的形式创意互动，来传播放大“老乡鸡”的品牌价值。

● 分项任务测试：

有人说：“公共关系就是拉关系”，你同意这种观点吗？从营销的角度分析公关活动成功的关键要素。

知识检测

选择题

1. 企业确立提醒广告目标是希望通过广告达到(　　)的目的。

A. 使消费者偏爱和购买企业的产品

B. 使消费者了解有关产品的信息

C. 消除顾客购买产品的后顾之忧

D. 使消费者经常想到本企业的产品

2. 儿童智力玩具一般宜选择(　　)作为广告媒介。

A. 报纸　　B. 广播　　C. 电视　　D. 杂志

3. (　　)是一种效果最好、费用最高的促销手段。

A. 广告宣传　　B. 人员推销　　C. 营业推广　　D. 公共关系

4. (　　)是指企业在一定时期，为完成一定任务所采用的能够迅速产生激励作用的各种短期促销措施。

A. 广告　　B. 人员推销　　C. 公共关系　　D. 营业推广

5. 某企业与某模特公司联系，让模特们在某商场进行时装表演，以此扩大企业产品的销量，这种方式是(　　)。

A. 广告　　B. 人员推销　　C. 营业推广　　D. 公共关系

6. 诸如CT、核磁共振仪等大型医疗设备在进行促销时，比较适合采用(　　)促销方式。

A. 广告　　B. 营业推广　　C. 人员推销　　D. 公共关系

7. 人员推销的缺点主要表现在(　　)。

A. 成本低、顾客量大　　B. 成本高，顾客量大

C. 成本低、顾客有限　　D. 成本高，顾客有限

8. 企业销售人员在访问推销过程中可以亲眼观察到顾客的反应，并揣摩其心理，不断改进推销陈述和推销方法，最终促成交易。这说明人员推销具有(　　)。

A. 公关性　　B. 针对性　　C. 灵活性　　D. 复杂性

名词解释

促销组合；竞争对等法；广告；营业推广；公共关系；非人员促销；赞助广告；CI

简答题

1. 影响促销组合的因素有哪些?
2. 简述传统广告媒体和新媒体的优缺点?
3. 简述公共关系的活动方式。
4. 简述推销人员的具体任务。
5. 简述营业推广的类型与方法。

案例分析

"喜茶"的跨界营销为何翻车?

在大数据时代,靠流量赚取销量几乎是"网红"品牌的必经之路。而"红"了三年多的茶饮品牌"喜茶 HEYTEA"近日在与杜蕾斯跨界合作时,却因文案过于露骨遭遇"翻车"。网友们纷纷质疑:为了流量,不要下限了吗?

2019 年 4 月 19 日,"喜茶 HEYTEA"与"杜蕾斯"在微博互动,文案为"第一口最珍贵",海报配文为"今夜一滴都不许剩",这样的文案不得不让人浮想联翩。4 月 20 日,"喜茶"在官方微博对于与"杜蕾斯"互动给大家带来不适致歉。

在社交平台上,大部分网友对这种疑似以"擦边球"文案博取眼球的做法都表示无法接受,认为这种跨界营销做得有些过火。低俗营销一直以来都被视为商家大忌。就在不久前,"椰树"牌椰汁也因包装和广告中的热辣美女,以及"曲线动人,白嫩丰满""我从小喝到大"等大尺度文案被网友批评为"低俗、令人作呕"。随后,国家广播电视总局发布公告称,"椰树"牌椰汁部分版本广告存在导向偏差和违规播出涉性广告等问题,自即日起立即停止播出。而早在 2017 年,"绝味"鸭脖也因海报及公众号文章内容露骨被指低俗、消费女性等,发布 2 小时后,相关海报由于屡遭网友投诉而被撤下。我国《广告法》第九条明确规定,广告不得含有淫秽、色情、赌博、迷信、恐怖、暴力的内容。

问题:

1. 分析此次"喜茶"跨界营销过程中的错误之处。
2. 与"喜茶"不同,"香飘飘"为冲饮式奶茶,试利用开学季为"香飘飘"奶茶开展一次校园促销活动。
3. 如何提升促销的体验度和满意度?

技能训练

1. 每逢"购物狂欢节",各电商平台都会推出各种促销活动,运用促销组合的原理进行分析,你认为最有效的促销方式是什么?
2. 为家乡的特产设计全渠道推广方案。
3. 如果让你参与策划一次"蒙牛"牛奶的爱心公益活动策划,你会采取什么公关模式?试写出公关活动的主要步骤,描述此次公关活动的预期效果。

任务8　营销管理与创新

【任务目标】

知识目标：

1. 理解并掌握营销计划的制订与实施过程；
2. 了解市场营销组织的发展历程；
3. 掌握营销计划执行与控制的流程与方法；
4. 了解国际营销、绿色营销、服务营销、体验营销的基本策略。

技能目标：

1. 能根据企业的特点和目标建立合适的营销组织；
2. 能够有效地制订并执行营销计划；
3. 能够对营销过程进行控制并改进营销方案；
4. 能够把握营销管理的发展趋势，创新运用营销策略。

思政目标：

1. 树立正确的营销观，恪守社会公德和商业道德；
2. 具备科学管理与创新思维能力，做到与时俱进；
3. 融入合作共赢、协调发展等内容，弘扬团队合作精神，协同发展。

【任务分解】

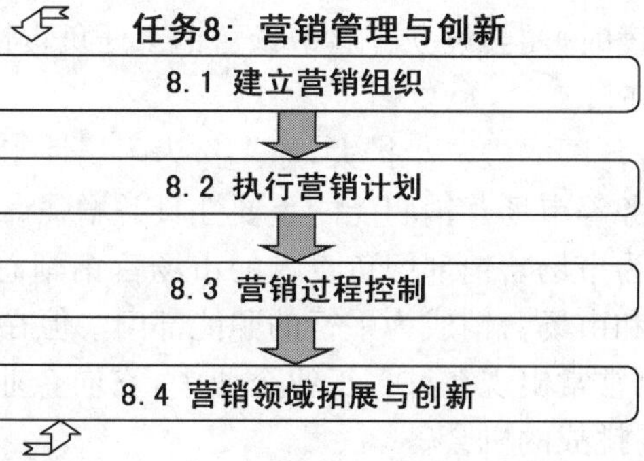

8.1　建立营销组织

8.1.1　认知营销组织职能

企业的市场营销部门是执行市场营销计划，服务市场购买者的职能部门。市场营销部门的组织形式，主要受宏观市场营销环境、企业市场营销管理哲学、企业自身所处的发展阶段、经营范围、业务特点等因素的影响。

公司的市场营销组织的职能是随着公司规模的扩大和公司营销观念的改变而逐渐成熟和丰富起来的，在简单的营销部门中，其主要职能就是推销产品，在制造部门与消费者之间充当传递产品的角色，而后，营销组织陆续承担诸如市场调研、产品传播、产品促销之类的职责，最终形成了现代营销组织的种种职能。一般来说，营销组织的职能包括以下几种：开展市场调查，收集信息；建立销售网络，开展促销活动；开拓新的市场，发掘潜在顾客；进行产品推销，提供优质服务；开发新的产品，满足顾客不断发展的需求；建立客户关系，维系老顾客等。

8.1.2 明确营销组织形式

企业的市场营销部门是随着市场营销管理哲学的不断发展演变而来的，大致经历了单纯的销售部门、兼有附属职能的销售部门、独立的市场营销部门、现代市场营销部门、现代市场营销公司五个阶段。

1. 单纯的销售部门

20 世纪 30 年代以前，西方企业以生产观念作为指导思想，大部分都采用这种形式。一般说来，所有企业都是从财务、生产、销售这三个基本职能部门开展的。财务部门负责资金的筹措，生产部门负责产品制造，销售部门通常由一位副总经理负责，管理销售人员，并兼管若干市场营销研究和广告宣传工作。在这个阶段，销售部门的职能仅仅是推销生产部门生产出来的产品，生产什么、销售什么；生产多少，销售多少。产品生产、库存管理等完全由生产部门决定，销售部门对产品的种类、规格、数量等问题，几乎没有任何发言权。

2. 兼有附属职能的销售部门

20 世纪 30 年代大萧条以后，市场竞争日趋激烈，企业大多数以推销观念作为指导思想，需要进行经常性的市场营销研究、广告宣传以及其他促销活动，这些工作逐渐变成专门的职能，当工作量达到一定程度时，便会设立一名市场营销主任负责这方面的工作。

3. 独立的市场营销部门

随着企业规模和业务范围的进一步扩大，原来作为附属性工作的市场营销研究、新产品开发、广告促销和为顾客服务等市场营销职能的重要性日益增强。于是，市场营销部门成为一个相对独立的职能部门，作为市场营销部门负责人的市场营销副总经理同销售副总经理一样直接受总经理的领导，销售和市场营销成为平行的职能部门。但在具体工作上，这两个部门是需要密切配合的。这种安排常常出现在许多工业企业中，它向企业总经理提供了一个全面各角度分析企业面临的机遇与挑战的机会。

4. 现代市场营销部门

尽管销售副总经理和市场营销副总经理需要配合默契和互相协调，但是他们之间实际形成的关系往往是一种彼此敌对、互相猜疑的关系。销售副总经理趋向于短期行为，侧重于取得眼前的销售量；而市场营销副总经理则多着眼于长期效果，侧重于制定适当的市场营销战略，以满足市场的长期需要。销售部门和市场营销部门之间矛盾冲突的解决过程，形成了现代市场营销部门的基础，即由市场营销副总经理全面负责，下辖所有市场营销职能部门和销售部门。

需要注意的是，市场营销人员和销售人员是两种截然不同的群体，尽管市场营销人员很多来自销售人员，但还是不应将他们搞混，并不是所有销售人员都能成为市场营销人员。事实上，在这两种职业之间有着根本的不同。从专业性而言，市场营销经理的任务是确定市场机会、筹划市场营销策略并计划组织新产品进入，使销售活动达到预定目标，而销售人员则是负责实施新产品进入和销售活动。在这一过程中常出现两种问题：如果市场营销人员没有征求销售人员对于市场机会和整个计划的看法和见解，那么在实施过程中可能会导致事与愿违，如果在实施后市场营销人员没有收集销售人员对于此次行动计划实施的反馈信息，那么他很难对整个计划进行有效控制(见表 8-1)。

表 8-1 市场营销人员与推销人员对比

市场营销人员	销售人员
依赖于市场营销研究确定	依赖经验，了解不同个性的消费者
确定目标市场并进行市场细分	对所有顾客进行销售
时间用于计划工作上	时间用于面对面的促销上
从长远考虑	从短期考虑
目的在于获得市场占有率并赚取利润	目的在于促进销售

销售人员有如下优点：随和、易与人交往，工作努力。缺点是短期行为多，缺乏整体分析的能力。而市场营销人员则应受过良好教育，大多是数据导向型(依据数据做出结论)，缺点是缺乏销售经验，缺乏市场销售直觉和不承担风险。

5. 现代市场营销公司

一个企业仅仅有了上述现代市场营销部门，并不等于是现代市场营销企业。现代市场营销企业取决于企业内部各种管理人员对待市场营销职能的态度，只有当所有的管理人员都认识到企业一切部门的工作都是“为顾客服务”，“市场营销”不仅是一个部门的名称而且是一个企业的经营哲学时，这个企业才能算是一个“以顾客为中心”的现代市场营销企业。

8.1.3 确定营销组织结构

营销组织及其结构是营销工作的手段，是企业为了实现经营目标、发挥营销职能内有关部门协作配合的有机的科学系统，是企业内部连接其他职能部门使整个企业经营一体化的核心。为了实现企业目标，市场营销经理必须选择合适的市场营销组织。

案例：“苏宁”组织结构的变革

2015 年，在结束与“国美”的数年缠斗之后，张近东(“苏宁”总裁)带领他的“苏宁”帝国走上新的变革道路。

商业零售在中国并没有受到格外的关注，农耕时代衣食堪忧，自然得重农轻商，工业化初期商品短缺，肯定要重工轻商。商业零售的崛起，是工业化充分发展、产能相对过剩的必然结果。如今中国正在进入内需驱动、消费主导的发展阶段，零售企业即将迎来春天。

为了应对电商的挑战，“苏宁”从组织架构、年度计划、经营策略、人员安排等方面进行了全面调整，基本的思路是做“店商+电商+零售服务商”。做好线上线下融合的同时，逐步转型为“零售服务商”，不断对外开放“苏宁”的核心竞争力。在“苏宁”内部被称为“云商模式”。此外，“苏宁”还在大力投入 IT 方面的研发，在南京总部、美国硅谷、北京、深圳等地设立了研发中心，在全国建设了 12 个云计算数据中心，向合作方开放云服务与系统成套解决方案。

总体而言,"苏宁易购"的架构调整为:开放平台业务与采销分离,独立运作,由专门的团队负责。开放平台为入驻商家提供支付、金融、数据、营销、托管服务、仓储物流、云计算等配套服务。

1. 职能型组织

职能型营销组织是最常见的营销组织形式,它是将营销职能加以扩展,选择营销各职能的专家组合在一起来组建营销各职能部门,使之成为公司整个组织的主导形式。如图 8-1 所示,这种职能型营销组织有五种专业职能部门,而事实上职能部门的数量可以根据公司经营的需要增减,例如客户管理经理、物流管理经理等。

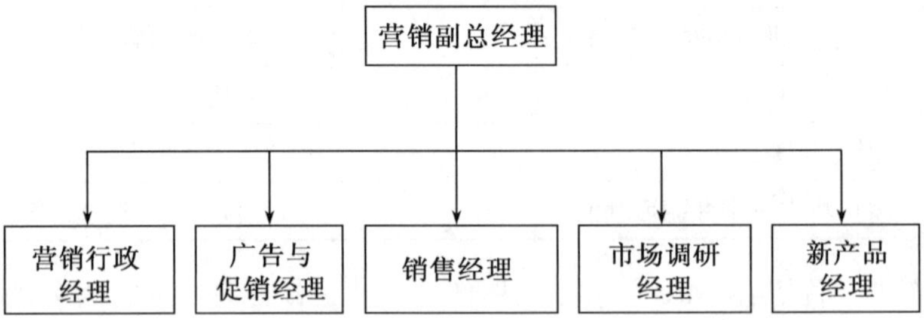

图 8-1 职能型营销组织

职能型营销组织的主要优点在于它从专业化中获得的优越性。这种优越性主要表现在:① 将同类型的营销专家归在一起,易于管理,可以产生规模经济;② 按功能分工,可以避免重复劳动,减少人员和设备的重复配置,提高工作效率;③ 由于专业人员在同一个职能部门的相互影响,可以产生系统效应;④ 通过给员工们提供与同行们"说同一种语言"的机会而使他们感到舒适和满足。

随着公司产品品种的增多和市场的扩大,这种职能型营销组织越来越暴露其效益低下的弱点。其突出弱点为:① 各部门常常会因为追求本部门目标,而看不到全局的最佳利益;② 这种按功能划分的结构通常是比较刻板的,随着公司业务量的增大职能部门之间的协调难度也会日趋增加;③ 由于没有一个部门对一项产品或一个市场负全部责任,没有按每项产品或每个市场制定完整的计划,于是有些产品或市场就容易被忽略;④ 各职能部门都争相要求使自己的部门获得比其他部门更多的预算和更重要的地位,使得营销副总经理经常疲于调解部门纠纷。因此这一组织形式适用于那些产品种类不多、目标市场相对较集中的中小企业。

2. 产品/品牌型组织

产品型组织是指在企业内部建立产品经理组织制度,以协调职能型组织中的部门冲突。在企业产品差异大,品种多,按职能设置的市场营销组织无法处理的情况下,较适合建立产品经理组织制度。其基本做法是,由一名产品市场营销经理负责,下设几个产品线经理,产品线经理之下再设几个具体产品经理去负责各具体产品。拥有多种产品或多种不同品牌的公司,可以考虑按产品或品牌建立营销组织,即在营销副总经理下设产品经理;产品经理下按每类产品分别设产品线经理;在产品线经理下,再按每个产品品种分别设产品经理,实行分层管理(如图 8-2)。

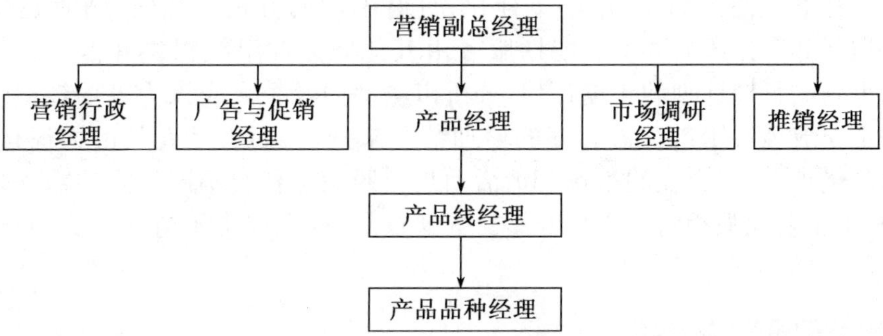

图 8－2　产品/品牌型营销组织

产品市场营销经理的职责是制定产品开发计划并付诸执行，监测其结果和采取改进措施。具体地可分为六个方面：① 发展产品的长期经营和竞争战略；② 编制年度市场营销计划和进行销售预测；③ 与广告代理商和经销代理商一起研究广告的文稿设计、节目方案和宣传活动；④ 激励推销人员和经销商经营该产品的兴趣；⑤ 搜集产品、市场情报，进行统计分析；⑥倡导新产品开发。

产品型组织形式的优点在于产品市场营销经理能够有效地协调各种市场营销职能，并对市场变化做出积极反应。同时，由于有专门的产品经理，那些较小品牌产品可能不会受到忽视。

但该组织形式也存在不少缺陷。① 缺乏整体观念。在产品型组织中，各个产品经理相互独立，他们可能会为保持各自产品的利益而发生摩擦。② 部门冲突。产品经理权限范围狭窄，难以保证有效地取得广告、销售、生产及其他部门的配合与支持。③ 多头领导。由于权责划分不清楚，下级可能会得到多方面的指令。例如，产品广告经理在制定广告战略时接受产品市场营销经理的指导，而在预算和媒体选择上则受制于广告协调者。

3. 顾客/市场型组织

市场细分化理论要求公司根据顾客特有的购买习惯和产品偏好等细分和区别对待不同的市场，针对不同购买行为和特点的市场，建立顾客/市场管理型营销组织是公司的一种理想选择。这种组织结构的特点是由一个总市场经理管辖若干个子市场经理，各子市场经理负责自己所管辖市场的年度计划和长期计划，他们开展工作所需要的功能性服务由其他功能性组织提供(如图 8－3)。

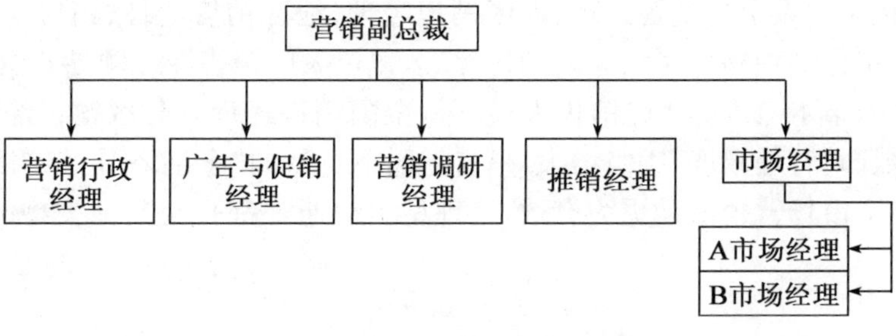

图 8－3　顾客/市场型营销组织

企业在拥有单一的产品线、市场多样化、具有不同的分销渠道时，适宜建立市场型组织。市场经理开展工作所需要的职能性服务由其他职能性组织提供并保证。其职责是负责制订所辖市场的长期计划和年度计划，分析市场动向及企业应该为市场提供什么新产品等。他们的工作成绩常用市场占有率的增加情况来判断，而不是看其市场现有盈利情况。市场型组织的优点在于，企业的市场营销活动是按照满足各类不同顾客的需求来组织和安排的，这有利于企业加强销售和市场开拓。其缺点是，存在权责不清和多头领导的矛盾，这和产品型组织类似。

案例："迪士尼"的顾客服务组织

"迪士尼"致力于研究"游客学"，了解谁是游客、他们的起初需求是什么。在这一理念指导下，迪士尼站在游客的角度，审视自身每一项经营决策。为了准确把握游客需求动态的工作，公司设立调查统计部、信访部、营销部、工程部、财务部和信息中心等部门分工合作。

调查统计部每年要开展200余项市场调查和咨询项目。财务部根据调查中发现的问题和可供选择的方案，找出结论性意见，以确定新的预算和投资。

营销部重点研究游客们对未来娱乐项目的期望、游玩热点和兴趣转移。

信息中心存贮了大量关于游客需求和偏好的信息，具体有人口统计、当前市场策略评估、乐园引力分析、游客支付偏好、价格敏感分析和宏观经济走势等。其中，最重要的信息是游客离园时进行的"价格/价值"随机调查。正如华特·迪士尼先生所强调的：游园时光绝不能虚度，游园必须物有所值，因为游客只愿为高质量的服务而付钱。

信访部每年要收到数以万计的游客来信。信访部的工作是尽快把有关信件送到责任人手中；此外，把游客意见每周汇总，及时报告管理上层，保证顾客投诉得到及时处理。

工程部的责任是设计和开发新的游玩项目，并确保园区的技术服务质量。例如：顾客等待游乐节目的排队长度、设施质量状况、维修记录、设备使用率和新型娱乐项目的安装，其核心问题是游客的安全性和效率。

现场走访是了解游客需求最重要的工作。管理上层经常到各娱乐项目点上，直接同游客和员工交谈，以期获取第一手资料，体验游客的真实需求。同时，一旦发现系统运作有误，及时加以纠正。

4. 地理型组织

在全国范围进行销售的公司，通常按地理区域设立营销组织，安排其销售队伍。在营销副总经理主管下，按层次设全国销售经理、大区销售经理、地区销售经理、销售人员。假设，一位负责全国销售的销售经理领导4位大区销售经理，每位大区销售经理领导6位地区销售经理，每位地区销售经理直接领导10位销售人员。从全国销售经理到分区销售经理，再到销售人员，所管辖的人数即"管理幅度"逐级增大，呈自上而下自然的"金字塔"形组织结构，如图8-4所示。为了使整个市场营销活动更为有效，地理型组织通常都是与其他类型的组织结合起来使用。

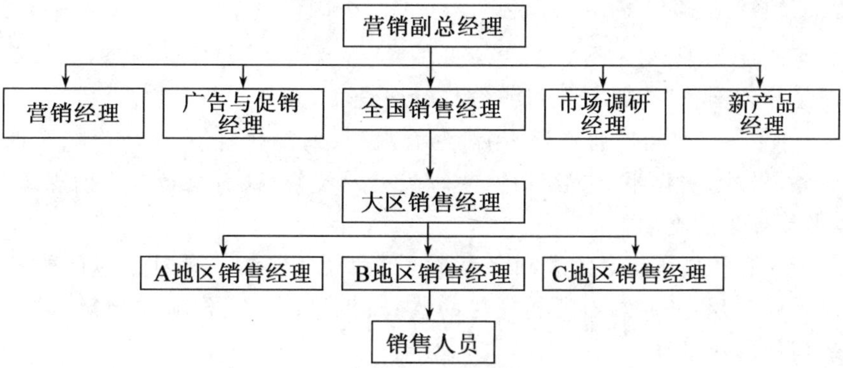

图8-4 地理型营销组织

国际上许多大公司都采用这样一种营销组织,如联合利华、IBM等。地理区域型营销组织的创始者是金宝汤料公司,它为不同地区推出不同配方的汤料。公司把美国划分为22个区域,各区域制定当地的营销方案,并且编制自己的广告等促销预算。

5. 矩阵型组织

很多大规模公司,生产多种不同的产品,面向不同的市场,在决策其营销组织结构时面临两难境地:是采用产品/品牌管理型组织,还是采用顾客/市场管理型组织呢?如果采用产品管理型组织,那么许多重点市场缺乏专人管理,而需求能力弱的市场又会占用太多的企业资源;如果选择市场管理型组织,则容易导致获利能力强的产品遭受冷落。为了解决这一问题,公司可以设置一种既有市场经理,又有产品经理的二维矩阵组织,即所谓的矩阵型营销组织(如图8-5)。

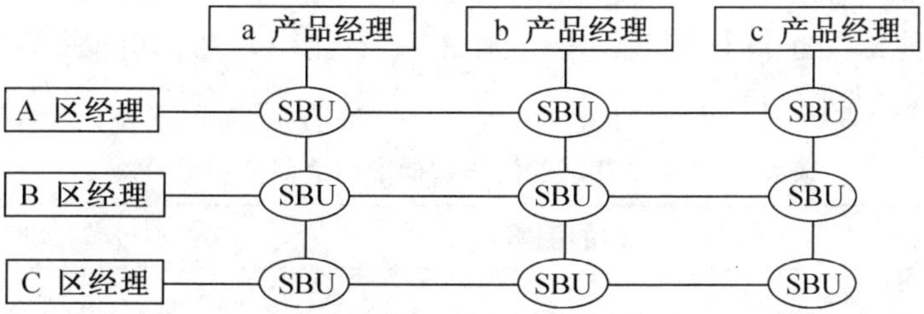

图8-5 矩阵式市场营销组织

矩阵型组织的产生大体分两种情形。

(1) 企业为完成某个跨部门的一次性任务(如产品开发),就从各部门抽调人员组成由经理领导的工作组来执行该项任务,参加小组的有关人员一般受本部门和小组负责人的共同领导。任务完成后,小组撤销,其成员回到各自的岗位。这种临时性的矩阵型组织又叫小组制。

(2) 企业要求个人对于维持某个产品或商标的利润负责,把产品经理的位置从职能部门中分离出来并固定化,同时,由于经济和技术因素的影响,产品经理还要借助于各职能部门执行管理,这就构成了矩阵。

矩阵型组织的优点是:能加强企业内各部门间的协作,能集中各种专业人员的知识技能又不增加编制,组建方便,适应性强,有利于提高工作效率。缺点是:稳定性差和管理成本较高。

案例:"国美"的组织结构

"国美"现有的连锁店,均采用了"正规连锁"或"加盟连锁"的经营形态,它们都由"国美"总部或分部全资经营,"国美"连锁系统组织结构纵向设立,分为三个层次。

• 总部:负责统一管理,实行经营方针、经营规划、工作计划、人事、培训、采购、配送、广告宣传、促销、财务、保险、法律事务、店铺的选择、设计及装修、商品配置与陈列等工作的规划、服务、调控和发展等各项管理职能。

• 地区分部:依照总部制定的各项经营管理制度和规定,负责对该地区的各门店实行二级业务经营及行政管理,并实施对所属门店的监督、指导、服务、沟通等功能,同时接受并服从总部各职能部门的职能管理。

• 门店:接受并服从总部及地区分部的领导和职能管理,依照总部制定的各项经营管理制度和规定,负责对本门店实施日常经营管理。基本职能是商品销售、进货及存货管理、绩效评估。

"国美"还建立了连锁店经营风险基金,用于支援持续按时交纳相关费用的会员因非人为性经营风险造成的企业运转停滞,以资金注入的方式帮助这些成员恢复正常的经营运转。

8.1.4 营销组织与企业组织的配合

为确保企业整体目标的实现,企业内部各职能部门应密切配合。组织结构中所有的职能部门对顾客的满意程度都有或多或少的影响。

在市场营销观念下,所有部门都应以满足消费者的需求这一原则为中心。而市场营销部门则更应在日常活动中向其他职能部门灌输这一原则。市场营销经理有两大任务:一是协调企业内部市场营销活动;二是在顾客利益方面,协调市场营销与企业其他职能部门的关系。

实际上,其他部门在工作中并不是一切以顾客利益为中心。正如市场营销部强调顾客满意这一点一样,其他部门也同样强调它们工作的重要性。显然,其间冲突是不可避免的,表8-2总结了市场营销部门与其他部门之间的主要分歧。

表8-2 市场营销部门与其他部门之间的主要分歧

部门	其他部门的侧重点	市场营销部门的侧重点
研究开发部	基础研究	应用研究
	内在质量	直观质量
	功能特点	销售特点
工程技术部	设计前置时间长	设计前置时间短
	型号较少	型号较多
	标准部件	任意部件
采购部	产品线窄	产品线宽
	标准零件	非标准零件
	原材料价格	原材料质量
	经济批量采购	大量采购以防断档
	定期性采购	适应顾客需要随时采购

(续表)

部门	其他部门的侧重点	市场营销部门的侧重点
制造部门	生产前置时间长	前置时间短
	长期生产少数型号	短期生产多种型号
	型号不变	型号常变
	标准订货	随意订货量
	产品结构简单	造型美观
	一般质量控制	严格质量控制
财务部	按原则严格控制支出	根据直觉确定支出
	刚性预算	弹性预算
	定价着眼于补偿成本	定价着眼于市场开发
	标准交易方式	特殊交易条件与折扣
	报告较少	报告较多
信用部	要客户公开财务状况	对客户价格低限度的使用调查
	长期信用风险	中期信用风险
	严格的信用条件	放松信用条件
	严格的托收程序	放松托收程度

1. 与研发部门的配合

创新成功需要研究开发与市场营销一体化。研究开发部与市场营销部门的合作,一般可采用:① 联合主办研讨会,以便加强双方对工作目标、作风和问题的理解和尊重;② 研究开发部与市场营销部应共同确定市场营销计划与目标;③ 研究开发部门的合作,要一直持续到销售阶段,包括编写技术手册,合办贸易展览,售后调查,甚至参与一些销售工作;④ 产生的矛盾应由高层管理部门解决,在同一个企业中,研究开发部门与市场营销部门应同时向一个副总经理报告。

2. 与技术部门的配合

市场营销人员要具有一定的工程技术基础知识并能有效地与技术人员沟通。工程技术部门与市场营销部门共同设计新产品和新的生产程序,提高产品的技术质量,注重产品内在性能,简化制造工艺,节约成本费用,并尽可能使产品多样化。

3. 与采购部门的配合

采购部门负责以最低的成本买进质量数量都合适的原材料与零配件。他们的购买量大且种类较少,但市场营销部门通常希望在一条生产线上推出几种型号的产品,这就需要采购数量小而品种多的原材料及配件,而不需要数量大而种类少的配件,两者因此会出现矛盾。这就需要严格的执行计划,避免造成库存过多而积压的现象。

4. 与制造部门的配合

制造部门与市场营销部门之间存在几种潜在矛盾。生产人员负责工厂的正常运转,以实现用适当的成本,在适当的时间内,生产适当数量的产品的目的。市场营销部门应及时将市场上顾客提出的问题或建议反馈给制造部门。企业的盈利能力很大程度上取决于市场营销部门与制造部门之间的良好协调关系。市场营销人员必须具备较好地了解制造部门的能力。双方可以召开联合研讨会,以了解双方的观点,设置联合委员会和联络人员,制订人员交流计划,以及采用分析办法,共同确定企业追求的最佳利益和最有利的行动方案等。

5. 与财务部门的配合

财务部门主要评估不同业务活动的盈利能力,编制按渠道、区域、订货规模等各不相同的利润和销售额报表。市场营销部门应加强财务训练,准确制作销售报表。同时加强对财务部门的市场营销训练。财务部门要运用财务手段,支持对全局有影响的市场营销工作。

6. 与信用部门的配合

信用部门要评估潜在顾客的商品作用等级,拒绝或限制向商品信用不佳的顾客提供信贷,市场营销部门则应及时准确地从信用部门了解信息,根据信息准确地选择信用良好的客户。

● 分项任务测试:

1. 专题讨论:市场营销副总经理的职责是什么?为什么营销部是企业的核心部门?
2. 试为某家电生产企业设计营销组织结构。
3. 查询网络,了解“小米”的营销组织结构。

8.2 执行营销计划

8.2.1 明确执行任务

市场营销执行是将市场营销计划转化为行动方案,并保证这种任务的完成,以实现计划的既定目标。分析市场营销环境、制定市场营销战略和制订市场营销计划是解决企业市场营销活动应该“做什么”和“为什么要这样做”的问题;而市场营销执行则是要解决“由谁去做”“在什么时候做”和“怎样做”的问题。

市场营销执行是一个艰巨而复杂的过程。美国的一项研究表明,90%被调查的人员认为,他们制定的战略战术之所以没有成功,是因为没有得到有效的执行。管理人员常常难以诊断市场营销工作执行中的问题,市场营销失败的原因可能是战略战术本身有问题,也可能是正确的战略战术没有得到有效的执行。在营销计划执行的过程中,企业需要克服下列问题。

1. 计划脱离实际

企业的市场营销战略和市场营销计划通常是由上层的专业计划人员决定的,而执行则要依靠市场营销管理人员,由于这两类人员之间有时缺少必要的沟通和协调,导致下列问题的出现:① 上层的专业计划人员只考虑总体战略而忽视执行中的细节,从而使计划过于笼统;② 专业计划人员有时不了解计划执行过程中的具体问题,所以容易使计划脱离实际;③ 专业计划人员和市场营销管理人员之间缺少充分的交流与沟通,致使市场营销管理人员在执行过程中经常遇到困难,因为他们并不完全理解需要他们去执行的战略。

2. 长期目标和短期目标相矛盾

市场营销战略通常着眼于企业的长期目标，涉及今后三至五年的经营活动。但具体执行这些战略的市场营销人员通常是根据他们的短期工作绩效，如销售量、市场占有率或利润率等指标评估和奖励的。因此，市场营销人员常选择短期行为。

3. 缺乏具体明确的执行方案

有些战略计划之所以失败，是因为计划人员没有制定明确而具体执行方案。

实践证明，许多企业面临困境，就是因为缺乏一个能够使企业内部各有关部门协调一致作战的具体实施方案。

8.2.2 制定行动方案

为了有效地实施市场营销战略，必须制定详细的行动方案。这个方案应该明确市场营销战略实施的关键性决策和任务，并将执行这些决策和任务的责任落实到个人或小组。另外，还应包含具体的时间表，定出行动的确切时间。

8.2.3 设计决策和报酬制度

企业的正式组织在市场营销执行过程中产生决定性的作用，组织将战略实施的任务分配给具体的部门和人员，规定明确的职权界限和信息沟通渠道，协调企业内部的各项决策和行动。为实施市场营销战略，还必须设计相应的决策和报酬制度。这些制度直接关系到战略实施的成败。就企业对管理人员工作的评估和报酬制度而言，如果以短期的经营利润为标准，则管理人员的行为必定趋于短期化，他们就不会有为实现长期战略目标而努力的积极性。

8.2.4 开发人力资源

市场营销战略最终是由企业内部的工作人员来执行的。人力资源的开发涉及人员的考核、选拔、安置、培训和激励等问题。在考核选拔管理人员时，要注意人与工作分配的协调性，做到人尽其才；为了激励员工的积极性，必须建立完善的工资、福利、精神与物质的奖惩制度。此外，企业还必须决定行政管理人员、业务管理人员和一线工人之间的比例。

8.2.5 建设企业文化

企业文化是指一个企业在其所处的一定环境中，逐渐形成的共同价值标准和基本信念和行为准则。企业文化对企业经营思想和领导风格，对职工的工作态度和作风，均起着决定性的作用。企业文化包括企业环境、价值观念、模范人物、仪式、文化网五个要素。企业环境是形成企业文化的外界条件，它包括一个国家、民族的传统文化，也包括政府的经济政策以及资源、运输、竞争等环境因素。价值观念是指企业职工共同的行为准则和基本信念，是企业文化的核心和灵魂。仪式是指为树立和强化共同价值观，有计划进行的各种例行活动。如各种纪念、庆祝活动等。文化网则是传播共同价值观和宣传介绍模范人物形象的各种非正式的渠道。

企业文化的标准和信念是通过企业所有员工体现，利用正式和非正式组织加以树立、强化和传播的。由于企业文化体现了集体责任感和集体荣誉感，它甚至关系到职工的人生观和他们所追求的最高目标，它能够起到把全体员工团结在一起的“黏合剂”作用。因此，塑造和强化企业文化是执行企业战略不容忽视的一环。

案例:玩转“妈经济”,24小时鲜奶用“领鲜”彰显“鲜妈”态度

中国有4亿20～60岁女性消费者,她们每年的消费潜力高达10万亿量级,相当于德国、法国、美国的零售市场总和。这一数字随着女性地位的提升还在不断扩大。

随着“她经济”和“她力量”的崛起,当下面向女性消费者的营销内容也开始从“女性贡献”转向“女性态度”。2021年母亲节,传统的“感恩付出营销”模式开始越来越多地被“悦己妈妈”观念所替代——“宝洁”推出妈妈学院短片,告诉妈妈们不用太完美;“京东”拍摄了一组“当妈妈不是妈妈时”的片段,讲述妈妈也是被珍爱的宝贝;“麦当劳”也推出默片,呼吁休息就是给妈妈们最好的礼物。而在一系列的短视频和品牌主张之下,“新希望”乳业针对“鲜妈”一族所推出的素人KOC成团出道营销活动,则凭借极佳的互动性和圈层传播性,成为妈妈营销中别出一格的典型案例。

“新希望”乳业在这次面向精致妈妈人群策划营销案时,将“明星代言+广告+大曝光”的模式彻底颠覆,转而发起了以都市妈妈们为主体的选秀活动。“新希望”乳业在八个城市同步开展了“寻找新鲜代言人”的活动,并发布了活动专属的H5——任何有着“领鲜”态度的妈妈都能通过在朋友圈发表态度宣言的方式获取参赛出道资格,而在收获朋友圈点赞的同时,还有机会赢取以品牌代言人身份成团出道的机会。

24小时鲜牛奶领先的生活态度和“领鲜”的产品品质,将双方的特质完美地结合在一起,成为打通消费者分享欲和聚焦品牌心智需求的核心关键词。

● 分项任务测试:

在执行营销计划过程中,通常要注意什么问题?计划的执行者需要做哪些工作?

8.3 营销过程控制

8.3.1 明确控制原则

市场营销控制是对企业总体战略、战略性营销规划及各项具体策略的执行过程的监测与管理,是市场营销经理经常检查市场营销计划的执行情况,看看计划与实绩是否一致,如果不一致或没有完成计划,就要找出原因所在,并采取适当措施和正确行动,以保证市场营销计划的完成。

市场营销控制过程包括如下步骤:管理部门先设定具体的市场营销目标,然后衡量企业在市场中的业绩,并估计希望业绩和实际业绩之间存在差异的原因,最后管理部门采取正确的行动,以此弥补目标与业绩之间的差距。有效的营销控制应遵循以下原则。

1. 适时控制原则

企业营销活动中产生的偏差只有及时采取措施加以纠正,才能避免偏差的扩大,或防止偏差对企业不利影响的扩散。

2. 适度控制原则

适度控制是指控制的范围、程度和频度要恰到好处。这种恰到好处的控制要注意以下几个问题:① 防止控制过多或控制不足;② 处理好全面控制与重点控制的关系;③ 花费一定费用获得足够的控制收益。

3. 客观控制原则

控制工作应该针对企业及其营销的实际状况,采取必要的纠偏措施,或促进企业营销活动沿着原先的轨道继续前进。因此,有效的控制必须是客观的,符合企业实际的。

4. 弹性控制原则

企业在营销过程中经常可能遇到某种突发的、无力抗拒的变化,这些变化使企业营销计划与现实条件严重背离。有效的控制系统应在这样的情况下仍能发挥作用,维持营销活动的开展,也就是说,应该具有灵活性或弹性。

8.3.2 营销控制过程

有效的营销控制的是科学、严格的工作程序或步骤,主要包括六个基本环节,这些基本环节构成了营销控制程序。

第一步,确定市场营销控制的对象;第二步,确定控制标准;第三步,建立工作绩效标准;第四步,确定检查方法;第五步,用实际工作绩效与标准工作比较;第六步,分析与改进绩效。通常情况下,企业在市场营销控制工作中普遍使用的方法,大体上有以下几种。

(1) 获利性分析:通过剖析企业营销最终结果——获利性(利润、投资报酬率等),找出不足并加以改进。

(2) 20/80 原则分析:通过剖析企业例行问题和例外问题,找出差距的原因并加以改进。

(3) 生产率测量:通过衡量每个销售人员的销售额、每个市场调查人员完全调查项目的数量、销售人员销售访问的费用、销售人员每分里的差旅费用、刊登一次广告引起潜在顾客询问业务的次数、顾客对每种产品所提意见的件数、每元广告费的销售额等指标,发现差距并改进。

(4) 百分比分析:通过分析各种分项费用支出占全部市场营销费用支出的百分比、营销人员工作时间构成的百分比、市场调查问卷回收程度的百分比、各类商品在营业用场的布局中面积构成上的百分比、广告影响度的百分比、各种不同的价格的产品销售量占全部销售量的百分比、各种产品的市场占有率、各种经营资料占总资源的百分比等指标,找出差距并改进。

案例:"雕牌"的营销控制

"雕牌"是浙江"纳爱斯"集团的一个知名品牌,而"纳爱斯"集团更是"中国500强企业"之一,是中国洗涤用品行业的"龙头"企业。

"妈妈,我能帮你洗衣服了。"这句经典而令人眼圈发红的广告词,赚得了人们的眼泪,也使得"雕牌"肥皂和洗衣粉为人们所熟知,成为"纳爱斯"集团的两大支柱品牌之一。这一品牌是如何运作并成功地推向市场的呢?"雕牌"在广告战略和价位上的优势是其异军突起、后来居上的重要原因,而强大的分销体系是"雕牌"得以顺利走向市场的最坚实的后盾和铺开市场的重要通道。

通过20多个贴牌生产厂商,货物被直接地销售和运送到2 000多家客户手中。而这些客户大部分身处当地最大的批发市场。他们利用批发市场的客源和极其低廉的成本,或者买主自提,或者空车配货的方法,把"雕牌"洗衣粉迅速地销售到乡镇商店内。而对比国际客户的三级分销方式和送货下乡,"雕牌"的渠道通路的优势是绝对的。即便是和"奇强"的办事处模式来比较,这种直运的模式显然也是更为经济和有效。

"纳爱斯"集团在"雕牌"皂粉的分销中,采取了相当有效的铺市措施,并给予经销商以足够的优惠,如在与经销商签订合同时,都会向经销商许诺年底给予一定的返利,从经销商的角度,这保证了他们在年底得到相应的回报,在很大程度上提高了经销商的积极性,而大力度的广告宣传也使经销商高枕无忧。另外,促销也是"雕牌"给经销商的额外安慰。

"纳爱斯"也将市场经营工作重心放在超市、卖场上,开创城市辐射农村的新局面。因为有了多年流通网络建设的基础和经验,又实行了保证金制度,"雕牌"在市场的开拓上有足够的优势,"雕牌"皂粉走进广大的农村市场也走得游刃有余。于是"雕牌"开始转变市场战略,走了一条中国革命取得胜利的道路——农村包围城市,"雕牌"在全国各地实行分公司建制,直做超市、商场,最终形成城市辐射农村的格局。推行网络扁平化管理,减少中转环节,降低经营成本。同时,继续推行经销商保证金制度。这是对品牌经营和品牌忠诚度的"试金石"。

不提高经营"纳爱斯""雕牌"两大品牌的门槛,限定条件,锁定网络,不能让经销商获利和消费者受惠,"纳爱斯"大业势必难成。如此一来,经销商成倍增加,市场大大拓展,为集团更大发展铺平了道路,采取了自建网络与经销商并行的营销策略。正是"雕牌"这种自上而下对渠道的重视和大力的投入,才能使得"雕牌"在竞争对手众多的激烈市场上脱颖而出。我们可以看一下"雕牌"这种对渠道的强大的后盾支持终于有了可以预见的效果。

随着与各超市合作的层次不断提升,渠道不断拓宽,销量大幅提升,获得了双赢,从而形成了战略伙伴关系。很多卖场、超市的采购经理通过数据分析,对"纳爱斯"产品的市场竞争力一致看好,他们纷纷称赞集团终端销售理念和灵活多变的操作方式适应了市场竞争环境。正如江苏一连锁超市采购总监所言:"纳爱斯""雕牌"产品被越来越多消费者喜欢,从"纳爱斯"产品的销售我们看到了民营企业的潜力所在,我们将一如既往地与"纳爱斯"携手共进,坚持强强联手、实现双赢的营销理念。

8.3.3 营销控制内容

1. 年度计划控制

年度计划控制的中心是目标管理,即保证企业年度营销计划中规定的各项目标能够顺利实现。年度营销计划控制步骤如下:① 营销管理者应将年度营销计划的指标分解为每季或每月的指标;② 随时跟踪掌握指标的完成情况;③ 及时发现实际的营销状况与营销计划的差距并分析其原因;④ 采取补救措施,调整实施步骤或修正计划。

年度计划控制的方法主要有四种:销售情况分析、市场占有率分析、营销费用率分析、用户反应跟踪。

2. 盈利能力控制

盈利能力控制是对企业营销组合中各类因素的获利能力进行分析,以帮助营销管理者决策需要发展或缩减或淘汰的产品及市场。

盈利能力控制的方法主要包括:市场营销成本分析、盈利能力分析。

3. 营销效率控制

效率控制的目的是监督和检查企业多项营销活动的进度与效果,主要包括:人员推销效率、广告效率、营业推广效率、分销效率等。

4. 营销战略控制

营销战略控制又称市场营销审计，是对企业的营销目标、政策和策略进行控制，以保证企业的可控因素与外界不断变化的营销环境保持和谐统一。

市场营销审计的步骤包括：① 由公司人员和外部审计人员会面，介绍情况，拟定协议；确定审计目标、范围、资料来源、报告形式及所需时间；② 检查企业各项目标的实现情况，如检查各项目标的实施进度以及各种营销资源的配置是否合理；③ 确定执行计划时是否付出了足够的努力，如营销战略的执行是否受到足够重视、营销人员是否全力以赴、市场营销活动能否得到全力支持等；④ 检查企业营销组织状况，如内部信息沟通如何、责权分配是否合理；⑤ 对审计结果进行汇总，提出改进意见，写成书面报告，提交主管人员。

市场营销审计的内容包括：营销环境审计、营销战略审计、营销组织审计、营销绩效审计、营销计划系统审计、营销效率控制系统审计、获利能力控制系统审计、营销信息系统审计、新产品开发系统审计、营销管理职能审计。

● 分项任务测试：

调查并分析某企业的运作效率与企业营销组织架构的权力匹配程度，提出营销建议。

8.4　营销领域拓展与创新

8.4.1　国际市场营销

1. 认知国际市场营销

国际市场营销是跨国企业从顾客的需求和欲望出发，有计划、有组织、有目的地将产品、技术、资本和劳务迅速转移到消费者或用户手中，达到顾客的最大满足，以实现企业的利润目标的管理过程。

国际市场营销和国内市场营销相比有以下特点。

(1) 国际营销环境的差异性。由于世界各国在地理位置、资源状况、政治经济制度、法律法规、生产力发展水平以及文化背景等方面存在着较大的差别，所以影响国际市场营销的环境与国内市场营销相比也就有了较大的差异，甚至有时大相径庭。

(2) 国际市场营销系统的复杂性。营销系统是指融入有组织交换活动的各种相互作用、相互影响的参加者、市场、流程或力量的总和。与国内营销系统相比，国际营销系统更加复杂。

(3) 国际市场营销过程的风险性。由于国际市场营销比国内市场营销更复杂、更多变，因此，国际市场营销的风险要比国内市场营销大得多，这些风险主要包括政治风险、交易风险、运输风险、价格风险、汇率风险等。

(4) 国际市场容量大，竞争激烈。在国际营销中，企业面对更多的国外消费者和来自全球的竞争者，由于各国的地理距离和文化差异等因素，企业又难以及时了解和掌握竞争对手的情况，因此企业面对的竞争更为激烈。

2. 国际市场环境分析

(1) 国际市场人口环境分析

人口规模及增长速度。在收入及其他因素不变的情况下,一个国家的人口总数越多,则这个国家的市场规模就越大,国际营销企业就越容易在这些国家发现市场机会,企业进入各国市场经营就越有利。

人口结构。主要包括:性别结构、年龄结构、家庭结构、民族结构、城乡结构、接受教育的水平等因素。

人口的密度和地理迁移。人口地理分布和人口密度的状况对策划销售渠道至关重要。随着经济的发展,城市人口比例还在提高。另外,人口流动性的高低和流向对人口分布和人口密度也有直接影响,如"民工潮""动迁潮""移民潮"都会迅速改变人口分布状况。

(2) 国际市场经济环境分析

经济环境包括本国、目标市场国和国际的经济形势,经济发展规模、速度、水平,经济制度、体制,参加国际经济组织、国际经济活动的状况,国际经济地位、经济发展阶段、经济结构类型、国家或地区的产业布局和城市(城镇)化程度等。国家或地区经济特征包括国家的自然条件、基础设施、城市化程度、通货膨胀率、外国投资状况等方面。

(3) 国际市场自然环境分析

企业到某国开展营销活动,必须了解该国的自然资源条件,因为一个国家、一个地区的资源状况直接影响到该国家、该地区企业的生产和社会的发展。

(4) 国际市场政治法律环境分析

国际市场营销的政治环境包括分析政府类型、政党制度、政局稳定性、政治干预、民族主义、国家间关系、产品政治敏感度等方面的具体因素。

国际的经济行为以国际惯例、国际公约或条约等来规范和约束。从事国际市场营销必须了解所面临的法律环境。具体包括:法律体系、母国法律、东道国外贸管制手段、国际条约和惯例的影响等方面。

(5) 国际市场文化环境分析

文化是指人们对客观物质世界的一种主观认识,或者说是人们对客观的无差别的物质世界赋予的有差别的、主观的、意识形态的内涵。影响国际营销的社会文化环境因素包括:语言、物质文化、价值观念与态度、宗教、风俗习惯等。

案例:"星巴克"打出文化牌

"星巴克"(Starbucks Coffee)的起源是 1971 年西雅图的一间小咖啡屋,在短短的 30 多年时间发展成国际最著名的咖啡连锁店品牌。"星巴克"于 1996 年正式跨入国际市场,在时尚的东京银座开了第一家的海外咖啡店,不到 10 年的时间,"星巴克"已经打入了 32 个国家市场。

固然,高品质的咖啡、忠诚的员工关系策略都是"星巴克"得以在市场上经久不衰的原因,而"星巴克"最吸引人的地方,就是把这样一种在西方传承数百年的古老消费品,变成一种时尚的代名词,重新演绎现代人的生活方式和文化内涵。

在柔和的灯光下,恣意流淌在"星巴克"的是一种悠闲和自在,你可以挑选在看似随意设置的舒服柔软的沙发或木质桌椅前就座,尽情地享受在嘈杂和忙乱的工作和生活的节奏中偷得的片刻闲暇。无论是朋友小聚或是悠然独酌,加上一杯高品质的咖啡,谁会不为这样的情趣所心动而小小奢侈一把呢？尽管“星巴克”每杯咖啡的价格是其他咖啡店的两倍。“星巴克”的颇具文化味道的经营理念，开启了现代都市人自己都不曾觉察到的需求。于是“星巴克”成了安静的早餐店，成了小聚的社交地，成了许多人静静思考的个人办公室，也成了除去家和办公室人们最爱去的第三类场所。在中国，几十平方米的咖啡店里，常常可以看到衣着光鲜的白领们手捧咖啡杯，或聊天，或摊开资料、打开手提电脑讨论工作。如果运气好的话，还可以看见一些身着棉布衬衫、留着寸头的网络精英，其中一位很可能就是名气不小的“数字富豪”呢。

进入“星巴克”，你会感受到空中回旋的音乐在激荡你的心魄。店内经常播放一些爵士乐、美国乡村音乐以及钢琴独奏等。这些正好迎合了那些时尚、新潮、追求前卫的白领阶层。他们天天面临着强大的生存压力，十分需要精神安慰，这时刻的音乐正好起到了这种作用，确确实实让你在消费一种文化中，催醒你内心某种也许快要消失的怀旧情感。

3. 选择国际市场的进入方式

(1) 出口进入模式：是企业在国内从事生产并将产品输往国际市场的方式。

(2) 合同进入模式：是企业通过与目标市场国家的企业之间订立长期的、非投资性的无形资产转让合作合同而进入目标国家市场。

(3) 投资进入模式：投资进入模式是指企业在国际目标市场投资建立或扩充一个永久性企业，并对其经营管理拥有一定程度的控制权的市场进入模式。

4. 设计国际市场营销组合

(1) 制定产品策略

国际营销企业在进行产品设计时，通常要考虑：目标市场国的法律、自然、科技等方面的差异；目标市场国经济、文化方面的差异；目标市场国市场竞争状况；产品使用者的特点和产品生命周期等因素。常见的产品设计策略有：国际市场产品标准化设计策略和国际市场产品差异化设计策略。

国际市场产品标准化设计策略是指企业无论在国内市场还是在其他国家或地区都提供同样的产品。采取标准化设计策略能够大幅度地降低成本，取得规模经济效益；有利于树立全球统一的产品形象；有利于延长产品的生命周期；有利于满足流动性较强的顾客需求。标准化策略的缺点是不能满足不同国家不同消费者的不同需求。

国际产品的差异化设计策略是一种产品本土化设计策略，是指企业按照目标市场国的需求特点对产品进行更改的策略。如果企业能突出自己产品与竞争产品之间的差别，并让顾客了解到这一差别的存在，那么企业就可以限制竞争对手，在激烈的竞争中处于有利地位。

(2) 制定定价策略

和国内市场营销一样，国际企业在制定价格策略时要考虑企业的定价目标、成本、供求、竞争状况、公共政策等方面的具体因素。和国内市场营销不同的是：产品生产成本、分销成本、运输成本的构成均比较复杂，成本额度也比较高，除此之外还必须考虑国际贸易涉及的融资成本、关税、通货膨胀等方面的支出和损失。

(3) 制定分销渠道策略

企业把自己的产品或服务通过某种途径或方式转移到国际市场消费者手中的过程及因素构成国际分销系统。在国际分销系统中，一般具有三个基本因素：制造商、中间商和最终消费者。国际分销渠道策略主要涉及如何选择国外的中间商、选择什么类型的中间商等具体问题。

阅读资料:日本的分销渠道特点

日本的销售渠道被称为是世界上最长、最复杂的销售渠道。其基本模式是:

生产者+总批发商+行业批发商+专业批发商+区域性批发商+地方批发商+零售商+最终使用者。

日本的分销系统一直被看作阻止外国商品进入日本市场的最有效的非关税壁垒。任何想要进入日本市场的企业都必须仔细研究其市场分销渠道。日本的分销体系有以下几个显著特点。

1. 中间商的密度很高。日本国内市场的中间商密度远远高于其他西方发达国家。由于日本消费者习惯于到附近的小商店去购买东西,量少且购买频率高,因此,日本小商店密度高,且存货量小,其结果就是需要同样密度的批发商来支持高密度且存活不多的小商店。

2. 生产商对分销渠道进行控制。生产商控制分销渠道的措施主要有:为中间商解决存活资金;提供折扣;退货;促销支持等。

3. 独特的经营哲学。贸易习惯和日本较长的分销渠道产生了生产者与中间商之间紧密的经济联系和相互依赖性,从而形成了日本独特的经营哲学,即强调忠诚、和谐和友谊。这种价值体系维系着销售商和供应商之间长期的关系,只要双方觉得有利可图,这种关系就难以改变。

4. 大规模零售商店对小零售商进行保护。为了保护小零售商不受大商场竞争的侵害,日本制定了《大规模零售商店法》。该法限制了国内公司与外国公司在日本的发展。除了大规模零售商店法以外,还有许多许可证条例也对零售商店的开设进行限制,日本和美国的商人都把日本的分销体系看作非关税壁垒。

(4) 制定促销策略

人员推销策略。在国际市场,人员推销常见的类型包括:委派推销人员向国外客户推销;国外常设的销售办事处;利用国际市场的代理商和经销商进行推销。

广告策略。在国际市场广告促销活动中,使用的广告媒介包括:网络、新媒体、广播与电视等。国际市场广告包括标准化策略和差异化策略两种,企业应在考察国际市场的基础上加以选择。

公共关系策略。企业开展国际公共关系的常见方式有:宣传型公共关系策略、交际型公共关系策略、服务型公共关系策略、社会型公共关系策略、矫正型公共关系策略等。

营业推广策略。主要包括:国际博览会、演示促销、直接对消费者的推广、对中间商的推广等。

8.4.2 服务营销

1. 服务营销与商品营销的差异

认知服务与商品的一般差异,对于区分服务营销与商品营销非常有益。服务与商品存在以下七个方面的差异。

(1) 产品的本质不同。商品是有形的,是一个具体的物质实体或一个实实在在看得见、摸得着的东西;而服务工作本身基本上是无形的。

(2) 顾客参与生产过程。实施一项服务工作就是对实物设施、脑力和体力劳动这三者的某种组合的产出结果进行装配和传递。通常顾客在创造这个服务产品的过程中会积极参与，如美容院。

案例:"咕喵哩"亲子餐厅——"餐饮+娱乐",赋有多重功能的亲子空间

近年来,伴随着85后、90后纷纷成为新一代"父母",且在全面"二孩政策"的推动下,儿童亲子行业已进入快速发展阶段。自带娱乐和餐饮体验属性,既可实现亲子互动,又能在陪伴的同时解放父母双手的亲子餐厅,成了亲子业态中备受关注的分支。

"咕喵哩"亲子餐厅作为一个以"猫"为主题的亲子餐饮,700多平方米的空间内涵盖游乐区、餐饮区、休息区、光影餐区四大区域。

在这里,女孩可以在公主屋中换装化身白雪公主、冰雪女王;男孩穿上英雄制服,搭配标志性的战斗配件一起"拯救世界",这里就是现实版的"百变大咖秀"。

魔法厨房是一个神奇的存在,不仅有"锅碗瓢盆",冰箱、抽油烟机等仿真家具也一应俱全,旁边的"便利商超"内蔬菜、水果应有尽有,小朋友们可以在此体验柴米油盐的乐趣。

除此之外,在海洋池中自由翱翔、在积木屋中搭城堡、在木颗粒沙池中盖高楼、在滑滑梯上冲刺……这里丰富的游乐设施、有趣的角色扮演总是让小朋友们流连忘返。

二楼的休息区也是一个内容丰富的小天地,图书一角、益智游戏、各类医护玩具……小朋友们在这玩得不亦乐乎,"大朋友"们便可在这好好休息,既可陪伴,也可放松。

餐饮是亲子餐厅的另一主角,虽然菜品不及传统餐饮店丰富,但"咕喵哩"除了为游客提供美味比萨、意大利面、牛排、焗饭、沙拉、甜品等主食及饮料、果汁等数十种选择外,还特别推出鲍鱼线面、银耳莲子营养粥等营养宝宝餐。

"咕喵哩"场内犹如魔法世界般的投影餐区更成了周岁派对、毕业派对、生日派对、企业团建等重要活动的首选之地,美轮美奂的场景、互动感极强的设计,加上创意十足的活动策划,总能给人带来印象深刻且不可复制的快乐时光。

"咕喵哩"抓住并解决了新时代父母的痛点,让他们从陪伴与自由的矛盾中得以解脱。随着服务的不断提升、内容的不断创新,相信将得到更多年轻父母的青睐。

(3) 人作为产品的一部分。在高度接触的服务业中,顾客不仅同服务人员发生接触,还可能同其他顾客发生联系。如此,顾客就成为产品的一个组成部分。

案例:"海底捞"打造"服务神话"

"海底捞"成立于1994年,是一家以经营川味火锅为主、融汇各地火锅特色为一体的大型跨省直营餐饮品牌火锅店。在北京、上海、沈阳、天津、西安、南京、广州、深圳等城市有直营连锁餐厅。"海底捞"始终秉承"服务至上、顾客至上"的理念,以创新为核心,改变传统的标准化、单一化的服务,提倡个性化的特色服务,致力于为顾客提供愉悦的用餐服务。

"海底捞"虽然是一家火锅店,它的核心业务却不是餐饮,而是服务。在将员工的主观能动性发挥到极致的情况下,"海底捞特色"日益丰富。

在"海底捞",顾客能真正找到"上帝的感觉"。"海底捞"的服务已经征服了绝大多数的火锅爱好者,顾客会乐此不疲地将在"海底捞"的就餐经历和心情发布在网上,越来越多的人被吸引到"海底捞",一种类似于"病毒传播"的效应就此显现。

"海底捞"把等位变成了一种愉悦:手持号码牌等待就餐的顾客一边观望屏幕上打出的座

位信息,一边接过免费的水果、饮料、零食;如果是一大帮朋友在等待,服务员还会主动送上扑克牌、跳棋之类的桌面游戏供大家打发时间;或者趁等位的时间到餐厅上网区浏览网页;还可以来个免费的美甲、擦皮鞋。

待客人坐定点餐的时候,围裙、热毛巾已奉送到眼前了。服务员还会细心地为长发的女士递上皮筋和发夹,以免头发垂落到食物里;戴眼镜的客人则会得到擦镜布,以免热气模糊镜片;服务员看到你把手机放在台面上,会不声不响地拿来小塑料袋装好,以防油污……

服务员会主动更换你面前的热毛巾;如果你带了小孩子,服务员还会帮你喂孩子吃饭,陪他们在儿童天地做游戏;为了消除口气,海底捞在卫生间中准备了牙膏、牙刷,甚至护肤品;过生日的客人,还会意外得到一些小礼物……如果你点的菜太多,服务员会善意地提醒你已经够吃了;随行的人数较少,他们还会建议你点半份。

餐后,服务员会马上送上口香糖,一路上所有服务员都会向你微笑道别。一个流传甚广的故事是,一位顾客结完账,临走时随口问了一句:“怎么没有冰激凌?”5分钟后,服务员拿着“可爱多”气喘吁吁地跑回来说:“让你们久等了,这是刚从超市买来的。”“只打了一个喷嚏,服务员就吩咐厨房做了碗姜汤送来,把我们给感动坏了。”很多顾客都曾有过类似的经历。孕妇会得到“海底捞”的服务员特意赠送的泡菜,分量还不小;如果某位顾客特别喜欢店内的免费食物,服务员也会单独打包一份让其带走……这就是“海底捞”的粉丝们所享受的,“花便宜的钱买到星级服务”的全过程。毫无疑问,这样贴身又贴心的“超级服务”,经常会让人流连忘返,一次又一次不自觉地走向这家餐厅。

(4) 质量难以控制。生产出来的商品在到达顾客那里之前,可以根据质量标准对它们进行检查。但是服务在生产出来的同时就被消费了,最后的组装就是在产品的实时生产过程中发生的。这样,错误和缺点就很难掩盖,而服务人员和其他顾客的在场又引入了更大的可变性,这些因素使得服务性组织很难控制质量和提供始终如一的产品。

(5) 顾客评价更困难。大多数实体商品的识别性品质(search quality)相对较高,如颜色、式样、形状、价格、合适度、感觉、硬度和气味,都是有助于顾客在购买产品前做出决定的因素。相反,其他一些商品和服务可能更强调经验性品质(experience quality),只能在购买后或消费过程中才能识别质量,如口味、处理的容易程度、个人护理。最后,还有可信度品质(credence quality),即那些顾客发现即使在消费之后也很难评价的特性,如外科手术、技术修理,它们是很难通过观察得到。

(6) 服务没有存货。因为服务是一次行动或一次表演,而不是顾客可以保存的一件有形的物品,所以它是“易腐的”和不能被储存的。当然,必要的场地、设备和劳动能够被事先准备好以创造服务,但这些仅仅代表生产能力,而不是产品本身。

(7) 时间因素的重要性。许多服务是实时传递的,顾客必须在场接受来自企业的服务。顾客愿意等待的时间也是有限度的,更进一步说,服务必须迅速传递,这样,顾客就不必花费过多的时间接受服务。

案例:“迪士尼”乐园——给游客以欢乐

作为世界最大的传媒和娱乐巨头之一,“迪士尼”是一个魅力无穷的商业品牌。“迪士尼”品牌价值超过600亿美元,它的形象涉及影视、旅游、网络、服装、玩具等众多领域。“迪士尼”乐园包含魔术王国、“迪士尼”影城和伊波科中心等若干主题公园。通过主题公园的形式,“迪士尼”致力于提供高品质、高标准和高质量的娱乐服务。“迪士尼”乐园的生命力在于能否使游客欢乐。由此，“给游客以欢乐”成为“迪士尼”乐园始终如一的经营理念和服务承诺。

“迪士尼”乐园的魅力在于它为顾客所创造的独特体验。在“迪士尼”乐园里，人们会产生一种回归大自然的满足感。如仿亚马孙河的冒险乐园令人仿佛置身于原始的大自然中，使人感到清新、忘我。那些18世纪或19世纪的欧美街景，如美国西部的板房、路边的小铺和仿煤气街灯，都会给人们带来一种往日的色彩，使人们暂时摆脱现实，追寻回忆昔日的岁月和社会的更迭。

“迪士尼”乐园还拥有许多独具特色的娱乐性建筑。如天鹅宾馆棚顶的一对29吨重的天鹅雕塑，海豚旅馆栩栩如生的海豚塑像，都为“迪士尼”的景观增添了不少特色。这两家旅馆由著名的后现代派建筑师麦考尔·格然吾斯设计，充满了创造性的富丽堂皇和诙谐生动的视觉感受，扩展了主题公园的梦幻感觉。

“迪士尼”乐园不仅是大人们娱乐休息的地方，更重要的也是儿童们游乐的世界。景区里不仅有各种用金鱼、火箭、大象等形状的游艺车，还有米老鼠童话世界的小房屋、小宫殿、小风车，这一切使孩子们产生了平时在学校里和大城市生活中难以激发的美好神奇的幻想。乐园环形火车站台的工作人员整齐的穿着，一丝不苟的认真作风都给这些幼小的心灵留下无须言传的深刻印象，而这一切都将会在他们的脑海中留下美好的回忆。此外，“迪士尼”还时时刻刻为儿童设想周全。以喝水池为例，都是一大一小两个。垃圾筒的高度也让孩子们伸手可及。更有动听的音乐随时陪伴，还有专供小朋友们照相的卡通人物，连公园里的食品都是孩子们喜欢吃的，孩子们到了这里就如同爱丽丝漫游仙境一般。并且，乐园里专为小朋友们准备了安全的刺激性较小的游玩项目，指定必须有大人陪同参加，像旋转木马、小飞象、小人国等。

在各种游乐节目中，“迪士尼”都十分注意培养顾客的参与性，总是创造机会让人们发挥自己的主观能动性，让孩子们从小培养做人的能力。“迪士尼”认为，乐园主要是孩子们的，当然要让孩子们在这里成长。乐园里设有沿着“道路”行驶的小型汽车，这种车比国内玩具车要大得多，两个大人可以轻松入座，一个家长可以带一个孩子，由孩子驾驶汽车绕过各种复杂的转弯，进行比较漫长的“实习”。这种游戏往往是所有游艺中排队最长的，可见其颇受家长与孩子们的喜爱。

“迪士尼”提供周到的服务和良好的卫生环境。在乐园大门口有旅客接待站，对带孩子的旅客可以免费提供童车和婴儿车；门口还有狗舍，狗不得入园，但可以寄养；进入大门后还有轮椅供残疾人使用。在园内许多景区也都有许多的童车、婴儿车及轮椅供人使用。

“迪士尼”善于营造欢乐的氛围。“迪士尼”乐园不只是游乐场，更为游客开启了一段难忘的神奇旅程。通过一系列游戏设施和表演，游客在早已在预设的轨迹和效果中，与各人物一同历险。在“迪士尼”固有而唯一的规律下，游客所感受到的是一段既惊险又安全，且充满快乐的旅程，这种旅程的欢乐氛围是由员工与游客一起创造的。其中，员工起着主导作用。主导作用具体表现在对游客的服务行为上。这种行为包括微笑、眼神交流、令人愉悦的服务、特定角色的表演以及与顾客接触的每一细节。

所有的服务运作都离不开“迪士尼”完善的服务系统，小至一架电话、一台计算机，大到电力系统、交通运输系统、园艺保养、中心售货商场、人力调配、技术维修系统等，这些部门的正常运行，均是“迪士尼”乐园高效运行的重要保障。

2. 认知服务营销

服务营销是企业在充分认知满足消费者需求的前提下，为全面满足消费者需要在营销过程中采取的一系列活动。同传统的营销方式相比较，服务营销是一种营销理念，而传统的营销方式只是一种销售手段，企业营销的是具体的产品。在传统的营销方式下，消费者购买了产品意味着一庄买卖的完成，虽然它也有产品的售后服务，但那只是一种解决产品售后维修的职能。

在服务营销观念下，消费者购买了产品仅仅意味着销售工作的开始而不是结束，企业关心的不仅是产品的成功售出，更注重的是消费者在享受企业通过产品所提供服务的全过程的感受。服务营销不仅仅是某个行业发展的一种新趋势，更是社会进步的一种必然产物。服务营销具有以下基本特点。

供求分散性。不仅覆盖了第三产业的各个部门和行业，企业提供的服务也广泛分散，而且需方更是涉及各种各类企业、社会团体和千家万户不同类型的消费者。

营销方式单一性。有形产品的营销方式有经销、代理和直销多种营销方式。服务营销则由于生产与消费的统一性，决定其只能采取直销方式，中间商的介入是不可能的，储存待售也不可能。

营销对象复杂多变。购买服务的消费者的购买动机和目的各异，某一服务产品的购买者可能牵涉社会各界各业各种不同类型的家庭和不同身份的个人，即使购买同一服务产品有的用于生活消费，有的却用于生产消费，如信息咨询、邮电通信等。

服务消费者需求弹性大。根据马斯洛需求层次理论，人们的基本物质需求是一种原发性需求，这类需求人们易产生共性，而人们对精神文化消费的需求属继发性需求，需求者会因各自所处的社会环境和各自具备的条件不同而形成较大的需求弹性。需求的弹性是服务业经营者最棘手的问题。

服务人员的技术、技能、技艺要求高。服务者的技术、技能、技艺直接关系着服务质量。消费者对各种服务产品的质量要求也就是对服务人员的技术、技能、技艺的要求。服务者的服务质量不可能有唯一的、统一的衡量标准，而只能有相对的标准，凭购买者的感觉体会。

3. 设计服务营销组合策略

服务营销组合包括七个要素，即服务产品(Product)、服务定价(Price)、服务渠道或网点(Place)、服务沟通或促销(Promotion)、服务人员与顾客(People)、服务的有形展示(Physical Evidence)、服务过程(Process)。

案例:“茶颜悦色”的出圈秘籍——服务营销7P策略

“茶颜悦色”的走红，离不开当时新式茶饮爆发这一风口。“茶颜悦色”提出了“中茶西做”的新理念，西式做法中融入中国传统茶叶，由此成了“Z世代”消费群体追求国风和新潮、健康和有味、文化内涵和个性特色的一个最佳选择。

1. 产品:新中式鲜茶，迭代出精品

在“茶颜悦色”身上，互联网思维下的产品主义基本逻辑得到充分凸显。在原料上，“茶颜悦色”每个饮品都用鲜奶取代奶精，用原叶茶现泡现萃而成，强调鲜茶的质感。在文创周边的开发上，“茶颜悦色”挖掘自身文化属性，围绕国风、国潮、新中式等文化元素和时下热点进行产品设计，并对自主设计的文创产品不断创新。

2. 定价:做一杯大众买得起的好茶

“茶颜悦色”所在的10~20元价格带拥有奶茶的主力消费人群,他们不仅对品质有较高的期许,对价格也较为敏感。“茶颜悦色”凭借低于市场的价格、高于预期的饮品和服务,薄利多销,是性价比最高的茶饮品牌之一。多年来,“茶颜悦色”饮品价格较为稳定,几乎没有涨过价,对于茶饮主要消费人群之一的学生群体来说更加容易接受,也更加符合长沙地区的消费水平。

3. 渠道:密集开店不加盟

“茶颜悦色”的线下门店布局密集,门店一般位于繁华街道和人流密集处。“茶颜悦色”始终坚持直营开店、不做加盟,以期对门店经营、产品质量以及原料库存做到有效把控。“茶颜悦色”还上线了“天猫”旗舰店和微信小程序,通过更多的渠道触达顾客,在给顾客提供产品和服务的同时,建立自己的会员体系和数据资产。

4. 促销:亲密互动引流量

“茶颜悦色”善于选取巧妙的沟通方式和时机与顾客建立平等、走心的联系,一个产品或场景,如产品的上架或下架、节假日、二十四节气等,都能够成为和顾客之间的共鸣点。这些不仅是品牌与顾客之间的互动,也让“茶颜悦色”成了中国传统文化、长沙市井文化的发声人,让人感受到品牌的真诚和家国情怀。

5. 有形展示:中国风情文艺范

“越中国,更时尚”,“茶颜悦色”始终将传统文化引入品牌的视觉表达中,而这也为“茶颜悦色”带来了出色的“颜值经济”。此外,“茶颜悦色”的微信公众号、小程序、微博等社交媒体,同样贯彻“统一”的画风,欢快活泼、清新可人,充满乐趣的手绘漫画等使“茶颜悦色”的形象更加饱满。

6. 人设:人设真实,传递温度

身体力行,做一杯有温度的茶,一直是“茶颜悦色”的初心,这一初心也抓住了消费升级下“体验经济”崛起的风口,使品牌不断被赋予人格和情感,与用户一起成长,共创品牌价值文化,体现其用户思维。

“茶颜悦色”门店员工的服务十分规范和贴心。一杯饮品送到顾客手上,要经过五轮操作:点单、泡茶、现调、打料和出杯。从顾客进门到离开,“茶颜悦色”员工的口号和服务便不曾停过。

7. 过程管理:靠好服务传递温度

“茶颜悦色”与顾客之间的情感连接体现在许多温暖的小心思中。“茶颜悦色”在二十四节气中的每一个节气,都会为每一位顾客介绍该节气的传统食谱及温馨提示。下雨时,门店准备的及时伞可供顾客使用。在点单台的显眼位置,配备了装有创可贴、藿香正气水等应急用品的小药箱……“茶颜悦色”积极与顾客沟通,在互动中拉近与顾客的距离。

为了有效地利用服务营销实现企业竞争的目的,企业应针对自己固有的特点注重服务市场的细分、服务差异化、有形化、标准化以及服务品牌、公关等问题的研究,以制定和实施科学的服务营销战略,保证企业竞争目标的实现。

(1) 服务市场细分策略。任何一种服务市场都有为数众多、分布广泛的服务需求者,由于影响人们需求的因素是多种多样的,服务需求具有明显的个性化和多样化特征。因此,每个企业在实施其服务营销战略时都需要在市场细分的基础上选定自己服务的目标市场。

(2) 服务的差异化策略。服务差异化是服务企业面对较强的竞争对手而在服务内容、服务渠道和服务形象等方面采取有别于竞争对手而又突出自己的特征，以战胜竞争对手，在服务市场立住脚跟的一种做法。

(3) 服务的有形化策略。服务有形化是指企业借助服务过程中的各种有形要素，把看不见摸不着的服务产品尽可能地实体化、有形化，让消费者感知到服务产品的存在、提高享用服务产品的利益过程。服务有形化包括三个方面的内容。

服务产品有形化。即通过服务设施等硬件技术，如自动对讲、自动洗车、自动售货、自动取款等技术来实现服务自动化和规范化，保证服务行业的前后一致和服务质量的始终如一；通过能显示服务的某种证据，如各种票券、牌卡等代表消费者可能得到的服务利益，区分服务质量，变无形服务为有形服务，增强消费者对服务的感知能力。

服务环境有形化。服务环境是企业提供服务和消费者享受服务的具体场所和气氛，它虽不构成服务产品的核心内容，但它能给企业带来"先入为主"的效应，是服务产品存在的不可缺少的条件。

服务提供者有形化。服务提供者是指直接与消费者接触的企业员工，其所具备的服务素质和性格、言行以及与消费者接触的方式、方法、态度等，会直接影响到服务营销的实现，为了保证服务营销的有效性。企业应对员工进行服务标准化的培训，让他们了解企业所提供的服务内容和要求，掌握进行服务的必备技术和技巧，以保证他们所提供的服务与企业的服务目标相一致。

案例：兰州拉面馆新形象

谈到兰州拉面，很多人脑海中的画面都是这样的：玻璃门上印满文字广告的街边小店，绿色或者黄色底的大招牌，上面一行大大的文字"中国兰州牛肉拉面"。店里一口大锅，一个拉面师傅（一般为丈夫）在厨房里挥汗如雨，一个服务员（一般为妻子）在外边负责点餐、端饭、收拾桌子。

不过，已经拿到红杉资本投资的"马记永"兰州牛肉面、"陈香贵"牛肉面装修精致、时髦，刷新了大家对拉面馆的认知。哪怕一碗拉面要花 26 元，照样门庭若市。它们是如何吸引年轻人的呢？

首先，颜值即正义。现在做个什么生意，社交属性太重要了！所以，拍照发朋友圈成为不可或缺的一个环节。这些新品牌兰州牛肉面馆，门店的形象就很吸引眼球：整体风格简约明亮，桌椅托盘为木质浅色系，窗口分割明确干净整洁，墙上都有西北风格的漫画，介绍着当地文化。一碗面摆在桌上，在灯光与环境的加持下，稍微摆盘，就能拍出一张"唯爱与美食不可辜负"的漂亮照片。用行话来说，"出图率"极高。

第二，服务也随着价格而升级。服务员个个精神抖擞，笑容满面地把你迎接进去，端茶倒水。面条可以无限续吃，临走前还会问你有没有其他需求。只要你开口，桌上香喷喷的辣椒油他们也会帮你打包，让你带走。说真的，现代人生活得这么累，花 20 多块钱就能吃饱，还有人 360 度无死角伺候，真太爽了！甚至有人称，估值上亿的"陈香贵"兰州牛肉面，已经成为"牛肉面界的'海底捞'"。

第三，非常熟悉网红店的营销玩法。新开的网红店要靠什么吸引人？新奇、好玩，肯定是一个。比如，陈香贵的超大碗牛肉面挑战，一度刷爆了"抖音"。这何止是超大碗啊，简直是脸盆啊！"抖音"里的小哥哥小姐姐们个个摩拳擦掌，想在半个小时内吃完免单。创意虽然有些俗套，但确实有用。毕竟刺激眼球的东西，总能吸引一波关注。

（4）服务的标准化策略。由于服务产品不仅仅是靠服务人员，还往往要借助一定的技术设施和技术条件，因此这为企业服务质量管理和服务的标准化生产提供了条件，企业应尽可能地把这部分技术性的常规工作标准化，以有效地促进企业服务质量的提高，具体做法可以从下面五个方面考虑。

从方便消费者出发，改进设计质量，使服务程序合理化。

制定要求消费者遵守的内容合理、语言文明的规章制度，以诱导、规范消费者接受服务的行为，使之与企业服务生产的规范相吻合。

改善服务设施，美化服务环境，使消费者在等待期间过得充实舒服，如设置座椅，放置书报杂志，张贴有关材料等，为消费者等待和接受服务提供良好条件。

使用价格杠杆，明码实价地标明不同档次、不同质量的服务水平，满足不同层次的消费者的需求。同时，在不同时期，不同状态下，通过价格的上下浮动调节消费者的需求，以保持供需平衡，稳定服务质量。

规范服务提供者的言行举止，营造宾至如归的服务环境和气氛，使服务生产和消费能够在轻松、愉快的环境中完成。

案例：快时尚餐厅“外婆家”与“绿茶”的成功之道

“外婆家”和“绿茶”常被视为快时尚餐厅，通过有设计感的餐厅、低价位的菜品及背后供应链高效的原料采购、生产，最终使顾客能够吃到低价位的菜。

而餐厅的设计感，除了装修的风格，也包括了动线设计的学问。所有新近开业的“外婆家”都将出菜口设在了餐厅居中的地方。如此一来，服务员拿到菜品后抵达各个区域时间大致相同，便避免了人工的空白等待，提高了劳动效率。而在各个店面里，装饰用的摆件和绿植从地面上抬高到了墙上，既节省了地面空间又形成了“外婆家”自己的装修风格。由于菜肴可口且价格适中，餐厅不得不考虑如何安置更多的座位，让店门外排队的顾客不用等太久。不同于其他环境好的餐厅总是给顾客很宽的就餐空间，老板将几个方形的小桌拼成一条长桌，让互不认识的顾客们拼桌而坐。这不仅是节约空间的做法，在快速消费的社会里，也能拉近人与人之间的关系。

同样，“绿茶”餐厅也在节约空间上下足了功夫。除了不放特别大的桌子和拼桌，餐厅也实践了如何在比较窄的空间里最大限度地提供舒适的座位。“绿茶”总体灯光较暗，餐位处灯光压暗的做法，能在熙熙攘攘的餐厅中，为顾客营造出一分私密感。从开第一家门店至今，“绿茶”坚持用给家里人蒸米饭的标准作为所有门店的供饭标准，大米要先泡上40分钟，再放橄榄油和大粒的新鲜玉米一同蒸制。即使“绿茶”的一碗米饭要两块钱，市上也鲜有其他餐厅同等价位的米饭能够做到这般用心，而这冰山一角的用心正好能解释“绿茶”的门口为何永远都排着长队。

（5）服务品牌策略。服务品牌由品牌名称和展示品牌的标识语、颜色、图案、符号、制服、设备等可见性要素构成。企业应注意服务品牌的研究，通过创名牌来树立自己独特的形象，以建立和巩固企业特殊的市场地位，在竞争中保持领先的优势。

案例:中国快递之"王"是怎样炼成的?

"顺丰航空"是目前国内自有全货机的最大货运航空公司,用37架自有货机和其他航司的全货机及腹舱带货,每天运输的航空件达1 400吨。"顺丰"的核心产品是"快",体现在以下几个方面。

第一,速度快。北京到上海,第二天早上到,也就是通常的次日达,价格是23元。这个价格几乎是同行的一倍。为什么"顺丰"敢把价格定高,因为用户认它,这就是口碑。为什么认它,一个字,"快"!

第二,布局快。2009年,经济危机非常严重,很多小快递公司都死了,王卫的"顺丰"也经历了历史上少有的亏损。但是,王卫却做了一件令人瞠目结舌的事:申请成立航空公司,花钱,买飞机。等其他快递公司从经济危机中恢复过来,再想追赶"顺丰"时,有自有货机的"顺丰"早就遥遥领先了,其他公司只能望尘莫及。

第三,员工财富涨得快。王卫在提高快递员积极性上下足了功夫。他发明了两个方法,一是承包。就是快递员像当年的包产到户一样,每个快递员在城市里有自己的片区,别人不会来抢你的,但是,如果你的片区业务量增长缓慢,一定时间内没有起色,就换人。二是计件工资。快递业有句行话叫"收一派二",就是一个快递员收一个快件的同时,应该派两个快件。真正挣钱的应该是派件部分。在顺丰,你送的快递越多,挣的钱越多,而且上不封顶。

(6) 服务公关策略。服务公关是指企业为改善与社会公众的联系状况,增进公众对企业的认识、理解和支持,树立良好的企业形象而进行的一系列服务营销活动,其目的是要促进服务产品的销售,提高服务企业的市场竞争力。

8.4.3 绿色营销

1. 认知绿色营销

绿色营销是指企业在生产经营过程中,将企业自身利益、消费者利益和环境保护利益三者统一起来,以此为中心,对产品和服务进行构思、设计、销售和制造。

绿色营销是以环境保护为经营指导思想,以绿色文化为价值观念,以消费者的绿色消费为中心和出发点的营销观念、营销方式和营销策略。它要求企业在经营中贯彻自身利益、消费者利益和环境利益相结合的原则。

2. 树立绿色营销观念

绿色营销观念是在绿色营销环境条件下企业生产经营的指导思想。企业营销决策的制定必须首先建立在有利于节约能源、资源和保护自然环境的基点上,促使企业市场营销的立足点发生新的转移。与传统的社会营销观念相比,绿色营销观念注重的社会利益更明确定位于节能与环保,立足于可持续发展,放眼于社会经济的长远利益与全球利益。

3. 设计绿色营销组合策略

(1) 绿色产品策略

企业实施绿色营销必须以绿色产品为载体,为社会和消费者提供满足绿色需求的绿色产品。绿色产品是对社会、对环境改善有利的产品,或称无公害产品。这种绿色产品与传统同类产品相比,至少具有下列特征:产品的核心功能要能满足消费者的传统需要,更要能满足对社会、自然环境和人类身心健康有利的绿色需求,符合有关环保和安全卫生的标准。

产品的实体部分应减少资源的消耗,尽可能利用再生资源。产品实体中不应添加有害环境和人体健康的原料、辅料。在产品制造过程中应消除或减少"三废"对环境的污染。产品的包装应减少对资源的消耗,包装的废弃物和产品报废后的残物应尽可能成为新的资源。产品生产和销售的着眼点,不在于引导消费者大量消费而大量生产,而是指导消费者正确消费而适量生产,建立全新的生产美学观念。

(2) 绿色定价策略

一般来说,绿色产品在市场的投入期,生产成本会高于同类传统产品,因为绿色产品成本中应计入产品环保的成本。但是,产品价格的上升会是暂时的,随着科学技术的发展和各种环保措施的完善,绿色产品的制造成本会逐步下降,趋向稳定。企业制定绿色产品价格,一方面当然应考虑上述因素,另一方面应注意到,随着人们环保意识的增强,消费者经济收入的增加,消费者对商品可接受的价格观念会逐步与消费观念相协调。

(3) 绿色渠道策略

企业实施绿色营销必须建立稳定的绿色营销渠道,策略上可从以下方面努力。启发和引导中间商的绿色意识,建立与中间商恰当的利益关系,不断发现和选择热心的营销伙伴,逐步建立稳定的营销网络。注重营销渠道有关环节的工作。为了真正实施绿色营销,从绿色交通工具的选择,绿色仓库的建立,到绿色装卸、运输、贮存、管理办法的制定与实施,认真做好绿色营销渠道的一系列基础工作。尽可能建立短渠道、宽渠道,减少渠道资源消耗,降低渠道费用。

(4) 绿色促销策略

绿色促销是通过绿色促销媒体,传递绿色信息,指导绿色消费,启发引导消费者的绿色需求,最终促成购买行为。绿色促销的主要手段有以下几方面。绿色广告,通过广告对产品的绿色功能定位,引导消费者理解并接受广告诉求。绿色推广,通过绿色营销人员的绿色推销和营业推广,从销售现场到推销实地,直接向消费者宣传、推广产品绿色信息,讲解、示范产品的绿色功能,回答消费者绿色咨询,宣讲绿色营销的各种环境现状和发展趋势,激励消费者的消费欲望。绿色公关,通过企业的公关人员参与一系列公关活动,增强公众的绿色意识,树立企业的绿色形象。

案例:"伊利"的世博会绿色促销

"伊利"的世博营销,注重强化消费者的亲身体验,在赢取消费者好感的基础上诉求"伊利"的"世博标准"牛奶。为此,"伊利"创新世博体验营销模式,让消费者在回归爱和自然、享受关怀与绿色的同时,记住"伊利"的"世博标准"牛奶。上海世博园开园以来,"伊利"以"公益"和"绿色"为主题策划实施了多项营销活动,同时通过中央电视台等强势媒体,传播相关活动信息,吸引更多的消费者参与"伊利"组织的"公益""绿色"活动。

上海世博会生命阳光馆,是世博会历史上第一个针对残疾人兴建的馆。为了践行自己的企业社会责任,"伊利"参与了生命阳光馆的建设,为关爱残疾人尽了自己应尽的力量。"伊利"参与育乐湾建设——育乐湾能够让孩子亲身体验绿色天然牛奶的加工过程,在给孩子们传授知识的同时,带给他们欢乐。而世博母婴服务中心是"伊利"为上海世博会贡献的又一个公益项目。

在"公益"之外,"伊利"的"绿色"体验营销同样是出手不凡。上海世博园入口处矗立的"中国馆",是用"伊利"的绿色包装盒搭建的;育乐湾内由废旧的"伊利"牛奶盒压制成的"环保座椅”，时刻向游客们传递着“伊利”的绿色发展理念。与此同时，“伊利”的“绿色”体验营销还借助社会化媒体，通过新浪微博开设了“绿社会”公益主题微博，让无数粉丝进入发现上海世博会之“绿”的美妙旅程，引导一个“绿社会”从线下走向网络：一张张图片，一段段文字，记录了“伊利”和上海世博会的“绿色”闪光点。“伊利”通过“绿色”体验营销，直观地再现了自己近年来一直在践行的“绿色产业链”发展战略，同时也影响了更多的参与者和受众关注人类社会的可持续发展议题。

(5) 绿色服务策略

随着经济的不断发展，服务已经由原来的营销辅助功能转为创造营销价值的主要营销功能，绿色营销更应该建立绿色服务通道。绿色营销者需要真正从专业化的角度解决消费者在绿色消费中出现的问题，通过绿色服务，减少资源浪费、节约物质消耗、减少环保成本、实施资源综合利用，实现绿色产品在绿色服务中价值最大化。

8.4.4 体验营销

体验营销是指企业通过采用让目标顾客观摩、聆听、尝试、试用等方式，使其亲身体验企业提供的产品或服务，让顾客实际感知产品或服务的品质或性能，从而促使顾客认知、喜好并购买的一种营销方式。

案例：以情出圈，这些品牌用情感营销建立消费者认同

“细节”与“真实”永远最为动人，这是情感营销不变的核心。情感营销的魅力在于，通过对生活细致入微的洞察，将人与人之间美好的情感描绘且释放出来，以感染更多观众，从而传递出品牌的情感与特质。

2021年，“快手”发布了自己的十周年品牌宣传片——《“快手”十年，为更好的生活》，邀请来自不同领域的“老铁们”，讲述自己对美好未来的向往，分享自己对更好生活的追求。这里有想要背包走遍全世界的“李新咏”、有在工地练出一身绝活的“搬砖小伟”、有刻苦练拳的功夫小魔女“小汤圆”……镜头聚焦在最能代表其人物特点的生活片段，人们用朴实的语句讲述着自己的向往。“细节”与“真实”在这里表现得淋漓尽致，让看过视频的观众，能从中汲取温暖和力量。

“全棉时代”发布的一支“6·18”品牌视频，在充斥着卖点与优惠宣传的“6·18”，全棉时代反而另辟蹊径，推出了情感营销的组合拳，用情感带动品牌出圈。

视频整体上呈现出影片级质感，抒情不再是流水套话，而是沉浸在三段人物场景中——想给对方惊喜的情侣、急着去面试的女孩与善意的面试官、调皮但贴心的儿子与操心的妈妈。

在第一个场景中，女孩子以为男友忘记了自己的生日，正委屈不已时，发现了画在棉柔巾上的惊喜，紧接着男友端着蛋糕出现在门口。原来他不是忘记，而是以情侣间的小玩笑，将爱演绎到底。只有足够在乎彼此，才会绞尽脑汁给对方特别的关心。

下一个故事围绕一场面试展开。毕业生被路况耽搁，在面试时迟到了。她紧张且愧疚地坐在位置上，惴惴不安地等待着面试官的诘问，但是让毕业生意外的是——面试官没有对她进行责骂，而是和蔼地说：“先把汗擦擦吧，别着急。”这种来自职场前辈的亲切关怀，对职场新人来说最为可贵。在善意的包容下，新人拥有了破壳成长的勇气，梦想才会慢慢茁壮萌芽。

最后一个场景发生在家里。妈妈进入儿子的住所，刚推开门就开始边整理边唠叨。不过这次儿子没有不耐烦地顶嘴，而是坐在沙发上微笑着削苹果，用棉柔巾垫着削好的苹果送给妈妈。看到儿子递来的饱含爱意的苹果，妈妈的脸上绽放出了欣慰的笑容。亲情就是这样奇妙，母亲和孩子心中都装着对彼此沉甸甸的爱。唠叨也好，苹果也罢，都是对爱的写照。

这些温馨的场景，想必大家在生活中也有所经历。“全棉时代”把镜头聚焦在“爱情、职场、家庭”三大真实的生活场景，通过对人物微表情的捕捉，精准地把握住了细节，将冲突消弭后的柔软情感生动地表现出来。

看过视频的观众，很容易在视频中找到自己的影子，回想起自己与爱人、同事、父母经历过的点滴时光，从而对“柔软”有了感同身受的体验。观众与“全棉时代”的情感共振，就这样被调动起来了。

助听器品牌“锦好”，拍摄过这样的情感实验影片。“锦好”选取了三组有随迁老人的家庭，让子女通过镜头观察父母的生活日常。子女们惊讶地发现，理应在大城市“享福”的父母，其实过得并不好，孤单又寂寞。整个影片的重心，基本全部放在对“二次独居”社会现象的讨论上。“锦好”助听器仅在片中出现了几秒，即父亲戴上助听器与老朋友打了电话，在寂寞的家里找到了一丝慰藉。通过视频，“锦好”成功打出“陪伴”这一关键词，不少网友在看完后直呼，要多回家陪陪爸妈。由此可见，影片的核心不是输出助听器的功能卖点，而是强调品牌与产品的情感属性。“锦好”希望观众能在影片的号召下，更加关心父母，用陪伴为家人带来幸福。

情感营销不仅需要精准的叙事，更需要动人的价值。在关注消费者审美习惯与价值需求的基础上做营销，才能以情动人。

体验营销的体验形式有以下几种。

知觉体验。即感官体验，将视觉、听觉、触觉、味觉与嗅觉等知觉器官应用在体验营销上。感官体验可区分为公司与产品(识别)、引发消费者购买动机和增加产品的附加价值等。

思维体验。以创意的方式引起消费者的惊奇、兴趣、对问题进行集中或分散的思考，为消费者创造认知和解决问题的体验。

行为体验。通过增加消费者的身体体验，指出他们做事的替代方法、替代的生活形态与互动，丰富消费者的生活，从而使消费者被激发或自发地改变生活形态。

情感体验。体现消费者内在的感情与情绪，使消费者在消费中感受到各种情感，如亲情、友情和爱情等。

相关体验。通过实践自我改进的个人渴望，使别人对自己产生好感。它使消费者和一个较广泛的社会系统产生关联，从而建立对某种品牌的偏好。

体验营销的主要实施模式有以下几种。

节日模式。通过节假日的营销氛围的营造，让消费者体验节日的气氛，从而带动产品的销售。

感情模式。通过寻找消费活动中导致消费者情感变化的因素，掌握消费态度形成规律以及有效的营销心理方法，以激发消费者积极的情感，促进营销活动顺利进行。

案例:思念食品,“思念”营销

在我们这个流动迁徙十分常见的时代，“思念”是一种普遍情结。身在他乡的游子，思乡、思亲之情常萦绕在心头，佳节时尤其深重。作为自身独有的品牌资产，“思念”的品牌名让品牌形象天然带有温情暖意。同时，“思念”长期专注于中华美食、服务于中国家庭；传统节日里大众爱吃的粽子、汤圆等特色食物，是“思念”重要的产品领域。“思念食品”以“思念就是家的味道”为主题与大众沟通，应时应情，也一语双关、化用了品牌名。在端午的亲情与陪伴氛围中，这句话既指思念是将一家人紧紧连在一起的情感纽带，也暗指“思念”品牌的粽子，就是家的味道。

文化模式。利用一种传统文化或一种现代文化，使企业的商品及服务与消费者的消费心理形成一种社会文化气氛，从而有效地影响消费者的消费观念，进而促使消费者自觉地接近与文化相关的商品或服务，促进消费行为的发生，甚至形成一种消费习惯和传统。

案例:“汾酒”，以文化力量突围

2021年1月，“中国酒魂”“汾酒”邀请一众文化名人与意见领袖，开展了一场有关“高品质生活”的讨论。凭借过硬的产品品质与“汾酒”在品牌、文化、历史层面的优势，“汾酒京东超级品牌日”创下亮眼成绩。

微博:跨圈层发声，延展传播边界。以“汾酒京东超级品牌日”为话题，聚合网友讨论。以陈晓卿的加入打响话题热度；其后新闻类、汽车类KOL齐齐发博。

抖音:吸睛短视频助阵，提升产品高级调性。以“专注好货”的@稻草放毒在视频中展示了刺身的制作过程，并以“汾酒”佐餐。这种具象的“高品质生活”现场更易给观众留下场景记忆，进而触发消费行动力。@ItsH的视频以画面与想象力取胜，优美的水墨画风和达人携“汾酒”穿越、再化身仙鹤的情节，与“汾酒”的中华文化底蕴高度契合。

微信:多重内容输出，强化“高品质生活”关联。“汾酒”在朋友圈投放了一支产品C4D视频，通过瓶体设计的立体展示和整体高端氛围的塑造，品牌迅速唤醒受众的购买欲。“汾酒”还在公众号发布推文，GQ实验室以时下大热的“凡尔赛文学”基调，讲述了一群“高情商有钱人”低调追求高品质生活的故事，“汾酒”也和文中其他产品一道，成为生活品质的代名词。

美化模式。由于每个消费者的生活环境与背景不同，对于美的要求也不同，这种不同的要求也反映在消费行为中。人们在消费行为中求美的动机主要有两种表现:一是商品能为消费者创造出美和美感；二是商品本身存在客观的美的价值。这类商品能给消费者带来美的享受和愉悦，使消费者体验到了美感，满足了对美的需要。

服务模式。对企业来说，优越的服务模式，可以征服广大消费者的心，取得他们的信任，同样也可以使产品的销售量大增。

环境模式。消费者在感觉良好的听、看、嗅过程中，容易产生喜欢的特殊感觉。因此，良好的购物环境，不但迎合了现代人文化消费的需求，也提高了商品与服务的外在质量和主观质量，还使商品与服务的形象更加完美。

个性模式。为了满足消费者个性化需求，企业开辟出一条富有创意的双向沟通的销售渠道。在掌握消费者忠诚度之余，满足了消费大众参与的成就感，同时也增进了产品的销售。

多元化经营模式。现代销售场所不仅装饰豪华，环境舒适典雅，设有现代化设备，而且集购物、娱乐、休闲为一体，使消费者在购物过程中也可娱乐休息。同时也使消费者自然而然地进行了心理调节，从而还能创造更多的销售机会。

案例:主题餐厅如何做好体验营销?

主题餐厅将“餐饮+文化+体验”有机地结合来引起顾客的注意力。除了各式菜肴的特色鲜明的主题餐厅，也非常注重文化为主题的深度开发，重点放在相应的环境的建设。

1. 体育类。例如,奥运会期间,以体育为主题的餐厅十分火爆,餐厅里的每种装饰都体现出人们对体育的偏爱的痴迷,体育巨星的雕塑和海报布满整个餐厅。

2. 怀旧类。例如,以老电影为主题的餐厅,餐厅的墙壁布满各种经典影视作品的海报,播放着各种插曲,吸引很多怀旧的人们到此驻足观赏。

3. 农家类。例如,以“忆苦思甜”为主题的农家乐是一家装饰独特的餐厅。在包间里,饭桌置于炕上。墙上挂着具有浓厚年代感的宣传画,吸引当年的文青来此回忆当年的时光。

4. 环保类。例如,以“热带雨林”为主题的餐厅具有原始丛林的特色,让人仿佛身临其境,顾客可以看到森林、岩石以及各种野生动物,在“大森林”里享受用餐的经历。

5. 素食类。以佛家文化为主题的素食餐厅,端庄肃静的建筑风格、具有浓厚佛教文化气息的装饰以及在饮食制作上推崇健康、素食的经营理念。

6. 人物类。例如,以鲁迅先生作品中“孔乙己”为主题的餐厅,从硬件上的装饰,到软件上的服务都淋漓尽致展现出鲁迅先生笔下所描绘的场景。

7. 另类。例如,以马桶形象为主题的“便所餐厅”,无论是从店面的装饰,还是到菜品的设计上,都深刻地展现了这种主题。

● 分项任务测试:

1. 上网查询“苹果”“戴尔”等国际品牌在中国的营销策略;查询“海尔”“华为”等国内企业在国外的营销策略。

2. 上网查阅“绿色饭店”关键词,了解我国餐饮业绿色营销实施的现状。

知识检测

选择题

1. 市场营销管理必须依托于一定的(　　)进行。

A. 财务部门　　B. 人事部门　　C. 主管部门　　D. 营销组织

2. 市场营销组织是为了实现(　　),制订和实施市场营销计划的职能部门。

A. 企业计划　　B. 营销计划　　C. 企业目标　　D. 利润目标

3. (　　)是最常见的市场营销组织形式。

A. 职能型组织　　B. 产品型组织　　C. 地区型组织　　D. 管理型组织

4. 市场营销控制包括(　　)。

A. 年度计划控制　　B. 盈利控制　　C. 质量控制　　D. 效率控制

E. 战略控制

5. 满足市场的需要,创造满意的顾客,是企业最为基本的(　　)。

A. 组织形式　　B. 宗旨和责任　　C. 主要职能　　D. 营销观念

6. 设置(　　)能够对企业与外部环境,尤其是与市场、顾客之间关系的协调,发挥积极作用。

A. 市场营销机构　　B. 市场营销职能　　C. 市场营销企业　　D. 市场营销控制

7. 通常市场营销计划需要提交(　　)或有关人员审核。

A. 营销机构　　B. 营销组织　　C. 上级主管　　D. 单位领导

8. 战略控制的目的,是确保企业的目标、政策、战略和措施与(　　)相适应。

A. 市场营销环境　B. 市场营销计划　C. 推销计划　D. 管理人员任期

9. 市场营销计划的实施过程中，涉及相互联系的几项内容是(　　)。

A. 明确战略目标　B. 制定行动方案　C. 协调各种关系

D. 形成规章制度　E. 调整组织结构

10. 市场营销部门还担负着向市场和潜在顾客(　　)的任务。

A. 推荐产品　B. 引导购买　C. 分销产品

D. 建立销售渠道　E. 组织产品运输与仓储

11. 国际营销企业在国际市场上给予中间商一定时期内独家销售特定商品的权力的策略属于(　　)。

A. 长渠道策略　B. 短渠道策略　C. 宽渠道策略　D. 窄渠道策略

12. (　　)是指在不同的目标市场对同一产品采用同一种广告设计、制作与发布。

A. 广告标准化　B. 广告差异化　C. 广告细分化　D. 以上都不是

13. 国际市场营销的国际社会文化环境，除社会结构外，还有(　　)。

A. 语言文字　B. 宗教信仰　C. 价值观念　D. 教育水平

E. 民风民俗

14. 服务营销的一般特点包括(　　)。

A. 供求分散性　B. 营销方式多样化

C. 服务消费者需求弹性小　D. 服务人员的技艺要求高

15. 下列属于服务营销组合要素的有(　　)。

A. Product　B. Place　C. People

D. Physical Evidence　E. Process

16. 绿色促销是通过绿色促销(　　)，传递绿色信息，指导绿色消费，启发引导消费者的绿色需求，最终促成购买行为。

A. 媒介　B. 人员　C. 商店　D. 手段

名词解释

市场营销组织；营销控制；企业文化；营销战略控制；年度计划控制；盈利能力控制；营销效率控制；营销战略控制；国际差异化营销；服务7P组合；绿色营销；体验营销

简答题

1. 简述市场营销组织的类型及特点。
2. 市场营销控制的内容包括哪些?
3. 执行营销计划的内容包括哪些?
4. 试述实施市场营销计划过程中存在的问题与原因。
5. 国际市场进入的模式有哪几种?
6. 简述服务营销的七要素。
7. 分析绿色营销的本质及实施过程。
8. 体验营销的模式有哪些? 举例说明。

案例分析

武汉保利：打造具有影响力的专属节日 IP

经过几十年的发展，购物中心已从过去单纯的"商品交易场"过渡到了"多功能生活社交场"的阶段。随着商业玩法的不断升级，营销活动也细分出了许多不同的领域——"造节营销"就是其中一种最为热门的营销方案。

提到武汉，人们除了热干面、黄鹤楼以外，最常听到的应该就是樱花了，武汉人对于樱花的情怀深深地影响了一代又一代人。基于这独特的城市属性，武汉保利广场自开业以来就紧紧抓住了其核心要义，因地制宜，在每年的 3～4 月份，打造与樱花同绽的专属主题 IP——"樱花季"。由于地处大学城附近，美轮美奂的樱花之景，常吸引着不少青春洋溢的俊男靓女前来打卡。2019 年，项目联动线上线下，开启了全方位"赏樱 plus"模式。不仅联合高校社团、摄影协会及本地知名媒体，结合商场樱花美陈主题，开展了首届以"赶一场春，拍一份美景，最 in 摄影大赛"为主题的武汉保利广场摄影比赛，还以樱花美陈为背景编排了超大型互动栏目——百人浪漫樱花年代热舞快闪。活动在抖音等热播平台上进行传播，通过网络媒介的超强辐射力，让更多的消费者感受到了樱花季的欢乐氛围。

多年来武汉保利广场以大放异彩的创意活动，打破了人们对社区商业的刻板印象，以丰富顾客及周边人群的日常生活为目的，真正做到了与消费者"打成一片，玩在一起"，成了都市人喜闻乐见的潮流活动聚集地。

问题：

1. 分析武汉保利营销有何创新之处？
2. 武汉保利樱花季活动控制的主要内容包括哪些？

技能训练

1. 组建团队，为学校的某超市筹划元旦节的促销活动。分析小组成员内的人员分工、目标、过程结果。
2. 实地考察当地的一家餐饮店，总结其服务特色。
3. 查找 1～2 个关于体验营销的案例，在班级交流并分析体验营销与传统营销的差别。

参考文献

[1] 菲利普·科特勒,加里·阿姆斯特朗.市场营销原理[M].郭国庆,译.北京:清华大学出版社,2019.

[2] 詹姆斯·L.伯罗.市场营销[M].中国市场营销课程标准开发中心(CMC)组编.北京:电子工业出版社,2009.

[3] 闫志俊,张学琴.市场营销[M].大连:大连理工大学出版社,2018.

[4] 刘丽萍.网络营销[M].西安:西北工业大学出版社,2019.

[5] 王永贵,马双.客户关系管理[M].北京:清华大学出版社,2021.

[6] 贺湘辉,刘香玉.电子商务基础[M].北京:中国人民大学出版社,2020.

[7] 胡介埙.分销渠道:设计与管理[M].沈阳:东北财经大学出版社,2018.

[8] 迈克尔·波特.竞争优势[M].陈丽,译.北京:中信出版社,2014.

[9] 菲利普·科特勒.营销管理——分析、计划、执行和控制[M].梅汝和,梅清豪,张桁,译.上海:上海人民出版社,2019.

[10] 吴建安.市场营销学[M].北京:高等教育出版社,2018.

[11] 李文国.市场营销[M].北京:清华大学出版社,2018.

[12] 梅清豪.市场营销学原理[M].北京:电子工业出版社,2014.

[13] 吴宪和.分销渠道管理[M].上海:上海财经大学出版社,2021.

[14] 闫志俊,张学琴.市场营销[M].大连:大连理工大学出版社,2018.

图书在版编目(CIP)数据

市场营销实务 / 闫志俊主编. — 5版. — 南京 : 南京大学出版社，2022.6(2024.8重印)

ISBN 978-7-305-25783-4

Ⅰ. ①市… Ⅱ. ①闫… Ⅲ. ①市场营销学—教材 Ⅳ. ①F713.50

中国版本图书馆CIP数据核字(2022)第089160号

出版发行 南京大学出版社
社　　址 南京市汉口路22号　　邮　编 210093

书　　名 市场营销实务
SHICHANG YINGXIAO SHIWU
主　　编 闫志俊
责任编辑 徐　媛　　编辑热线 025-83592193

照　　排 南京南琳图文制作有限公司
印　　刷 南京新洲印刷有限公司
开　　本 787×1092　1/16　印张 17.25　字数 480千
版　　次 2022年6月第5版　2024年8月第2次印刷
ISBN 978-7-305-25783-4
定　　价 58.00元

网址：http://www.njupco.com
官方微博：http://weibo.com/njupco
官方微信号：njupress
销售咨询热线：(025) 83594756